에듀윌과 함께 시작하면, 당신도 합격할 수 있습니다!

오랜 직장 생활을 마감하며 찾아온 앞날에 대한 막연한 두려움
에듀윌만 믿고 공부해 합격의 길에 올라선 50대 은퇴자

출산한지 얼마 안돼 독박 육아를 하며 시작한 도전!
새벽 2~3시까지 공부해 8개월 만에 동차 합격한 아기엄마

만년 가구기사 보조로 5년 넘게 일하다, 달리는 차 안에서도
포기하지 않고 공부해 이제는 새로운 일을 찾게 된 합격생

누구나 합격할 수 있습니다.
시작하겠다는 '다짐' 하나면 충분합니다.

마지막 페이지를 덮으면,

에듀윌과 함께
공인중개사 합격이 시작됩니다.

공인중개사 1위

15년간 베스트셀러 1위
에듀윌 공인중개사 교재

탄탄한 이론 학습! 기초입문서/기본서/핵심요약집

기초입문서(2종)

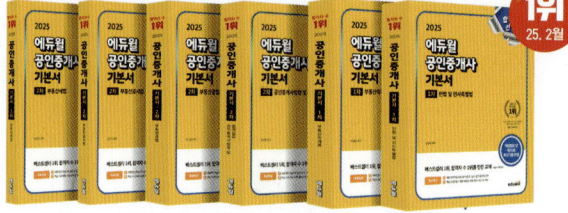
기본서(6종)

1차 핵심요약집+기출팩(1종)

출제경향 파악, 실전 엿보기! 단원별/회차별 기출문제집

단원별 기출문제집(6종)

회차별 기출문제집(2종)

다양한 문제로 합격점수 완성! 기출응용 예상문제집/실전모의고사

기출응용 예상문제집(6종)

실전모의고사(2종)

* 2023 대한민국 브랜드만족도 공인중개사 교육 1위 (한경비즈니스)
* YES24 수험서 자격증 공인중개사 베스트셀러 1위 (2011년 12월, 2012년 1월, 12월, 2013년 1월~5월, 8월~12월, 2014년 1월~5월, 7월~8월, 12월, 2015년 2월~4월, 2016년 2월, 4월, 6월, 12월, 2017년 1월~12월, 2018년 1월~12월, 2019년 1월~12월, 2020년 1월~12월, 2021년 1월~12월, 2022년 1월~12월, 2023년 1월~12월, 2024년 1월~12월, 2025년 1월~8월 월별 베스트, 매월 1위 교재는 다름)
* YES24 국내도서 해당분야 월별, 주별 베스트 기준

에듀윌 공인중개사

합격을 위한 비법 대공개! 합격서&부교재

이영방 합격서
부동산학개론

심정욱 합격서
민법 및 민사특별법

임선정 합격서
공인중개사법령 및 중개실무

김민석 합격서
부동산공시법

한영규 합격서
부동산세법

오시훈 합격서
부동산공법

신대운 합격서
쉬운민법

심정욱 핵심체크 OX
민법 및 민사특별법

오시훈 키워드 암기장
부동산공법

핵심 테마를 빠르게 공략하는 단기서

이영방 합격패스 계산문제
부동산학개론

심정욱 합격패스 암기노트
민법 및 민사특별법

임선정 그림 암기법
공인중개사법령 및 중개실무

김민석 테마별 한쪽정리
부동산공시법

오시훈 테마별 비교정리
부동산공법

시험 전, 이론&문제 한 권으로 완벽 정리! 필살키

이영방 필살키 심정욱 필살키 임선정 필살키 오시훈 필살키 김민석 필살키 한영규 필살키 신대운 필살키

더 많은
공인중개사 교재
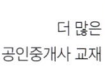

* 해당 교재의 이미지는 변경될 수 있습니다.

eduwill

공인중개사 1위

공인중개사, 에듀윌을 선택해야 하는 이유

9년간 아무도 깨지 못한 기록
합격자 수 1위

합격을 위한 최강 라인업
1타 교수진

공인중개사

합격만 해도 연 최대 300만원 지급
성공 DREAM 지원금

업계 최대 규모의 전국구 네트워크
동문회

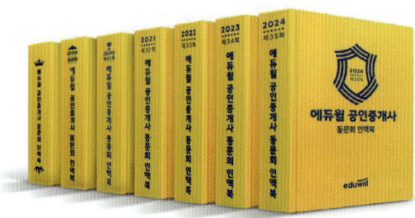

* 2023 대한민국 브랜드만족도 공인중개사 교육 1위 (한경비즈니스)
* KRI 한국기록원 2016, 2017, 2019년 공인중개사 최다 합격자 배출 공식 인증 (2025년 현재까지 업계 최고 기록) * 에듀윌 공인중개사 과목별 온라인 주간반 강사별 수강점유율 기준 (2024년 11월)
* 성공 DREAM 지원금 신청은 에듀윌 공인중개사 VVIP 프리미엄 성공패스 수강 후 2027년까지 공인중개사 최종 합격자에 한해 가능합니다. (상세 내용 홈페이지 유의사항 확인 필수)

에듀윌 공인중개사

1위 에듀윌만의
체계적인 합격 커리큘럼

합격자 수가 선택의 기준, 완벽한 합격 노하우
온라인 강의

① 전 과목 최신 교재 제공
② 업계 최강 교수진의 전 강의 수강 가능
③ 합격에 최적화 된 1:1 맞춤 학습 서비스

최고의 학습 환경과 빈틈 없는 학습 관리
직영학원

① 현장 강의와 온라인 강의를 한번에
② 시험일까지 온라인 강의 무제한 수강
③ 강의실, 자습실 등 프리미엄 호텔급 학원 시설

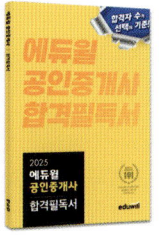  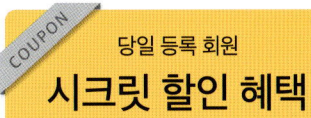 

쉽고 빠른 합격의 첫걸음 **합격필독서 무료** 신청

설명회 참석 당일 등록 시 **특별 수강 할인권** 제공

친구 추천 이벤트

" **친구 추천**하고 한 달 만에
920만원 받았어요 "

친구 1명 추천할 때마다 현금 10만원 제공
추천 참여 횟수 무제한 반복 가능

※ *a*o*h**** 회원의 2021년 2월 실제 리워드 금액 기준
※ 해당 이벤트는 예고 없이 변경되거나 종료될 수 있습니다.

친구 추천 이벤트
바로가기

자세한 내용이 궁금하다면 1600-6700
* 2023 대한민국 브랜드만족도 공인중개사 교육 1위 (한경비즈니스)

공인중개사 1위

합격자 수 1위 에듀윌
7만 건이 넘는 후기

고○희 합격생

부알못, 육아맘도 딱 1년 만에 합격했어요.

저는 부동산에 관심이 전혀 없는 '부알못'이었는데, 부동산에 관심이 많은 남편의 권유로 공부를 시작했습니다. 남편 지인들이 에듀윌을 통해 많이 합격했고, '합격자 수 1위'라는 광고가 좋아 에듀윌을 선택하게 되었습니다. 교수님들이 커리큘럼대로만 하면 된다고 해서 믿고 따라갔는데 정말 반복 학습이 되더라고요. 아이 둘을 키우다 보니 낮에는 시간을 낼 수 없어서 밤에만 공부하는 게 쉽지 않아 포기하고 싶을 때도 있었지만 '에듀윌 지식인'을 통해 합격하신 선배님들과 함께 공부하는 동기들의 위로가 큰 힘이 되었습니다.

이○용 합격생

군복무 중에 에듀윌 커리큘럼만 믿고 공부해 합격

에듀윌이 합격자가 많기도 하고, 교수님이 많아 제가 원하는 강의를 고를 수 있는 점이 좋았습니다. 또, 커리큘럼이 잘 짜여 있어서 잘 따라만 가면 공부를 잘 할 수 있을 것 같아 에듀윌을 선택했습니다. 에듀윌의 커리큘럼대로 꾸준히 따라갔던 게 저만의 합격 비결인 것 같습니다.

안○원 합격생

5개월 만에 동차 합격, 낸 돈 그대로 돌려받았죠!

저는 야쿠르트 프레시매니저를 하다 60세에 도전하여 합격했습니다. 심화 과정부터 시작하다 보니 기본이 부족했는데, 교수님들이 하라는 대로 기본 과정과 책을 더 보면서 정리하며 따라갔던 게 주효했던 것 같습니다. 합격 후 100만 원 가까이 되는 큰 돈을 환급받아 남편이 주택관리사 공부를 한다고 해서 뒷받침해 줄 생각입니다. 저는 소공(소속 공인중개사)으로 활동을 하고 싶은 포부가 있어 최대 규모의 에듀윌 동문회 활동도 기대가 됩니다.

다음 합격의 주인공은 당신입니다!

더 많은
합격 비법

* 본 합격수기는 실제 수강생의 솔직한 의견을 포함하고 있습니다. (이벤트 혜택을 제공받았음)
* 에듀윌 홈페이지 게시 건수 기준 (2025년 8월 기준)
* 2023 대한민국 브랜드만족도 공인중개사 교육 1위 (한경비즈니스)

**에듀윌이
너를
지**지할게

ENERGY

시작하는 방법은
말을 멈추고
즉시 행동하는 것이다.

– 월트 디즈니(Walt Disney)

합격할 때까지 책임지는 개정법령 원스톱 서비스!

법령 개정이 잦은 공인중개사 시험. 일일이 찾아보지 마세요!
에듀윌에서는 필요한 개정법령만을 빠르게! 한번에! 제공해 드립니다.

에듀윌 도서몰 접속 (book.eduwill.net) ▶ 우측 정오표 아이콘 클릭 ▶ 카테고리 공인중개사 설정 후 교재 검색

개정법령 확인하기

2026
에듀윌 공인중개사

기초입문서 2차

공인중개사법령 및 중개실무 |
부동산공법 | 부동산공시법 | 부동산세법

성공적인 첫걸음을 위한
응원 메시지

이영방
학개론

에듀윌 공인중개사
부동산학개론
전임 교수

값진 노력이 합격의 기쁨으로 이어지길!

부동산학개론은 사회과학의 한 분야로 이론과목입니다. 사회과학은 기초용어나 기초개념이 정말 중요합니다. 기초를 잘 정리하면 공부가 쉬워집니다. 이 책을 통해 부동산학개론의 토대를 만들어 드리겠습니다.

심정욱
민법

에듀윌 공인중개사
민법 및 민사특별법
전임 교수

올해는 합격해! 모두 다 합격해!

두꺼운 책, 수많은 판례들, 막막하신가요? 제가 해결해드립니다.
법 과목은 추상적인 부분이 많아 제도의 핵심을 이해하고 사례를 통해 접근해야 합니다. 끝까지 믿고 잘 따라 오십시오.

임선정
중개사법

에듀윌 공인중개사
공인중개사법령 및
중개실무 전임 교수

핵심은 쉽게, 합격은 빠르게!

공인중개사 시험은 자신의 재산 보호를 위해, 타인의 재산을 보호해 주기 위해 꼭 필요한 공부입니다. 공인중개사법령 및 중개실무는 실제 실무와도 깊게 연관되어 있는 과목입니다. 이 책을 통해 기초는 물론 다른 법률과의 연계까지 복합적 사고 능력을 키울 수 있도록 도와드리겠습니다.

공법
오시훈
에듀윌 공인중개사
부동산공법
전임 교수

합격까지 늘 함께 하겠습니다.

부동산공법은 방대한 양 때문에 많은 수험생들이 어렵게 느끼는 경향이 있고, 특히 휘발성 또한 강하기 때문에 수험생 입장에서는 공부하기에 매우 힘든 과목에 속합니다. 하지만 먼저 정확한 개념원리를 파악한 후 체계적인 흐름을 잡아둔다면 충분히 쉽게 접근할 수 있는 과목이기도 합니다. 공법을 좀더 친숙하고 재미있게 공부할 수 있도록 이 책을 통해서 그 방법을 제시해 드리도록 하겠습니다.

공시법
김민석
에듀윌 공인중개사
부동산공시법
전임 교수

여러분의 시간과 노력은 분명 훌륭한 결실을 맺을 것입니다.

기초입문서는 처음 공부를 시작하는 수험생을 대상으로 쉽고 친절하게 집필된 책입니다. 기초적인 내용과 절차적인 흐름을 이해하여 공부한다면 무난하게 부동산공시법을 시작할 수 있습니다. 재미있고, 희망과 용기를 주는 부동산공시법이 될 수 있도록 만들어 드리겠습니다.

세법
한영규
에듀윌 공인중개사
부동산세법
전임 교수

기초가 탄탄하면 합격이 쉬워집니다.

부동산세법은 내가 부동산을 취득, 보유, 양도한다고 생각하면서 전체적인 흐름 위주로 공부하셔야 합니다. 처음 세법을 접하시는 분들을 위해 이러한 큰 그림을 그릴 수 있도록 집필하였습니다. 미루지 말고 따라만 오십시오. 부동산세법은 할만한 과목입니다.

시험안내

01 시험일정 연 1회, 1·2차 동시 시행

구분	인터넷/모바일(App) 원서 접수기간		시험시행일
2026년도 제37회 제1·2차 시험 (동시접수·시행)	정기(5일간)	8월 초 월요일 09:00~금요일 18:00 예정	매년 10월 마지막 주 토요일
	빈자리(2일간)	9월 말이나 10월 초 예정	

※ 정확한 시험 일정은 큐넷 홈페이지(www.Q-Net.or.kr)에서 확인이 가능합니다.

02 응시자격 제한 없음

※ 단, ① 「공인중개사법」 제4조의3에 따라 공인중개사 시험 부정행위자로 처분받은 날로부터 시험시행일 전일까지 5년이 경과되지 않은 자, ② 법 제6조에 따라 공인중개사 자격이 취소된 후 시험시행일 전일까지 3년이 경과되지 않은 자, ③ 시행규칙 제2조에 따른 기자격 취득자는 응시할 수 없음

03 시험과목 및 방법

구분	시험과목	문항 수	시험시간	시험방법
제1차 시험 1교시 (2과목)	1. 부동산학개론(부동산감정평가론 포함) 2. 민법 및 민사특별법 중 부동산 중개에 관련되는 규정	과목당 40문항 (1번~80번)	100분 (09:30~11:10)	객관식 5지 선택형
제2차 시험 1교시 (2과목)	1. 공인중개사의 업무 및 부동산 거래신고 등에 관한 법령 및 중개실무 2. 부동산공법 중 부동산 중개에 관련되는 규정	과목당 40문항 (1번~80번)	100분 (13:00~14:40)	
제2차 시험 2교시 (1과목)	부동산공시에 관한 법령(부동산등기법, 공간정보의 구축 및 관리 등에 관한 법률) 및 부동산 관련 세법	40문항 (1번~40번)	50분 (15:30~16:20)	

※ 답안은 시험시행일에 시행되고 있는 법령을 기준으로 작성

04 합격기준

구분	합격결정기준
제1차 시험	매 과목 100점을 만점으로 하여 매 과목 40점 이상, 전 과목 평균 60점 이상 득점한 자
제2차 시험	매 과목 100점을 만점으로 하여 매 과목 40점 이상, 전 과목 평균 60점 이상 득점한 자

※ 1차·2차 시험에 동시 응시는 가능하나, 1차 시험에 불합격하고 2차만 합격한 경우 2차 시험은 무효로 함

05 시험범위 및 출제비율

구분	시험과목	시험범위	출제비율
제1차 시험 1교시 (2과목)	부동산학개론	1. 부동산학개론	85% 내외
		2. 부동산감정평가론	15% 내외
	민법 및 민사특별법 중 부동산 중개에 관련되는 규정	1. 민법	85% 내외
		2. 민사특별법	15% 내외
제2차 시험 1교시 (2과목)	공인중개사의 업무 및 부동산 거래신고 등에 관한 법령 및 중개실무	1. 공인중개사법 2. 부동산 거래신고 등에 관한 법률	70% 내외
		3. 중개실무	30% 내외
	부동산공법 중 부동산 중개에 관련되는 규정	1. 국토의 계획 및 이용에 관한 법률	30% 내외
		2. 도시개발법 3. 도시 및 주거환경정비법	30% 내외
		4. 주택법 5. 건축법 6. 농지법	40% 내외
제2차 시험 2교시 (1과목)	부동산공시에 관한 법령 (부동산등기법, 공간정보의 구축 및 관리 등에 관한 법률) 및 부동산 관련 세법	1. 부동산등기법	30% 내외
		2. 공간정보의 구축 및 관리 등에 관한 법률 제2장 제4절 및 제3장	30% 내외
		3. 부동산 관련 세법 (상속세, 증여세, 법인세, 부가가치세 제외)	40% 내외

학습전략

01 과목별 성격 & 학습 TIP

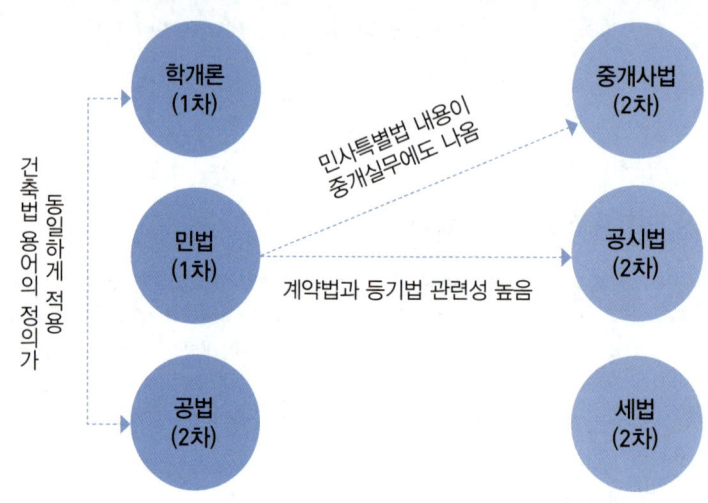

TIP 조급한 마음은 버리고, 반복하여 암기하면 체계가 잡힙니다.

TIP 출제가 잦았던 단원에 집중하여 전략적으로 학습하시기 바랍니다.

02 과목별 합격전략점수 & 학습비중

1차		
과목	합격전략점수/만점	학습비중
학개론	70 / 100	40%
민법	65 / 100	60%

2차		
과목	합격전략점수/만점	학습비중
중개사법	80 / 100	30%
공법	60 / 100	30%
공시법	40 / 60	20%
세법	25 / 40	20%

※ 합격전략점수는 최근 10년간 합격자 평균 점수를 기준으로 함

03 과목별 학습전략

1차

학개론
- 공인중개사 시험의 다른 과목들과 달리 법이 아닌 사회과학을 다룸
- 시험에 나오는 용어(표현)를 정확히 이해하는 것이 중요
- 부동산학 각론의 전 범위가 고르게 출제되므로 체계를 이해하며 학습

민법
- 모든 법 관련 과목의 기초가 됨
- 시험의 85%(약 34문제) 이상이 판례문제이므로 판례 학습 필수!
- 사례를 다각도로 묻는 문제에서 당락이 결정되므로 이를 충분히 익히고 연습해야 함

2차

공법
- 2차 과목 중 시험 범위가 가장 넓고 분량이 많아 고득점이 어려움
- 기출분석을 통해 주로 출제되는 부분 위주로 학습 필요
- '국토의 계획 및 이용에 관한 법률'의 출제 비중이 약 30%로 비교적 높고, 각각 출제율 약 15%인 '도시개발법', '도시 및 주거환경정비법'과의 관련성도 매우 높으므로 우선 학습

중개사법
- 2차 과목 중 고득점의 가능성이 가장 높음
- 70점 이상을 목표로 2차 과목 전체 평균을 높이는 데 활용
- 약 12문제 출제되는 실무보다 28문제 정도 출제되는 법령에 치중하여 학습

공시법
- '공시법'과 '세법' 2과목이 하나로 묶여 출제
- 공시법은 약 24문제로, '공간정보의 구축 및 관리 등에 관한 법률'에서 12문제, '부동산등기법'에서 12문제 출제
- 암기만 잘 하면 점수를 얻기 쉬운 '공간정보의 구축 및 관리 등에 관한 법률'에서 고득점을 노려야 함

세법
- '공시법'과 '세법' 2과목이 하나로 묶여 출제
- 세법은 약 16문제 출제됨
- 세법은 납세자의 입장이 아닌, 과세 관청의 입장에서 이해하고 판단해야 함

※ 위 전략은 일반적인 예시로 절대적인 기준이 아닙니다. 본인의 상황과 수준에 맞게 전략을 수립하여 학습하세요.

책의 구성과 특징

합격의 시작!
모두 합격 플래너(PDF)

공인중개사 공부를 시작하는 수험생들을 위하여 합격까지 그 마음을 이어갈 수 있도록 모두 합격 플래너를 제공합니다. 계획적인 학습으로 기초부터 탄탄하게 실력을 쌓아 보세요!

※ PDF제공: 에듀윌 도서몰(book.eduwill.net)
▶ 도서자료실(부가학습자료)

올바른 학습 방향 설정!

- 학습 시작 전, 해당 PART에서 어떠한 내용을 어떻게 공부해야 할지 정확하게 확인할 수 있습니다.

- 반드시 알아야 하는 부분에는 형광펜 표시를 하여 핵심을 놓치지 않고 학습할 수 있습니다.

- 해당 Chapter에서 꼭 알아두어야 할 개념이 무엇인지 파악할 수 있습니다.

다양한 학습장치로 이해 쏙쏙!

필수 용어는 한 번 더! 필수 용어집(PDF)

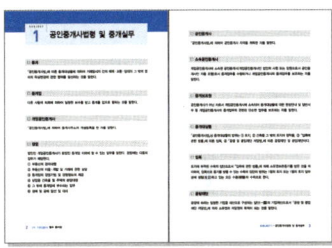

낯설고 생소한 공인중개사 용어에 익숙해질 수 있도록 주요 용어와 개념들을 모아 '필수 용어집'으로 제공합니다.

※ PDF제공: 에듀윌 도서몰(book.eduwill.net)
  ▶ 도서자료실(부가학습자료)

• 다양한 시각자료를 통하여 글로 나열된 이론들을 효과적으로 이해할 수 있습니다.

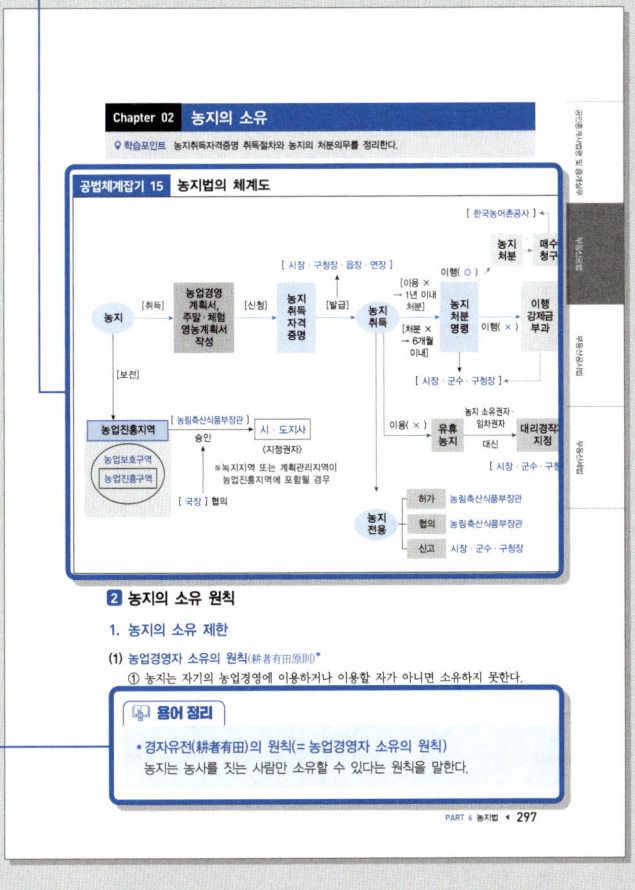

• '용어 정리'를 통해 이론학습과 동시에 어려운 용어들까지 쉽게 익힐 수 있습니다.

차례

SUBJECT 1 | 공인중개사법령 및 중개실무

PART 1 공인중개사법령

- Chapter 01 총칙 ··· 18
- Chapter 02 공인중개사제도 ································ 23
- Chapter 03 중개사무소 개설등록 및 결격사유 ········· 26
- Chapter 04 중개업무 ·· 30
- Chapter 05 중개계약 및 부동산거래정보망 ············· 42
- Chapter 06 개업공인중개사의 의무 및 책임 ············ 47
- Chapter 07 손해배상책임과 반환채무이행보장 ········ 52
- Chapter 08 중개보수 ·· 56
- Chapter 09 공인중개사협회 및 교육·보칙·신고센터 등 ···· 59
- Chapter 10 지도·감독 및 행정처분 ······················ 68
- Chapter 11 벌칙(행정벌) ···································· 75
- Chapter 12 부동산 거래신고 등에 관한 법률 ··········· 80

PART 2 중개실무

- Chapter 01 중개실무 총설 및 중개의뢰 접수 ·········· 101
- Chapter 02 중개대상물 조사 및 확인 ··················· 110
- Chapter 03 거래계약의 체결 ······························ 122
- Chapter 04 개별적 중개실무 ······························ 125

SUBJECT 2 | 부동산공법

부동산공법 기초다지기 · 162

PART 1
국토의 계획 및 이용에 관한 법률

Chapter 01 총칙 · 167
Chapter 02 광역도시계획 · 173
Chapter 03 도시·군기본계획 · 177
Chapter 04 도시·군관리계획 · 180
Chapter 05 도시·군계획시설사업의 시행 · · · · · · · · · · · · · 195
Chapter 06 개발행위의 허가 등 · 203

PART 2
도시개발법

Chapter 01 총칙 · 212
Chapter 02 개발계획 및 도시개발구역의 지정 · · · · · · · · · 214
Chapter 03 도시개발사업의 시행 · 219

PART 3
도시 및 주거환경정비법

Chapter 01 총칙 · 232
Chapter 02 기본계획의 수립 및 정비구역의 지정 · · · · · · 236
Chapter 03 정비사업의 시행 · 242

PART 4
건축법

Chapter 01 총칙 · 256
Chapter 02 건축물의 건축 · 261
Chapter 03 건축물의 대지와 도로 · 267
Chapter 04 지역 및 지구 안의 건축물 · · · · · · · · · · · · · · · · · 271

PART 5 주택법

Chapter 01 총칙 · 274
Chapter 02 주택의 건설 · 280
Chapter 03 주택의 공급 · 288

PART 6 농지법

Chapter 01 총칙 · 294
Chapter 02 농지의 소유 · 297
Chapter 03 농지의 이용 · 302
Chapter 04 농지의 보전 · 305

SUBJECT 3 | 부동산공시법

PART 1 공간정보의 구축 및 관리 등에 관한 법률

부동산공시법 기초다지기 · 310
Chapter 01 지적제도 총칙 · 311
Chapter 02 토지의 등록 · 313
Chapter 03 지적공부 및 부동산종합공부 · 323
Chapter 04 토지이동 및 지적정리 · 331
Chapter 05 지적측량 · 341

PART 2 부동산등기법

Chapter 01 부동산등기 총칙 · 346
Chapter 02 등기소와 등기부 · 350
Chapter 03 등기절차 총론 · 361
Chapter 04 각종 권리의 등기절차 · 378
Chapter 05 각종의 등기절차 · 387

SUBJECT 4 | 부동산세법

PART 1 조세총론

Chapter 01 조세의 기초이론 ·········· 400
Chapter 02 부동산 활동별 관련 조세 ·········· 407
Chapter 03 납세의무의 성립 · 확정 · 소멸 ·········· 408

PART 2 지방세

Chapter 01 취득세 ·········· 412
Chapter 02 등록에 대한 등록면허세 ·········· 432
Chapter 03 재산세 ·········· 437

PART 3 국세

Chapter 01 종합부동산세 ·········· 450
Chapter 02 양도소득세 ·········· 458

SUBJECT

1

공인중개사법령 및 중개실무

PART 1   공인중개사법령

PART 2   중개실무

| 오리엔테이션 | #1차 시험 #1교시 제1과목 #50분, 40문제 |

- 「공인중개사법」: 공인중개사에 대한 내용을 규정하고 있는 법
- 중개실무: 전 과목의 집합체
- 공인중개사가 수행하는 업무 및 해야 하는 일과 하지 말아야 하는 일 학습
- 부동산 거래 시 신고절차 및 허가기준 등과 중개대상물 확인·설명서에 관한 내용 학습
- 여러 법률에서 중개업이 사용되는 현황 파악

TIP 고득점(70~80점) 목표, 효율적 학습, 확실한 이해와 반복 필요

PART 1 공인중개사법령

「공인중개사법」은 현업에 계시는 개업공인중개사, 소속공인중개사, 중개보조원 등의 중개업무상의 의무, 금지행위 등의 내용을 규정하고 있는 법으로, 중개실무를 위해 자격증을 공부하는 수험생들에게는 필수적인 법입니다.

Chapter 01 총칙

학습포인트 용어의 정의 부분을 알아둔다.

1 제정 목적

「공인중개사법」은 공인중개사의 업무 등에 관한 사항을 정하여 그 전문성을 제고하고 부동산중개업을 건전하게 육성하여 국민경제에 이바지함을 목적으로 한다.

2 용어의 정의

1. 중개

법 제3조에 따른 중개대상물에 대하여 거래당사자 간의 매매·교환·임대차 그 밖의 권리의 득실변경에 관한 행위를 알선하는 것을 말한다.

> **⊕ 보충** 저당권설정·유치권이전이 중개대상에 해당하는지 여부
>
> 1. **저당권설정이 중개대상에 해당하는지 여부**: 금전소비대차계약은 중개의 대상이 아니므로 이를 알선함을 업으로 하여도 중개업이 아니나, 부동산에 대한 저당권의 설정을 알선함을 업으로 하는 것은 그것이 설령 금전소비대차계약에 부수하여 이루어졌다 하더라도, 저당권설정계약 자체를 알선하는 것이므로 중개업에 해당한다(대판 1996.9.24, 96도1641).
> 2. **유치권이전이 중개대상에 해당하는지 여부**: 유치권은 일신전속적이 아닌 재산권으로서 피담보채권과 목적물의 점유를 함께 이전할 경우 그 이전이 가능하고, 이는 부동산유치권의 경우도 마찬가지이므로, 결국 부동산유치권은 부동산 중개대상 권리가 된다고 할 수 있다(사건 2001구860 공인중개사 자격시험 불합격처분취소, 서울행정법원 제2부 판결).

2. 중개업

다른 사람의 의뢰에 의하여 일정한 보수를 받고 중개를 업으로 행하는 것을 말한다.

3. 개업공인중개사

이 법에 의하여 중개사무소의 개설등록을 한 자를 말한다.

(1) 법인인 개업공인중개사

① **중개법인인 개업공인중개사**: 중개업을 영위할 목적으로 자본금 5천만원 이상의 「상법」상 회사 또는 「협동조합 기본법」에 따른 협동조합(사회적 협동조합은 제외한다)을 설립하여 「공인중개사법」에 의해 중개사무소의 개설등록을 한 자를 말한다.

② **특수법인**: 다른 법률의 규정에 의해 중개업을 영위하는 법인을 말한다.

구분	지역농업협동조합	한국자산관리공사	지역산림조합	산업단지관리기관
근거법률	「농업협동조합법」	「한국자산관리공사 설립 등에 관한 법률」	「산림조합법」	「산업집적활성화 및 공장설립에 관한 법률」
중개업등록	×	○	×	×
등록기준적용	×	×	×	×
업무범위	조합원 대상 ⇨ 농지의 매매·교환·임대차의 중개	비업무용 자산 및 구조개선 기업의 자산의 관리·매각, 매매 중개	입목·임야의 매매·임대차· 교환 중개	산업단지 안의 공장용지 및 공장 건축물에 대한 부동산중개업
분사무소 설치요건	책임자요건 ×	책임자요건 ×	책임자요건 ×	책임자요건 ×

(2) 공인중개사인 개업공인중개사

공인중개사 자격을 취득한 자로서 「공인중개사법」에 의해 중개사무소의 개설등록을 한 자를 말한다.

(3) 부칙 규정에 의한 개업공인중개사

「공인중개사법」 부칙 제6조 제2항에서 규정하고 있는 개업공인중개사로서 중개사무소의 개설등록을 한 것으로 보는 자를 말한다.

종별에 따른 내용 비교·정리

구분	법인인 개업공인중개사	공인중개사인 개업공인중개사	부칙 규정에 의한 개업공인중개사
업무지역	전국	전국	특별시·광역시·도
본업	중개업	중개업	중개업
겸업내용	① 부동산의 관리대행 ② 부동산의 이용·개발 및 거래에 관한 상담 ③ 중개업의 경영기법 및 경영정보의 제공 ④ 주택 및 상가의 분양대행 ⑤ 그 밖에 중개업에 부수되는 업무 ⑥ 경매 및 공매 알선 및 대리	제한 없음 (①~⑥ 좌동)	①~⑤ 좌동, ⑥(경매 및 공매 알선 및 대리)은 불가능
공동사무소	설치 가능	설치 가능	설치 가능
분사무소	설치 가능	설치 불가	설치 불가
등록할 인장	「상업등기규칙」에 의해 신고된 인장	가족관계등록부, 주민등록표에 성명이 나타난 인장	가족관계등록부, 주민등록표에 성명이 나타난 인장
중개업무를 수행하는 경우 업무보증금액	4억원 이상 가입 (단, 분사무소는 2억원, 특수법인은 2천만원 이상 가입)	2억원 이상 가입	2억원 이상 가입

4. 기타

(1) 공인중개사

「공인중개사법」에 의하여 공인중개사 자격을 취득한 자를 말한다.

(2) 소속공인중개사

개업공인중개사에 소속된 공인중개사(개업공인중개사인 법인의 사원 또는 임원으로서 공인중개사인 자를 포함한다)로서 중개업무를 수행하거나 개업공인중개사의 중개업무를 보조하는 자를 말한다.

(3) 중개보조원

공인중개사가 아닌 자로서 개업공인중개사에 소속되어 중개대상물에 대한 현장안내 및 일반서무 등 개업공인중개사의 중개업무와 관련된 단순한 업무를 보조하는 자를 말한다.

3 중개대상물

1. 토지
「민법」상 토지소유권은 일정한 지면을 합리적인 범위에 따라 분할한 선으로 구분되는데, 정당한 이익이 있는 범위 내에서 소유권이 지표의 상하에 미친다.

2. 건축물 그 밖의 토지의 정착물

(1) 건축물
토지에 정착하고 있는 건조물로서 토지와 완전히 독립한 별개의 부동산을 말한다.

(2) 그 밖의 토지의 정착물
① **수목·교량 등**: 중개대상물이 되지 않는다.
② **명인방법*에 의한 수목집단**: 명인방법이라는 공시방법을 갖춘 경우 부동산으로 보므로 중개대상물에 해당한다.

> **용어 정리**
>
> ***명인방법**
> 수목의 집단 또는 미분리과실 등의 소유권이 누구에게 귀속하고 있다는 것을 제3자가 명백하게 인식(명인)할 수 있도록 공시하는 관습법상의 공시방법을 의미한다. 수목의 경우 수피를 깎아서 거기에 소유자의 성명을 묵서한다든가 미분리과실의 경우 논·밭 주위에 새끼를 둘러치고 소유자 성명을 표시한 목찰을 세우는 등의 방법이 있다.

3. 그 밖에 대통령령으로 정하는 재산권 및 물건

(1) 「입목에 관한 법률」에 따른 입목
① **입목**: 토지에 부착된 수목의 집단으로서 그 소유자가 「입목에 관한 법률」에 의해 소유권보존등기를 받은 것을 의미하며, 입목으로 등기를 받을 수 있는 수목의 집단의 범위는 1필의 토지 또는 1필의 토지 일부분에 생립하고 있는 모든 수종의 수목으로 한다.
② **입목의 독립성**: 입목은 부동산으로 보며, 입목의 소유자는 토지와 분리하여 입목을 양도하거나 이를 저당권의 목적으로 할 수 있으며, 토지소유권 또는 지상권 처분의 효력은 입목에 미치지 아니하므로 이를 독립된 객체로 인정하고 있다.
③ **저당권의 효력**: 입목을 목적으로 하는 저당권의 효력은 입목을 베어낸 경우에 그 토지로부터 분리된 수목에 대하여도 미친다.

④ **입목의 등록**: 소유권보존등기를 받을 수 있는 수목의 집단은 「입목에 관한 법률」에 따른 입목등록원부에 등록된 것에 한정하며, 등록을 받으려는 자는 그 소재지를 관할하는 특별자치도지사, 시장·군수 또는 구청장(자치구의 구청장을 말한다)에게 신청하여야 한다.

(2) 「공장 및 광업재단 저당법」에 따른 공장재단 및 광업재단

① **공장재단**: 공장에 속하는 일정한 기업용 재산으로 구성되는 일단의 기업재산으로서 「공장 및 광업재단 저당법」에 따라 소유권과 저당권의 목적이 되는 것을 말한다.

② **광업재단**: 광업권과 광업권에 기하여 광물을 채굴·취득하기 위한 각종 설비 및 이에 부속하는 사업의 설비로 구성되는 일단의 기업재산으로서 「공장 및 광업재단 저당법」에 따라 소유권과 저당권의 목적이 되는 것을 말한다.

(3) 중개대상물 해당 여부

요건	중개대상물에 해당하는 것	중개대상물에 해당하지 않는 것
① 법정 중개대상물	• 토지 • 건축물 그 밖의 토지의 정착물 • 입목, 공장재단, 광업재단	• 어업권, 광업권 • 어업재단, 항만운송사업재단 • 자동차, 기계장비, 선박, 항공기 등
② 사법상 거래의 대상이 될 것 (사적 소유의 대상이 될 것)	• 접도구역 내 토지 • 군사시설보호구역 내 토지 • 도로예정지인 사유지 • 공유수면매립지 중 사유지 • 가등기, 가압류된 부동산 • 법정지상권, 법정저당권이 설정된 토지	• 하천 • 포락지 • 미채굴광물 • 공도, 공원 • 도로예정지 중 공유지 • 공유수면매립지 중 공유지 • 국유재산 중 행정재산 • 국유재산 중 일반재산(공매대상인 경우)
③ 중개행위가 개입될 수 있을 것 (중개대상인 권리일 것)	• 유치권 이전 • 법정지상권 이전 • 법정저당권 이전 • 소유권 • 지상권 • 지역권 • 전세권 • 저당권(판례) • 임차권 • 환매권	• 유치권의 성립 • 법정지상권의 성립 • 법정저당권의 성립 • 분묘기지권 • 공용수용 • 질권 • 특허권 • 상표권

Chapter 02 공인중개사제도

> **학습포인트** 공인중개사 정책심의위원회의 구성과 업무에 관하여 학습한다.

1 공인중개사 자격시험

1. 시험시행기관

① **원칙적 시험시행기관**: 시·도지사
② **예외적 시험시행기관**: 국토교통부장관
③ **시험업무 위탁**: 시험시행기관장은 시험의 시행에 관한 업무를 공기업, 준정부기관 또는 협회에 위탁할 수 있다.

2. 응시자격

① **원칙적 응시자격**: 미성년자도 가능하다.
② **응시결격사유에 해당하는 자**: 공인중개사 자격취소 후 3년이 지나지 아니한 자는 응시조차 할 수 없다.
③ **시험부정행위자**: 시험시행기관장은 시험에서 부정행위를 한 응시자에 대하여는 그 시험을 무효로 하고, 그 처분이 있은 날부터 5년간 시험응시자격을 정지한다. 이 경우 시험시행기관장은 지체 없이 이를 다른 시험시행기관장에게 통보하여야 한다.

3. 시험의 시행 및 일부면제

① **시험의 시행**: 시험은 매년 1회 이상 시행한다. 다만, 시험시행기관장은 시험을 시행하기 어려운 부득이한 사정이 있는 경우에는 심의위원회의 의결을 거쳐 해당 연도의 시험을 시행하지 아니할 수 있다.
② **시험의 일부면제**: 제1차 시험에 합격한 자에 대하여는 다음 회의 시험에 한하여 제1차 시험을 면제한다.

4. 공인중개사 정책심의위원회

(1) 공인중개사의 업무에 관한 다음의 사항을 심의하기 위하여 국토교통부에 공인중개사 정책심의위원회를 둘 수 있다.

① 공인중개사의 시험 등 공인중개사의 자격취득에 관한 사항
② 부동산 중개업의 육성에 관한 사항
③ 중개보수 변경에 관한 사항
④ 손해배상책임의 보장 등에 관한 사항

(2) 공인중개사 정책심의위원회의 구성 및 운영

① 공인중개사 정책심의위원회(이하 '심의위원회')는 위원장 1명을 포함하여 7명 이상 11명 이내의 위원으로 구성한다.
② 심의위원회 위원장은 국토교통부 제1차관이 되고, 위원은 다음의 어느 하나에 해당하는 사람 중에서 국토교통부장관이 임명하거나 위촉한다.

> ㉠ 국토교통부의 4급 이상 또는 이에 상당하는 공무원이나 고위공무원단에 속하는 일반직공무원
> ㉡ 「고등교육법」에 따른 학교에서 부교수 이상의 직(職)에 재직하고 있는 사람
> ㉢ 변호사 또는 공인회계사의 자격이 있는 사람
> ㉣ 공인중개사협회에서 추천하는 사람
> ㉤ 공인중개사 자격시험(이하 '시험')의 시행에 관한 업무를 위탁받은 기관의 장이 추천하는 사람
> ㉥ 「비영리민간단체 지원법」에 따라 등록한 비영리민간단체에서 추천한 사람
> ㉦ 「소비자기본법」에 따라 등록한 소비자단체 또는 한국소비자원의 임직원으로 재직하고 있는 사람
> ㉧ 그 밖에 부동산·금융 관련 분야에 학식과 경험이 풍부한 사람

③ 공무원이 아닌 위원의 임기는 2년으로 하되, 위원의 사임 등으로 새로 위촉된 위원의 임기는 전임위원 임기의 남은 기간으로 한다.

(3) 위원의 제척·기피·회피 등

① 심의위원회의 위원이 다음의 어느 하나에 해당하는 경우에는 심의위원회의 심의·의결에서 제척(除斥)된다.

> ㉠ 위원 또는 그 배우자나 배우자이었던 사람이 해당 안건의 당사자(당사자가 법인·단체 등인 경우에는 그 임원을 포함한다)가 되거나 그 안건의 당사자와 공동권리자 또는 공동의무자인 경우
> ㉡ 위원이 해당 안건의 당사자와 친족이거나 친족이었던 경우
> ㉢ 위원이 해당 안건에 대하여 증언, 진술, 자문, 조사, 연구, 용역 또는 감정을 한 경우
> ㉣ 위원이나 위원이 속한 법인·단체 등이 해당 안건의 당사자의 대리인이거나 대리인이었던 경우

② 위원 본인이 위 ①의 ㉠~㉣에 따른 제척 사유에 해당하는 경우에는 스스로 해당 안건의 심의·의결에서 회피(回避)하여야 한다.
③ 국토교통부장관은 위원이 위 ①의 ㉠~㉣ 중 어느 하나에 해당하는 데에도 불구하고 회피하지 아니한 경우에는 해당 위원을 해촉(解囑)할 수 있다.
④ 해당 안건의 당사자는 위원에게 공정한 심의·의결을 기대하기 어려운 사정이 있는 경우에는 심의위원회에 기피신청을 할 수 있고, 심의위원회는 의결로 이를 결정한다. 이 경우 기피신청의 대상인 위원은 그 의결에 참여하지 못한다.

2 시험의 실시

1. 시험의 공고

① 시험시행기관장은 시험을 시행하려는 때에는 예정 시험일시·시험방법 등 시험시행에 관한 개략적인 사항을 매년 2월 말일까지 일간신문, 관보, 방송 중 하나 이상에 공고하고, 인터넷 홈페이지 등에도 이를 공고해야 한다.
② 시험시행기관장은 예정 시험일시 등 개략적인 공고 후 시험을 시행하려는 때에는 시험일시, 시험장소, 시험방법, 합격자 결정방법 및 응시수수료의 반환에 관한 사항 등 시험의 시행에 필요한 사항을 시험시행일 90일 전까지 일간신문, 관보, 방송 중 하나 이상에 공고하고, 인터넷 홈페이지 등에도 이를 공고해야 한다.

2. 응시수수료 반환

① 수수료를 과오납한 경우에는 그 과오납한 금액의 전부
② 시험시행기관의 귀책사유로 시험에 응하지 못한 경우에는 납입한 수수료의 전부
③ 응시원서 접수기간 내에 접수를 취소하는 경우에는 납입한 수수료의 전부
④ 응시원서 접수마감일의 다음 날부터 7일 이내에 접수를 취소하는 경우에는 납입한 수수료의 100분의 60
⑤ 위 ④에서 정한 기간을 경과한 날부터 시험시행일 10일 전까지 접수를 취소하는 경우에는 납입한 수수료의 100분의 50

3. 합격자 공고와 자격증 교부

시·도지사는 시험합격자의 결정 공고일부터 1개월 이내에 공인중개사자격증을 교부하여야 한다.

Chapter 03 중개사무소 개설등록 및 결격사유

학습포인트 결격사유에 관한 내용을 숙지한다.

1 중개사무소의 개설등록절차

1. 등록관청 – 시장·군수 또는 구청장

구가 설치된 곳에서는 구청장이 등록관청이 되며, 구가 설치되지 않은 시는 시장이 등록관청이 된다.

2. 등록신청

(1) 등록신청자

공인중개사(소속공인중개사는 제외한다) 또는 법인이 아닌 자는 중개사무소의 개설등록을 신청할 수 없다.

(2) 구비서류

① 등록신청서
② 실무교육 수료확인증 사본(다만, 전자적으로 확인이 가능한 경우는 제외한다)
③ 여권용 사진
④ 건축물대장에 기재된 건물에 중개사무소를 확보(소유·전세·임대차 또는 사용대차 등의 방법에 의하여 사용권을 확보하여야 한다)하였음을 증명하는 서류
⑤ 다음의 서류(외국인이나 외국에 주된 영업소를 둔 법인의 경우에 한한다)
　㉠ 결격사유에 해당되지 아니함을 증명하는 다음의 어느 하나에 해당하는 서류

> ⓐ 외국 정부나 그 밖에 권한 있는 기관이 발행한 서류 또는 공증인(법률에 따른 공증인의 자격을 가진 자만 해당한다)이 공증한 신청인의 진술서로서 「재외공관 공증법」에 따라 그 국가에 주재하는 대한민국공관의 영사관이 확인한 서류
> ⓑ 「외국공문서에 대한 인증의 요구를 폐지하는 협약」을 체결한 국가의 경우에는 해당 국가의 정부나 공증인, 그 밖의 권한이 있는 기관이 발행한 것으로서 해당 국가의 아포스티유(Apostille) 확인서 발급 권한이 있는 기관이 그 확인서를 발급한 서류

　㉡ 「상법」 제614조의 규정에 따른 영업소의 등기를 증명할 수 있는 서류

(3) 등록신청 수수료

지방자치단체의 조례가 정하는 바에 따라 납부하여야 한다.

(4) 종별 변경

종별 변경	변경방법	구비서류
① 공인중개사인 개업공인중개사 ⇨ 법인인 개업공인중개사	신규 등록 (등록신청서 제출)	종전에 제출한 서류는 제출하지 아니할 수 있으며, 종전 등록증은 반납하여야 함
② 법인인 개업공인중개사 ⇨ 공인중개사인 개업공인중개사	신규 등록 (등록신청서 제출)	
③ 부칙 규정에 의한 개업공인중개사 ⇨ 법인인 개업공인중개사	신규 등록	
④ 부칙 규정에 의한 개업공인중개사 ⇨ 공인중개사인 개업공인중개사	동일 관할 구역 내	등록증 재교부신청서에 등록증과 변경사항 증명서류(공인중개사자격증)를 첨부하여 등록증 재교부신청

3. 등록기준

중개사무소 개설등록의 기준은 다음과 같다. 다만, 다른 법률의 규정에 따라 중개업을 할 수 있는 경우에는 다음의 기준을 적용하지 아니한다.

(1) 공인중개사가 중개사무소를 개설하고자 하는 경우
① 실무교육을 받았을 것
② 건축물대장에 기재된 건물에 중개사무소를 확보할 것

(2) 법인이 중개사무소를 개설하려는 경우
① 「상법」상 회사* 또는 「협동조합 기본법」에 따른 **협동조합***(사회적 협동조합은 제외한다)으로서 자본금이 5천만원 이상일 것
② 법 제14조에 규정된 업무만을 영위할 목적으로 설립된 법인일 것
③ 대표자는 공인중개사이어야 하며, 대표자를 제외한 임원 또는 사원(**합명회사*** 또는 **합자회사***의 무한책임사원을 말한다)의 3분의 1 이상은 공인중개사일 것

> **용어 정리**
>
> * **「상법」상 회사**
>   「상법」상 회사에는 주식회사, 유한회사, 합명회사, 합자회사, 유한책임회사가 있다.
>
> * **협동조합**
>   재화 또는 용역의 구매·생산·판매·제공 등을 협동으로 영위함으로써 조합원의 권익을 향상하고 지역사회에 공헌하고자 하는 사업조직을 말하는데, 「민법」상 조합과 달리 법인으로 한다.
>
> * **합명회사(상법 제178조)**
>   무한책임사원만으로 구성되는 회사로서 회사의 재산으로 회사의 채무를 완제할 수 없을 때에는 각 사원은 연대하여 변제할 책임을 진다(상법 제212조). 따라서 정관에 다른 규정이 없는 한, 사원은 회사의 업무를 집행하고 회사를 대표하는 권한을 가진다.

> **＊합자회사(상법 제268조)**
> 무한책임사원과 유한책임사원으로 조직하는 회사로서 사업의 경영은 무한책임사원이 하고, 유한책임사원은 자본을 제공하여 사업에서 생기는 이익의 분배에 참여한다. 무한책임사원이 있는 점은 합명회사와 같으나, 그 출자가액에서 이미 이행한 부분을 공제한 가액을 한도로 하여 회사채무를 변제할 책임을 지는 유한책임사원이 있는 점이 합명회사와 다르다.

④ 대표자, 임원 또는 사원 전원 및 분사무소의 책임자(분사무소를 설치하려는 경우에만 해당한다)가 실무교육을 받았을 것
⑤ 건축물대장에 기재된 건물에 중개사무소를 확보(소유·전세·임대차 또는 사용대차 등의 방법에 의하여 사용권을 확보하여야 한다)할 것
⑥ 임원 또는 사원이 결격사유에 해당하지 않을 것

(3) 시장·군수 또는 구청장은 개설등록신청이 다음의 어느 하나에 해당하는 경우를 제외하고는 개설등록을 해주어야 한다.

> ① 공인중개사 또는 법인이 아닌 자가 중개사무소의 개설등록을 신청한 경우
> ② 중개사무소의 개설등록을 신청한 자가 결격사유에 해당하는 경우
> ③ 개설등록 기준에 적합하지 아니한 경우
> ④ 그 밖에 이 법 또는 다른 법령에 따른 제한에 위반되는 경우

4. 등록효과

(1) 등록처분 및 통지
중개사무소 개설등록의 신청을 받은 등록관청은 개업공인중개사의 종별에 따라 구분하여 개설등록을 하고 개설등록신청을 받은 날부터 7일 이내에 등록신청인에게 서면으로 통지하여야 한다.

(2) 등록증 교부 전 확인사항
등록관청은 중개사무소의 개설등록을 한 자가 업무보증을 설정하였는지 여부를 확인하여야 한다.

(3) 등록증의 교부
등록관청이 중개사무소등록증을 교부하는 때에는 부동산중개사무소등록대장에 그 등록에 관한 사항을 기록한 후 중개사무소등록증을 지체 없이 교부하여야 한다.

(4) 등록증 등 게시의무

개업공인중개사는 중개사무소등록증·중개보수표 그 밖에 국토교통부령으로 정하는 다음의 사항을 해당 중개사무소 안의 보기 쉬운 곳에 게시하여야 한다.

① 중개사무소등록증 원본(법인인 개업공인중개사의 분사무소의 경우에는 분사무소설치신고확인서 원본을 말한다)
② 중개보수·실비의 요율 및 한도액표
③ 개업공인중개사 및 소속공인중개사의 공인중개사 자격증 원본(해당되는 자가 있는 경우로 한정한다)
④ 보증의 설정을 증명할 수 있는 서류
⑤ 사업자등록증

(5) 업무개시 시점

중개사무소의 개설등록 후 3개월을 초과한 기간 동안 업무를 개시하지 아니한 경우 휴업신고규정을 위반한 것으로 보므로, 최소한 3개월 안에는 업무를 개시하여야 한다.

■ 중개사무소 등록절차

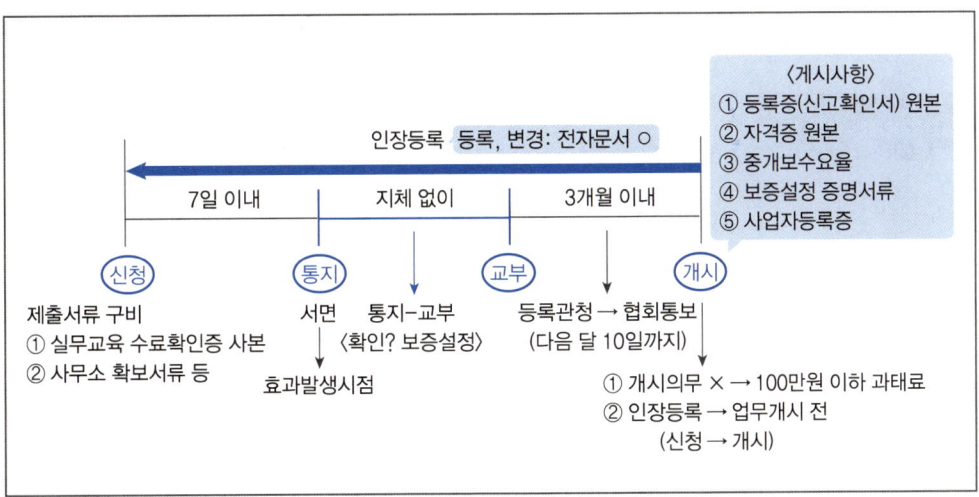

5. 이중등록 및 이중소속의 금지

① **이중등록금지**: 지역이나 종별을 불문하고 금지된다.
② **이중소속금지**: 개업공인중개사 등에게 적용된다.

2 결격사유

결격사유	내용	결격사유를 벗어나는 방법
제한능력자	미성년자	기간의 경과(성년)
	피성년후견인 및 피한정후견인	후견의 종료 심판
경제적 무능력자	파산선고를 받은 자	복권결정
수형인	금고 이상 형의 수형인	집행 종료 또는 집행 면제된 날 + 3년 경과
	집행유예기간 중에 있는 자	집행유예기간 만료된 날 + 2년 경과
「공인중개사법」을 위반한 자	자격취소를 받은 자	자격취소를 받은 날 + 3년 경과
	자격정지기간 중에 있는 자	자격정지기간 만료
	등록취소를 받은 자	등록취소를 받은 날 + 3년 경과
	업무정지기간 중에 있는 자	업무정지기간 만료
	업무정지사유 발생 당시의 사원 또는 임원	업무정지기간 만료
	300만원 이상의 벌금형의 선고를 받은 자	벌금형 선고일 + 3년 경과
법인의 사원 또는 임원	결격사유에 해당하는 사원 또는 임원이 있는 법인	2개월 이내에 그 사유를 해소

Chapter 04 중개업무

> **학습포인트** 분사무소의 설치요건과 절차를 암기한다.

1 업무범위

1. 업무지역의 범위

(1) 법인 및 공인중개사인 개업공인중개사의 업무지역 – 전국

(2) 부칙 규정에 의한 개업공인중개사의 업무지역
① **원칙**: 특별시·광역시·도의 관할 구역
② **예외**: 부동산거래정보망에 가입하고 이를 이용하여 중개하는 경우에는 해당 부동산거래정보망에 공개된 중개대상물은 전국이 된다.
③ **제재**: 6개월 범위 내에서 업무정지처분을 받을 수 있다.

2. 개업공인중개사의 업무범위

(1) 공인중개사인 개업공인중개사와 부칙 규정에 의한 개업공인중개사의 업무범위

법인인 개업공인중개사의 업무가 가능하다. 다만, 부칙 규정에 의한 개업공인중개사는 경·공매 알선 및 대리업무는 불가능하다.

(2) 법인인 개업공인중개사의 업무범위

① 중개업
② 상업용 건축물 및 주택의 임대관리 등 부동산의 관리대행
③ 부동산의 이용·개발 및 거래에 관한 상담
④ 개업공인중개사를 대상으로 한 중개업의 경영기법 및 경영정보의 제공
⑤ 상업용 건축물 및 주택의 분양대행
⑥ 그 밖에 중개업에 부수되는 업무로서 대통령령으로 정하는 업무인 중개의뢰인의 의뢰에 따른 도배·이사업체의 소개 등 주거이전에 부수되는 용역의 알선
⑦ 「민사집행법」에 의한 경매 및 「국세징수법」 그 밖의 법령에 의한 공매대상 부동산에 대한 권리분석 및 취득의 알선과 매수신청 또는 입찰신청의 대리

2 고용인

1. 고용인의 고용 및 종료신고 등

(1) 고용 및 종료신고

개업공인중개사는 소속공인중개사 또는 중개보조원을 고용한 때에는 업무개시 전까지, 고용관계가 종료된 때에는 고용관계가 종료된 날부터 10일 이내에 등록관청에 신고하여야 한다.

(2) 중개보조원 고지의무

중개보조원은 현장안내 등 중개업무를 보조하는 경우 중개의뢰인에게 본인이 중개보조원이라는 사실을 미리 알려야 한다.

(3) 중개보조원 고용인원수 제한

개업공인중개사가 고용할 수 있는 중개보조원의 수는 개업공인중개사와 소속공인중개사를 합한 수의 5배를 초과하여서는 아니 된다.

2. 고용인의 업무상 행위와 책임

(1) 손해배상책임(민사책임)
개업공인중개사는 고용인의 업무상 행위에 대해 무과실책임으로서 「공인중개사법」에 따른 책임을 지게 된다.

(2) 형사책임(양벌규정*)
① 고용인이 행정형벌사유에 해당하게 된 경우 고용인에게는 징역 또는 벌금형이 과해지며, 그를 고용한 개업공인중개사에게는 벌금형이 과해질 수 있다.
② 다만, 개업공인중개사가 그 위반행위를 방지하기 위하여 해당 업무에 관하여 상당한 주의와 감독을 게을리하지 아니한 경우에는 그러하지 아니하다.

> **용어 정리**
>
> *양벌규정
> 쌍벌규정(雙罰規定)이라고도 한다. 법인의 대표자나 법인 또는 개인의 대리인·고용인, 그 밖의 종업원이 법인 또는 개인의 업무에 관하여 위법행위를 한 경우 위법행위를 한 행위자를 처벌하는 것뿐만 아니라 해당 법인 또는 개인도 함께 처벌하는 규정을 말한다.

(3) 행정상 책임(행정처분)
고용인의 업무상 행위는 그를 고용한 개업공인중개사의 행위로 본다. 따라서 소속공인중개사가 규정된 보수 이외에 금품을 수수한 사실이 적발된 경우 금지행위에 해당하므로 소속공인중개사는 자격정지처분사유에 해당하며, 그를 고용한 개업공인중개사의 경우 금지행위를 한 것으로 보므로 등록취소처분에 처해질 수 있다.

3 중개사무소

1. 분사무소

(1) 설치요건
① 주된 사무소의 소재지가 속한 시·군·구를 제외한 시·군·구별로 설치할 것
② 시·군·구별로 1개소만 설치할 것
③ 분사무소에는 공인중개사를 책임자로 둘 것. 다만, 다른 법률의 규정에 따라 중개업을 할 수 있는 법인의 분사무소인 경우에는 그러하지 아니하다.

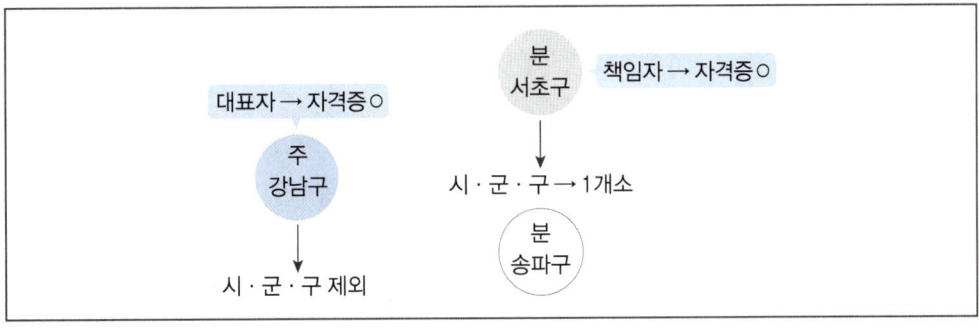

(2) 신고확인서 교부 및 통지

① 분사무소 설치신고를 받은 주된 사무소 등록관청은 행정정보의 공동이용을 통하여 법인 등기사항증명서를 확인하여야 한다.

② 분사무소 설치신고를 받은 등록관청은 그 신고내용이 적합한 경우에는 별지 제10호 서식인 분사무소 설치신고확인서를 교부하고 지체 없이 그 분사무소 설치예정지역을 관할하는 시장·군수 또는 구청장에게 이를 통보하여야 한다.

(3) 설치절차

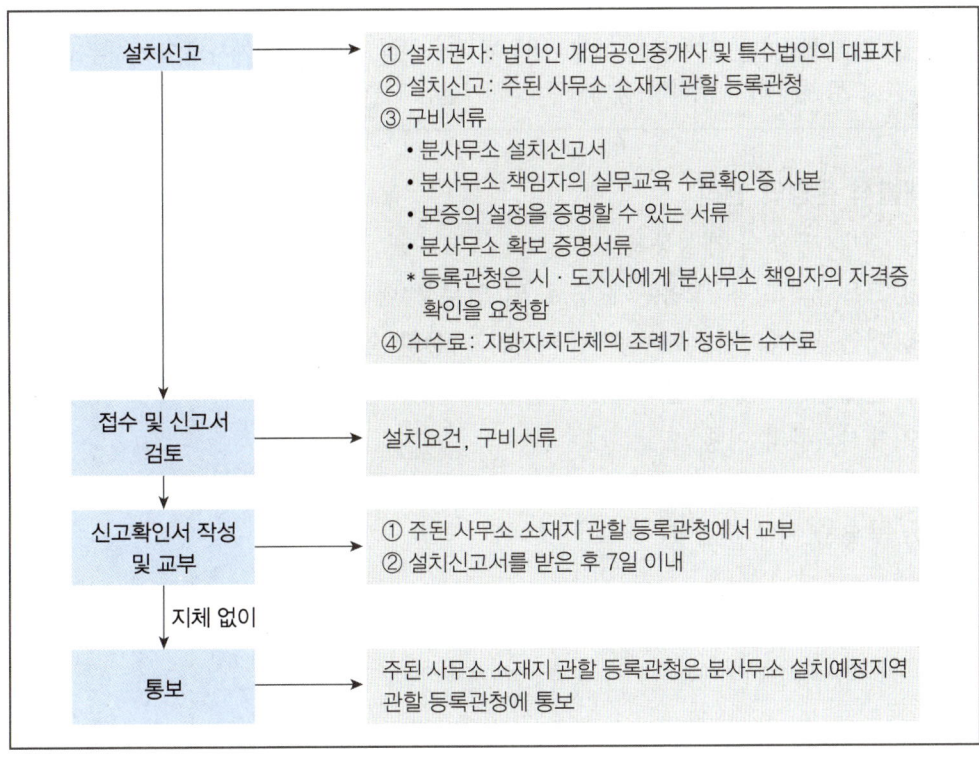

2. 중개사무소의 공동사용(공동사무소)

(1) 공동사무소의 설치
① 개업공인중개사는 그 업무의 효율적인 수행을 위하여 다른 개업공인중개사와 중개사무소를 공동으로 사용할 수 있다. 다만, 개업공인중개사가 업무정지기간 중에 있는 경우는 그러하지 아니하다.
② 중개사무소를 공동으로 사용하려는 개업공인중개사는 중개사무소의 개설등록 또는 중개사무소의 이전신고를 하는 때에 그 중개사무소를 사용할 권리가 있는 다른 개업공인중개사의 승낙서를 첨부하여야 한다.

(2) 공동사무소의 설치제한
업무정지기간 중에 있는 개업공인중개사는 다음의 어느 하나에 해당하는 방법으로 다른 개업공인중개사와 중개사무소를 공동으로 사용할 수 없다.

> ① 업무정지기간 중에 있는 개업공인중개사가 다른 개업공인중개사에게 중개사무소의 공동사용을 위하여 승낙서를 주는 방법. 다만, 업무정지기간 중에 있는 개업공인중개사가 영업정지처분을 받기 전부터 중개사무소를 공동사용 중인 다른 개업공인중개사는 제외한다.
> ② 업무정지기간 중에 있는 개업공인중개사가 다른 개업공인중개사의 중개사무소를 공동으로 사용하기 위하여 중개사무소의 이전신고를 하는 방법

(3) 개별적 운영의 원칙
① 중개사무소의 개설등록
② 고용인의 고용·고용관계 종료 및 업무상 행위와 책임
③ 개업공인중개사, 소속공인중개사가 사용할 인장의 등록
④ 손해배상책임 및 업무보증의 설정
⑤ 게시의무의 이행
⑥ 거래계약서, 확인·설명서의 작성
⑦ 부동산 거래신고 등

3. 사무소의 이전

(1) 중개사무소의 이전

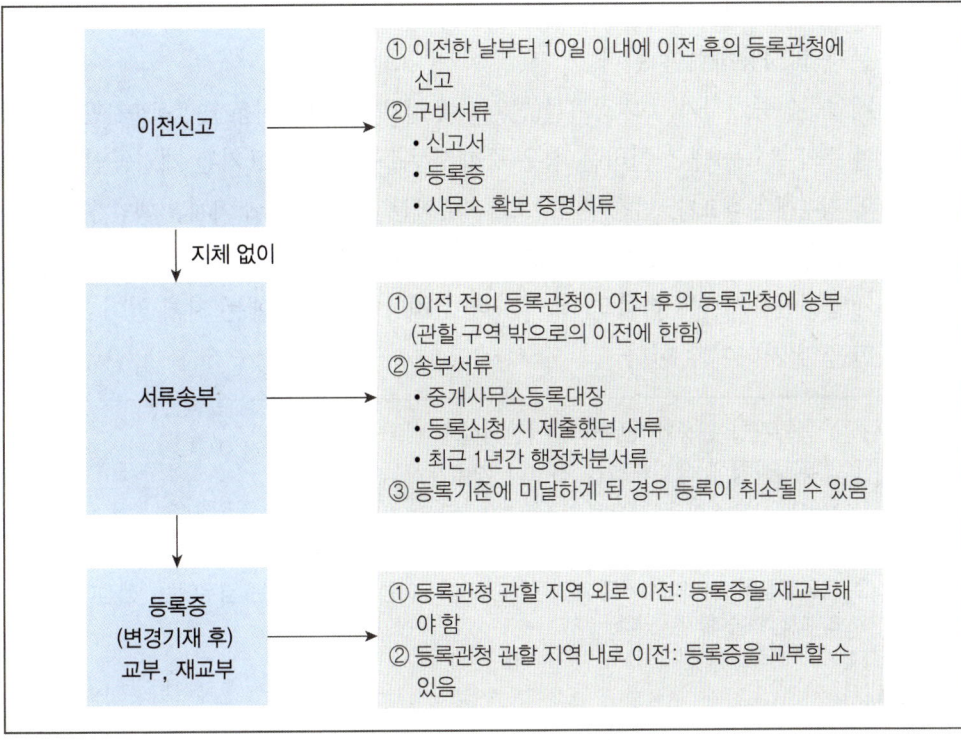

(2) 분사무소의 이전

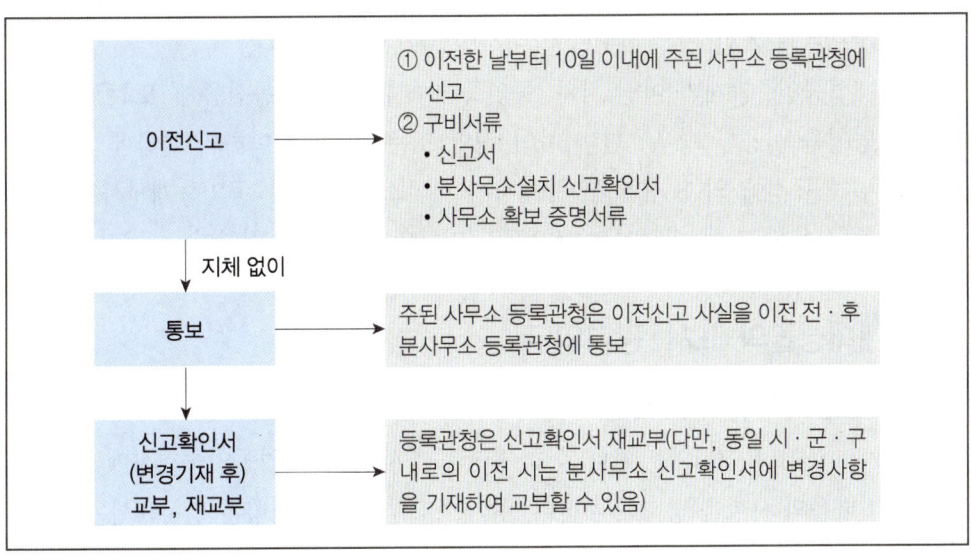

4. 사무소명칭 표시의무

(1) 내용
① 개업공인중개사는 그 사무소의 명칭에 '공인중개사사무소' 또는 '부동산중개'라는 문자를 사용하여야 한다.
② 개업공인중개사가 옥외광고물(건물 밖에 설치되는 벽면 이용간판, 돌출간판 또는 옥상간판 등의 광고물)을 설치하는 경우 중개사무소등록증에 표기된 개업공인중개사(법인의 경우에는 대표자, 법인 분사무소의 경우에는 신고확인서에 기재된 책임자를 말한다)의 성명을 인식할 수 있는 크기로 표기하여야 한다.
③ 개업공인중개사는 다음의 어느 하나에 해당하는 경우에는 지체 없이 사무소의 간판을 철거하여야 한다.

> ⊙ 등록관청에 중개사무소의 이전사실을 신고한 경우
> ⊙ 등록관청에 폐업사실을 신고한 경우
> ⊙ 중개사무소의 개설등록취소처분을 받은 경우

➕ 등록관청은 간판의 철거를 개업공인중개사가 이행하지 아니하는 경우에는 「행정대집행법」에 따라 대집행을 할 수 있다.

(2) 제재
① 개업공인중개사가 그 사무소의 명칭에 '공인중개사사무소' 또는 '부동산중개'라는 문자를 사용하지 아니한 경우 또는 옥외광고물에 성명을 표기하지 아니하거나 거짓으로 표기한 경우 100만원 이하의 과태료에 처한다.
② 개업공인중개사가 아닌 자가 '공인중개사사무소', '부동산중개' 또는 이와 유사한 명칭을 사용한 경우 1년 이하의 징역 또는 1천만원 이하의 벌금에 처한다.
③ 부칙 규정에 의한 개업공인중개사가 사무소의 명칭에 '공인중개사사무소'의 문자를 사용한 자에 대하여는 100만원 이하의 과태료에 처한다.

5. 중개대상물의 표시·광고의무

(1)
개업공인중개사가 의뢰받은 중개대상물에 대해 표시·광고(표시·광고의 공정화에 관한 법률에 따른 표시·광고를 말한다)를 하려면 중개사무소, 개업공인중개사에 관한 사항으로서 다음의 사항을 명시해야 하며, 중개보조원에 관한 사항은 명시해서는 아니 된다.

> ① 중개사무소의 명칭, 소재지, 연락처 및 등록번호
> ② 개업공인중개사의 성명(법인인 경우에는 대표자의 성명)

(2) 개업공인중개사가 인터넷을 이용하여 중개대상물에 대한 표시·광고를 하는 때에는 다음에서 정하는 사항을 명시하여야 한다.

> ① 중개사무소의 명칭, 소재지, 연락처 및 등록번호
> ② 개업공인중개사의 성명(법인인 경우에는 대표자의 성명)
> ③ 소재지
> ④ 면적
> ⑤ 가격
> ⑥ 중개대상물 종류
> ⑦ 거래 형태
> ⑧ **건축물 및 그 밖의 토지의 정착물인 경우 다음의 사항**
>   ㉠ 총 층수
>   ㉡ 「건축법」 또는 「주택법」 등 관련 법률에 따른 사용승인·사용검사·준공검사 등을 받은 날
>   ㉢ 해당 건축물의 방향, 방의 개수, 욕실의 개수, 입주가능일, 주차대수 및 관리비

(3) 개업공인중개사가 아닌 자는 중개대상물에 대한 표시·광고를 하여서는 아니 된다.

(4) 중개대상물에 대한 위 (1), (2)에 따른 사항의 구체적인 표시·광고(표시·광고의 공정화에 관한 법률 제2조 제1호 및 제2호에 따른 표시·광고를 말한다) 방법에 대해서는 국토교통부장관이 정하여 고시한다.

(5) 개업공인중개사는 중개대상물에 대하여 다음의 어느 하나에 해당하는 부당한 표시·광고를 하여서는 아니 된다.

> ① 중개대상물이 존재하지 않아서 실제로 거래를 할 수 없는 중개대상물에 대한 표시·광고
> ② 중개대상물의 가격 등 내용을 사실과 다르게 거짓으로 표시·광고하거나 사실을 과장되게 하는 표시·광고
> ③ 그 밖에 표시·광고의 내용이 부동산거래질서를 해치거나 중개의뢰인에게 피해를 줄 우려가 있는 것으로서 다음에서 정하는 내용의 표시·광고
>   ㉠ 중개대상물이 존재하지만 실제로 중개의 대상이 될 수 없는 중개대상물에 대한 표시·광고
>   ㉡ 중개대상물이 존재하지만 실제로 중개할 의사가 없는 중개대상물에 대한 표시·광고
>   ㉢ 중개대상물의 입지조건, 생활여건, 가격 및 거래조건 등 중개대상물 선택에 중요한 영향을 미칠 수 있는 사실을 빠뜨리거나 은폐·축소하는 등의 방법으로 소비자를 속이는 표시·광고

(6) 위 (5)에 따른 부당한 표시·광고의 세부적인 유형 및 기준 등에 관한 사항은 국토교통부장관이 정하여 고시한다.

6. 인터넷 표시·광고 모니터링

(1) 국토교통부장관은 인터넷을 이용한 중개대상물에 대한 표시·광고가 중개대상물의 표시·광고규정을 준수하는지 여부를 모니터링할 수 있다.

(2) 국토교통부장관은 인터넷을 이용한 중개대상물에 대한 표시·광고규정에 따른 모니터링을 위하여 필요한 때에는 정보통신서비스 제공자(정보통신망 이용촉진 및 정보보호 등에 관한 법률 제2조 제1항 제3호에 따른 정보통신서비스 제공자를 말한다)에게 관련 자료의 제출을 요구할 수 있다. 이 경우 관련 자료의 제출을 요구받은 정보통신서비스 제공자는 정당한 사유가 없으면 이에 따라야 한다.

(3) 국토교통부장관은 인터넷을 이용한 중개대상물에 대한 표시·광고규정에 따른 모니터링 결과에 따라 정보통신서비스 제공자에게 이 법 위반이 의심되는 표시·광고에 대한 확인 또는 추가정보의 게재 등 필요한 조치를 요구할 수 있다. 이 경우 필요한 조치를 요구받은 정보통신서비스 제공자는 정당한 사유가 없으면 이에 따라야 한다.

(4) 국토교통부장관은 모니터링 업무를 다음의 기관에 위탁할 수 있다.

> ① 「공공기관의 운영에 관한 법률」 제4조에 따른 공공기관
> ② 「정부출연연구기관 등의 설립·운영 및 육성에 관한 법률」 제2조에 따른 정부출연연구기관
> ③ 「민법」 제32조에 따라 설립된 비영리법인으로서 인터넷 표시·광고 모니터링 또는 인터넷 광고 시장 감시와 관련된 업무를 수행하는 법인
> ④ 그 밖에 인터넷 표시·광고 모니터링 업무 수행에 필요한 전문인력과 전담조직을 갖췄다고 국토교통부장관이 인정하는 기관 또는 단체

(5) 국토교통부장관은 업무를 위탁하는 경우에는 위탁받는 기관 및 위탁업무의 내용을 고시해야 한다.

(6) 국토교통부장관은 업무위탁기관에 예산의 범위에서 위탁업무 수행에 필요한 예산을 지원할 수 있다.

(7) 모니터링의 내용, 방법, 절차 등에 관한 사항은 국토교통부령으로 정한다.

(8) 인터넷 표시·광고 모니터링 업무의 내용 및 방법

① 모니터링 업무는 다음의 구분에 따라 수행한다.

> ㉠ 기본 모니터링 업무: 모니터링 기본계획서에 따라 분기별로 실시하는 모니터링
> ㉡ 수시 모니터링 업무: 중개대상물 표시·광고를 위반한 사실이 의심되는 경우 등 국토교통부장관이 필요하다고 판단하여 실시하는 모니터링

② 위 **(4)**의 모니터링 업무 수탁기관(이하 '모니터링 기관')은 모니터링 업무를 수행하려면 다음의 구분에 따라 계획서를 국토교통부장관에게 제출해야 한다.

> ㉠ 기본 모니터링 업무: 다음 연도의 모니터링 기본계획서를 매년 12월 31일까지 제출할 것
> ㉡ 수시 모니터링 업무: 모니터링의 기간, 내용 및 방법 등을 포함한 계획서를 제출할 것

③ 모니터링 기관은 업무를 수행한 경우 해당 업무에 따른 결과보고서를 다음의 구분에 따른 기한까지 국토교통부장관에게 제출해야 한다.

> ㉠ 기본 모니터링 업무: 매 분기의 마지막 날부터 30일 이내
> ㉡ 수시 모니터링 업무: 해당 모니터링 업무를 완료한 날부터 15일 이내

④ 국토교통부장관은 제출받은 결과보고서를 시·도지사 및 등록관청에 통보하고 필요한 조사 및 조치를 요구할 수 있다.

⑤ 시·도지사 및 등록관청 등은 위 ④에 따른 요구를 받으면 신속하게 조사 및 조치를 완료하고, 완료한 날부터 10일 이내에 그 결과를 국토교통부장관에게 통보해야 한다.

⑥ 위 ①부터 ⑤까지에서 규정한 사항 외에 모니터링의 기준, 절차 및 방법 등에 관한 세부적인 사항은 국토교통부장관이 정하여 고시한다.

■ 인터넷 표시·광고 – 모니터링 업무

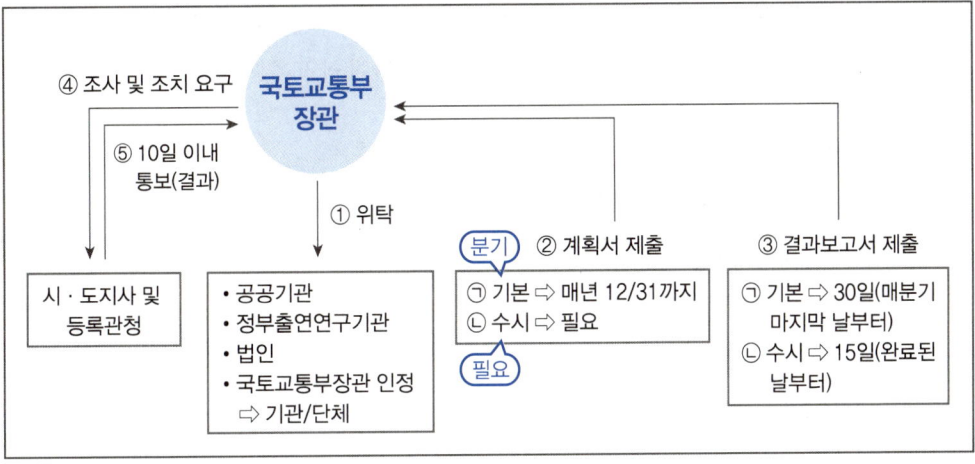

4 인장등록

1. 인장등록

개업공인중개사 및 소속공인중개사는 국토교통부령으로 정하는 바에 따라 중개행위에 사용할 인장을 업무개시 전에 등록관청에 등록하여야 한다. 이 경우 개업공인중개사는 개설등록신청 시, 고용인의 경우는 고용신고 시 인장등록을 같이 할 수 있다.

2. 인장등록의무

① 법인인 개업공인중개사의 경우에는 「상업등기규칙」에 따라 신고한 법인의 인장이어야 한다.
② 개인인 개업공인중개사 및 소속공인중개사가 등록하여야 할 인장은 「가족관계의 등록 등에 관한 법률」에 따른 가족관계등록부 또는 「주민등록법」에 따른 주민등록표에 기재되어 있는 성명이 나타난 인장으로서 그 크기가 가로·세로 각각 7mm 이상 30mm 이내인 인장이어야 한다.
③ 분사무소의 경우 법인의 대표자가 보증하는 인장을 등록할 수 있다.
④ 법인인 개업공인중개사의 경우 「상업등기규칙」에 따른 인감증명서의 제출로 인장등록에 갈음한다.

3. 인장의 변경

등록한 인장을 변경한 경우에는 개업공인중개사 및 소속공인중개사는 변경일로부터 7일 이내에 그 변경된 인장을 등록관청에 등록하여야 한다.

4. 제재

내용	제재
개업공인중개사가 인장을 등록하지 아니하거나, 등록하지 아니한 인장을 사용한 경우	업무정지
소속공인중개사가 인장을 등록하지 아니하거나, 등록하지 아니한 인장을 사용한 경우	자격정지

5 휴·폐업

1. 휴·폐업신고

① 개업공인중개사는 다음의 어느 하나에 해당하는 경우에는 국토교통부령이 정하는 신고서에 중개사무소등록증을 첨부(㉠ 및 ㉡의 경우만 해당한다)하여 등록관청에 미리 신고해야 한다.

> ㉠ 3개월을 초과하여 휴업(중개사무소 개설등록 후 업무를 개시하지 않는 경우를 포함한다)하려는 경우
> ㉡ 폐업하려는 경우
> ㉢ 3개월을 초과하여 휴업한 부동산중개업을 재개하려는 경우
> ㉣ 신고한 휴업기간을 변경하려는 경우

② 법인인 개업공인중개사는 분사무소를 둔 경우에는 분사무소별로 휴업 및 폐업을 할 수 있다. 이 경우 신고확인서를 첨부(위 ①의 ㉠ 및 ㉡의 경우만 해당한다)해야 한다.
③ 휴업·폐업신고를 하려는 자가 「부가가치세법」에 따른 신고를 같이 하려는 경우에는 「부가가치세법 시행령」에 따른 휴업(폐업)신고서를 함께 제출해야 한다. 이 경우 등록관청은 함께 제출받은 신고서를 지체 없이 관할 세무서장에게 송부(정보통신망을 이용한 송부를 포함한다)해야 한다.
④ 관할 세무서장이 「부가가치세법 시행령」에 따른 휴업(폐업)신고서를 받아 해당 등록관청에 송부한 경우에는 휴업(폐업)신고서가 제출된 것으로 본다.

2. 휴업기간

휴업은 6개월을 초과할 수 없다. 다만, 질병으로 인한 요양, 징집으로 인한 입영, 취학, 임신 또는 출산, 그 밖에 이에 준하는 부득이한 사유의 경우에는 그러하지 아니하다.

3. 변경신고의무

휴업기간을 변경하고자 하는 때에는 등록관청에 미리 신고하여야 한다.

4. 재개신고의무

① 휴업한 중개업을 재개하고자 하는 때에는 등록관청에 미리 신고하여야 한다.
② 중개사무소 재개신고를 받은 등록관청은 반납을 받은 중개사무소등록증을 즉시 반환하여야 한다.

5. 제재

내용	제재
휴·폐업신고, 휴업기간의 변경신고, 재개신고를 하지 않은 경우	100만원 이하의 과태료
계속하여 6개월을 초과하여 휴업한 경우	상대적 등록취소

Chapter 05 중개계약 및 부동산거래정보망

> **학습포인트** 거래정보사업자 지정절차, 지정취소사유에 관하여 학습한다.

1 중개계약

1. 일반중개계약

(1) 일반중개계약서 작성요청
중개의뢰인은 중개의뢰내용을 명확하게 하기 위하여 필요한 경우 개업공인중개사에게 일반중개계약서의 작성을 요청할 수 있다.

(2) 일반중개계약서의 기재요청사항
① 중개대상물의 위치 및 규모
② 거래예정가격
③ 거래예정가격에 대하여「공인중개사법」제32조에 따라 정한 중개보수
④ 그 밖에 개업공인중개사와 중개의뢰인이 준수하여야 할 사항

2. 전속중개계약

■ 전속중개계약 체결에 따른 중개업무절차

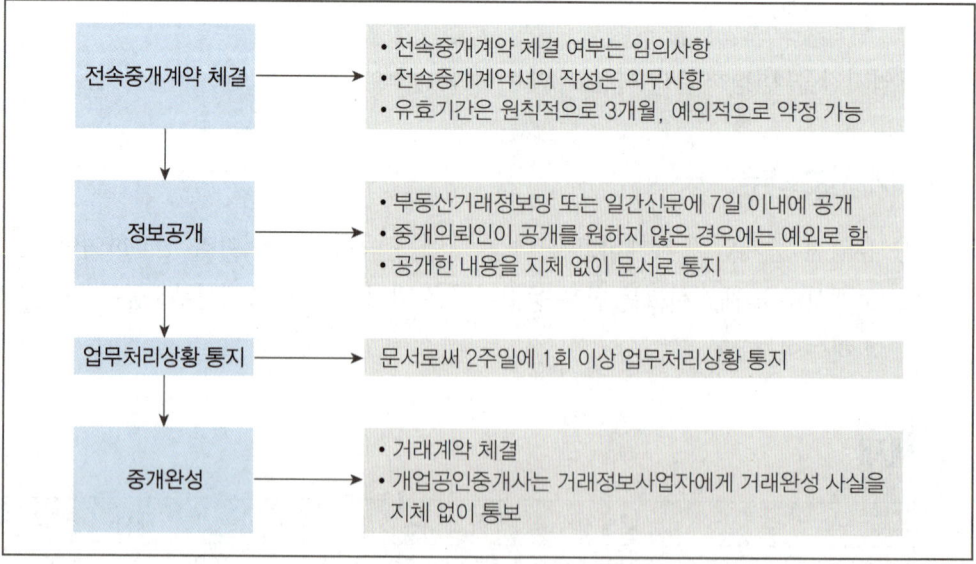

(1) 개업공인중개사의 의무사항

① **전속중개계약서 작성의무**: 전속중개계약을 체결할 때에는 반드시 전속중개계약서를 작성하여야 하며, 이를 국토교통부령으로 정하는 기간인 3년간 보존하여야 한다.

② **정보공개의무**: 개업공인중개사가 전속중개계약을 체결한 때에는 7일 이내에 부동산거래정보망 또는 일간신문에 해당 중개대상물에 관한 정보를 공개하여야 한다. 다만, 중개의뢰인이 비공개를 요청한 경우에는 이를 공개하여서는 아니 된다.

㉠ 공개할 내용
- ⓐ 중개대상물의 종류, 소재지, 지목 및 면적, 건축물의 용도·구조 및 건축연도 등 중개대상물을 특정하기 위하여 필요한 사항
- ⓑ 벽면 및 도배의 상태
- ⓒ 수도·전기·가스·소방·열공급·승강기 설비, 오수·폐수·쓰레기 처리시설 등의 상태
- ⓓ 도로 및 대중교통수단과의 연계성, 시장·학교 등과의 근접성, 지형 등 입지조건, 일조(日照)·소음·진동 등 환경조건
- ⓔ 소유권·전세권·저당권·지상권 및 임차권 등 중개대상물의 권리관계에 관한 사항. 다만, 각 권리자의 주소·성명 등 인적사항에 관한 정보는 공개해서는 아니 된다.
- ⓕ 공법상의 이용제한 및 거래규제에 관한 사항
- ⓖ 중개대상물의 거래예정금액 및 공시지가. 다만, 임대차의 경우에는 공시지가를 공개하지 아니할 수 있다.

㉡ 개업공인중개사가 중개대상물을 공개한 때에는 지체 없이 중개의뢰인에게 부동산거래정보망 등에 공개한 내용을 문서로 통지하여야 한다.

③ **통지의무**: 개업공인중개사는 중개의뢰인에게 2주일에 1회 이상 중개업무 처리상황을 문서로 통지하여야 한다.

(2) 중개의뢰인의 의무사항

다음에 해당하는 경우에 중개의뢰인은 개업공인중개사에게 위약금*이나 일정한 비용을 지불하여야 할 의무가 있다.

> **용어 정리**
>
> *위약금
> 계약의 당사자 간에 채무불이행이 있을 경우 채무자가 채권자에게 지급하기로 약속한 금전을 말한다. 그 성질에 따라 손해배상액의 예정으로서 지급하는 경우와 실제 손해와는 별도로 채무불이행에 대한 제재인 위약벌로서 지급하는 경우가 있다.

① 중개보수에 해당하는 금액을 개업공인중개사에게 위약금으로 지불하여야 하는 경우
  ㉠ 전속중개계약의 유효기간 내에 전속중개계약을 체결한 개업공인중개사 외의 다른 개업공인중개사에게 중개를 의뢰하여 거래한 경우
  ㉡ 전속중개계약의 유효기간 내에 전속중개계약을 체결한 개업공인중개사의 소개에 의하여 알게 된 상대방과 전속중개계약을 체결한 개업공인중개사를 배제하고 거래당사자 간에 직접 거래한 경우
② 중개보수의 50%에 해당하는 금액의 범위 안에서 개업공인중개사가 중개행위를 할 때 소요된 비용(사회통념에 비추어 상당하다고 인정되는 비용을 말한다)을 지불하여야 하는 경우: 전속중개계약의 유효기간 내에 중개의뢰인이 스스로 발견한 상대방과 거래한 경우

(3) 유효기간

① 원칙
유효기간은 3개월을 원칙으로 한다.
② 예외
중개의뢰인과 개업공인중개사가 합의하여 별도로 정한 경우에는 그 기간에 따른다.

(4) 제재

① 전속중개계약을 체결하는 경우 전속중개계약서에 의하지 아니하고 전속중개계약을 체결하거나 계약서를 보존하지 아니한 경우 업무정지처분에 해당한다.
② 전속중개계약을 체결한 개업공인중개사가 중개대상물에 관한 정보를 거짓으로 공개하거나 거래정보사업자에게 공개를 의뢰한 중개대상물의 거래가 완성된 사실을 거래정보사업자에게 통보하지 아니한 경우 업무정지처분에 해당한다.
③ 중개대상물에 관한 정보를 공개하지 아니하거나 중개의뢰인의 비공개요청에도 불구하고 정보를 공개한 경우 등록관청은 중개사무소의 개설등록을 취소할 수 있다.

2 부동산거래정보망

1. 부동산거래정보사업자 지정절차

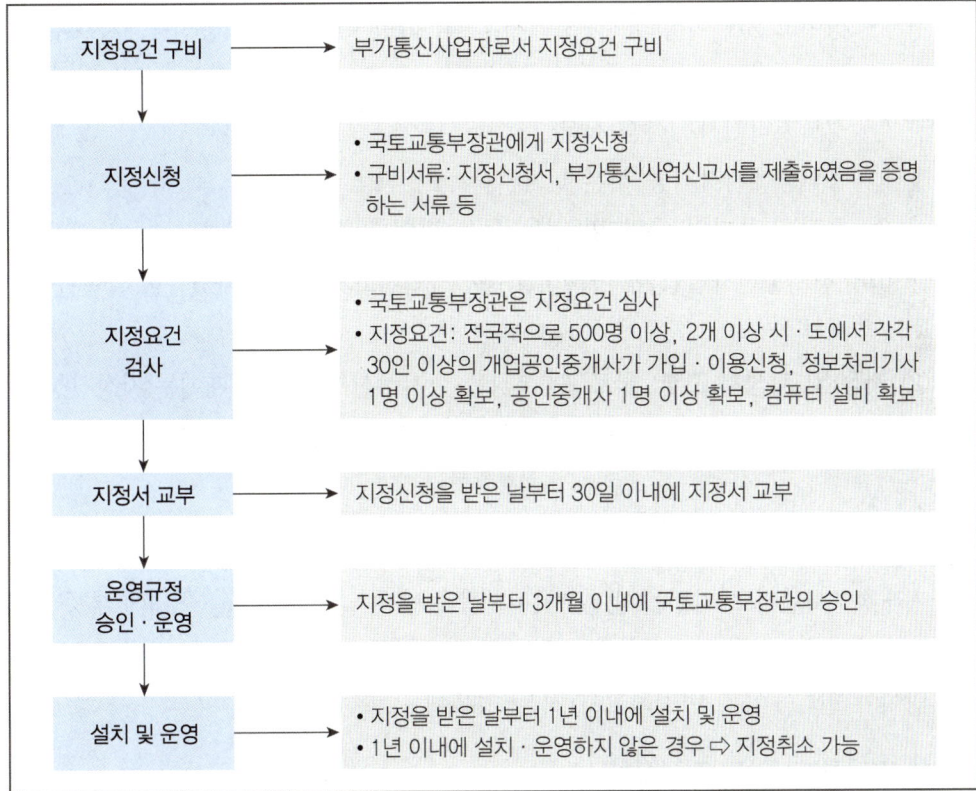

2. 부동산거래정보사업자 지정

(1) 지정요건

① 그 부동산거래정보망의 가입·이용신청을 한 개업공인중개사의 수가 500명 이상이고 2개 이상의 시·도에서 각각 30인 이상의 개업공인중개사가 가입·이용신청을 하였을 것
② 정보처리기사 1명 이상을 확보할 것
③ 공인중개사 1명 이상을 확보할 것
④ 부동산거래정보망의 가입자가 이용하는 데 지장이 없는 정도로서 국토교통부장관이 정하는 용량 및 성능을 갖춘 컴퓨터 설비를 확보할 것

(2) 지정절차

① **지정신청**
   ㉠ 그 부동산거래정보망의 가입·이용신청을 한 개업공인중개사의 수가 500명 이상이고 2개 이상의 시·도에서 각각 30인 이상의 개업공인중개사로부터 받은 부동산거래정보망 가입·이용신청서 및 중개사무소등록증 사본
   ㉡ 정보처리기사자격증 사본
   ㉢ 공인중개사자격증 사본
   ㉣ 주된 컴퓨터의 용량 및 성능 등을 확인할 수 있는 서류
   ㉤ 「전기통신사업법」에 따라 부가통신사업신고서를 제출하였음을 확인할 수 있는 서류

② **지정 및 지정서 교부**: 국토교통부장관은 지정신청을 받은 때에는 지정신청을 받은 날부터 30일 이내에 거래정보사업자 지정서를 교부하여야 한다.

3. 거래정보망의 운영규정 제정 및 승인

거래정보사업자로 지정을 받은 자는 지정을 받은 날부터 3개월 이내에 부동산거래정보망의 이용 및 정보제공방법 등에 관한 운영규정을 정하여 국토교통부장관의 승인을 얻어야 한다. 이를 변경하고자 하는 경우에도 또한 같다.

:: 거래정보사업자 지정절차

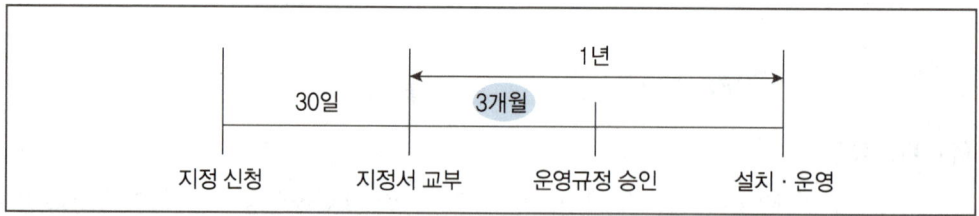

4. 지정취소사유

① 거짓이나 그 밖의 부정한 방법으로 지정을 받은 경우
② 거래정보사업자가 운영규정의 승인 또는 변경승인을 받지 아니하거나 운영규정을 위반하여 부동산거래정보망을 운영한 경우
③ 거래정보사업자가 개업공인중개사로부터 공개를 의뢰받은 중개대상물의 정보에 한정하여 이를 부동산거래정보망에 공개하지 아니하거나, 의뢰받은 내용과 다르게 정보를 공개하거나 어떠한 방법으로든지 개업공인중개사에 따라 정보를 차별적으로 공개한 경우

④ 정당한 사유 없이 지정받은 날부터 1년 이내에 부동산거래정보망을 설치·운영하지 아니한 경우
⑤ 개인인 거래정보사업자의 사망 또는 법인인 거래정보사업자의 해산 그 밖의 사유로 부동산거래정보망의 계속적인 운영이 불가능한 경우

5. 제재

(1) 행정처분(개업공인중개사에 대한 벌칙)

개업공인중개사가 중개대상물에 관한 정보를 거짓으로 공개하거나 거래정보사업자에게 공개를 의뢰한 중개대상물의 거래가 완성된 사실을 거래정보사업자에게 통보하지 아니한 경우 업무정지사유에 해당한다.

(2) 행정벌(거래정보사업자에 대한 벌칙)

① 거래정보사업자가 개업공인중개사로부터 공개를 의뢰받은 중개대상물의 정보에 한정하여 이를 부동산거래정보망에 공개하지 아니하거나, 의뢰받은 내용과 다르게 정보를 공개하거나 어떠한 방법으로든지 개업공인중개사에 따라 정보를 차별적으로 공개한 경우 1년 이하의 징역 또는 1천만원 이하의 벌금사유에 해당한다.
② 거래정보사업자가 운영규정의 승인 또는 변경승인을 얻지 아니하거나 운영규정을 위반하여 부동산거래정보망을 운영한 경우에는 500만원 이하의 과태료사유에 해당한다.
③ 거래정보사업자가 국토교통부장관의 감독상 명령에 따른 보고, 자료의 제출, 조사 또는 검사를 거부·방해 또는 기피하거나 그 밖의 명령을 이행하지 아니하거나 거짓으로 보고 또는 자료제출을 한 경우에는 500만원 이하의 과태료사유에 해당한다.

Chapter 06 개업공인중개사의 의무 및 책임

학습포인트 금지행위의 종류 및 개업공인중개사의 의무를 학습한다.

1 금지행위

1. 개업공인중개사 등의 금지행위(법 제33조 제1항)

① 중개대상물의 매매를 업으로 하는 행위
② 중개사무소의 개설등록을 하지 아니하고 중개업을 영위하는 자인 사실을 알면서 그를 통하여 중개를 의뢰받거나 그에게 자기의 명의를 이용하게 하는 행위

③ 사례·증여 그 밖의 어떠한 명목으로도 보수 또는 실비를 초과하여 금품을 받는 행위
④ 해당 중개대상물의 거래상의 중요사항에 관하여 거짓된 언행 그 밖의 방법으로 중개의뢰인의 판단을 그르치게 하는 행위
⑤ 관계 법령에서 양도·알선 등이 금지된 부동산의 분양·임대 등과 관련 있는 증서 등의 매매·교환 등을 중개하거나 그 매매를 업으로 하는 행위
⑥ 중개의뢰인과 직접 거래를 하거나 거래당사자 쌍방을 대리하는 행위
⑦ 탈세 등 관계 법령을 위반할 목적으로 소유권보존등기 또는 이전등기를 하지 아니한 부동산이나 관계 법령의 규정에 의하여 전매 등 권리의 변동이 제한된 부동산의 매매를 중개하는 등 부동산투기를 조장하는 행위
⑧ 부당한 이익을 얻거나 제3자에게 부당한 이익을 얻게 할 목적으로 거짓으로 거래가 완료된 것처럼 꾸미는 등 중개대상물의 시세에 부당한 영향을 주거나 줄 우려가 있는 행위
⑨ 단체를 구성하여 특정 중개대상물에 대하여 중개를 제한하거나 단체 구성원 이외의 자와 공동중개를 제한하는 행위

2. 누구든지 시세에 부당한 영향을 줄 목적으로 개업공인중개사등의 업무를 방해해서는 아니 된다(법 제33조 제2항).

① 안내문, 온라인 커뮤니티 등을 이용하여 특정 개업공인중개사등에 대한 중개의뢰를 제한하거나 제한을 유도하는 행위
② 안내문, 온라인 커뮤니티 등을 이용하여 중개대상물에 대하여 시세보다 현저하게 높게 표시·광고 또는 중개하는 특정 개업공인중개사등에게만 중개의뢰를 하도록 유도함으로써 다른 개업공인중개사등을 부당하게 차별하는 행위
③ 안내문, 온라인 커뮤니티 등을 이용하여 특정 가격 이하로 중개를 의뢰하지 아니하도록 유도하는 행위
④ 정당한 사유 없이 개업공인중개사등의 중개대상물에 대한 정당한 표시·광고 행위를 방해하는 행위
⑤ 개업공인중개사등에게 중개대상물을 시세보다 현저하게 높게 표시·광고하도록 강요하거나 대가를 약속하고 시세보다 현저하게 높게 표시·광고하도록 유도하는 행위

2 개업공인중개사의 의무

1. 개업공인중개사·소속공인중개사의 기본윤리의무

① 전문직업인으로서 품위유지의무
② 신의와 성실로써 공정한 중개행위를 행할 의무

2. 비밀준수의무

(1) 비밀준수의무는 개업공인중개사등이 지켜야 하므로 개업공인중개사뿐 아니라, 개업공인중개사의 중개업무를 보조하는 소속공인중개사나 중개보조원, 법인인 개업공인중개사의 사원·임원도 비밀준수의무를 부담한다.

(2) 비밀준수의무는 중개의뢰인의 이익을 보호하기 위한 것이므로 피해자가 그 처벌을 원하지 않는다는 명시적 의사표시를 한 경우 이에 반하여 처벌할 수 없는 **반의사불벌죄***이다.

> **용어 정리**
>
> *반의사불벌죄
> 피해자의 명시한 의사에 반하여 공소를 제기할 수 없는 범죄를 말한다.

(3) 비밀준수의무는 '그 업무를 떠난 후'에도 지켜야 하며, 이는 개업공인중개사가 중개사무실을 폐업한 후에도 지켜야 함을 의미한다.

(4) 제재
1년 이하의 징역이나 1천만원 이하의 벌금에 처해질 수 있다.

3. 중개대상물의 확인·설명의무

(1) 확인·설명의무

개업공인중개사는 중개를 의뢰받은 경우에는 중개가 완성되기 전에 중개대상물에 관한 권리를 취득하고자 하는 중개의뢰인에게 성실·정확하게 확인·설명하고, 토지대장등본 또는 부동산종합증명서, 등기사항증명서, 신탁원부, 건축물대장 등본 등 설명의 근거자료를 제시하여야 한다.

(2) 확인·설명의 상대방 및 방법

① **확인·설명의무자**: 확인·설명의무의 부담자는 개업공인중개사이지만 소속공인중개사의 경우도 확인·설명을 할 수 있다.

② **확인·설명의 상대방**: 개업공인중개사의 확인·설명의무는 중개대상물에 관한 권리를 취득하고자 하는 중개의뢰인에 대해서만 확인·설명의무를 부담한다.
③ **확인·설명의 방법**: 중개대상물에 관한 권리를 취득하고자 하는 의뢰인에게 토지대장등본 또는 부동산종합증명서, 등기사항증명서, 신탁원부, 건축물대장 등본 등 설명의 근거자료를 제시하고 성실·정확하게 설명하여야 한다.

(3) 확인·설명사항
① 중개대상물의 종류·소재지·지번·지목·면적·용도·구조 및 건축연도 등 중개대상물에 관한 기본적인 사항
② 소유권·전세권·저당권·지상권 및 임차권 등 중개대상물의 권리관계에 관한 사항
③ 거래예정금액·중개보수 및 실비의 금액과 그 산출내역
④ 토지이용계획, 공법상 거래규제 및 이용제한에 관한 사항
⑤ 수도·전기·가스·소방·열공급·승강기 및 배수 등 시설물의 상태
⑥ 벽면·바닥면 및 도배의 상태
⑦ 일조·소음·진동 등 환경조건
⑧ 도로 및 대중교통수단과의 연계성, 시장·학교와의 근접성 등 입지조건
⑨ 중개대상물에 대한 권리를 취득함에 따라 부담하여야 할 조세의 종류 및 세율
⑩ 관리비 금액과 그 산출내역
⑪ 임대인의 정보제시의무 및 보증금 중 일정액의 보호에 관한 사항
⑫ 전입세대확인서의 열람 또는 교부에 관한 사항
⑬ 임대보증금에 대한 보증에 관한 사항
단, ⑩, ⑪, ⑫, ⑬은 주택임대차 중개의 경우에만 해당한다.

(4) 임대차 중개 시 설명의무
① 확정일자 부여기관에 정보제공을 요청할 수 있다는 사항
② 임대인이 납부하지 아니한 국세 및 지방세의 열람을 신청할 수 있다는 사항

(5) 중개대상물의 상태에 관한 자료요구권
개업공인중개사는 확인·설명을 위하여 필요한 경우에는 중개대상물의 매도의뢰인·임대의뢰인 등에게 중개대상물의 상태에 관한 자료를 요구할 수 있다.

(6) 확인·설명서의 작성·교부 및 보존의무
① **확인·설명서의 서명 및 날인의무**: 확인·설명서에는 개업공인중개사(법인인 경우에는 대표자를 말하며, 법인에 분사무소가 설치되어 있는 경우에는 분사무소의 책임자를 말한다)가 서명 및 날인하되, 중개행위를 한 소속공인중개사가 있는 경우에는 소속공인중개사가 함께 서명 및 날인하여야 한다.

② **확인·설명서의 보존의무**: 개업공인중개사는 중개대상물의 확인·설명서의 원본, 사본 또는 전자문서를 3년간 보존하여야 한다. 다만, 확인·설명사항이 「전자문서 및 전자거래 기본법」 제2조 제9호에 따른 공인전자문서센터에 보관된 경우에는 그러하지 아니하다.

(7) 제재

① 개업공인중개사가 성실·정확하게 중개대상물의 확인·설명을 하지 아니하거나, 설명의 근거자료를 제시하지 아니한 경우 500만원 이하의 과태료에 해당한다.
② 개업공인중개사가 확인·설명서를 교부하지 아니하거나 보존하지 아니한 경우, 확인·설명서에 서명 및 날인하지 아니한 경우에는 6개월 이하의 업무정지처분사유에 해당한다.
③ 소속공인중개사가 성실·정확하게 중개대상물의 확인·설명을 하지 아니하거나, 설명의 근거자료를 제시하지 아니한 경우, 중개행위를 하였음에도 중개대상물 확인·설명서에 서명 및 날인을 하지 아니한 경우 등은 자격정지사유에 해당한다.

4. 거래계약서 작성의무

(1) 거래계약서 작성, 서명 및 날인의무

① **거래계약서의 작성**: 개업공인중개사는 중개대상물에 관하여 중개가 완성된 때에는 거래계약서를 작성하여 거래당사자에게 교부해야 한다.
② **거래계약서의 서식**: 국토교통부장관은 개업공인중개사가 작성하는 거래계약서의 표준이 되는 서식을 정하여 그 사용을 권장할 수 있다.
③ **거래계약서의 필요적 기재사항**
  ㉠ 거래당사자의 인적사항
  ㉡ 물건의 표시
  ㉢ 계약일
  ㉣ 거래금액·계약금액 및 그 지급일자 등 지급에 관한 사항
  ㉤ 물건의 인도일시
  ㉥ 권리이전의 내용
  ㉦ 계약의 조건이나 기한이 있는 경우에는 그 조건 또는 기한
  ㉧ 중개대상물 확인·설명서 교부일자
  ㉨ 그 밖의 약정내용

④ **거래계약서의 서명 및 날인의무**: 거래계약서는 확인·설명서의 서명 및 날인규정을 준용한다.
⑤ **거래계약서의 교부 및 보존의무**: 개업공인중개사는 중개대상물에 대하여 중개가 완성된 때에는 거래계약서를 작성하여 거래당사자에게 교부하고 원본, 사본 또는 전자문서를 5년간 보존하여야 한다. 다만, 공인전자문서센터에 보관된 경우에는 그러하지 아니하다.

(2) 거래계약서의 거짓기재금지

개업공인중개사, 소속공인중개사는 거래계약서를 작성하는 때에는 거래금액 등 거래내용을 거짓으로 기재하거나 서로 다른 둘 이상의 거래계약서를 작성하여서는 아니 된다.

(3) 제재

① 개업공인중개사가 적정하게 거래계약서를 작성·교부하지 아니하거나 보존하지 아니한 경우, 거래계약서에 서명 및 날인을 하지 아니한 경우 등록관청은 6개월의 범위 안에서 업무정지처분을 할 수 있다.
② 개업공인중개사가 거래계약서를 작성하는 때 거래금액 등 거래내용을 거짓으로 기재하거나 서로 다른 둘 이상의 거래계약서를 작성한 경우 등록관청은 등록을 취소할 수 있다.
③ 중개행위를 하였음에도 소속공인중개사가 거래계약서에 서명 및 날인을 하지 아니한 경우, 거래계약서에 거래금액 등 거래내용을 거짓으로 기재하거나 서로 다른 둘 이상의 거래계약서를 작성한 경우 시·도지사는 6개월의 범위 안에서 기간을 정하여 그 자격을 정지할 수 있다.

Chapter 07 손해배상책임과 반환채무이행보장

> **학습포인트** 업무보증설정방법과 내용을 학습한다.

1 손해배상책임 및 업무보증설정

1. 손해배상책임의 성립요건

① 개업공인중개사, 고용인이 중개행위를 함에 있어 고의 또는 과실이 있을 것
② 자기의 중개사무소를 다른 사람의 중개행위의 장소로 제공할 것
③ 거래당사자에게 재산상의 손해가 발생할 것
④ 개업공인중개사의 고의·과실 등과 손해발생 사이에 인과관계가 있을 것

2. 손해배상책임의 보장

(1) 업무보증의 설정 및 신고
개업공인중개사는 중개사무소 개설등록을 한 때에는 업무를 시작하기 전에 손해배상책임을 보장하기 위한 조치, 즉 보증을 설정한 후 그 증명서류를 갖추어 등록관청에 신고하여야 한다.

(2) 업무보증의 설정방법
① 보증보험가입
② 법 제42조 규정에 따른 공제가입
③ 공탁기관에 공탁

(3) 업무보증설정 내용
① **법인인 개업공인중개사**: 4억원 이상의 보증보험 또는 공제가입, 공탁(다만, 법인의 분사무소를 두는 경우에는 분사무소마다 2억원 이상을 추가로 설정해야 한다)
② **개인인 개업공인중개사**: 2억원 이상의 보증보험 또는 공제가입, 공탁
③ **다른 법률에 따라 부동산중개업을 할 수 있는 자**: 2천만원 이상의 보증보험 또는 공제가입, 공탁
④ **공동사무소**: 각 구성 개업공인중개사별로 업무보증을 설정

(4) 업무보증의 변경
① **효력기간 중 업무보증의 변경**(다른 보증으로의 변경): 이미 설정한 보증의 효력이 있는 기간 중 설정
② **기간만료로 인한 보증 재설정**: 보증기간 만료일까지 다시 보증을 설정

(5) 공탁금 회수제한
개업공인중개사가 업무보증으로 공탁한 공탁금은 개업공인중개사가 폐업 또는 사망한 날부터 3년 이내에는 이를 회수할 수 없다.

(6) 업무보증설정 설명사항
① 보장금액
② 보증보험회사, 공제사업을 행하는 자, 공탁기관 및 그 소재지
③ 보장기간

(7) 손해배상금의 지급
중개의뢰인이 손해배상금을 지급받고자 하는 경우 손해배상합의서·화해조서 또는 확정된 법원의 판결문사본 등을 첨부하여 보증기관에 손해배상금 지급을 청구하여야 한다.

(8) 손해배상 후 금액의 보전

개업공인중개사는 보증보험금·공제금 또는 공탁금으로 손해배상을 한 때에는 15일 이내에 보증보험 또는 공제에 다시 가입하거나 공탁금 중 부족하게 된 금액을 보전하여야 한다.

(9) 제재

① 개업공인중개사가 손해배상책임을 보장하기 위한 조치를 이행하지 아니하고 업무를 개시한 경우 등록관청은 중개사무소의 개설등록을 취소할 수 있다.
② 중개가 완성된 때에 개업공인중개사가 손해배상책임에 관한 사항을 설명하지 아니하거나 관계증서의 사본 또는 관계증서에 관한 전자문서를 교부하지 아니한 경우 100만원 이하의 과태료에 해당된다.

2 계약금 등의 보장

■ 예치절차와 내용 암기 방법

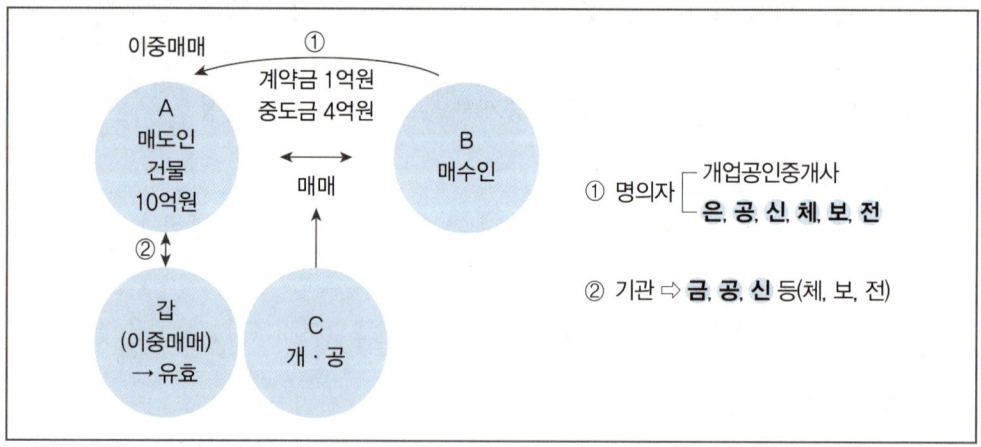

1. 예치내용

(1) 계약금 등의 예치권고

개업공인중개사는 거래의 안전을 보장하기 위하여 필요하다고 인정하는 경우에는 거래계약의 이행이 완료될 때까지 계약금·중도금 또는 잔금을 개업공인중개사 또는 대통령령으로 정하는 자의 명의로 금융기관, 공제사업을 하는 자, 신탁업자 등에 예치하도록 거래당사자에게 권고할 수 있다.

(2) 예치명의자 및 예치기관

① **예치명의자**
- ㉠ 개업공인중개사
- ㉡ 「은행법」에 따른 은행
- ㉢ 「보험업법」에 따른 보험회사
- ㉣ 「자본시장과 금융투자업에 관한 법률」에 따른 신탁업자
- ㉤ 「우체국예금·보험에 관한 법률」에 따른 체신관서
- ㉥ 공제사업을 하는 자
- ㉦ 부동산거래계약의 이행을 보장하기 위하여 계약금·중도금 또는 잔금 및 계약 관련 서류를 관리하는 업무를 수행하는 전문회사

② **예치기관**: 금융기관, 공제사업을 하는 자, 신탁업자 등

(3) 계약금 등의 관리·인출

① 개업공인중개사는 거래당사자가 계약금 등을 개업공인중개사의 명의로 금융기관 등에 예치할 것을 의뢰하는 경우에는 계약이행의 완료 또는 계약해제 등의 사유로 인한 계약금 등의 인출에 대한 거래당사자의 동의방법, 반환채무이행보장에 소요되는 실비, 그 밖에 거래안전을 위하여 필요한 사항을 약정하여야 한다.

② 개업공인중개사는 거래계약과 관련된 계약금 등을 자기 명의로 금융기관 등에 예치하는 경우에는 자기소유의 예치금과 분리하여 관리될 수 있도록 하여야 하며, 예치된 계약금 등은 거래당사자의 동의 없이 인출하여서는 아니 된다.

③ 개업공인중개사는 계약금 등을 자기 명의로 금융기관 등에 예치하는 경우에는 그 계약금 등을 거래당사자에게 지급할 것을 보장하기 위하여 예치대상이 되는 계약금 등에 해당하는 금액을 보장하는 보증보험 또는 공제에 가입하거나 공탁을 하여야 하며, 거래당사자에게 관계증서의 사본을 교부하거나 관계증서에 관한 전자문서를 제공하여야 한다.

2. 계약금 등의 사전수령

계약금 등을 예치한 경우 매도인·임대인 등 계약금 등을 수령할 수 있는 권리가 있는 자는 해당 계약을 해제한 때에 계약금 등의 반환을 보장하는 내용의 금융기관 또는 보증보험회사가 발행하는 보증서를 계약금 등의 예치명의자에게 교부하고 계약금 등을 미리 수령할 수 있다.

Chapter 08 중개보수

> **학습포인트** 중개보수의 개념, 계산방법 등을 학습한다.

1 중개보수

1. 중개보수청구권

(1) 중개보수의 성질
반대급부적인 보수로서의 성질을 지닌다.

(2) 중개보수청구권의 발생시기
판례에 의하면 중개계약설의 입장을 취하고 있다.

(3) 중개보수청구권의 행사요건
① 중개의뢰인과 개업공인중개사 사이에 중개계약이 존재하여야 한다.
② 개업공인중개사의 중개행위로 인하여 거래당사자 간의 거래계약의 체결이 존재하여야 한다.
③ 중개계약기간 내에 거래가 성립하여야 한다.
④ 중개행위와 거래계약의 성립 사이에는 인과관계가 존재하여야 한다.

(4) 중개보수청구권의 소멸
개업공인중개사의 고의 또는 과실로 인하여 중개의뢰인 간의 거래행위가 무효·취소 또는 해제된 경우에는 중개보수를 받을 수 없고, 중개보수청구권은 소멸한다.

2. 중개보수의 범위

(1) 중개보수의 한도
① 주택의 중개에 대한 보수는 국토교통부령으로 정하는 범위 내에서 특별시·광역시·도 또는 특별자치도(이하 '시·도')의 조례로 정한다.

■ 주택 중개보수 상한요율

(국토교통부령)

거래내용	거래금액	상한요율	한도액
매매·교환	5천만원 미만	1천분의 6	25만원
	5천만원 이상~2억원 미만	1천분의 5	80만원
	2억원 이상~9억원 미만	1천분의 4	
	9억원 이상~12억원 미만	1천분의 5	
	12억원 이상~15억원 미만	1천분의 6	
	15억원 이상	1천분의 7	
임대차 등	5천만원 미만	1천분의 5	20만원
	5천만원 이상~1억원 미만	1천분의 4	30만원
	1억원 이상~6억원 미만	1천분의 3	
	6억원 이상~12억원 미만	1천분의 4	
	12억원 이상~15억원 미만	1천분의 5	
	15억원 이상	1천분의 6	

② 주택 외의 중개에 대한 보수는 국토교통부령으로 정한다. 국토교통부령에 따르면 면적이 85m² 이하인 오피스텔과 그 외의 중개대상물로 구분하여 각각 다른 요율을 적용하도록 하고 있다.

■ 중개보수 내용

1. 주택 ⇨ 일반, 고급 ⇨ 국토교통부령이 정하는 범위 내 ⇨ 시·도 조례(사무소)
2. 오피스텔
   - 주거용 ⇨ 0.5%(매매·교환), 0.4%(임대차 등)
   - (85m² 이하, 상·하수도시설 ⇨ 전용입식부엌, 전용수세식화장실, 목욕시설)
   - 업무용 ⇨ 0.9% 이내 협의
3. 이외(토지·상가 등) ⇨ 0.9% 이내 협의

(2) 한도를 초과한 약정의 효과

조례가 정한 한도와 기준의 범위를 초과하는 보수의 약정은 강행법규 위반으로 한도액 초과부분은 무효이며, 한도를 초과하여 보수를 받은 개업공인중개사는 행정처분 및 행정형벌의 대상이 된다.

3. 중개보수의 지급시기

중개보수의 지급시기는 개업공인중개사와 중개의뢰인 간의 약정에 따르되, 약정이 없을 때에는 중개대상물의 거래대금 지급이 완료된 날로 한다.

4. 중개보수의 계산

① 중개보수 산정에 있어서 거래가액에 소정의 요율을 곱하여 산출된 금액과 한도액을 비교하여 산출액이 한도액 범위 내인 경우에는 산출액으로 하고, 그 산출액이 한도액 범위를 벗어난 경우에는 한도액이 보수가 된다.
② 교환계약의 경우에는 교환대상 중개대상물 중 거래금액이 큰 중개대상물의 가액을 거래금액으로 한다.
③ 임대차의 경우에는 임대차보증금을 기준으로 하여 중개보수를 산출하면 된다. 하지만 임대차 중 보증금 외에 차임이 있는 경우에는 월 단위 차임액에 100을 곱한 금액을 보증금에 합산한 금액을 거래금액으로 한다. 다만, 합산한 금액이 5천만원 미만인 경우에는 월 단위 차임액에 70을 곱한 금액과 보증금을 합산한 금액을 거래금액으로 한다.
④ 임대차계약에서의 권리금과 교환계약에서의 보충금은 보수 계산에 포함되지 아니한다.
⑤ 동일한 중개대상물에 대하여 동일 당사자 간에 매매를 포함한 둘 이상의 거래가 동일 기회에 이루어지는 경우에는 매매계약에 관한 거래금액만을 적용한다.
⑥ 주택인 중개대상물의 소재지와 중개사무소의 소재지가 다른 경우에는 개업공인중개사는 중개사무소의 소재지를 관할하는 시·도의 조례에서 정한 기준에 따라 보수 및 실비를 받아야 한다.
⑦ 중개대상물인 건축물 중 주택의 면적이 2분의 1 이상인 경우에는 주택의 중개에 대한 보수규정을 적용하고, 주택의 면적이 2분의 1 미만인 경우에는 주택 외의 중개대상물에 대한 중개보수규정을 적용한다.
⑧ 분양권을 전매한 경우 기납입금액과 프리미엄을 합산한 금액을 기준금액으로 하여 중개보수를 산출하여야 한다.

2 실비

1. 실비부담자

(1) 권리관계 등의 확인에 소요되는 실비
매도·임대 그 밖의 권리를 이전하고자 하는 중개의뢰인에게 청구한다.

(2) 반환채무이행보장에 소요되는 실비
매수·임차 그 밖의 권리를 취득하고자 하는 중개의뢰인에게 청구한다.

2. 실비의 한도

실비의 한도 등에 관하여 필요한 사항은 국토교통부령으로 정하는 범위 안에서 시·도의 조례로 정한다.

Chapter 09 공인중개사협회 및 교육·보칙·신고센터 등

> **학습포인트** 협회의 설립절차에 관한 내용을 학습한다.

1 협회의 설립목적과 절차

1. 설립목적

개업공인중개사인 공인중개사(부칙 규정에 의한 개업공인중개사를 포함한다)는 그 자질향상 및 품위유지와 중개업에 관한 제도의 개선 및 운용에 관한 업무를 효율적으로 수행하기 위하여 공인중개사협회(이하 '협회')를 설립할 수 있다.

2. 설립절차

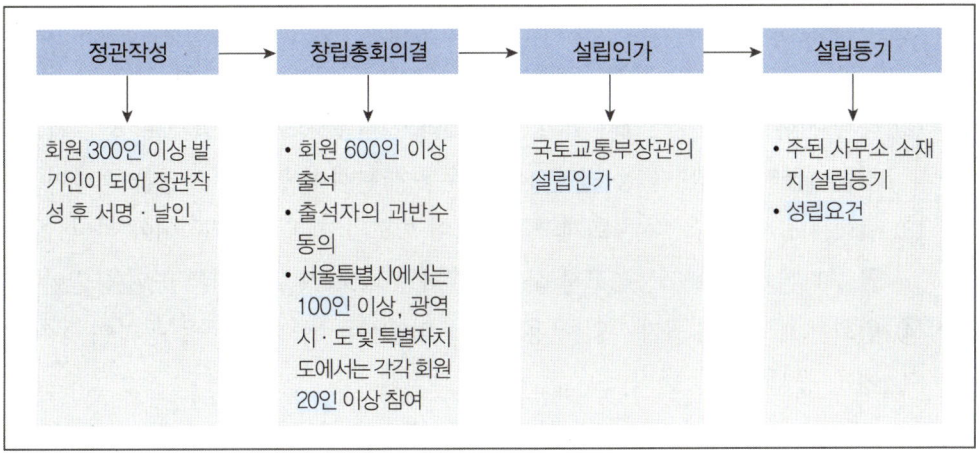

2 협회의 구성

1. 협회의 조직

협회는 정관으로 정하는 바에 따라 시·도에 지부를, 시·군·구에 지회를 둘 수 있다.

2. 회원

개업공인중개사의 협회 회원 가입 여부는 공인중개사협회의 설립과 마찬가지로 임의사항이다.

3 협회의 업무

1. 협회의 기본적·본래적 업무(고유업무)

(1) 협회는 그 설립목적을 달성하기 위하여 다음의 업무를 수행할 수 있다.

> ① 회원의 품위유지를 위한 업무
> ② 부동산중개제도의 연구·개선에 관한 업무
> ③ 회원의 자질향상을 위한 지도 및 교육·연수에 관한 업무
> ④ 회원의 윤리헌장 제정 및 그 실천에 관한 업무
> ⑤ 부동산 정보제공에 관한 업무
> ⑥ 「공인중개사법」제42조에 따른 공제사업: 비영리사업으로서 회원 간의 상호 부조를 목적으로 한다.
> ⑦ 그 밖에 협회의 설립목적 달성을 위하여 필요한 업무

(2) 공제사업

① 협회는 공제사업을 하고자 하는 때에는 공제규정을 제정하여 국토교통부장관의 승인을 얻어야 한다. 공제규정을 변경하고자 하는 때에도 또한 같다.
② 공제규정에는 공제사업의 범위, 공제계약의 내용, 공제금, 공제료, 회계기준 및 책임준비금의 적립비율 등 공제사업의 운용에 관하여 필요한 사항을 정하여야 한다.
③ 협회는 공제사업을 다른 회계와 구분하여 별도의 회계로 관리하여야 하며, 책임준비금을 다른 용도로 사용하고자 하는 경우에는 국토교통부장관의 승인을 얻어야 한다.
④ 협회는 매년도의 공제사업 운용실적을 일간신문·협회보 등을 통하여 공제계약자에게 공시하여야 한다.

(3) 공제규정

① **공제계약의 내용**: 협회의 공제책임, 공제금, 공제료, 공제기간, 공제금의 청구와 지급절차, 구상 및 대위권, 공제계약의 실효 그 밖에 공제계약에 필요한 사항을 정한다. 이 경우 공제료는 공제사고 발생률, 보증보험료 등을 종합적으로 고려하여 결정한 금액으로 한다.

② **회계기준**: 공제사업을 손해배상기금과 복지기금으로 구분하여 각 기금별 목적 및 회계원칙에 부합되는 세부기준을 정한다.
③ **책임준비금의 적립비율**: 공제사고 발생률 및 공제금 지급액 등을 종합적으로 고려하여 정하되, 공제료 수입액의 100분의 10 이상으로 정한다.

(4) 공제사업 운용실적의 공시

협회는 다음의 공제사업 운용실적을 매 회계연도 종료 후 3개월 이내에 일간신문 또는 협회보에 공시하고 협회의 인터넷 홈페이지에 게시해야 한다.

> ① 결산서인 요약 재무상태표, 손익계산서 및 감사보고서
> ② 공제료 수입액, 공제금 지급액, 책임준비금 적립액
> ③ 그 밖에 공제사업의 운용과 관련된 참고사항

(5) 조사 또는 검사

「금융위원회의 설치 등에 관한 법률」에 따른 금융감독원의 원장은 국토교통부장관의 요청이 있는 경우에는 공제사업에 관하여 조사 또는 검사를 할 수 있다.

(6) 운영위원회

① 공제사업에 관한 사항을 심의하고 그 업무집행을 감독하기 위하여 협회에 운영위원회를 둔다.
② 운영위원회의 위원은 협회의 임원, 중개업·법률·회계·금융·보험·부동산 분야 전문가, 관계 공무원 및 그 밖에 중개업 관련 이해관계자로 구성하되, 그 수는 19명 이내로 한다.
③ 운영위원회의 구성과 운영에 필요한 세부사항은 대통령령으로 정한다.

(7) 공제사업 운영의 개선명령

국토교통부장관은 협회의 공제사업 운영이 적정하지 아니하거나 자산상황이 불량하여 중개사고 피해자 및 공제 가입자 등의 권익을 해칠 우려가 있다고 인정하면 다음의 조치를 명할 수 있다.

> ① 업무집행방법의 변경
> ② 자산예탁기관의 변경
> ③ 자산의 장부가격의 변경
> ④ 불건전한 자산에 대한 적립금의 보유
> ⑤ 가치가 없다고 인정되는 자산의 손실 처리
> ⑥ 그 밖에 「공인중개사법」 및 공제규정을 준수하지 아니하여 공제사업의 건전성을 해할 우려가 있는 경우 이에 대한 개선명령

(8) 임원에 대한 제재 등

국토교통부장관은 협회의 임원이 다음에 해당하여 공제사업을 건전하게 운영하지 못할 우려가 있는 경우 그 임원에 대한 징계·해임을 요구하거나 해당 위반행위를 시정하도록 명할 수 있다.

> ① 공제규정을 위반하여 업무를 처리한 경우
> ② 개선명령을 이행하지 아니한 경우
> ③ 재무건전성 기준을 지키지 아니한 경우

2. 협회의 수탁업무

(1) 업무위탁의 주체

국토교통부장관, 시·도지사 또는 등록관청은 대통령령으로 정하는 바에 따라 그 업무의 일부를 협회 또는 대통령령으로 정하는 기관에 위탁할 수 있다.

(2) 교육업무의 위탁

① 부동산 관련 학과가 개설된 「고등교육법」에 따른 학교
② 협회
③ 「공공기관의 운영에 관한 법률」에 따른 공기업 또는 준정부기관

4 지도·감독 및 교육

1. 협회에 대한 지도·감독

국토교통부장관은 협회와 그 지부 및 지회를 지도·감독하기 위하여 필요한 때에는 그 업무에 관한 사항을 보고하게 하거나 자료의 제출 그 밖에 필요한 명령을 할 수 있다.

2. 협회의 의무

(1) 보고의무

총회의 의결내용을 지체 없이 국토교통부장관에게 보고하여야 한다.

(2) 신고의무

지부 또는 지회를 설치한 때에는 그 지부는 시·도지사에게, 지회는 등록관청에 신고하여야 한다.

3. 교육

구분	(1) 실무교육	(2) 연수교육	(3) 직무교육
실시권자	시·도지사	시·도지사 ➕ 시·도지사는 연수교육을 실시하려는 경우 실무교육 또는 연수교육을 받은 후 2년이 되기 2개월 전까지 연수교육의 일시·장소·내용 등을 대상자에게 통지하여야 한다.	시·도지사, 등록관청
교육 대상자	① 등록을 신청하는 공인중개사 ② 법인의 사원·임원(대표자 포함) ③ 분사무소 책임자 ④ 소속공인중개사 ➕ 실무교육 면제: 폐업신고 및 고용관계 종료신고 후 1년 이내에 중개사무소의 개설등록을 신청하려 하거나 고용신고를 다시 하려는 자	① 실무교육을 받은 개업공인중개사 ② 실무교육을 받은 소속공인중개사	중개보조원 ➕ 직무교육 면제: 고용관계 종료신고 후 1년 이내에 고용신고를 다시 하려는 자
교육시기	등록신청일·분사무소 설치신고일·고용신고일 전 1년 이내	실무교육을 받은 후 2년마다	고용신고일 전 1년 이내
성격	받아야 한다.	받아야 한다.	받아야 한다.
교육시간	28시간 이상 32시간 이하	12시간 이상 16시간 이하	3시간 이상 4시간 이하
교육내용	법률지식, 부동산 중개 및 경영실무, 직업윤리	부동산 중개 관련 법·제도의 변경사항, 부동산 중개 및 경영 실무, 직업윤리 등	중개보조원의 직무수행에 필요한 직업윤리 등
교육위탁	학교, 협회, 공기업 또는 준정부기관에 위탁할 수 있다.		
교육지침	국토교통부장관이 실무교육·연수교육·직무교육의 지침을 마련하여 시행 가능		

5 보칙

1. 포상금

(1) 포상금지급의 사유

다음의 어느 하나에 해당하는 자를 등록관청, 수사기관 또는 부동산거래질서교란행위 신고센터에 신고 또는 고발해야 한다.

> ① 중개사무소의 개설등록을 하지 아니하고 중개업을 한 자
> ② 거짓이나 그 밖의 부정한 방법으로 중개사무소의 개설등록을 한 자
> ③ 중개사무소등록증 또는 공인중개사자격증을 다른 사람에게 양도·대여하거나 다른 사람으로부터 양수·대여받은 자
> ④ 개업공인중개사가 아닌 자로서 중개대상물에 대한 표시·광고를 한 자
> ⑤ 부당한 이익을 얻거나 제3자에게 부당한 이익을 얻게 할 목적으로 거짓으로 거래가 완료된 것처럼 꾸미는 등 중개대상물의 시세에 부당한 영향을 주거나 줄 우려가 있는 행위를 한 자
> ⑥ 단체를 구성하여 특정 중개대상물에 대하여 중개를 제한하거나 단체 구성원 이외의 자와 공동중개를 제한하는 행위를 한 자
> ⑦ 안내문, 온라인 커뮤니티 등을 이용하여 특정 개업공인중개사 등에 대한 중개의뢰를 제한하거나 제한을 유도하는 행위를 한 자
> ⑧ 안내문, 온라인 커뮤니티 등을 이용하여 중개대상물에 대하여 시세보다 현저하게 높게 표시·광고 또는 중개하는 특정 개업공인중개사 등에게만 중개의뢰를 하도록 유도함으로써 다른 개업공인중개사 등을 부당하게 차별하는 행위를 한 자
> ⑨ 안내문, 온라인 커뮤니티 등을 이용하여 특정 가격 이하로 중개를 의뢰하지 아니하도록 유도하는 행위를 한 자
> ⑩ 정당한 사유 없이 개업공인중개사 등의 중개대상물에 대한 정당한 표시·광고 행위를 방해하는 행위를 한 자
> ⑪ 개업공인중개사 등에게 중개대상물을 시세보다 현저하게 높게 표시·광고하도록 강요하거나 대가를 약속하고 시세보다 현저하게 높게 표시·광고하도록 유도하는 행위를 한 자

(2) 포상금지급의 내용

① 포상금은 1건당 50만원으로 한다.
② 포상금은 행정기관에 의하여 발각되기 전에 등록관청, 수사기관 또는 부동산거래질서교란행위 신고센터에 신고 또는 고발한 자에게 그 신고 또는 고발사건에 대하여 검사가 공소제기 또는 기소유예의 결정을 한 경우에 한하여 지급한다.
③ 포상금의 지급에 소요되는 비용 중 국고에서 보조할 수 있는 비율은 100분의 50 이내로 한다.

④ 포상금을 지급받으려는 자는 별지 제28호 서식인 포상금지급신청서를 등록관청에 제출하여야 한다.
⑤ 포상금지급신청서를 제출받은 등록관청은 그 사건에 관한 수사기관의 처분내용을 조회한 후 포상금의 지급을 결정하고, 그 결정일부터 1개월 이내에 포상금을 지급하여야 한다.
⑥ 등록관청은 하나의 사건에 대하여 2인 이상이 공동으로 신고 또는 고발한 경우에는 포상금을 균등하게 배분하여 지급한다. 다만, 포상금을 지급받을 자가 배분방법에 관하여 미리 합의하여 포상금의 지급을 신청한 경우에는 그 합의된 방법에 따라 지급한다.
⑦ 등록관청은 하나의 사건에 대하여 2건 이상의 신고 또는 고발이 접수된 경우에는 최초로 신고 또는 고발한 자에게 포상금을 지급한다.

2. 행정수수료

(1) 다음의 어느 하나에 해당하는 자는 해당 지방자치단체의 조례로 정하는 바에 따라 수수료를 납부하여야 한다.

> ① 시·도지사가 시행하는 공인중개사 자격시험에 응시하는 자
> ② 공인중개사자격증의 재교부를 신청하는 자
> ③ 중개사무소의 개설등록을 신청하는 자
> ④ 중개사무소등록증의 재교부를 신청하는 자
> ⑤ 분사무소 설치의 신고를 하는 자
> ⑥ 분사무소 설치신고확인서의 재교부를 신청하는 자

(2) 공인중개사 자격시험 또는 공인중개사자격증 재교부 업무를 위탁한 경우에는 업무를 위탁받은 자가 위탁한 자의 승인을 얻어 결정·공고하는 수수료를 각각 납부하여야 한다.

3. 부동산거래질서교란행위 신고센터의 설치·운영

(1) 국토교통부장관은 부동산 시장의 건전한 거래질서를 조성하기 위하여 부동산거래질서교란행위 신고센터(이하 '신고센터')를 설치·운영할 수 있다.

(2) 누구든지 부동산중개업 및 부동산 시장의 건전한 거래질서를 해치는 다음의 어느 하나에 해당하는 행위(이하 '부동산거래질서교란행위')를 발견하는 경우 그 사실을 신고센터에 신고할 수 있다.

〈「공인중개사법」상 부동산거래질서교란행위〉
① 자격증 대여 등의 금지규정을 위반한 경우
② 유사명칭의 사용금지규정을 위반한 경우
③ 중개사무소의 개설등록규정을 위반한 경우
④ 중개보조원의 고지의무규정을 위반한 경우
⑤ 금지행위(법 제33조 제1항·제2항)규정을 위반한 경우
⑥ 거짓이나 그 밖의 부정한 방법으로 중개사무소의 개설등록을 한 경우
⑦ 이중등록, 이중소속의 금지 등의 규정을 위반한 경우
⑧ 둘 이상의 사무소를 설치하거나 임시중개시설물을 설치한 경우
⑨ 법인인 개업공인중개사의 겸업제한규정을 위반한 경우
⑩ 개업공인중개사가 중개보조원 고용인원수규정을 위반한 경우
⑪ 중개사무소등록증 등의 게시의무규정을 위반한 경우
⑫ 사무소명칭표시규정을 위반한 경우
⑬ 중개사무소등록증 대여 등의 금지규정을 위반한 경우
⑭ 개업공인중개사가 중개대상물의 확인·설명의무규정을 위반한 경우
⑮ 개업공인중개사가 임대차 중개 시의 설명의무규정을 위반한 경우
⑯ 개업공인중개사가 거래계약서를 작성하는 때 거래금액 등 거래내용을 거짓으로 기재하거나 서로 다른 둘 이상의 거래계약서를 작성한 경우
⑰ 개업공인중개사 등이 비밀준수의무규정을 위반한 경우

〈「부동산 거래신고 등에 관한 법률」상 부동산거래질서교란행위〉
⑱ 부동산 거래의 신고에 관한 규정을 위반한 경우
⑲ 부동산 거래의 해제등 신고에 관한 규정을 위반한 경우
⑳ 누구든지 부동산거래신고 또는 부동산 거래의 해제등 신고에 관하여 다음의 어느 하나에 해당하는 행위를 한 경우
　㉠ 개업공인중개사에게 부동산거래신고를 하지 아니하게 하거나 거짓으로 신고하도록 요구하는 행위
　㉡ 부동산거래신고대상에 해당하는 계약을 체결한 후 신고의무자가 아닌 자가 거짓으로 부동산거래신고를 하는 행위
　㉢ 거짓으로 부동산거래신고 또는 부동산 거래의 해제등 신고에 따른 신고를 하는 행위를 조장하거나 방조하는 행위
　㉣ 부동산거래신고대상에 해당하는 계약을 체결하지 아니하였음에도 불구하고 거짓으로 부동산거래신고를 하는 행위
　㉤ 부동산거래신고 후 해당 계약이 해제등이 되지 아니하였음에도 불구하고 거짓으로 부동산거래의 해제등 신고를 하는 행위

(3) 신고센터는 다음의 업무를 수행한다.

> ① 부동산거래질서교란행위 신고의 접수 및 상담
> ② 신고사항에 대한 확인 또는 시·도지사 및 등록관청 등에 신고사항에 대한 조사 및 조치 요구
> ③ 신고인에 대한 신고사항 처리 결과 통보

(4) 신고센터에 부동산거래질서교란행위를 신고하려는 자는 다음의 사항을 서면(전자문서를 포함한다)으로 제출해야 한다.

> ① 신고인 및 피신고인의 인적사항
> ② 부동산거래질서교란행위의 발생일시·장소 및 그 내용
> ③ 신고내용을 증명할 수 있는 증거자료 또는 참고인의 인적사항
> ④ 그 밖에 신고처리에 필요한 사항

(5) 신고센터는 신고받은 사항에 대해 보완이 필요한 경우 기간을 정하여 신고인에게 보완을 요청할 수 있다.

(6) 신고센터는 위 **(4)**에 따라 제출받은 신고사항에 대해 시·도지사 및 등록관청 등에 조사 및 조치를 요구해야 한다. 다만, 다음의 어느 하나에 해당하는 경우에는 **국토교통부장관의 승인**을 받아 접수된 신고사항의 처리를 종결할 수 있다.

> ① 신고내용이 명백히 거짓인 경우
> ② 신고인이 신고센터의 보완요청에 대해 보완을 하지 않은 경우
> ③ 신고사항의 처리 결과를 통보받은 사항에 대하여 정당한 사유 없이 다시 신고한 경우로서 새로운 사실이나 증거자료가 없는 경우
> ④ 신고내용이 이미 수사기관에서 수사 중이거나 재판이 계속 중이거나 법원의 판결에 의해 확정된 경우

(7) 신고센터의 요구를 받은 시·도지사 및 등록관청 등은 신속하게 조사 및 조치를 완료하고, 완료한 날부터 10일 이내에 그 결과를 신고센터에 통보해야 한다.

(8) 신고센터는 위 **(7)**에 따라 시·도지사 및 등록관청 등으로부터 처리 결과를 통보받은 경우 신고인에게 신고사항 처리 결과를 통보해야 한다.

(9) 신고센터는 매월 10일까지 직전 달의 신고사항 접수 및 처리 결과 등을 국토교통부장관에게 제출해야 한다.

(10) 국토교통부장관은 신고센터의 업무를 「한국부동산원법」에 따른 한국부동산원(이하 '한국부동산원')에 위탁한다.

(11) 한국부동산원은 신고센터의 업무 처리 방법, 절차 등에 관한 운영규정을 정하여 국토교통부장관의 승인을 받아야 한다. 이를 변경하려는 경우에도 또한 같다.

■ 부동산거래질서교란행위 신고절차

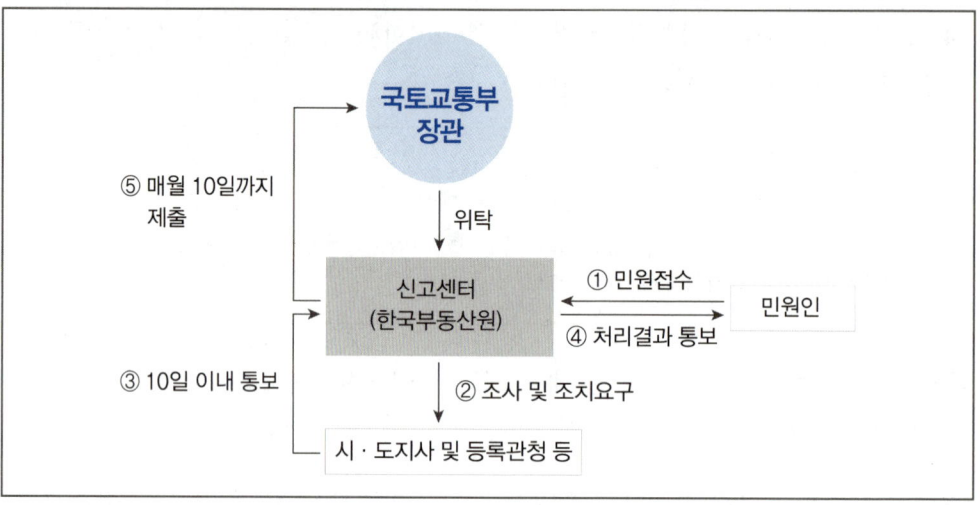

Chapter 10 지도·감독 및 행정처분

학습포인트 등록취소·업무정지·자격취소·자격정지사유를 구체적으로 학습하고, 감독상 필요한 명령의 유형과 제재에 관한 내용을 학습한다.

1 감독상의 명령 등

(1) 감독관청
　① 국토교통부장관
　② 시·도지사
　③ 등록관청(분사무소 소재지의 시장·군수 또는 구청장을 포함한다)

(2) 감독대상자
　① 개업공인중개사(무등록 중개업자를 포함한다)
　② 거래정보사업자

(3) 감독상 필요한 명령의 유형

① 업무에 관한 사항의 보고요청
② 자료의 제출 및 그 밖에 필요한 명령
③ 소속공무원으로 하여금 중개사무소에 출입하여 장부·서류 등을 조사 또는 검사하게 할 수 있다.
④ 국토교통부장관, 시·도지사 및 등록관청은 불법 중개행위 등에 대한 단속을 하는 경우 필요한 때에는 공인중개사협회 및 관계 기관에 협조를 요청할 수 있다. 이 경우 공인중개사협회는 특별한 사정이 없으면 이에 따라야 한다.

(4) 감독상 명령이 필요한 경우

① 부동산투기 등 거래동향의 파악을 위하여 필요한 경우
② 「공인중개사법」 위반행위의 확인, 공인중개사의 자격취소·정지 및 개업공인중개사에 대한 등록취소·업무정지 등 행정처분을 위하여 필요한 경우

(5) 제재

① 개업공인중개사가 그 업무에 관한 사항을 보고, 자료의 제출, 조사 또는 검사를 거부·방해 또는 기피하거나 그 밖의 명령을 이행하지 아니하거나 거짓으로 보고 또는 자료제출을 한 경우 6개월의 범위 내에서 업무정지를 명할 수 있다.
② 거래정보사업자가 그 업무에 관한 사항을 보고, 자료의 제출, 조사 또는 검사를 거부·방해 또는 기피하거나 그 밖의 명령을 이행하지 아니하거나 거짓으로 보고 또는 자료제출을 한 경우 500만원 이하의 과태료에 처한다.

2 행정처분

1. 행정처분의 의의

행정청이 행하는 구체적 사실에 관한 법집행으로서의 공권력의 행사 또는 그 거부와 그 밖에 이에 준하는 행정작용을 말한다(행정심판법 제2조 제1호, 행정소송법 제2조 제1항 제1호). 「공인중개사법」상 행정처분은 등록취소, 업무정지, 자격취소, 자격정지, 지정취소가 있다.

■ 행정처분의 요약

처분권자	대상자	처분내용	처분성격	사전절차	사후절차
등록관청	개업공인중개사	등록취소	기속취소	청문	7일 이내에 등록증 반납
			재량취소		
		업무정지	재량처분	(의견제출)	없음

자격증 교부 시·도지사	공인중개사	자격취소	기속취소	청문	7일 이내에 자격증 반납, 5일 이내에 국토교통부장관과 다른 시·도지사에게 통보
	소속 공인중개사	자격정지	재량처분	(의견제출)	사후절차는 없음. 단, 등록관청은 자격정지 해당 사실을 시·도지사에게 지체 없이 통보
국토교통부 장관	거래정보 사업자	지정취소	재량취소	청문	없음

2. 개업공인중개사에 대한 행정처분

(1) 절대적 등록취소사유(기속적·필요적 처분)

① 개인인 개업공인중개사가 사망하거나 개업공인중개사인 법인이 해산한 경우
② 거짓이나 그 밖의 부정한 방법으로 중개사무소의 개설등록을 한 경우
③ 「공인중개사법」 제10조 제1항 제2호부터 제6호까지 또는 같은 항 제11호·제12호에 따른 결격사유에 해당하게 된 경우. 다만, 법인의 사원 또는 임원이 결격사유에 해당하는 경우로서 그 사유가 발생한 날부터 2개월 이내에 그 사유를 해소한 경우에는 그러하지 아니하다.
④ 이중으로 중개사무소의 개설등록을 한 경우
⑤ 개업공인중개사·소속공인중개사·중개보조원 또는 개업공인중개사인 법인의 사원·임원(이하 '개업공인중개사등')이 다른 개업공인중개사의 소속공인중개사·중개보조원 또는 개업공인중개사인 법인의 사원·임원이 된 경우
⑥ 다른 사람에게 자기의 성명 또는 상호를 사용하여 중개업무를 하게 하거나 중개사무소등록증을 양도 또는 대여한 경우
⑦ 업무정지기간 중에 중개업무를 하거나 자격정지처분을 받은 소속공인중개사로 하여금 자격정지기간 중에 중개업무를 하게 한 경우
⑧ 최근 1년 이내에 「공인중개사법」에 의하여 2회 이상 업무정지처분을 받고 다시 업무정지처분에 해당하는 행위를 한 경우
⑨ 개업공인중개사가 중개보조원을 개업공인중개사와 소속공인중개사를 합한 수의 5배를 초과하여 고용한 경우

(2) 상대적 등록취소사유(임의적·재량적 처분)

① 등록기준에 미달하게 된 경우
② 둘 이상의 중개사무소를 둔 경우
③ 임시 중개시설물을 설치한 경우

④ 법인인 개업공인중개사가 다른 법률에 규정된 경우를 제외하고는 중개업 및 겸업으로 규정된 업무와 「민사집행법」에 의한 경매 및 「국세징수법」 그 밖의 법령에 의한 공매대상 부동산에 대한 권리분석 및 취득의 알선과 매수신청 또는 입찰신청의 대리업무 외에 다른 업무를 한 경우
⑤ 질병으로 인한 요양 등의 부득이한 사유가 있는 경우를 제외하고 6개월을 초과하여 휴업한 경우
⑥ 개업공인중개사가 전속중개계약을 체결한 때에 중개대상물에 관한 정보를 공개하지 아니하거나 중개의뢰인의 비공개요청에도 불구하고 정보를 공개한 경우
⑦ 개업공인중개사가 거래계약서를 작성하는 때에 거래계약서에 거래금액 등 거래내용을 거짓으로 기재하거나 서로 다른 둘 이상의 거래계약서를 작성한 경우
⑧ 개업공인중개사가 손해배상책임을 보장하기 위한 조치를 이행하지 아니하고 업무를 개시한 경우
⑨ 「공인중개사법」 제33조 제1항 각 호에 규정된 개업공인중개사등의 금지행위를 한 경우
⑩ 최근 1년 이내에 「공인중개사법」에 의하여 3회 이상 업무정지 또는 과태료의 처분을 받고 다시 업무정지 또는 과태료의 처분에 해당하는 행위를 한 경우[단, 위 **(1)** 절대적 등록취소사유의 ⑧의 사유에 해당하는 경우는 제외한다]
⑪ 개업공인중개사가 조직한 사업자단체 또는 그 구성원인 개업공인중개사가 「독점규제 및 공정거래에 관한 법률」을 위반하여 시정조치 또는 과징금 처분을 최근 2년 이내에 2회 이상 받은 경우

(3) 업무정지처분사유(임의적·재량적 처분)
① 결격사유에 해당하는 자를 소속공인중개사 또는 중개보조원으로 둔 경우. 다만, 그 사유가 발생한 날부터 2개월 이내에 그 사유를 해소한 경우에는 그러하지 아니하다.
② 개업공인중개사가 인장등록을 하지 아니하거나 등록하지 아니한 인장을 사용한 경우
③ 개업공인중개사가 전속중개계약을 체결한 때에 전속중개계약서에 의하지 아니하고 전속중개계약을 체결하거나 전속중개계약서를 보존하지 아니한 경우
④ 개업공인중개사가 중개대상물에 관한 정보를 거짓으로 공개하거나 거래정보사업자에게 공개를 의뢰한 중개대상물의 거래가 완성된 사실을 거래정보사업자에게 통보하지 아니한 경우
⑤ 개업공인중개사가 중개가 완성되어 거래계약서를 작성하는 때에 중개대상물 확인·설명서를 교부하지 아니하거나 보존하지 아니한 경우
⑥ 개업공인중개사가 작성된 중개대상물 확인·설명서에 서명 및 날인을 하지 아니한 경우

⑦ 개업공인중개사가 중개가 완성된 때에 적정하게 거래계약서를 작성·교부하지 아니하거나 보존하지 아니한 경우
⑧ 개업공인중개사가 작성된 거래계약서에 서명 및 날인을 하지 아니한 경우
⑨ 개업공인중개사가 감독관청의 그 업무에 관한 사항의 보고, 자료의 제출, 조사 또는 검사를 거부·방해 또는 기피하거나 그 밖의 명령을 이행하지 아니하거나 거짓으로 보고 또는 자료제출을 한 경우
⑩ 개업공인중개사가 상대적 등록취소사유 중 어느 하나에 해당하는 경우
⑪ 최근 1년 이내에 「공인중개사법」에 의하여 2회 이상 업무정지 또는 과태료의 처분을 받고 다시 과태료의 처분에 해당하는 행위를 한 경우
⑫ 개업공인중개사가 조직한 사업자단체 또는 그 구성원인 개업공인중개사가 「독점규제 및 공정거래에 관한 법률」을 위반하여 시정조치 또는 과징금의 처분을 받은 경우
⑬ 그 밖에 「공인중개사법」 또는 「공인중개사법」에 의한 명령이나 처분을 위반한 경우
⑭ 부칙 규정에 의한 개업공인중개사가 업무지역 범위를 위반한 경우

(4) 행정제재처분 효과의 승계 등

① 개업공인중개사가 폐업신고 후 다시 중개사무소의 개설등록을 한 때에는 폐업신고 전의 개업공인중개사의 지위를 승계한다.
② **효과 승계**: 폐업신고 전의 개업공인중개사에 대하여 업무정지, 과태료에 해당하는 위반행위를 사유로 행한 행정처분의 효과는 그 처분일부터 1년간 재등록 개업공인중개사에게 승계된다.

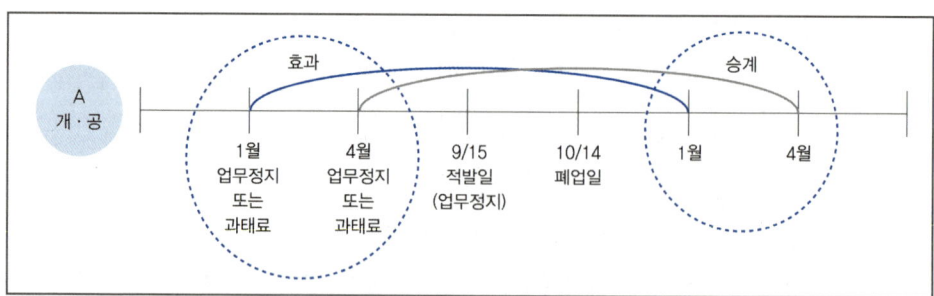

③ **위반행위 승계**: 재등록 개업공인중개사에 대하여 폐업신고 전의 등록취소 및 업무정지사유에 해당하는 위반행위에 대한 행정처분을 할 수 있다. 다만, 다음의 경우는 제외한다.

> ㉠ 폐업신고를 한 날부터 다시 중개사무소의 개설등록을 한 날까지의 기간(폐업기간)이 3년을 초과한 경우
> ㉡ 폐업신고 전의 위반행위에 대한 행정처분이 업무정지에 해당하는 경우로서 폐업기간이 1년을 초과한 경우

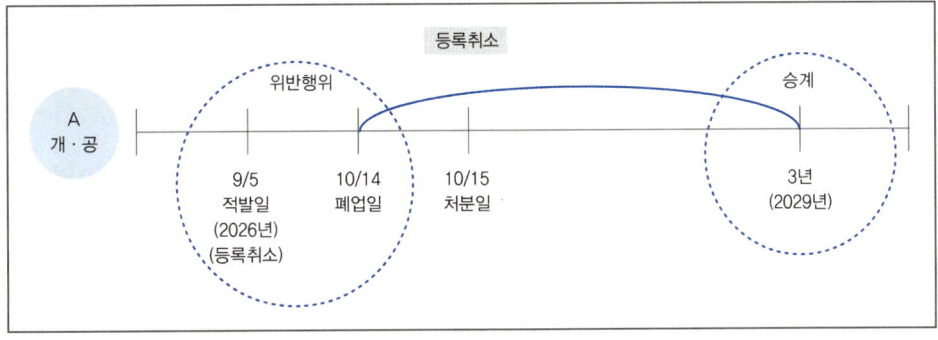

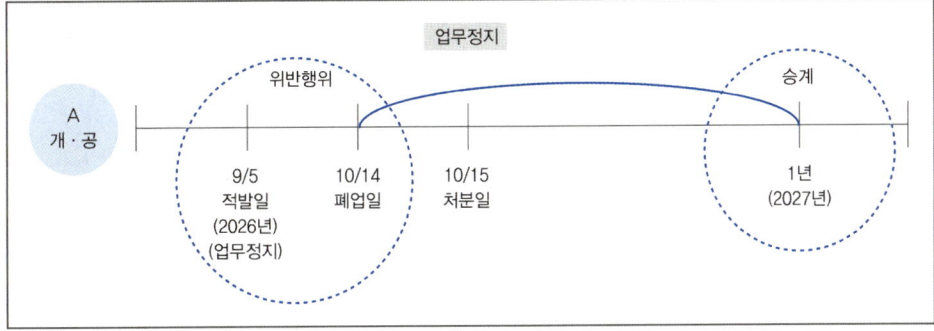

3. 공인중개사·소속공인중개사에 대한 행정처분(자격취소, 자격정지)

(1) 자격취소사유(기속취소)

① 부정한 방법으로 공인중개사의 자격을 취득한 경우
② 공인중개사가 다른 사람에게 자기의 성명을 사용하여 중개업무를 하게 하거나 공인중개사자격증을 양도 또는 대여한 경우
③ 공인중개사가 소속공인중개사로서 업무를 수행하는 기간 중에 자격정지처분을 받고 그 자격정지기간 중에 중개업무를 행한 경우(다른 개업공인중개사의 소속공인중개사·중개보조원 또는 법인인 개업공인중개사의 사원·임원이 되는 경우를 포함한다)
④ 이 법 또는 공인중개사의 직무와 관련하여 형법규정을 위반하여 금고 이상의 형(집행유예를 포함한다)을 선고받은 경우

> **보충** 형법규정을 위반한 경우
> - 범죄단체 등의 조직(제114조)
> - 사문서 등의 위조·변조(제231조)
> - 위조사문서 등의 행사(제234조)
> - 사기(제347조)
> - 횡령·배임(제355조)
> - 업무상 횡령과 배임(제356조)

(2) 자격정지사유(재량처분)
① 둘 이상의 중개사무소에 소속된 경우
② 인장등록을 하지 아니하거나 등록하지 아니한 인장을 사용한 경우
③ 성실·정확하게 중개대상물의 확인·설명을 하지 아니하거나 설명의 근거자료를 제시하지 아니한 경우
④ 중개대상물 확인·설명서에 서명 및 날인을 하지 아니한 경우
⑤ 거래계약서에 서명 및 날인을 하지 아니한 경우
⑥ 거래계약서에 거래금액 등 거래내용을 거짓으로 기재하거나 서로 다른 둘 이상의 거래계약서를 작성한 경우
⑦ 「공인중개사법」 제33조 제1항 각 호에 규정된 금지행위를 한 경우

4. 거래정보사업자에 대한 지정취소(재량취소)
① 거짓이나 그 밖의 부정한 방법으로 지정을 받은 경우
② 거래정보사업자로 지정을 받은 자가 운영규정의 승인 또는 변경승인을 받지 아니하거나 운영규정을 위반하여 부동산거래정보망을 운영한 경우
③ 거래정보사업자가 개업공인중개사로부터 공개를 의뢰받은 중개대상물의 정보에 한정하여 이를 부동산거래정보망에 공개하지 않고, 의뢰받은 내용과 다르게 정보를 공개하거나 어떠한 방법으로든지 개업공인중개사에 따라 정보를 차별적으로 공개한 경우
④ 정당한 사유 없이 지정받은 날부터 1년 이내에 부동산거래정보망을 설치·운영하지 아니한 경우
⑤ 개인인 거래정보사업자의 사망 또는 법인인 거래정보사업자의 해산 그 밖의 사유로 부동산거래정보망의 계속적인 운영이 불가능한 경우

3 지도·감독을 위한 조치 등(지도·감독상 의무)

1. 중개사무소등록증 등의 게시의무

(1) 게시사항
① 중개사무소등록증 원본(법인인 분사무소의 경우에는 분사무소 설치신고확인서 원본)
② 중개보수·실비의 요율 및 한도액표
③ 개업공인중개사 및 소속공인중개사의 공인중개사자격증 원본(해당되는 자가 있는 경우로 한정한다)

④ 보증의 설정을 증명할 수 있는 서류
⑤ 「부가가치세법 시행령」에 따른 사업자등록증

(2) 제재
중개사무소등록증 등을 게시하지 아니한 경우 100만원 이하의 과태료에 처한다.

2. 유사명칭의 사용금지의무

(1) 내용
공인중개사가 아닌 자는 공인중개사 또는 이와 유사한 명칭을 사용하지 못한다.

(2) 제재
1년 이하의 징역 또는 1천만원 이하의 벌금에 처한다.

Chapter 11 벌칙(행정벌)

♀ 학습포인트 행정형벌, 행정질서벌의 내용을 학습한다.

■ 행정벌(행정형벌, 행정질서벌)의 구분

구분	종류	대상자	처분기관	성격
행정형벌	3년 이하 징역 또는 3천만원 이하 벌금	개업공인중개사등, 무등록중개업자, 거래정보사업자, 공인중개사, 일반인	법원	재량
	1년 이하 징역 또는 1천만원 이하 벌금			
행정질서벌	500만원 이하 과태료	거래정보사업자, 협회, 정보통신서비스 제공자	국토교통부 장관	재량
		개업공인중개사, 소속공인중개사 (연수교육의무 위반)	시·도지사	
		개업공인중개사, 중개보조원 (고지의무 위반)	등록관청	
		개업공인중개사 (확인·설명의무 위반 등)	등록관청	
	100만원 이하 과태료	공인중개사(자격증 반납 위반)	시·도지사	
		개업공인중개사(등록증 반납 위반 등)	등록관청	

1 행정형벌

1. 행정형벌의 의의

행정법상 의무 위반에 대하여 그 제재로서 형법에 형명(刑名)이 정해져 있는 형벌로 사형, 징역, 금고, 자격상실, 자격정지, 벌금, 구류, 과료, 몰수 등이 있다. 「공인중개사법」상 행정형벌은 징역과 벌금형이 있다.

2. 3년 이하의 징역 또는 3천만원 이하의 벌금

① 중개사무소의 개설등록을 하지 아니하고 중개업을 한 자
② 거짓이나 그 밖의 부정한 방법으로 중개사무소의 개설등록을 한 자
③ 관계 법령에서 양도·알선 등이 금지된 부동산의 분양·임대 등과 관련 있는 증서 등의 매매·교환 등을 중개하거나 그 매매를 업으로 하는 행위
④ 중개의뢰인과 직접 거래를 하거나 거래당사자 쌍방을 대리하는 행위
⑤ 탈세 등 관계 법령을 위반할 목적으로 소유권보존등기 또는 이전등기를 하지 아니한 부동산이나 관계 법령의 규정에 의하여 전매 등 권리의 변동이 제한된 부동산의 매매를 중개하는 등 부동산투기를 조장하는 행위
⑥ 부당한 이익을 얻거나 제3자에게 부당한 이익을 얻게 할 목적으로 거짓으로 거래가 완료된 것처럼 꾸미는 등 중개대상물의 시세에 부당한 영향을 주거나 줄 우려가 있는 행위
⑦ 단체를 구성하여 특정 중개대상물에 대하여 중개를 제한하거나 단체 구성원 이외의 자와 공동중개를 제한하는 행위
⑧ 안내문, 온라인 커뮤니티 등을 이용하여 특정 개업공인중개사등에 대한 중개의뢰를 제한하거나 제한을 유도하는 행위
⑨ 안내문, 온라인 커뮤니티 등을 이용하여 중개대상물에 대하여 시세보다 현저하게 높게 표시·광고 또는 중개하는 특정 개업공인중개사등에게만 중개의뢰를 하도록 유도함으로써 다른 개업공인중개사등을 부당하게 차별하는 행위
⑩ 안내문, 온라인 커뮤니티 등을 이용하여 특정 가격 이하로 중개를 의뢰하지 아니하도록 유도하는 행위
⑪ 정당한 사유 없이 개업공인중개사등의 중개대상물에 대한 정당한 표시·광고 행위를 방해하는 행위
⑫ 개업공인중개사등에게 중개대상물을 시세보다 현저하게 높게 표시·광고하도록 강요하거나 대가를 약속하고 시세보다 현저하게 높게 표시·광고하도록 유도하는 행위

3. 1년 이하의 징역 또는 1천만원 이하의 벌금

① 다른 사람에게 자기의 성명을 사용하여 중개업무를 하게 하거나 공인중개사자격증을 양도·대여한 자 또는 다른 사람의 공인중개사자격증을 양수·대여받은 자
② 공인중개사가 아닌 자로서 공인중개사 또는 이와 유사한 명칭을 사용한 자
③ 이중으로 중개사무소의 개설등록을 하거나 둘 이상의 중개사무소에 소속된 자
④ 둘 이상의 중개사무소를 둔 자
⑤ 임시 중개시설물을 설치한 자
⑥ 개업공인중개사가 아닌 자로서 '공인중개사사무소', '부동산중개' 또는 이와 유사한 명칭을 사용한 자
⑦ 개업공인중개사가 아닌 자로서 중개업을 하기 위하여 중개대상물에 대한 표시·광고를 한 자
⑧ 다른 사람에게 자기의 성명 또는 상호를 사용하여 중개업무를 하게 하거나 중개사무소등록증을 다른 사람에게 양도·대여한 자 또는 다른 사람의 성명·상호를 사용하여 중개업무를 하거나 중개사무소등록증을 양수·대여받은 자
⑨ 개업공인중개사로부터 공개를 의뢰받은 중개대상물의 정보에 한정하여 이를 부동산거래정보망에 공개하여야 하며, 의뢰받은 내용과 다르게 정보를 공개하거나 어떠한 방법으로든지 개업공인중개사에 따라 정보가 차별적으로 공개되도록 하여서는 아니 된다는 규정을 위반하여 정보를 공개한 거래정보사업자
⑩ 「공인중개사법」 및 다른 법률에 특별한 규정이 있는 경우를 제외하고는 그 업무상 알게 된 비밀을 누설하여서는 아니 되는데, 이 규정을 위반하여 업무상 비밀을 누설한 개업공인중개사(단, 이 규정에 위반한 자는 피해자의 명시한 의사에 반하여 벌하지 아니한다)
⑪ 중개대상물의 매매를 업으로 하는 행위
⑫ 중개사무소의 개설등록을 하지 아니하고 중개업을 영위하는 자인 사실을 알면서 그를 통하여 중개를 의뢰받거나 그에게 자기의 명의를 이용하게 하는 행위
⑬ 사례·증여 그 밖의 어떠한 명목으로도 법정보수 또는 실비를 초과하여 금품을 받는 행위
⑭ 중개대상물의 거래상의 중요사항에 관하여 거짓된 언행 그 밖의 방법으로 중개의뢰인의 판단을 그르치게 하는 행위
⑮ 개업공인중개사가 중개보조원을 개업공인중개사와 소속공인중개사를 합한 수의 5배를 초과하여 고용한 경우
⑯ 누구든지 위 ①에서 금지한 행위를 알선한 자
⑰ 누구든지 위 ⑧에서 금지한 행위를 알선한 자

2 행정질서벌

1. 행정질서벌의 의의

행정 법규의 가벼운 위반에 대해 가하는 행정벌의 한 종류를 말한다. 즉, 행정 법규의 위반이 직접적으로 행정 목적이나 사회 공익을 침해하지는 않으나, 간접적으로 행정상의 질서에 장해를 줄 위험성이 있는 정도의 단순한 의무 태만에 대해 제재를 가하는 행정벌의 한 종류를 말한다. 「공인중개사법」상 행정상의 질서 유지를 위해 과하는 과태료가 여기에 속한다.

2. 500만원 이하의 과태료

(1) 개업공인중개사

① 개업공인중개사가 다음의 **부당한 표시·광고** 행위를 한 경우

> ㉠ 중개대상물이 존재하지 않아서 실제로 거래를 할 수 없는 중개대상물에 대한 표시·광고를 한 경우
> ㉡ 중개대상물의 가격 등 내용을 사실과 다르게 거짓으로 표시·광고하거나 사실을 과장되게 하는 표시·광고를 한 경우
> ㉢ 그 밖에 표시·광고의 내용이 부동산거래질서를 해치거나 중개의뢰인에게 피해를 줄 우려가 있는 것으로서 대통령령으로 정하는 내용의 표시·광고를 한 경우

② 성실·정확하게 중개대상물의 **확인·설명**을 하지 아니하거나 설명의 근거자료를 제시하지 아니한 경우

(2) 정보통신서비스 제공자

① 국토교통부장관은 표시·광고가 관련 규정을 준수하였는지 여부를 모니터링하기 위하여 필요한 때에는 정보통신서비스 제공자에게 관련 **자료의 제출**을 요구할 수 있는데, 이 경우 관련 자료의 제출을 요구받은 정보통신서비스 제공자가 정당한 사유가 없이 요구에 따르지 아니하여 관련 자료를 제출하지 아니한 경우

② 국토교통부장관은 모니터링 결과에 따라 정보통신서비스 제공자에게 「공인중개사법」위반이 의심되는 표시·광고에 대한 확인 또는 추가정보의 게재 등 **필요한 조치**를 요구할 수 있는데, 이 경우 필요한 조치를 요구받은 정보통신서비스 제공자가 정당한 사유가 없이 요구에 따르지 아니하여 필요한 조치를 하지 아니한 경우

(3) 거래정보사업자

① 운영규정의 승인 또는 변경승인을 얻지 아니하거나 운영규정의 내용을 위반하여 부동산거래정보망을 운영한 경우

② 「공인중개사법」 제37조 제1항에 따른 보고, 자료의 제출, 조사 또는 검사를 거부·방해 또는 기피하거나 그 밖의 명령을 이행하지 아니하거나 거짓으로 보고 또는 자료제출을 한 경우

(4) 협회
① 공제사업 운용실적을 공시하지 아니한 경우
② 공제업무의 개선명령을 이행하지 아니한 경우
③ 임원에 대한 징계·해임의 요구를 이행하지 아니하거나 시정명령을 이행하지 아니한 자
④ 국토교통부장관의 요청이 있는 경우로서 금융감독원장의 공제사업에 관한 조사 또는 검사에 관한 규정을 위반한 경우
⑤ 「공인중개사법」 제44조 제1항에 따른 보고, 자료의 제출, 조사 또는 검사를 거부·방해 또는 기피하거나 그 밖의 명령을 이행하지 아니하거나 거짓으로 보고 또는 자료제출을 한 경우

(5) 개업공인중개사, 소속공인중개사
실무교육을 받은 후 2년마다 시·도지사가 실시하는 연수교육을 받아야 한다는 규정을 위반한 경우

(6) 개업공인중개사, 중개보조원
중개의뢰인에게 본인이 중개보조원이라는 사실을 미리 알리지 아니한 사람 및 그가 소속된 개업공인중개사. 다만, 개업공인중개사가 그 위반행위를 방지하기 위하여 해당 업무에 관하여 상당한 주의와 감독을 게을리하지 아니한 경우는 제외

3. 100만원 이하의 과태료

① 중개사무소등록증 등을 게시하지 아니한 자
② 사무소의 명칭에 '공인중개사사무소', '부동산중개'라는 문자를 사용하지 아니한 자 또는 옥외광고물에 성명을 표기하지 아니하거나 거짓으로 표기한 자
③ 개업공인중개사가 의뢰받은 중개대상물에 대하여 표시·광고를 하는 경우로서 중개사무소, 개업공인중개사에 관한 사항 등을 명시하여야 하며, 중개보조원에 관한 사항은 명시해서는 아니 된다는 규정을 위반하여 표시·광고한 경우
④ 개업공인중개사가 인터넷을 이용하여 중개대상물에 대한 표시·광고를 하는 때에는 중개대상물의 종류별로 소재지, 면적, 가격 등의 사항을 명시하여야 한다는 규정을 위반하여 표시·광고한 경우
⑤ 중개사무소의 이전신고를 하지 아니한 자

⑥ 휴업, 폐업, 휴업한 중개업의 재개 또는 휴업기간의 변경신고를 하지 아니한 자
⑦ 손해배상책임에 관한 사항을 설명하지 아니하거나 관계증서의 사본 또는 관계증서에 관한 전자문서를 교부하지 아니한 자
⑧ 공인중개사자격증을 반납하지 아니하거나 공인중개사자격증을 반납할 수 없는 사유서를 제출하지 아니한 자 또는 거짓으로 공인중개사자격증을 반납할 수 없는 사유서를 제출한 자
⑨ 중개사무소등록증을 반납하지 아니한 자
⑩ 부칙 규정에 의한 개업공인중개사가 사무소의 명칭에 '공인중개사사무소'의 문자를 사용한 경우

Chapter 12 부동산 거래신고 등에 관한 법률

학습포인트 부동산 거래신고제도, 주택임대차계약신고, 외국인 신고 및 허가규정, 토지거래허가규정의 의의 및 내용을 이해한다.

1 부동산 거래신고제도

1. 신고의무자 및 신고대상

(1) 거래당사자가 직접 거래한 경우

거래당사자는 다음에 해당하는 계약을 체결한 경우 그 실제 거래가격 등 대통령령으로 정하는 사항을 거래계약의 체결일부터 30일 이내에 그 권리의 대상인 부동산등(권리에 관한 계약의 경우에는 그 권리의 대상인 부동산을 말한다)의 소재지를 관할하는 시장(구가 설치되지 아니한 시의 시장 및 특별자치시장과 특별자치도 행정시의 시장을 말한다)·군수 또는 구청장(이하 '신고관청')에게 공동으로 신고하여야 한다.
다만, 거래당사자 중 일방이 국가, 지방자치단체, 「공공기관의 운영에 관한 법률」에 따른 공공기관, 「지방공기업법」에 따른 지방직영기업·지방공사 또는 지방공단의 경우(이하 '국가등')에는 국가등이 신고를 하여야 한다. 부동산거래계약을 체결하고 해당 거래계약을 신고하려는 거래당사자는 부동산거래계약 신고서에 공동으로 서명 또는 날인하여 신고관청에 제출하여야 한다.

① 부동산 거래신고대상인 계약
㉠ 부동산의 매매계약
㉡ 「택지개발촉진법」, 「주택법」 등 다음의 법률에 따른 부동산에 대한 공급계약

- ⓐ 「건축물의 분양에 관한 법률」
- ⓑ 「공공주택 특별법」
- ⓒ 「도시개발법」
- ⓓ 「도시 및 주거환경정비법」
- ⓔ 「빈집 및 소규모주택 정비에 관한 특례법」
- ⓕ 「산업입지 및 개발에 관한 법률」
- ⓖ 「주택법」
- ⓗ 「택지개발촉진법」

ⓒ 다음에 해당하는 지위의 매매계약

- ⓐ 「택지개발촉진법」, 「주택법」 등에 따른 부동산에 대한 공급계약을 통하여 부동산을 공급받는 자로 선정된 지위
- ⓑ 「도시 및 주거환경정비법」에 따른 관리처분계획의 인가 및 「빈집 및 소규모주택 정비에 관한 특례법」에 따른 사업시행계획 인가로 취득한 입주자로 선정된 지위

② **부동산 거래신고사항**

㉠ 공통

- ⓐ 거래당사자의 인적사항
- ⓑ 계약 체결일, 중도금 지급일 및 잔금 지급일
- ⓒ 거래대상 부동산등(부동산을 취득할 수 있는 권리에 관한 계약의 경우에는 그 권리의 대상인 부동산을 말한다)의 소재지·지번·지목 및 면적
- ⓓ 거래대상 부동산등의 종류(부동산을 취득할 수 있는 권리에 관한 계약의 경우에는 그 권리의 종류를 말한다)
- ⓔ 실제 거래가격
- ⓕ 계약의 조건이나 기한이 있는 경우에는 그 조건 또는 기한
- ⓖ 위탁관리인의 인적사항
- ⓗ 개업공인중개사가 거래계약서를 작성·교부한 경우에는 다음의 사항
  - ⅰ) 개업공인중개사의 인적사항
  - ⅱ) 개업공인중개사가 「공인중개사법」 제9조에 따라 개설등록한 중개사무소의 상호·전화번호 및 소재지

㉡ 법인이 주택의 거래계약을 체결하는 경우

- ⓐ 법인의 현황에 관한 다음의 사항(거래당사자 중 국가등이 포함되어 있거나 거래계약이 택지개발촉진법, 주택법 등 대통령령으로 정하는 법률에 따른 부동산에 대한 공급계약 또는 택지개발촉진법, 주택법 등 대통령령으로 정하는 법률에 따른 계약을 통하여 부동산을 공급받는 자로 선정된 지위에 해당하는 경우는 제외한다)

> ⅰ) 법인의 등기 현황
> ⅱ) 법인과 거래상대방 간의 관계가 다음의 어느 하나에 해당하는지 여부
> • 거래상대방이 개인인 경우: 그 개인이 해당 법인의 임원이거나 법인의 임원과 친족관계가 있는 경우
> • 거래상대방이 법인인 경우: 거래당사자인 매도법인과 매수법인의 임원 중 같은 사람이 있거나 거래당사자인 매도법인과 매수법인의 임원 간 친족관계가 있는 경우

➕ 위의 내용을 신고해야 하는 경우에는 신고서를 제출할 때 법인 주택 거래계약 신고서(이하 '법인 신고서')를 신고관청에 함께 제출해야 한다.

ⓑ 주택 취득 목적 및 취득 자금 등에 관한 다음의 사항(법인이 주택의 매수자인 경우만 해당한다)

> ⅰ) 거래대상인 주택의 취득목적
> ⅱ) 거래대상 주택의 취득에 필요한 자금의 조달계획 및 지급방식. 이 경우 투기과열지구에 소재하는 주택의 거래계약을 체결한 경우에는 자금의 조달계획을 증명하는 서류로서 국토교통부령으로 정하는 서류를 첨부해야 한다.
> ⅲ) 임대 등 거래대상 주택의 이용계획

ⓒ 법인 외의 자가 실제 거래가격이 6억원 이상인 주택을 매수하거나 투기과열지구 또는 조정대상지역에 소재하는 주택을 매수하는 경우(매수인 중 국가등이 포함되어 있는 경우는 제외한다)

ⓐ 거래대상 주택의 취득에 필요한 자금의 조달계획 및 지급방식. 이 경우 투기과열지구에 소재하는 주택의 거래계약을 체결한 경우 매수자는 자금의 조달계획을 증명하는 서류로 국토교통부령으로 정하는 서류를 첨부해야 한다.

ⓑ 거래대상 주택에 매수자 본인이 입주할지 여부, 입주 예정 시기 등 거래대상 주택의 이용계획

> ➕ 보충 **자금조달 · 입주계획서에 첨부하여야 하는 서류**
>
> 위 ⓑ의 ⓑ의 ⅱ), ⓒ의 ⓐ에서 국토교통부령으로 정하는 서류란 다음의 서류를 말한다. 이 경우 자금조달 · 입주계획서의 제출일을 기준으로 주택취득에 필요한 자금의 대출이 실행되지 않았거나 본인 소유 부동산의 매매계약이 체결되지 않은 경우 등 항목별 금액 증명이 어려운 경우에는 그 사유서를 첨부해야 한다.
> 1. **자금조달 · 입주계획서에 금융기관 예금액 항목을 적은 경우**: 예금잔액증명서 등 예금 금액을 증명할 수 있는 서류
> 2. **자금조달 · 입주계획서에 주식 · 채권 매각대금 항목을 적은 경우**: 주식거래내역서 또는 예금잔액증명서 등 주식 · 채권 매각 금액을 증명할 수 있는 서류

3. 자금조달·입주계획서에 증여·상속 항목을 적은 경우: 증여세·상속세 신고서 또는 납세증명서 등 증여 또는 상속받은 금액을 증명할 수 있는 서류
4. 자금조달·입주계획서에 현금 등 그 밖의 자금 항목을 적은 경우: 소득금액증명원 또는 근로소득 원천징수영수증 등 소득을 증명할 수 있는 서류
5. 자금조달·입주계획서에 부동산 처분대금 등 항목을 적은 경우: 부동산 매매계약서 또는 부동산 임대차계약서 등 부동산 처분 등에 따른 금액을 증명할 수 있는 서류
6. 자금조달·입주계획서에 금융기관 대출액 합계 항목을 적은 경우: 금융거래확인서, 부채증명서 또는 금융기관 대출신청서 등 금융기관으로부터 대출받은 금액을 증명할 수 있는 서류
7. 자금조달·입주계획서에 임대보증금 항목을 적은 경우: 부동산 임대차계약서
8. 자금조달·입주계획서에 회사지원금·사채 또는 그 밖의 차입금 항목을 적은 경우: 금전을 빌린 사실과 그 금액을 확인할 수 있는 서류

■ 주택 – 자금조달계획서 및 입주계획서

1. 자금계획서, 입주계획서
   - 규제지역(투기·조정) ⇨ 모든 거래(개인, 법인)
   - 비규제지역
     - 개인 ⇨ 6억원 이상
     - 법인 ⇨ 모든 거래
2. 증빙서류 ⇨ 투기과열지구 ⇨ 모든 거래(개인, 법인)

ⓔ 실제 거래가격이 수도권 등에 소재하는 토지의 경우 1억원 이상, 수도권 등 이외의 지역에 소재하는 토지의 경우 6억원 이상인 토지를 매수하는 경우(매수인이 국가등이거나 매수인에 국가등이 포함되어 있는 토지거래, 토지거래허가를 받아야 하는 토지거래는 제외한다) 다음의 내용을 신고하여야 한다.

ⓐ 거래대상 토지의 취득에 필요한 자금의 조달계획
ⓑ 거래대상 토지의 이용계획

ⓜ 수도권 등에 소재하는 토지를 지분으로 매수하는 경우 모든 거래, 수도권 등 이외의 지역에 소재하는 토지를 매수하는 경우로서 실제 거래가격이 6억원 이상인 토지를 매수하는 경우(매수인이 국가등이거나 매수인에 국가등이 포함되어 있는 토지거래, 토지거래허가를 받아야 하는 토지거래는 제외한다) 다음의 내용을 신고하여야 한다.

ⓐ 거래대상 토지의 취득에 필요한 자금의 조달계획
ⓑ 거래대상 토지의 이용계획

■ 토지 - 자금조달 및 토지이용계획서(매수인이 국가등이거나 매수인에 국가등이 포함되어 있는 토지거래, 토지거래허가를 받아야 하는 토지거래는 제외)

1. 토지매수 ┬ 수도권 등에 소재하는 토지 ⇨ 1억원 이상
           └ 수도권 등 외의 지역에 소재하는 토지 ⇨ 6억원 이상
2. 토지지분매수 ┬ 수도권 등에 소재하는 토지 ⇨ 모든 거래
              └ 수도권 등 외의 지역에 소재하는 토지 ⇨ 6억원 이상

③ 단독신고의 경우
  ㉠ 거래당사자 중 일방이 신고를 거부하는 경우에는 단독으로 신고할 수 있다.
  ㉡ 단독으로 부동산거래계약을 신고하려는 국가, 지방자치단체 또는 「공공기관의 운영에 관한 법률」에 따른 공공기관, 「지방공기업법」에 따른 지방직영기업·지방공사 또는 지방공단은 부동산거래계약 신고서에 단독으로 서명 또는 날인하여 신고관청에 제출하여야 한다.

(2) 개업공인중개사가 거래계약서를 작성·교부한 경우
  ① 「공인중개사법」에 따른 개업공인중개사가 거래계약서를 작성·교부한 경우에는 해당 개업공인중개사가 신고를 하여야 한다. 이 경우 공동으로 중개를 한 경우에는 해당 개업공인중개사가 공동으로 신고하여야 한다.
  ② 부동산거래계약을 신고하려는 개업공인중개사는 부동산거래계약 신고서에 서명 또는 날인하여 신고관청에 제출하여야 한다. 이 경우 공동으로 중개를 한 경우에는 해당 개업공인중개사가 공동으로 서명 또는 날인하여야 한다.
  ③ 개업공인중개사 중 일방이 신고를 거부한 경우에는 단독으로 신고할 수 있다.

(3) 신고필증의 교부
  신고를 받은 신고관청은 그 신고내용을 확인한 후 신고인에게 신고필증을 지체 없이 발급하여야 한다.

(4) 의제규정
  ① 부동산등의 매수인은 신고인이 신고필증을 발급받은 때에 「부동산등기 특별조치법」 제3조 제1항에 따른 검인을 받은 것으로 본다.
  ② 부동산거래계약시스템을 통하여 부동산거래계약을 체결한 경우에는 부동산거래계약이 체결된 때에 부동산거래계약 신고서를 제출한 것으로 본다.

(5) 신고내용 등의 제출

① 신고관청은 외국인등이 부동산등의 취득을 신고한 내용을 매 분기 종료일부터 1개월 이내에 특별시장·광역시장·도지사 또는 특별자치도지사에게 제출(전자서명법에 따른 전자문서에 의한 제출을 포함한다)하여야 한다. 다만, 특별자치시장은 직접 국토교통부장관에게 제출하여야 한다.

② 위 ①에 따라 신고내용을 제출받은 특별시장·광역시장·도지사 또는 특별자치도지사는 제출받은 날부터 1개월 이내에 그 내용을 국토교통부장관에게 제출하여야 한다.

2. 부동산 거래신고서 등의 제출대행

① 거래당사자 또는 법인 또는 매수인의 위임을 받은 사람은 부동산거래계약 신고서 등의 제출을 대행할 수 있다. 이 경우 부동산거래계약 신고서 등의 제출을 대행하는 사람은 신분증명서를 신고관청에 보여주고, 다음의 서류를 함께 제출해야 한다.

> ㉠ 신고서 등의 제출을 위임한 거래당사자가 서명 또는 날인한 위임장(거래당사자가 법인인 경우에는 법인인감을 날인한 위임장)
> ㉡ 신고서 등의 제출을 위임한 거래당사자의 신분증명서 사본

② 개업공인중개사의 위임을 받은 소속공인중개사는 부동산거래계약 신고서 등의 제출을 대행할 수 있다. 이 경우 소속공인중개사는 신분증명서를 신고관청에 보여줘야 한다.

3. 금지행위

누구든지 부동산 거래신고 또는 부동산 거래의 해제등 신고에 관하여 다음에 해당하는 행위를 하여서는 아니 된다.

> ① 개업공인중개사에게 부동산 거래신고를 하지 아니하게 하거나 거짓으로 신고하도록 요구하는 행위
> ② 신고의무자가 아닌 자가 거짓으로 부동산거래의 신고를 하는 행위
> ③ 거짓으로 부동산 거래신고 또는 부동산 거래의 해제등 신고를 하는 행위를 조장하거나 방조하는 행위
> ④ 부동산 거래신고 대상인 계약을 체결하지 아니하였음에도 불구하고 거짓으로 부동산 거래신고를 하는 행위
> ⑤ 부동산 거래신고 후 해당 계약이 해제등이 되지 아니하였음에도 불구하고 거짓으로 부동산 거래 해제등의 신고를 하는 행위

4. 해제등의 신고

① 거래당사자는 부동산 거래신고를 한 후 해당 거래계약이 해제, 무효 또는 취소(이하 '해제등')된 경우 해제등이 확정된 날부터 30일 이내에 해당 신고관청에 공동으로 신고하여야 한다. 다만, 거래당사자 중 일방이 신고를 거부하는 경우에는 단독으로 신고할 수 있다.

② 개업공인중개사가 거래계약서를 작성·교부하여 부동산 거래신고를 한 경우에는 개업공인중개사가 30일 이내에 해제등의 신고(공동으로 중개를 한 경우에는 해당 개업공인중개사가 공동으로 신고하는 것을 말한다)를 할 수 있다. 다만, 개업공인중개사 중 일방이 신고를 거부한 경우에는 단독으로 신고할 수 있다.

③ 부동산거래계약의 해제등을 신고하려는 거래당사자 또는 개업공인중개사는 별지 제4호 서식의 부동산거래계약 해제등 신고서에 공동으로 서명 또는 날인하여 신고관청에 제출해야 한다. 이 경우 거래당사자 중 일방이 국가등인 경우 국가등이 단독으로 서명 또는 날인하여 신고관청에 제출할 수 있다.

④ 단독으로 부동산거래계약의 해제등을 신고하려는 자는 부동산거래계약 해제등 신고서에 단독으로 서명 또는 날인한 후 다음의 서류를 첨부하여 신고관청에 제출해야 한다. 이 경우 신고관청은 단독신고사유에 해당하는지 여부를 확인해야 한다.

> ㉠ 확정된 법원의 판결문 등 해제등이 확정된 사실을 입증할 수 있는 서류
> ㉡ 단독신고사유서

⑤ 신고를 받은 신고관청은 그 내용을 확인한 후 부동산거래계약 해제등 확인서를 신고인에게 지체 없이 발급해야 한다.

⑥ 부동산거래계약시스템을 통하여 부동산거래계약 해제등을 한 경우 부동산거래계약 해제등이 이루어진 때에 부동산거래계약 해제등 신고서를 제출한 것으로 본다.

5. 신고내용의 검증 등

① 국토교통부장관은 신고받은 내용, 「부동산 가격공시에 관한 법률」에 따라 공시된 토지 및 주택의 가액, 그 밖의 부동산 가격정보를 활용하여 부동산거래가격검증체계를 구축·운영하여야 한다.

② 신고관청은 신고를 받은 경우 부동산거래가격검증체계를 활용하여 그 적정성을 검증하여야 한다.

③ 신고관청은 검증결과를 해당 부동산의 소재지를 관할하는 세무관서의 장에게 통보하여야 하며, 통보받은 세무관서의 장은 해당 신고내용을 국세 또는 지방세 부과를 위한 과세자료로 활용할 수 있다.

6. 신고내용의 조사 등

① 신고관청(이하 '조사기관')은 검증 등의 결과에 따라 신고받은 내용이 누락되어 있거나 정확하지 아니하다고 판단하는 경우 또는 신고받은 내용의 확인을 위하여 필요한 때에는 신고인에게 신고내용을 보완하게 하거나 신고한 내용의 사실 여부를 확인하기 위하여 소속공무원으로 하여금 거래당사자 또는 개업공인중개사에게 거래계약서, 거래대금 지급을 증명할 수 있는 자료 등 관련 자료의 제출을 요구하는 등 필요한 조치를 취할 수 있다.

> ㉠ 국토교통부장관 또는 신고관청은 신고내용을 조사하기 위하여 거래당사자 또는 개업공인중개사에게 다음의 자료를 제출하도록 요구할 수 있다.
> ⓐ 거래계약서 사본
> ⓑ 거래대금의 지급을 확인할 수 있는 입금표 또는 통장 사본
> ⓒ 매수인이 거래대금의 지급을 위하여 대출, 정기예금 등의 만기수령 또는 해약, 주식·채권 등의 처분의 행위를 하였음을 증명할 수 있는 자료
> ⓓ 매도인이 매수인으로부터 받은 거래대금을 예금 외의 다른 용도로 지출한 경우 이를 증명할 수 있는 자료
> ⓔ 그 밖에 신고내용의 사실 여부를 확인하기 위하여 필요한 자료
> ㉡ 자료제출 요구는 요구 사유, 자료의 범위와 내용, 제출기한 등을 명시한 서면으로 하여야 한다.
> ㉢ 위 ㉠ 및 ㉡에서 규정한 사항 외에 신고내용의 조사에 필요한 세부사항은 국토교통부장관이 정한다.

② 신고내용을 조사한 경우 신고관청은 조사 결과를 시·도지사에게 보고하여야 하며, 시·도지사는 이를 국토교통부장관에게 보고(전자문서에 의한 보고 또는 부동산정보체계에 입력하는 것을 포함한다)하여야 한다.

③ 위 ①의 규정에도 불구하고 국토교통부장관은 부동산 거래신고, 부동산 거래 해제 등 신고 또는 외국인 등의 부동산 취득·보유신고에 따라 신고받은 내용의 확인을 위하여 필요한 때에는 신고내용 조사를 직접 또는 신고관청과 공동으로 실시할 수 있다.

④ 국토교통부장관 및 신고관청은 신고내용 조사를 위하여 국세·지방세에 관한 자료, 소득·재산에 관한 자료 등을 관계 행정기관의 장에게 요청할 수 있다. 이 경우 요청을 받은 관계 행정기관의 장은 정당한 사유가 없으면 그 요청에 따라야 한다.

⑤ 국토교통부장관 및 신고관청은 신고내용 조사 결과 그 내용이 「부동산 거래신고 등에 관한 법률」 또는 「주택법」, 「공인중개사법」, 「상속세 및 증여세법」 등 다른 법률을 위반하였다고 판단되는 때에는 이를 수사기관에 고발하거나 관계 행정기관에 통보하는 등 필요한 조치를 할 수 있다.

7. 정정신청 및 변경신고

(1) 정정신청

① 거래당사자 또는 개업공인중개사는 부동산거래계약 신고내용 중 다음의 어느 하나에 해당하는 사항이 잘못 기재된 경우에는 신고관청에 신고내용의 정정을 신청할 수 있다.

> ㉠ 거래당사자의 주소·전화번호 또는 휴대전화번호
> ㉡ 거래지분 비율
> ㉢ 개업공인중개사의 전화번호·상호 또는 사무소 소재지
> ㉣ 거래대상 건축물의 종류
> ㉤ 거래대상 부동산등(부동산을 취득할 수 있는 권리에 관한 계약의 경우에는 그 권리의 대상인 부동산을 말한다)의 지목·면적·거래지분 및 대지권 비율

② 정정신청을 하려는 거래당사자 또는 개업공인중개사는 발급받은 부동산 거래 신고필증에 정정사항을 표시하고 해당 정정 부분에 서명 또는 날인을 하여 신고관청에 제출해야 한다. 다만, 거래당사자의 주소·전화번호 또는 휴대전화번호를 정정하는 경우에는 해당 거래당사자 일방이 단독으로 서명 또는 날인하여 정정을 신청할 수 있다.

③ 정정신청을 받은 신고관청은 정정사항을 확인한 후 지체 없이 해당 내용을 정정하고, 정정사항을 반영한 부동산 거래 신고필증을 재발급하여야 한다.

(2) 변경신고

① 거래당사자 또는 개업공인중개사는 부동산거래계약 신고내용 중 다음의 어느 하나에 해당하는 사항이 변경된 경우에는 「부동산등기법」에 따른 부동산에 관한 등기신청 전에 신고관청에 신고내용의 변경을 신고할 수 있다.

> ㉠ 거래지분 비율
> ㉡ 거래지분
> ㉢ 거래대상 부동산등의 면적
> ㉣ 계약의 조건 또는 기한

ⓜ 거래가격
　　　ⓑ 중도금·잔금 및 지급일
　　　ⓢ 공동매수의 경우 일부 매수인의 변경(매수인 중 일부가 제외되는 경우만 해당한다)
　　　ⓞ 거래대상 부동산등이 다수인 경우 일부 부동산등의 변경(거래대상 부동산등 중 일부가 제외되는 경우만 해당한다)
　　　ⓩ 위탁관리인의 성명, 주민등록번호, 주소 및 전화번호(휴대전화번호를 포함한다)

② 변경신고를 하는 거래당사자 또는 개업공인중개사는 부동산거래계약 변경신고서에 서명 또는 날인하여 신고관청에 제출해야 한다. 다만, 부동산등의 면적 변경이 없는 상태에서 거래가격이 변경된 경우에는 거래계약서 사본 등 그 사실을 증명할 수 있는 서류를 첨부해야 한다.

③ 다음에 해당하는 계약인 경우 변경신고사항인 거래가격 중 분양가격 및 선택품목은 거래당사자 일방이 단독으로 변경신고를 할 수 있다. 이 경우 거래계약서 사본 등 그 사실을 증명할 수 있는 서류를 첨부해야 한다.

　　㉠ 「택지개발촉진법」, 「주택법」 등 다음의 법률에 따른 부동산에 대한 공급계약
　　　ⓐ 「건축물의 분양에 관한 법률」
　　　ⓑ 「공공주택 특별법」
　　　ⓒ 「도시개발법」
　　　ⓓ 「도시 및 주거환경정비법」
　　　ⓔ 「빈집 및 소규모주택 정비에 관한 특례법」
　　　ⓕ 「산업입지 및 개발에 관한 법률」
　　　ⓖ 「주택법」
　　　ⓗ 「택지개발촉진법」
　　㉡ 다음에 해당하는 지위의 매매계약
　　　ⓐ 「택지개발촉진법」, 「주택법」 등에 따른 부동산에 대한 공급계약을 통하여 부동산을 공급받는 자로 선정된 지위
　　　ⓑ 「도시 및 주거환경정비법」에 따른 관리처분계획의 인가 및 「빈집 및 소규모주택 정비에 관한 특례법」에 따른 사업시행계획인가로 취득한 입주자로 선정된 지위

④ 변경신고를 받은 신고관청은 변경사항을 확인한 후 지체 없이 해당 내용을 변경하고, 변경사항을 반영한 부동산 거래 신고필증을 재발급해야 한다.

2 주택임대차계약의 신고

1. 주택임대차계약의 신고

(1) 주택임대차계약의 신고

임대차계약당사자는 주택(주택임대차보호법 제2조에 따른 주택을 말하며, 주택을 취득할 수 있는 권리를 포함한다)에 대하여 보증금이 6천만원을 초과하거나 월차임이 30만원을 초과하는 주택임대차계약(계약을 갱신하는 경우로서 보증금 및 차임의 증감 없이 임대차기간만 연장하는 계약은 제외한다)을 체결한 경우 그 보증금 또는 차임 등 다음에서 정하는 사항을 임대차계약의 체결일부터 30일 이내에 주택 소재지를 관할하는 신고관청에 공동으로 신고하여야 한다. 다만, 임대차계약당사자 중 일방이 국가등인 경우에는 국가등이 신고하여야 한다. 국가등이 주택임대차계약을 신고하려는 경우에는 임대차 신고서에 단독으로 서명 또는 날인해 신고관청에 제출해야 한다.

(2) 신고사항

> ① 임대차계약당사자의 인적사항
>   ㉠ 자연인인 경우: 성명, 주소, 주민등록번호(외국인인 경우에는 외국인등록번호를 말한다) 및 연락처
>   ㉡ 법인인 경우: 법인명, 사무소 소재지, 법인등록번호 및 연락처
>   ㉢ 법인 아닌 단체인 경우: 단체명, 소재지, 고유번호 및 연락처
> ② 임대차 목적물(주택을 취득할 수 있는 권리에 관한 계약인 경우에는 그 권리의 대상인 주택을 말한다)의 소재지, 종류, 임대 면적 등 임대차 목적물 현황
> ③ 보증금 또는 월차임
> ④ 계약 체결일 및 계약 기간
> ⑤ 계약갱신요구권의 행사 여부(계약을 갱신한 경우만 해당한다)
> ⑥ 해당주택임대차 계약을 중개한 개업공인중개사의 사무소 명칭, 사무소소재지, 대표자 성명, 등록번호, 전화번호 및 소속공인중개사의 성명

(3) 신고대상지역

① 주택임대차계약의 신고는 임차가구 현황 등을 고려하여 대통령령으로 정하는 지역에 적용한다.
② 위 ①에서 '대통령령으로 정하는 지역'은 특별자치시·특별자치도·시·군(광역시 및 경기도의 관할 구역에 있는 군으로 한정한다)·구(자치구를 말한다)를 말한다.

(4) 신고방법 및 절차

① **원칙**(공동신고): 주택임대차계약을 신고하려는 임대차계약당사자는 주택임대차계약 신고서(이하 '임대차신고서')에 공동으로 서명 또는 날인해 신고관청에 제출해야 한다.

■ 공동신고 의제

> 임대차계약당사자 일방이 임대차신고서에 단독으로 서명 또는 날인한 후 다음의 서류 등을 첨부해 신고관청에 제출한 경우에는 임대차계약당사자가 공동으로 임대차신고서를 제출한 것으로 본다.
> 1. 주택임대차계약서(계약서를 작성한 경우만 해당한다)
> 2. 입금증, 주택임대차계약과 관련된 금전거래내역이 적힌 통장사본 등 주택임대차계약 체결 사실을 입증할 수 있는 서류 등(주택임대차계약서를 작성하지 않은 경우만 해당한다)
> 3. 「주택임대차보호법」 제6조의3에 따른 계약갱신요구권을 행사한 경우 이를 확인할 수 있는 서류 등

② **예외**(단독신고)

  ㉠ 임대차계약당사자 중 일방이 신고를 거부하는 경우에는 국토교통부령으로 정하는 바에 따라 단독으로 신고할 수 있다.

  ㉡ 단독으로 주택임대차계약을 신고하려는 임대차계약당사자는 임대차신고서에 서명 또는 날인한 후 다음의 서류 등과 단독신고사유서를 첨부해 신고관청에 제출해야 한다.

  > ⓐ 주택임대차계약서(계약서를 작성한 경우만 해당한다)
  > ⓑ 입금증, 주택임대차계약과 관련된 금전거래내역이 적힌 통장사본 등 주택임대차계약 체결 사실을 입증할 수 있는 서류 등(주택임대차계약서를 작성하지 않은 경우만 해당한다)
  > ⓒ 「주택임대차보호법」 제6조의3에 따른 계약갱신요구권을 행사한 경우 이를 확인할 수 있는 서류 등

  ㉢ 신고를 받은 신고관청은 단독신고사유에 해당하는지를 확인해야 한다.

2. 주택임대차계약의 변경 및 해제신고

(1) 주택임대차계약의 변경 및 해제신고

임대차계약당사자는 주택임대차계약 신고를 한 후 해당 주택임대차계약의 보증금, 차임 등 임대차 가격이 변경되거나 임대차계약이 해제된 때에는 변경 또는 해제가 확정된 날부터 30일 이내에 해당 신고관청에 공동으로 신고하여야 한다. 다만, 임대차계약당사자 중 일방이 국가등인 경우에는 국가등이 신고하여야 한다.

■ **공동신고 의제(주택임대차 신고규정 준용)**

1. 임대차계약당사자 일방이 임대차 변경신고서 또는 해제신고서에 단독으로 서명 또는 날인한 후 주택임대차 변경계약서 또는 주택임대차 해제합의서 등을 첨부해 신고관청에 제출한 경우에는 임대차계약당사자가 공동으로 임대차 변경신고서 또는 임대차 해제신고서를 제출한 것으로 본다.
2. 부동산거래계약시스템을 통해 주택임대차계약을 해제한 경우에는 임대차계약당사자가 공동으로 임대차 해제신고서를 제출한 것으로 본다.

(2) 변경 또는 해제신고 방법 및 절차

① **원칙**(공동신고): 주택임대차 가격의 변경 또는 주택임대차계약의 해제를 신고하려는 임대차계약당사자는 주택임대차계약 변경신고서(이하 '임대차 변경신고서') 또는 주택임대차계약 해제신고서(이하 '임대차 해제신고서')에 공동으로 서명 또는 날인해 신고관청에 제출해야 한다.

② **예외**(단독신고): 임대차계약당사자 중 일방이 신고를 거부하는 경우에는 단독으로 신고할 수 있다. 국가등이 주택임대차변경계약 또는 주택임대차계약 해제 합의를 신고하려는 경우에는 임대차 변경신고서 또는 해제신고서에 단독으로 서명 또는 날인해 신고관청에 제출해야 한다.

3. 주택임대차계약 신고내용의 정정

(1) 정정신청 사유

임대차계약당사자는 주택임대차 신고사항 또는 주택임대차계약 변경신고의 내용이 잘못 적힌 경우에는 신고관청에 신고내용의 정정을 신청할 수 있다.

(2) 정정신청 방법

① **원칙**(공동신청): 정정신청을 하려는 임대차계약당사자는 임대차 신고필증에 정정사항을 표시하고 해당 정정 부분에 공동으로 서명 또는 날인한 후 주택임대차계약서 또는 주택임대차 변경계약서를 첨부해 신고관청에 제출해야 한다.

② **예외**(단독신청)

㉠ 임대차계약당사자 중 일방이 단독으로 신청할 수 있다.

㉡ 단독으로 정정신청을 하려는 자는 신고필증에 단독으로 서명 또는 날인한 후 다음의 서류를 첨부해 신고관청에 제출해야 한다.

> ⓐ 주택임대차계약서(계약서를 작성한 경우만 해당한다)
> ⓑ 입금증, 주택임대차계약과 관련된 금전거래내역이 적힌 통장사본 등 주택임대차계약 체결 사실을 입증할 수 있는 서류 등(주택임대차계약서를 작성하지 않은 경우만 해당한다)
> ⓒ 「주택임대차보호법」 제6조의3에 따른 계약갱신요구권을 행사한 경우 이를 확인할 수 있는 서류 등

㉢ 임대차계약당사자 일방이 단독으로 서명 또는 날인한 후 정정신청을 한 경우에는 임대차계약당사자가 공동으로 주택임대차계약 신고내용 정정신청을 한 것으로 본다.

③ **정정신청의 대행**: 임대차계약당사자의 위임을 받은 사람은 정정신청을 대행할 수 있다. 이 경우 정정신청을 대행하는 사람은 신분증명서를 신고관청에 보여줘야 하며, 정정신청을 위임한 임대차계약당사자가 서명 또는 날인한 위임장(임대차계약당사자가 법인인 경우에는 법인인감을 날인한 위임장)과 신분증명서 사본을 함께 제출해야 한다.

④ 정정신청을 하려는 자는 신분증명서를 신고관청에 보여줘야 한다.

4. 주택임대차계약 신고에 대한 준용규정

① 주택임대차계약 신고의 금지행위에 관하여는 부동산 거래신고의 금지행위규정을 준용한다.

② 주택임대차계약 신고내용의 검증에 관하여는 부동산 거래신고내용의 검증규정을 준용한다.

③ 주택임대차계약 신고내용의 조사 등에 관하여는 부동산 거래신고내용의 조사 등에 관한 규정을 준용한다.

5. 다른 법률에 따른 신고 등의 의제

(1) 전입신고를 한 경우 주택임대차계약 신고 의제

임차인이 「주민등록법」에 따라 전입신고를 하는 경우 「부동산 거래신고 등에 관한 법률」에 따른 주택임대차계약의 신고를 한 것으로 본다. 이 경우 주택임대차계약서 또는 임대차신고서(주택임대차계약서를 작성하지 않은 경우로 한정한다)를 제출해야 한다.

(2) 임대사업자의 주택임대차계약의 신고 또는 변경신고 의제

「공공주택 특별법」에 따른 공공주택사업자 및 「민간임대주택에 관한 특별법」에 따른 임대사업자가 관련 법령에 따른 주택임대차계약의 신고 또는 변경신고를 하는 경우 「부동산 거래신고 등에 관한 법률」에 따른 주택임대차계약의 신고 또는 변경신고를 한 것으로 본다.

(3) 확정일자부여 의제

주택임대차계약의 신고, 주택임대차계약의 변경 및 해제에 따른 신고의 접수를 완료한 때에는 「주택임대차보호법」에 따른 확정일자를 부여한 것으로 본다(임대차계약서가 제출된 경우로 한정한다). 이 경우 신고관청은 「주택임대차보호법」에 따라 확정일자부를 작성하거나 「주택임대차보호법」의 확정일자부여기관에 신고사실을 통보하여야 한다.

3 외국인등의 부동산 취득 등에 관한 특례

1. 상호주의

국토교통부장관은 대한민국국민, 대한민국의 법령에 따라 설립된 법인 또는 단체나 대한민국정부에 대하여 자국(自國) 안의 토지의 취득 또는 양도를 금지하거나 제한하는 국가의 개인·법인·단체 또는 정부에 대하여 대통령령으로 정하는 바에 따라 대한민국 안의 토지의 취득 또는 양도를 금지하거나 제한할 수 있다. 다만, 헌법과 법률에 따라 체결된 조약의 이행에 필요한 경우에는 그러하지 아니하다.

2. 외국인등의 부동산 취득·보유신고

① 외국인등이 대한민국 안의 부동산등을 취득하는 계약(매매계약·공급계약은 제외한다)을 체결하였을 때에는 계약체결일부터 60일 이내에 신고관청에 신고하여야 한다.
② 외국인등이 상속·경매, 건축물의 신축·증축·개축·재축 그 밖에 다음에 해당하는 계약 외의 원인으로 대한민국 안의 부동산등을 취득한 때에는 부동산등을 취득한 날부터 6개월 이내에 신고관청에 신고하여야 한다.

⊙ 「공익사업을 위한 토지 등의 취득 및 보상에 관한 법률」 및 그 밖의 법률에 따른 환매권의 행사
ⓒ 법원의 확정판결
ⓒ 법인의 합병

③ 대한민국 안의 부동산등을 가지고 있는 대한민국국민이나 대한민국의 법령에 따라 설립된 법인 또는 단체가 외국인등으로 변경된 경우 그 외국인등이 해당 부동산등을 계속 보유하려는 경우에는 외국인등으로 변경된 날부터 6개월 이내에 신고관청에 신고하여야 한다.

3. 외국인등의 토지거래허가

① 외국인등이 취득하려는 토지가 다음에 해당하는 구역·지역 등에 있으면 토지취득계약을 체결하기 전에 신고관청으로부터 토지취득의 허가를 받아야 한다. 다만, 토지거래허가구역에서 토지거래계약에 관한 허가를 받은 경우에는 그러하지 아니하다.

⊙ 「군사기지 및 군사시설 보호법」에 따른 군사기지 및 군사시설 보호구역, 그 밖에 국방목적을 위하여 외국인등의 토지취득을 특별히 제한할 필요가 있는 지역으로서 대통령령으로 정하는 지역(국방목적상 필요한 섬 지역으로서 국토교통부장관이 국방부장관 등 관계 중앙행정기관의 장과 협의하여 고시하는 지역)
ⓒ 「문화유산의 보존 및 활용에 관한 법률」에 따른 지정문화유산과 이를 위한 보호물 또는 보호구역
ⓒ 「자연유산의 보존 및 활용에 관한 법률」에 따라 지정된 천연기념물·명승 및 시·도자연유산과 이를 위한 보호물 또는 보호구역
② 「자연환경보전법」에 따른 생태·경관보전지역
ⓜ 「야생생물 보호 및 관리에 관한 법률」에 따른 야생생물 특별보호구역

② 토지취득의 허가를 받으려는 외국인등은 신청서에 토지거래계약 당사자 간의 합의서를 첨부하여 신고관청에 제출하여야 한다.
③ 신고관청은 관계 행정기관의 장과 협의를 거쳐 외국인등이 토지를 취득하는 것이 해당 구역·지역 등의 지정목적 달성에 지장을 주지 아니한다고 인정하는 경우에는 허가를 하여야 한다.
④ 토지취득허가규정을 위반하여 체결한 토지취득계약은 그 효력이 발생하지 아니한다.

⑤ 신고관청은 신청서를 받은 날부터 다음의 구분에 따른 기간 안에 허가 또는 불허가 처분을 하여야 한다.

> ㉠ 「군사기지 및 군사시설보호법」에 따른 군사기지 및 군사시설보호구역: 30일
> ㉡ 이외지역: 15일

4 토지거래허가구역 등

(1) 토지거래허가구역의 지정

① 국토교통부장관 또는 시·도지사는 국토의 이용 및 관리에 관한 계획의 원활한 수립과 집행, 합리적인 토지 이용 등을 위하여 토지의 투기적인 거래가 성행하거나 지가(地價)가 급격히 상승하는 지역과 그러한 우려가 있는 지역에 대하여 5년 이내의 기간을 정하여 토지거래계약에 관한 허가구역으로 지정할 수 있다. 이 경우 국토교통부장관 또는 시·도지사는 허가대상자(외국인 등을 포함한다), 허가대상 용도와 지목 등을 특정하여 허가구역을 지정할 수 있다.

> ㉠ 허가구역이 둘 이상의 시·도의 관할 구역에 걸쳐 있는 경우: 국토교통부장관이 지정
> ㉡ 허가구역이 동일한 시·도 안의 일부지역인 경우: 시·도지사가 지정. 다만, 국가가 시행하는 개발사업 등에 따라 투기적인 거래가 성행하거나 지가가 급격히 상승하는 지역과 그러한 우려가 있는 지역 등 대통령령으로 정하는 경우에는 국토교통부장관이 지정할 수 있다.

② 허가구역의 지정은 허가구역의 지정을 공고한 날부터 5일 후에 그 효력이 발생한다.

(2) 허가구역 내 토지거래에 대한 허가

① 허가구역에 있는 토지에 관한 소유권·지상권(소유권·지상권의 취득을 목적으로 하는 권리를 포함한다)을 이전하거나 설정(대가를 받고 이전하거나 설정하는 경우만 해당한다)하는 계약(예약을 포함한다. 이하 '토지거래계약')을 체결하려는 당사자는 공동으로 시장·군수 또는 구청장의 허가를 받아야 한다. 허가받은 사항을 변경하려는 경우에도 또한 같다.

② 다음에 해당하는 경우에는 허가가 필요하지 아니하다.
　㉠ 경제 및 지가의 동향과 거래단위면적 등을 종합적으로 고려하여 용도별 면적 이하의 토지에 대한 토지거래계약을 체결하려는 경우

> ⓐ 「국토의 계획 및 이용에 관한 법률」에 따른 도시지역: 다음의 세부 용도지역별 구분에 따른 면적
> 　ⅰ) 주거지역: $60m^2$
> 　ⅱ) 상업지역: $150m^2$
> 　ⅲ) 공업지역: $150m^2$
> 　ⅳ) 녹지지역: $200m^2$
> 　ⅴ) ⅰ)부터 ⅳ)까지의 구분에 따른 용도지역의 지정이 없는 구역: $60m^2$
> ⓑ 도시지역 외의 지역: $250m^2$. 다만, 농지(농지법에 따른 농지)의 경우에는 $500m^2$로 하고, 임야의 경우에는 1천m^2로 한다.

　㉡ 토지거래계약을 체결하려는 당사자 또는 그 계약의 대상이 되는 토지가 허가대상자, 허가대상 용도와 지목 등 공고된 사항에 해당하지 아니하는 경우

(3) 선매

① 시장·군수 또는 구청장은 토지거래계약에 관한 허가신청이 있는 경우 다음에 해당하는 토지에 대하여 국가, 지방자치단체, 한국토지주택공사, 그 밖에 공공기관 또는 공공단체가 그 매수를 원하는 경우에는 이들 중에서 해당 토지를 매수할 선매자를 지정하여 그 토지를 협의 매수하게 할 수 있다.

> ㉠ 공익사업용 토지
> ㉡ 토지거래계약허가를 받아 취득한 토지를 그 이용목적대로 이용하고 있지 아니한 토지

② 선매자가 토지를 매수할 때의 가격은 「감정평가 및 감정평가사에 관한 법률」에 따라 감정평가법인등이 감정평가한 감정가격을 기준으로 하되, 토지거래계약 허가신청서에 적힌 가격이 감정가격보다 낮은 경우에는 허가신청서에 적힌 가격으로 할 수 있다.

(4) 이의신청

처분에 이의가 있는 자는 그 처분을 받은 날부터 1개월 이내에 시장·군수 또는 구청장에게 이의를 신청할 수 있다.

(5) 불허가처분 토지에 대한 매수청구

① 허가신청에 대하여 불허가처분을 받은 자는 그 통지를 받은 날부터 1개월 이내에 시장·군수 또는 구청장에게 해당 토지에 관한 권리의 매수를 청구할 수 있다.

② 매수청구를 받은 시장·군수 또는 구청장은 국가, 지방자치단체, 한국토지주택공사, 그 밖에 대통령령으로 정하는 공공기관 또는 공공단체 중에서 매수할 자를 지정하여, 매수할 자로 하여금 예산의 범위에서 공시지가를 기준으로 하여 해당 토지를 매수하게 하여야 한다.

(6) 다른 법률에 따른 인가·허가 등의 의제

① 농지에 대하여 「부동산 거래신고 등에 관한 법률」 제11조에 따라 토지거래계약허가를 받은 경우에는 「농지법」에 따른 농지취득자격증명을 받은 것으로 본다.

② 토지거래허가증을 발급받은 경우에는 「부동산등기 특별조치법」에 따른 검인을 받은 것으로 본다.

5 신고포상금의 지급

① 시장·군수 또는 구청장은 다음의 어느 하나에 해당하는 자를 관계 행정기관이나 수사기관에 신고하거나 고발한 자에게 예산의 범위에서 포상금을 지급할 수 있다.

> ㉠ 부동산등의 실제 거래가격을 거짓으로 신고한 자
> ㉡ 계약을 체결하지 아니하였음에도 불구하고 거짓으로 부동산 거래신고를 한 자
> ㉢ 계약이 해제등이 되지 아니하였음에도 불구하고 거짓으로 부동산 거래의 해제등 신고를 한 자
> ㉣ 주택임대차계약의 신고, 변경 및 해제신고규정을 위반하여 주택임대차계약의 보증금·차임 등 계약금액을 거짓으로 신고한 자
> ㉤ 허가 또는 변경허가를 받지 아니하고 토지거래계약을 체결한 자 또는 거짓이나 그 밖의 부정한 방법으로 토지거래계약허가를 받은 자
> ㉥ 토지거래계약허가를 받아 취득한 토지에 대하여 허가받은 목적대로 이용하지 아니한 자

② 포상금의 지급에 드는 비용은 시·군이나 구의 재원으로 충당한다.

6 벌칙

(1) 행정형벌

① **3년 이하의 징역 또는 3천만원 이하의 벌금**: 부당하게 재물이나 재산상 이득을 취득하거나 제3자로 하여금 이를 취득하게 할 목적으로 계약을 체결하지 아니하였음에도 불구하고 거짓으로 신고하거나 계약이 해제등이 되지 아니하였음에도 불구하고 거짓으로 부동산 거래신고 또는 부동산 해제등 신고를 한 경우

② **2년 이하의 징역 또는 2천만원 이하의 벌금**: 외국인등이 허가를 받지 아니하고 토지취득계약을 체결하거나 부정한 방법으로 허가를 받아 토지취득계약을 체결한 경우

③ **2년 이하의 징역 또는 토지가격의 100분의 30에 해당하는 금액 이하의 벌금**: 토지거래허가구역 내에서 허가 또는 변경허가를 받지 아니하고 토지거래계약을 체결하거나, 속임수나 그 밖의 부정한 방법으로 토지거래계약허가를 받은 자

④ **1년 이하의 징역 또는 1천만원 이하의 벌금**: 토지거래허가구역 내에서 허가 취소, 처분 또는 조치명령을 위반한 자

(2) 행정질서벌

① **3천만원 이하의 과태료**

㉠ 부동산 거래신고 대상에 해당하는 계약을 체결하지 아니하였음에도 불구하고 거짓으로 부동산 거래신고를 한 자(3년 이하의 징역 또는 3천만원 이하의 벌금형을 부과받는 경우는 제외)

㉡ 부동산 거래신고 후 해당 계약이 해제등이 되지 아니하였음에도 불구하고 거짓으로 부동산 거래의 해제등 신고를 한 자(3년 이하의 징역 또는 3천만원 이하의 벌금형을 부과받는 경우는 제외)

㉢ 거래대금 지급을 증명할 수 있는 자료를 제출하지 아니하거나 거짓으로 제출한 자 또는 그 밖의 필요한 조치를 이행하지 아니한 자

② **500만원 이하의 과태료**
  ㉠ 부동산 거래신고를 하지 아니한 자(공동신고를 거부한 자를 포함한다)
  ㉡ 부동산 거래의 해제등에 관한 신고를 하지 아니한 자(공동신고를 거부한 자를 포함한다)
  ㉢ 개업공인중개사에게 부동산 거래신고를 하지 아니하게 하거나 거짓으로 신고하도록 요구한 자
  ㉣ 거짓으로 부동산 거래신고 또는 해제등 신고를 하는 행위를 조장하거나 방조한 자
  ㉤ 거래대금 지급을 증명할 수 있는 자료 외의 자료를 제출하지 아니하거나 거짓으로 제출한 자
③ **취득가액의 100분의 10 이하에 상당하는 금액의 과태료**: 계약을 체결한 후 부동산 거래신고를 거짓으로 한 자 또는 신고의무자가 아닌 자가 거짓으로 부동산 거래신고를 하는 행위
④ **300만원 이하의 과태료**: 외국인등이 대한민국 안의 부동산등을 취득하는 계약을 체결하였을 때 계약 체결일로부터 60일 이내에 신고관청에 신고를 하지 아니하거나 거짓으로 신고를 한 경우
⑤ **100만원 이하의 과태료**
  ㉠ 외국인등이 상속·경매 그 밖의 계약 외의 원인으로 대한민국 안의 부동산등을 취득한 때에 6개월 이내에 신고를 하지 아니하거나 거짓으로 신고한 경우
  ㉡ 외국인등이 해당 부동산등을 계속 보유하려는 경우 6개월 이내에 계속보유 신고를 하지 아니하거나 거짓으로 신고한 경우
  ㉢ 임대차계약당사자가 주택임대차계약의 신고, 변경 및 해제신고를 하지 아니하거나(공동신고를 거부한 자를 포함한다) 그 신고를 거짓으로 한 경우

PART 2 **중개실무**

중개실무는 현업에서 중개업무를 수행할 때 사용되는 서식이나 법률들에 대해 학습합니다. 특히 중개실무는 전 과목의 집합체로, 어느 한 부분이 아닌 「민법」, 등기법, 공법 등을 두루두루 활용해야 합니다.

Chapter 01 중개실무 총설 및 중개의뢰 접수

학습포인트 일반중개계약서와 전속중개계약서의 내용을 학습한다.

1 총설 – 부동산중개실무의 의의

① 중개실무는 중개와 관련하여 전개하는 중개활동이어야 한다.
② 중개실무의 시간적인 범위는 중개계약에서 거래계약 사이의 행위이어야 한다.
③ 중개실무는 「공인중개사법」의 규정에 따라 그 범위 내에서 행해지는 중개활동이어야 한다.

2 중개의뢰 및 접수처리

1. 중개계약

개업공인중개사가 중개의뢰인으로부터 중개대상물의 매매·교환·임대차 그 밖의 권리의 득실·변경에 대하여 중개를 의뢰받고 이를 승낙하여 성립되는 계약을 말한다.

2. 중개계약의 법적 성질

(1) 민사중개계약

부동산중개계약은 타인 간의 상행위가 아닌 거래행위 중에서도 부동산에 관한 거래행위를 중개할 것을 약정함으로써 성립되는 계약이므로 민사중개계약이며, 부동산중개계약은 상사중개계약은 아니지만 개업공인중개사가 영업으로 중개행위를 하는 경우 이는 상행위의 범주에 속하므로 「상법」 총칙편과 상행위편의 일부 규정이 준용된다.

(2) 낙성·불요식계약

중개계약은 당사자 간에 중개의뢰라는 청약과 승낙의 의사표시가 합치함으로써 성립하므로 낙성계약*의 일종이며, 그 방식은 서면이나 구두에 의해 성립하므로 불요식계약*으로 볼 수 있다.

> **용어 정리**
>
> * **낙성계약**
>   당사자들의 의사합치만으로 성립하는 계약을 말하며, 요물계약에 대비되는 개념이다.
> * **불요식계약**
>   계약의 성립에 있어 일정한 형식을 요하지 않는 계약을 말한다.

(3) 유상·쌍무계약

중개계약은 중개완성과 보수지급의 상호 대가적 출연의무를 부담하므로 유상계약이고, 각 당사자가 서로 대가적 의미를 갖는 채무를 부담하므로 쌍무계약이다.

(4) 위임유사의 무명계약(비전형계약)

중개계약은 「민법」상 15종의 유명계약(전형계약)이 아니므로 무명계약(비전형계약)이며, 중개계약이 「민법」상 유명계약 중 어떤 것과 유사하냐에 대해 학설과 판례는 위임계약의 일종으로 보고 있다.

(5) 기타

중개계약은 계속적 계약이고, 민사중개계약이며, 임의적 계약이면서 혼합계약의 성격도 지닌다.

3. 중개계약의 종류

(1) 일반(보통)중개계약(Open Listing)

① 일반중개계약이란 소유자 본인이 다수의 개업공인중개사에게 동등한 기회로 부동산판매를 의뢰하는 계약을 말한다. 이것은 개업공인중개사에게 판매 독점권(獨占權, Exclusive Rights)이 없는 중개계약이며 소유자는 동시에 다수의 개업공인중개사에게 의뢰할 수 있고, 스스로 매수인을 발견할 수도 있는 중개계약을 말한다.

② 중개의뢰인이 불특정다수의 개업공인중개사에게 경쟁적으로 중개를 의뢰하고, 가장 먼저 거래계약을 체결한 개업공인중개사에게 중개보수를 지급하는 형태로서, 우리나라에서 가장 많이 이용되고 있는 중개계약이다.

③ 중개의뢰인 입장에서는 불특정다수의 개업공인중개사에게 중개를 의뢰할 수 있으므로 가장 일반적으로 이용할 수 있다는 장점이 있다.

④ 반면, 개업공인중개사 입장에서는 중개의뢰인이 여러 개업공인중개사에게 중개를 의뢰하였으므로 개업공인중개사의 노력에 대한 불명확성으로 인해 책임의식이 희박해지므로 개업공인중개사로부터 책임 있는 중개서비스를 기대하기 힘들다.

⑤ 일반중개계약은 일반적으로 구두로 체결하므로 중개의뢰한 내용의 불명확성으로 인해 분쟁의 소지가 다분하다. 이런 단점을 보완하기 위해 중개의뢰인은 중개의뢰 내용을 명확하게 하기 위해 필요한 경우 개업공인중개사에게 중개계약서 작성을 요청할 수 있게 함으로써 분쟁의 소지를 다소 줄일 수 있게 되었다.

⑥ 동일한 물건에 대해 여러 개업공인중개사에게 중개를 의뢰함으로써 개업공인중개사 간의 경쟁으로 인한 법률관계를 복잡하게 만들 우려가 있다.

⑦ "모두가 책임지는 일은 아무도 참되게 다루지 않는다(What is everybody's business is nobody's business)."라는 속언이나 "일반중개계약은 소송에의 초대장이다(An open listing is an invitation to a law-suit)."라는 말은 모두 일반중개계약의 단점을 지적하는 표현들이다.

⑧ 일반중개계약은 중개의뢰인 입장에서는 개업공인중개사의 책임 있는 중개서비스를 기대하기 힘들고 개업공인중개사 입장에서는 중개의뢰인이 불특정다수인에게 중개를 의뢰함에 따라 중개보수 확보가 용이하지 아니하는 등의 문제점이 생길 수 있으므로 개업공인중개사와 중개의뢰인 모두에게 불리한 형태이다.

(2) 독점중개계약(Exclusive Right to Sell Listing)

① 중개의뢰인이 특정한 개업공인중개사에게 부동산을 독점적으로 중개의뢰하는 계약을 말한다. 독점중개계약이 다른 중개계약과 특별히 다른 점은 판매를 의뢰받은 개업공인중개사에게 보수가 보장되는 데 있다. 중개의뢰인이 계약기간 내에 매도인을 발견하여 부동산을 구입한다 하더라도 개업공인중개사에게는 보수를 지급하여야 한다.

② 우리나라에서는 거의 행하여지지 않는 중개계약 형태로서 주로 미국에서 일반적으로 행해지는 계약형태이며, 미국 NAR(The National Association of Realtors)에서 권장하는 계약형태이다.

③ 중개의뢰인 입장에서는 일반중개계약의 단점인 책임 있는 중개서비스를 기대할 수 없었던 점을 보완하는 중개계약이며, 개업공인중개사 입장에서는 자신의 노력에 대한 보수를 가장 확실하게 보장받을 수 있는 중개계약이므로 개업공인중개사의 중개활동 의욕을 고취시켜 중개물건에 대한 충분한 조사·확인, 적극적인 중개활동, 그리고 다른 개업공인중개사와의 긴밀한 협조 등을 통해 중개업의 기업화를 촉진시킬 수 있는 가장 이상적인 제도이다.

④ 중개의뢰인은 능력 있는 개업공인중개사를 선정하기가 곤란한 문제점이 있으며, 만약 전속중개계약을 체결한 개업공인중개사가 무능하다거나 신뢰할 수 없는 자로서 정보를 독점하며 공개하지 않는 등 오히려 시간만 낭비하는 결과를 초래할 수도 있으며, 타 개업공인중개사와 비교할 수 없는 단점도 있다.

⑤ 현행 「공인중개사법」상 독점중개계약에 관하여 명문 규정을 두고 있지는 아니하지만, 특별히 이를 금지하는 규정도 없으므로 계약자유의 원칙상 자유롭게 체결할 수 있다고 본다.

(3) 전속중개계약(Exclusive Agency Listing)

① 현행 「공인중개사법」상 명문으로 규정하고 있는 중개계약의 유형으로서 중개의뢰인은 여러 개업공인중개사를 찾아다니면서 중개를 의뢰하지 아니하여도 되며, 일반중개계약의 단점으로 지적되었고 기대할 수 없었던 책임 있는 중개서비스를 기대할 수 있다.

② 독점권과 보수청구권이 확보됨으로써 적극적인 중개활동을 펼칠 수 있다.

③ 일반중개계약과는 달리 전속중개계약을 체결한 경우에는 전속중개계약서를 반드시 작성하여야 하므로 중개보수분쟁 등 법적 분쟁을 사전에 예방할 수 있다.

(4) 공동중개계약

① 공동중개계약은 독립된 형태로서 존재하지 아니하며, 독점중개계약이나 전속중개계약의 토대 위에서 거래계약의 성립을 위해 개업공인중개사의 단체나 부동산정보유통기구 등을 이용하여 중개되는 형태를 말한다.

② 미국의 경우 독점중개계약서상의 "소유자는 개업공인중개사에게 부동산을 지역공동중개서비스, 즉 MLS(Multiple Listing Service)의 목록에 올리고, 그 서비스의 모든 규칙에 따를 것을 위임한다."라는 조항에 대한 중개의뢰인의 승낙하에 MLS를 이용하여 중개를 하게 되면 독점 및 공동중개계약의 형태가 되는 것이다.

③ 우리나라의 경우 전속중개계약을 체결한 경우 개업공인중개사가 중개의뢰인의 정보를 부동산거래정보망에 공개하여 거래계약이 체결되는 형태이므로, 미국의 MLS를 이용한 경우와 비슷한 경우로서 공동중개계약의 형태를 가진다고 볼 수 있다.

④ 공동중개계약은 중개업의 **조직화와 능률화**에 가장 이상적인 형태이지만, 이를 활성화하기 위해서는 공동중개계약에 참여하는 구성원의 자질, 중개기술, 지식, 신뢰도 등이 높은 수준이어야 한다.

(5) **순가중개계약**(Net Listing)

① 매도가격을 미리 정하여 개업공인중개사에게 제시하고, 이를 초과한 가격으로 매도한 경우 그 초과액을 개업공인중개사가 보수로 획득하는 중개계약을 말한다.

② 개업공인중개사가 수입증대를 위하여 정상시가보다 높게 제시하거나, 허위·과장광고를 하게 됨으로써 취득중개의뢰인에게 재산상 손해를 끼칠 수 있고, 거래질서가 문란하게 될 가능성이 크다.

③ 개업공인중개사와 중개의뢰인 간의 담합에 의한 가격조작의 우려가 있으며, 중개보수가 과대해질 수 있다.

④ 우리나라의 경우 순가중개계약 자체의 체결을 금지하는 명문 규정은 없으며, 단지 「공인중개사법」 규정에 의한 중개보수 또는 실비를 초과하여 금품을 받거나 사례·증여 그 밖의 어떠한 명목으로라도 금품을 받는 행위를 금지하고 있으므로 순가중개계약의 체결 자체를 처벌의 대상으로 보는 것이 아니라, 실제로 법정보수를 초과하여 보수를 수수하여야 처벌의 대상이 된다.

(앞쪽)

일 반 중 개 계 약 서

([ ] 매도 [ ] 매수 [ ] 임대 [ ] 임차 [ ] 그 밖의 계약(   ))

※ 해당하는 곳의 [ ]란에 ✓표를 하시기 바랍니다.

중개의뢰인(갑)은 이 계약서에 의하여 뒤쪽에 표시한 중개대상물의 중개를 개업공인중개사(을)에게 의뢰하고 을은 이를 승낙한다.

1. 을의 의무사항
   을은 중개대상물의 거래가 조속히 이루어지도록 성실히 노력하여야 한다.

2. 갑의 권리·의무사항
   1) 갑은 이 계약에도 불구하고 중개대상물의 거래에 관한 중개를 다른 개업공인중개사에게도 의뢰할 수 있다.
   2) 갑은 을이 「공인중개사법」(이하 "법"이라 한다) 제25조에 따른 중개대상물의 확인·설명의무를 이행하는 데 협조하여야 한다.

3. 유효기간
   이 계약의 유효기간은   년   월   일까지로 한다.
   ※ 유효기간은 3개월을 원칙으로 하되, 갑과 을이 합의하여 별도로 정한 경우에는 그 기간에 따른다.

4. 중개보수
   중개대상물에 대한 거래계약이 성립한 경우 갑은 거래가액의 (   )%(또는   원)을 중개보수로 을에게 지급한다.
   ※ 뒤쪽 별표의 요율을 넘지 않아야 하며, 실비는 별도로 지급한다.

5. 을의 손해배상 책임
   을이 다음의 행위를 한 경우에는 갑에게 그 손해를 배상하여야 한다.
   1) 중개보수 또는 실비의 과다수령: 차액 환급
   2) 중개대상물의 확인·설명을 소홀히 하여 재산상의 피해를 발생하게 한 경우: 손해액 배상

6. 그 밖의 사항
   이 계약에 정하지 않은 사항에 대하여는 갑과 을이 합의하여 별도로 정할 수 있다.

이 계약을 확인하기 위하여 계약서 2통을 작성하여 계약당사자 간에 이의가 없음을 확인하고 각자 서명 또는 날인한 후 쌍방이 1통씩 보관한다.

년   월   일

계약자

중개의뢰인 (갑)	주소(체류지)		성명	(서명 또는 인)
	생년월일		전화번호	
개업 공인중개사 (을)	주소(체류지)		성명(대표자)	(서명 또는 인)
	상호(명칭)		등록번호	
	생년월일		전화번호	

(뒤쪽)

※ 중개대상물의 거래내용이 권리를 이전(매도·임대 등)하려는 경우에는 「Ⅰ. 권리이전용(매도·임대 등)」에 적고, 권리를 취득(매수·임차 등)하려는 경우에는 「Ⅱ. 권리취득용(매수·임차 등)」에 적습니다.

Ⅰ. 권리이전용(매도·임대 등)

구분	[ ] 매도 [ ] 임대 [ ] 그 밖의 사항( )			
소유자 및 등기명의인	성명		생년월일	
	주소			
중개대상물의 표시	건축물	소재지		건축연도
		면적 m²	구조	용도
	토지	소재지		지목
		면적 m²	지역·지구 등	현재 용도
	은행융자·권리금·제세공과금 등(또는 월임대료·보증금·관리비 등)			
권리관계				
거래규제 및 공법상 제한사항				
중개의뢰 금액				
그 밖의 사항				

Ⅱ. 권리취득용(매수·임차 등)

구분	[ ] 매수 [ ] 임차 [ ] 그 밖의 사항( )	
항목	내용	세부 내용
희망물건의 종류		
취득 희망가격		
희망지역		
그 밖의 희망조건		
첨부서류	중개보수 요율표(「공인중개사법」 제32조 제4항 및 같은 법 시행규칙 제20조에 따른 요율표를 수록합니다) ※ 해당 내용을 요약하여 수록하거나, 별지로 첨부합니다.	

유의사항

[개업공인중개사 위법행위 신고안내]
개업공인중개사가 중개보수 과다수령 등 위법행위 시 시·군·구 부동산중개업 담당 부서에 신고할 수 있으며, 시·군·구에서는 신고사실을 조사한 후 적정한 조치를 취하게 됩니다.

전 속 중 개 계 약 서

([ ] 매도 [ ] 매수 [ ] 임대 [ ] 임차 [ ] 그 밖의 계약(   ))

※ 해당하는 곳의 [ ]란에 ✓표를 하시기 바랍니다.   (앞쪽)

중개의뢰인(갑)은 이 계약서에 의하여 뒤쪽에 표시한 중개대상물의 중개를 개업공인중개사(을)에게 의뢰하고 을은 이를 승낙한다.

1. 을의 의무사항
   ① 을은 갑에게 계약 체결 후 2주일에 1회 이상 중개업무 처리상황을 문서로 통지하여야 한다.
   ② 을은 이 전속중개계약 체결 후 7일 이내「공인중개사법」(이하 "법"이라 한다) 제24조에 따른 부동산거래정보망 또는 일간신문에 중개대상물에 관한 정보를 공개하여야 하며, 중개대상물을 공개한 때에는 지체 없이 갑에게 그 내용을 문서로 통지하여야 한다. 다만, 갑이 비공개를 요청한 경우에는 이를 공개하지 아니한다. (공개 또는 비공개 여부:)
   ③ 법 제25조 및 같은 법 시행령 제21조에 따라 중개대상물에 관한 확인·설명의무를 성실하게 이행하여야 한다.

2. 갑의 권리·의무사항
   ① 다음 각 호의 어느 하나에 해당하는 경우에는 갑은 그가 지급하여야 할 중개보수에 해당하는 금액을 을에게 위약금으로 지급해야 한다. 다만, 제3호의 경우에는 중개보수의 50퍼센트에 해당하는 금액의 범위에서 을이 중개행위를 할 때 소요된 비용(사회통념에 비추어 상당하다고 인정되는 비용을 말한다)을 지급한다.
      1. 전속중개계약의 유효기간 내에 을 외의 다른 개업공인중개사에게 중개를 의뢰하여 거래한 경우
      2. 전속중개계약의 유효기간 내에 을의 소개에 의하여 알게 된 상대방과 을을 배제하고 거래당사자 간에 직접 거래한 경우
      3. 전속중개계약의 유효기간 내에 갑이 스스로 발견한 상대방과 거래한 경우
   ② 갑은 을이 법 제25조에 따른 중개대상물 확인·설명의무를 이행하는 데 협조하여야 한다.

3. 유효기간
   이 계약의 유효기간은   년   월   일까지로 한다.
   ※ 유효기간은 3개월을 원칙으로 하되, 갑과 을이 합의하여 별도로 정한 경우에는 그 기간에 따른다.

4. 중개보수
   중개대상물에 대한 거래계약이 성립한 경우 갑은 거래가액의 (   )%(또는   원)을 중개보수로 을에게 지급한다.
   ※ 뒤쪽 별표의 요율을 넘지 않아야 하며, 실비는 별도로 지급한다.

5. 을의 손해배상 책임
   을이 다음의 행위를 한 경우에는 갑에게 그 손해를 배상하여야 한다.
   1) 중개보수 또는 실비의 과다수령: 차액 환급
   2) 중개대상물의 확인·설명을 소홀히 하여 재산상의 피해를 발생하게 한 경우: 손해액 배상

6. 그 밖의 사항
   이 계약에 정하지 않은 사항에 대하여는 갑과 을이 합의하여 별도로 정할 수 있다.

이 계약을 확인하기 위하여 계약서 2통을 작성하여 계약당사자 간에 이의가 없음을 확인하고 각자 서명 또는 날인한 후 쌍방이 1통씩 보관한다.

년   월   일

계약자				
중개의뢰인 (갑)	주소(체류지)		성명	(서명 또는 인)
	생년월일		전화번호	
개업 공인중개사 (을)	주소(체류지)		성명(대표자)	(서명 또는 인)
	상호(명칭)		등록번호	
	생년월일		전화번호	

(뒤쪽)

※ 중개대상물의 거래내용이 권리를 이전(매도·임대 등)하려는 경우에는 「Ⅰ. 권리이전용(매도·임대 등)」에 적고, 권리를 취득(매수·임차 등)하려는 경우에는 「Ⅱ. 권리취득용(매수·임차 등)」에 적습니다.

Ⅰ. 권리이전용(매도·임대 등)

구분	[ ] 매도 [ ] 임대 [ ] 그 밖의 사항( )			
소유자 및 등기명의인	성명		생년월일	
	주소			
중개대상물의 표시	건축물	소재지		건축연도
		면적 m²	구조	용도
	토지	소재지		지목
		면적 m²	지역·지구 등	현재 용도
	은행융자·권리금·제세공과금 등(또는 월임대료·보증금·관리비 등)			
권리관계				
거래규제 및 공법상 제한사항				
중개의뢰 금액	원			
그 밖의 사항				

Ⅱ. 권리취득용(매수·임차 등)

구분	[ ] 매수 [ ] 임차 [ ] 그 밖의 사항( )	
항목	내용	세부 내용
희망물건의 종류		
취득 희망가격		
희망지역		
그 밖의 희망조건		

첨부서류	중개보수 요율표(「공인중개사법」 제32조 제4항 및 같은 법 시행규칙 제20조에 따른 요율표를 수록합니다) ※ 해당 내용을 요약하여 수록하거나, 별지로 첨부합니다.

유의사항

[개업공인중개사 위법행위 신고안내]
개업공인중개사가 중개보수 과다수령 등 위법행위 시 시·군·구 부동산중개업 담당 부서에 신고할 수 있으며, 시·군·구에서는 신고사실을 조사한 후 적정한 조치를 취하게 됩니다.

Chapter 02 중개대상물 조사 및 확인

> **학습포인트** 확인·설명서의 종류와 작성방법에 관하여 학습한다.

1 공부상 조사·확인방법

(1) 권리관계에 관한 사항 – 등기사항증명서

토지등기사항증명서와 건물등기사항증명서 등의 표제부에는 부동산의 표시사항이 등기되고, 갑구에는 소유권과 소유권의 제한에 관한 사항 등이 등기되며, 을구에는 소유권 이외의 권리가 등기된다.

(2) 기본적 사항(사실관계) – 지적공부, 건축물대장

지적공부라 함은 토지대장, 임야대장, 지적도, 임야도, 경계점좌표등록부, 공유지연명부, 대지권등록부 등을 의미한다.

(3) 공법상 이용제한 및 거래규제에 관한 사항 – 토지이용계획확인서

■ 각종 공부 및 확인사항

공부의 종류	확인사항	발급처
등기사항증명서	① 표제부: 부동산의 표시사항 ② 갑구: 소유권과 소유권의 제한에 관한 사항 ③ 을구: 제한물권과 그 제한에 관한 사항	법원등기과 등기소
토지·임야대장	소재지, 지목, 면적, 소유자	시·군·구청
지적도, 임야도	소재지(위치), 지목, 경계, 지형(토지의 모양)	시·군·구청
건축물대장	소재지, 건축면적, 건축연도, 용도, 구조, 건폐율·용적률, 소유자	시·군·구청
토지이용계획확인서	공법상 이용제한, 거래규제	시·군·구청

2 현장조사에 의한 조사·확인

(1) 미공시 권리관계의 확인

「민법」 제187조 규정에 의한 상속, 공용징수, 판결, 경매, 그 밖의 법률의 규정에 의한 부동산에 관한 물권의 취득은 등기를 요하지 아니하므로 이들의 권리 변동은 현장조사를 통해서만 확인이 가능하다. 또한 등기사항증명서상 확인할 수 없는 권리인 유치권, 점유권, 채석권, 법정지상권, 분묘기지권 등도 반드시 현장조사를 통해서만 확인이 가능하다 할 것이다.

(2) 공부상 내용과 실제의 일치 여부 확인

각종 공부에 등록된 사항들은 중개대상물의 실제 현황과 차이가 나는 경우가 있다. 일반적으로 중개대상물에 대한 현장조사는 개략적인 방법에 의하는 것이 보통이다. 관련 판례에 의하면 중개대상물인 주택이 주차장 정비구역에 위치하고 있으면서 그 담장 안에 시유지인 도로부지가 포함되어 있고, 그 도로부지가 주차장의 일부를 구성하고 있는 상태에서 거래가 된 경우, "부동산 담장 안에 시유지인 도로부지 일부가 포함된 사실을 전문가의 측량에 의하지 아니하고는 알 수 없고, 개업공인중개사가 중개대상물의 현황을 측량까지 하여 중개의뢰인에게 확인·설명의무가 있다고 할 수 없다(서울고등법원 1996.4.12, 95나46199)."라고 판시하고 있다.

(3) 중개대상물의 상태에 관한 자료요구

개업공인중개사는 공부상 조사·확인 및 현장조사를 통한 확인방법 이외에도 중개대상물의 확인·설명을 위하여 필요한 경우에는 중개대상물의 매도의뢰인·임대의뢰인 등에게 중개대상물의 내·외부상태, 벽면·바닥면 및 도배의 상태, 환경조건 등에 관한 자료를 요구할 수 있다.

(4) 기본적인 사항 및 상태·입지에 관한 조사·확인

① **소재지**: 소재와 지번을 합하여 일컫는 말로서, 이 경우 지번이라 함은 필지에 부여하여 지적공부에 등록한 번호를 의미한다.

② **지목**: 토지의 주된 사용목적 또는 용도에 따라 토지의 종류를 구분·표시하는 「공간정보의 구축 및 관리 등에 관한 법률」상의 명칭을 말하는데, 지목은 원칙적으로 1필 1목의 원칙이 적용되며, 이는 1필지의 토지에는 1개의 지목만을 설정해야 하는 원칙으로서, 만약 하나의 필지가 공유인 경우라 하더라도 1필 1목의 원칙에 의하여 하나의 지목을 설정하여야 한다.

③ **면적**: 토지의 면적은 필지별로 토지·임야대장을 통해 확인하며, 건물의 경우에는 건축물대장에 의해 층별 면적을 기준으로 확인하여야 한다.

④ **경계**: 필지별로 경계점 간을 직선으로 연결하여 지적공부에 등록한 선을 말한다. 대지는 지적도에 의하여 경계를 판별하되, 주변의 건축물, 도로 등을 기준으로 그 일치 여부를 확인하여야 한다.

⑤ **지형·지세**

㉠ 지형: 토지의 형상을 의미하며, 일반적으로 지적도나 임야도를 통하여 확인한다.

ⓒ **지세**: 토지의 경사를 말하며, 지형과 마찬가지로 지세도 토지의 유용성과 가격에 영향을 끼친다. 지세는 지적도·임야도 등의 지적공부로 확인할 수 없으므로 개업공인중개사는 현장조사를 통해 확인하여야 한다.

(5) 중개대상물의 권리관계의 조사·확인

① **표제부**: 등기사항증명서의 표제부는 목적 부동산의 표시로서 토지인 경우에는 접수일자, 소재지, 지목, 면적, 분할, 합병사항 등이 기재되며, 건물인 경우에는 접수일자, 소재지, 구조, 용도, 면적, 분할, 구분, 합병사항 등이 기재된다.

② **갑구**: 등기사항증명서의 갑구에는 소유권에 관한 내용, 가등기, 회복등기, 환매특약, 가압류, 가처분, 강제관리, 압류, 경매, 파산 등에 관한 내용이 등기된다.

③ **을구**: 등기사항증명서의 을구에는 소유권 이외의 권리, 즉 지상권·지역권·전세권·저당권·임차권 등과 가등기·가압류·가처분 등이 기재된다.

(6) 현장조사를 통한 권리관계의 조사·확인

① **유치권·점유권**: 유치권과 점유권은 그 성질상 등기를 요하지 아니하며, 등기능력도 없는 권리이다. 점유라는 사실을 요건으로 하고 점유의 상실에 의하여 소멸하므로 이들 권리의 확인을 위해서는 현장조사를 하여야 한다.

② **주택임차권**: 주택임차권은 채권이지만 등기가 가능하며, 등기된 임차권은 등기사항증명서 을구를 통해서 확인이 가능하지만 등기되지 않은 주택임차권은 현장조사를 통해서 조사·확인할 수 있다.

③ **「민법」 제305조에 의한 법정지상권**: 대지와 건물이 동일한 소유자에 속한 경우에 건물에 전세권을 설정한 때에는 그 대지소유권의 특별승계인은 전세권설정자에 대하여 지상권을 설정한 것으로 본다. 그러나 지료는 당사자의 청구에 의하여 법원이 이를 정한다.

④ **「민법」 제366조에 의한 법정지상권**: 저당물의 경매로 인하여 토지와 그 지상건물이 다른 소유자에 속한 경우에는 토지소유자는 건물소유자에 대하여 지상권을 설정한 것으로 본다. 그러나 지료는 당사자의 청구에 의하여 법원이 이를 정한다.

⑤ **「가등기담보 등에 관한 법률」 제10조에 의한 법정지상권**: 토지 및 그 지상의 건물이 동일한 소유자에게 속하는 경우에 그 토지 또는 건물에 대하여 담보권의 실행을 통해 소유권을 취득하거나 담보가등기에 기한 본등기가 행하여진 경우에는 그 건물의 소유를 목적으로 그 토지 위에 지상권이 설정된 것으로 본다. 이 경우 존속기간 및 지료는 당사자의 청구에 의해 법원이 정한다.

⑥ 「입목에 관한 법률」 제6조에 의한 법정지상권: 입목의 경매나 그 밖의 사유로 토지와 그 입목이 각각 다른 소유자에게 속하게 되는 경우에는 토지소유자는 입목소유자에 대하여 지상권을 설정한 것으로 본다. 이 경우 지료에 관하여는 당사자의 약정에 따른다.

⑦ **관습법상의 법정지상권**: 토지와 건물이 동일인에게 속하였다가 그 건물 또는 토지가 매각 또는 그 이외의 원인으로 소유자를 달리하게 되는 경우 그 건물을 철거한다는 특약이 없으면 성립되는 것으로, 토지와 건물을 각기 독립된 부동산으로 취급하는 현행 법률하에서는 그 건물의 가치를 유지시키기 위하여 필요한 관습법상의 제도를 의미한다(대판 1999.3.26, 98다64189).

⑧ **분묘기지권**: 분묘기지권은 분묘를 수호하고 봉제사하는 목적을 달성하는 데 필요한 범위 내에서 타인의 토지를 사용할 수 있는 권리를 의미한다(대판 1993. 7.16, 93다210).

　㉠ 형태: 분묘란 그 내부에 사람의 해골, 유해, 유발 등 시신을 매장하여 사자를 안장한 장소를 말하고, 장래의 묘소로서 설치하는 등 그 내부에 시신이 안장되어 있지 않은 것은 분묘라고 할 수 없다(대판 1976.10.26, 76다1359·1360).

　㉡ 성립요건
　　ⓐ 소유자의 승낙을 얻어 그 소유지 내에 분묘를 설치한 경우(대판 1967.10.12, 67다1920)
　　ⓑ 타인소유 토지에 그의 승낙 없이 분묘를 설치한 경우에는 20년간 평온·공연하게 그 분묘의 기지를 점유함으로써 취득하는 경우(대판 1969.1.28, 68다1927)
　　ⓒ 자기소유 토지에 분묘를 설치한 후에 그 분묘를 설치한 자가 후에 그 분묘기지에 대한 소유권을 유보하거나 분묘도 함께 이전한다는 특약함이 없이 토지를 처분한 경우(대판 1967.10.12, 67다1920)

　㉢ 범위: 분묘기지권의 범위는 분묘의 기지 자체(봉분의 기저부분)뿐만 아니라 그 분묘의 수호 및 제사에 필요한 범위 내에서 분묘의 기지 주위의 공지를 포함한 지역을 의미한다(대판 1986.3.25, 85다카2496).

　㉣ 지료: 「장사 등에 관한 법률」 시행일 이전에 타인의 토지에 분묘를 설치한 다음 20년간 평온·공연하게 그 분묘의 기지를 점유함으로써 분묘기지권을 시효로 취득하였더라도, 분묘기지권자는 토지소유자가 분묘기지에 관한 지료를 청구하면 그 청구한 날부터 지료를 지급할 의무가 있다(대판 전합체 2021.4.29, 2017다228007).

◎ 기간: 존속기간에 관하여는 「민법」상 지상권에 관한 규정에 따를 것이 아니라, 당사자 사이에 약정이 있는 등 특별한 사정이 있으면 그에 따를 것이며, 그런 사정이 없는 경우에는 권리자가 분묘의 수호와 봉사를 계속하는 한 그 분묘가 존속하고 있는 동안은 분묘기지권은 존속한다고 해석함이 타당하다(대판 1982. 1. 26, 81다1220).

(7) 거래예정금액 및 중개보수

① **거래예정금액의 조사·확인**: 거래예정금액이란 권리를 이전하고자 하는 중개의뢰인이 제시한 가격 자체를 의미하는 것이 아니라, 개업공인중개사가 제시된 가격을 기준으로 하여 지역 여건의 변화전망, 시장수급동향, 매수희망가격 등을 참작하여 정해진 가격을 의미한다. 일반적으로 부동산의 거래가격은 '희망가격 ⇨ 의견가격 ⇨ 조정가격 ⇨ 성약가격'의 4단계를 거쳐서 결정된다.

② **중개보수**: 영수증의 작성 및 보관의무는 없지만 확인·설명서의 내용에 기재가 되어 있으므로 3년간 그 내용을 보존하여야 할 것이다.

(8) 토지이용계획, 공법상 제한에 관한 사항의 조사·확인

① 「국토의 계획 및 이용에 관한 법률」에 의한 행위제한

② 개별법에 의한 행위제한

③ **「농지법」상 거래규제**

㉠ 경자유전의 원칙: 농지는 자기의 농업경영에 이용하거나 이용할 자가 아니면 소유하지 못한다.

㉡ 농지소유 상한제

ⓐ 상속농지: 상속에 의하여 농지를 취득한 사람으로서 농업경영을 하지 아니하는 사람은 그 상속농지 중에서 1만m^2 이내의 것에 한하여 소유할 수 있다.

ⓑ 이농 당시 소유농지: 8년 이상 농업경영을 한 후 이농한 사람은 이농 당시의 소유농지 중에서 1만m^2 이내의 것에 한하여 소유할 수 있다.

ⓒ 주말·체험농지: 주말·체험영농을 하고자 하는 사람은 1천m^2 미만의 농지에 한하여 소유할 수 있으며, 이 경우 면적계산은 그 세대원 전부가 소유하는 총면적으로 한다.

© 농지취득자격증명 발급절차

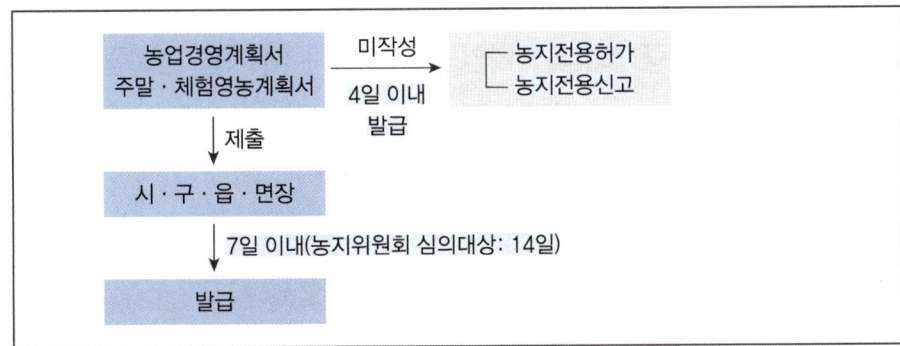

② 농지의 처분의무 등

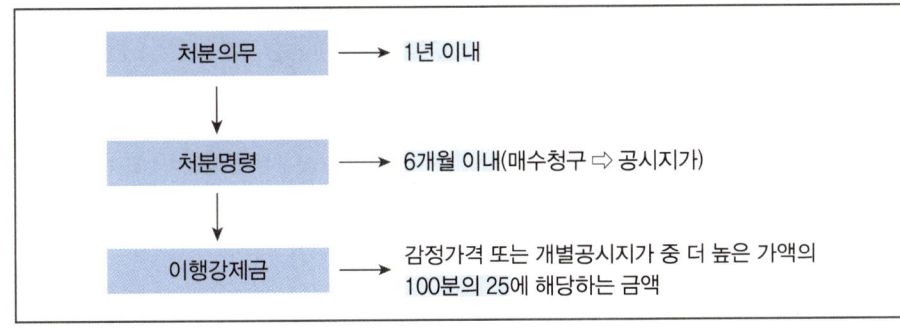

(9) 확인·설명서 작성

■ 공인중개사법 시행규칙 [별지 제20호 서식] 〈개정 2024.7.2.〉 (6쪽 중 제1쪽)

중개대상물 확인·설명서[Ⅰ] (주거용 건축물)

(주택 유형 : [ ]단독주택   [ ]공동주택   [ ]주거용 오피스텔)
(거래 형태 : [ ]매매·교환 [ ]임대   )

확인·설명 자료	확인·설명 근거자료 등	[ ]등기권리증 [ ]등기사항증명서 [ ]토지대장 [ ]건축물대장 [ ]지적도 [ ]임야도 [ ]토지이용계획확인서 [ ]확정일자 부여현황 [ ]전입세대확인서 [ ]국세납세증명서 [ ]지방세납세증명서 [ ]그 밖의 자료( )
	대상물건의 상태에 관한 자료요구 사항	

유의사항		
개업공인중개사의 확인·설명의무	개업공인중개사는 중개대상물에 관한 권리를 취득하려는 중개의뢰인에게 성실·정확하게 설명하고, 토지대장 등본, 등기사항증명서 등 설명의 근거자료를 제시해야 합니다.	
실제 거래가격 신고	「부동산 거래신고 등에 관한 법률」 제3조 및 같은 법 시행령 별표 1 제1호 마목에 따른 실제 거래가격은 매수인이 매수한 부동산을 양도하는 경우 「소득세법」 제97조 제1항 및 제7항과 같은 법 시행령 제163조 제11항 제2호에 따라 취득 당시의 실제 거래가액으로 보아 양도차익이 계산될 수 있음을 유의하시기 바랍니다.	

Ⅰ. 개업공인중개사 기본 확인사항

① 대상 물건의 표시	토지	소재지				
		면적(m²)		지목	공부상 지목	
					실제 이용 상태	
	건축물	전용면적(m²)			대지지분(m²)	
		준공연도 (증개축연도)		용도	건축물대장상 용도	
					실제 용도	
		구조		방향		(기준:)
		내진설계 적용 여부		내진능력		
		건축물대장상 위반건축물 여부	[ ]위반 [ ]적법	위반내용		

② 권리관계	등기부 기재사항	소유권에 관한 사항		소유권 외의 권리사항	
		토지		토지	
		건축물		건축물	

③ 토지이용 계획, 공법상 이용제한 및 거래규제에 관한 사항 (토지)	지역·지구	용도지역			건폐율 상한	용적률 상한
		용도지구			%	%
		용도구역				
	도시·군 계획시설		허가·신고 구역 여부	[ ]토지거래허가구역		
			투기지역 여부	[ ]토지투기지역 [ ]주택투기지역 [ ]투기과열지구		
	지구단위계획구역, 그 밖의 도시·군관리계획		그 밖의 이용제한 및 거래규제사항			

(6쪽 중 제2쪽)

④ 임대차 확인사항			
확정일자 부여현황 정보	[ ] 임대인 자료 제출 [ ] 열람 동의 [ ] 임차인 권리 설명		
국세 및 지방세 체납정보	[ ] 임대인 자료 제출 [ ] 열람 동의 [ ] 임차인 권리 설명		
전입세대 확인서	[ ] 확인(확인서류 첨부) [ ] 미확인(열람·교부 신청방법 설명) [ ] 해당 없음		
최우선변제금	소액임차인범위: 만원 이하 최우선변제금액: 만원 이하		
민간임대 등록여부	등록	[ ] 장기일반민간임대주택 [ ] 공공지원민간임대주택 [ ] 그 밖의 유형( )	[ ] 임대보증금 보증 설명
		임대의무기간 임대개시일	
	미등록 [ ]		
계약갱신요구권 행사 여부	[ ] 확인(확인서류 첨부) [ ] 미확인 [ ] 해당 없음		

개업공인중개사가 '④ 임대차 확인사항'을 임대인 및 임차인에게 설명하였음을 확인함	임대인	(서명 또는 날인)
	임차인	(서명 또는 날인)
	개업공인중개사	(서명 또는 날인)
	개업공인중개사	(서명 또는 날인)

※ 민간임대주택의 임대사업자는 「민간임대주택에 관한 특별법」 제49조에 따라 임대보증금에 대한 보증에 가입해야 합니다.
※ 임차인은 주택도시보증공사(HUG) 등이 운영하는 전세보증금반환보증에 가입할 것을 권고합니다.
※ 임대차 계약 후 「부동산 거래신고 등에 관한 법률」 제6조의2에 따라 30일 이내 신고해야 합니다(신고 시 확정일자 자동부여).
※ 최우선변제금은 근저당권 등 선순위 담보물권 설정 당시의 소액임차인범위 및 최우선변제금액을 기준으로 합니다.

⑤ 입지조건	도로와의 관계	(m × m)도로에 접함 [ ] 포장 [ ] 비포장	접근성 [ ] 용이함 [ ] 불편함
	대중교통	버스 ( ) 정류장, 소요시간: ([ ] 도보 [ ] 차량) 약 분	
		지하철 ( ) 역, 소요시간: ([ ] 도보 [ ] 차량) 약 분	
	주차장	[ ] 없음 [ ] 전용주차시설 [ ] 공동주차시설 [ ] 그 밖의 주차시설 ( )	
	교육시설	초등학교 ( ) 학교, 소요시간: ([ ] 도보 [ ] 차량) 약 분	
		중학교 ( ) 학교, 소요시간: ([ ] 도보 [ ] 차량) 약 분	
		고등학교 ( ) 학교, 소요시간: ([ ] 도보 [ ] 차량) 약 분	

⑥ 관리에 관한 사항	경비실	[ ] 있음 [ ] 없음 관리주체 [ ] 위탁관리 [ ] 자체관리 [ ] 그 밖의 유형
	관리비	관리비 금액: 총 원
		관리비 포함 비목: [ ] 전기료 [ ] 수도료 [ ] 가스사용료 [ ] 난방비 [ ] 인터넷 사용료 [ ] TV 수신료 [ ] 그 밖의 비목( )
		관리비 부과방식: [ ] 임대인이 직접 부과 [ ] 관리규약에 따라 부과 [ ] 그 밖의 부과 방식( )

⑦ 비선호시설(1km 이내)	[ ] 없음 [ ] 있음 (종류 및 위치:)

⑧ 거래예정금액 등	거래예정금액	
	개별공시지가 (m²당)	건물(주택) 공시가격

⑨ 취득 시 부담할 조세의 종류 및 세율	취득세 %	농어촌특별세 %	지방교육세 %
	※ 재산세와 종합부동산세는 6월 1일 기준으로 대상물건 소유자가 납세의무를 부담합니다.		

(6쪽 중 제3쪽)

Ⅱ. 개업공인중개사 세부 확인사항

⑩ 실제 권리관계 또는 공시되지 않은 물건의 권리 사항

⑪ 내부·외부 시설물의 상태 (건축물)	수도	파손 여부	[ ]없음　[ ]있음 (위치:　　　　　　　　　　)	
		용수량	[ ]정상　[ ]부족함 (위치:　　　　　　　　　)	
	전기	공급상태	[ ]정상　[ ]교체 필요 (교체할 부분:　　　　　)	
	가스(취사용)	공급방식	[ ]도시가스　[ ]그 밖의 방식 (　　　　　　　)	
	소방	단독경보형 감지기	[ ]없음 [ ]있음(수량:　　개)	※「소방시설 설치 및 관리에 관한 법률」제10조 및 같은 법 시행령 제10조에 따른 주택용 소방시설로서 아파트(주택으로 사용하는 층수가 5개층 이상인 주택을 말한다)를 제외한 주택의 경우만 적습니다.
	난방방식 및 연료공급	공급방식	[ ]중앙공급　[ ]개별공급　[ ]지역난방	시설작동　[ ]정상　[ ]수선 필요 (　　　) ※ 개별 공급인 경우 사용연한 (　　) [ ]확인불가
		종류	[ ]도시가스　[ ]기름　[ ]프로판가스　[ ]연탄 [ ]그 밖의 종류 (　　　　)	
	승강기		[ ]있음 ([ ]양호　[ ]불량)　[ ]없음	
	배수		[ ]정상　[ ]수선 필요 (　　　　　　　　　　)	
	그 밖의 시설물			

⑫ 벽면·바닥면 및 도배 상태	벽면	균열	[ ]없음　[ ]있음 (위치:　　　　　　　　　　)
		누수	[ ]없음　[ ]있음 (위치:　　　　　　　　　　)
	바닥면		[ ]깨끗함　[ ]보통임　[ ]수리 필요 (위치:　　　)
	도배		[ ]깨끗함　[ ]보통임　[ ]도배 필요

⑬ 환경조건	일조량	[ ]풍부함　[ ]보통임　[ ]불충분 (이유:　　　　　　　)
	소음	[ ]아주 작음　[ ]보통임 [ ]심한 편임
		진동　[ ]아주 작음　[ ]보통임　[ ]심한 편임

⑭ 현장안내	현장안내자	[ ]개업공인중개사　[ ]소속공인중개사　[ ]중개보조원(신분고지 여부: [ ]예　[ ]아니오) [ ]해당 없음

※ '중개보조원'이란 공인중개사가 아닌 사람으로서 개업공인중개사에 소속되어 중개대상물에 대한 현장안내 및 일반서무 등 개업공인중개사의 중개업무와 관련된 단순한 업무를 보조하는 사람을 말합니다.

※ 중개보조원은「공인중개사법」제18조의4에 따라 현장안내 등 중개업무를 보조하는 경우 중개의뢰인에게 본인이 중개보조원이라는 사실을 미리 알려야 합니다.

(6쪽 중 제4쪽)

Ⅲ. 중개보수 등에 관한 사항

⑮ 중개보수 및 실비의 금액과 산출내역	중개보수		〈산출내역〉 중개보수: 실비: ※ 중개보수는 시·도 조례로 정한 요율한도에서 중개의뢰인과 개업공인중개사가 서로 협의하여 결정하며 부가가치세는 별도로 부과될 수 있습니다.
	실비		
	계		
	지급시기		

「공인중개사법」제25조 제3항 및 제30조 제5항에 따라 거래당사자는 개업공인중개사로부터 위 중개대상물에 관한 확인·설명 및 손해배상책임의 보장에 관한 설명을 듣고, 같은 법 시행령 제21조 제3항에 따른 본 확인·설명서와 같은 법 시행령 제24조 제2항에 따른 손해배상책임 보장 증명서류(사본 또는 전자문서)를 수령합니다.

년   월   일

매도인 (임대인)	주소		성명	(서명 또는 날인)
	생년월일		전화번호	
매수인 (임차인)	주소		성명	(서명 또는 날인)
	생년월일		전화번호	
개업 공인중개사	등록번호		성명(대표자)	(서명 및 날인)
	사무소 명칭		소속공인중개사	(서명 및 날인)
	사무소 소재지		전화번호	
개업 공인중개사	등록번호		성명(대표자)	(서명 및 날인)
	사무소 명칭		소속공인중개사	(서명 및 날인)
	사무소 소재지		전화번호	

작성방법(주거용 건축물)

〈작성일반〉

1. '[ ]' 있는 항목은 해당하는 '[ ]' 안에 ✓로 표시합니다.

2. 세부항목 작성 시 해당 내용을 작성란에 모두 작성할 수 없는 경우에는 별지로 작성하여 첨부하고, 해당란에는 '별지 참고'라고 적습니다.

〈세부항목〉

1. 「확인·설명자료」 항목의 '확인·설명 근거자료 등'에는 개업공인중개사가 확인·설명 과정에서 제시한 자료를 적으며, '대상물건의 상태에 관한 자료요구 사항'에는 매도(임대)의뢰인에게 요구한 사항 및 그 관련 자료의 제출 여부와 ⑩ 실제 권리관계 또는 공시되지 않은 물건의 권리사항부터 ⑬ 환경조건까지의 항목을 확인하기 위한 자료의 요구 및 그 불응 여부를 적습니다.

2. ① 대상물건의 표시부터 ⑨ 취득 시 부담할 조세의 종류 및 세율까지는 개업공인중개사가 확인한 사항을 적어야 합니다.

3. ① 대상물건의 표시는 토지대장 및 건축물대장 등을 확인하여 적고, 건축물의 방향은 주택의 경우 거실이나 안방 등 주실(主室)의 방향을, 그 밖의 건축물은 주된 출입구의 방향을 기준으로 남향, 북향 등 방향을 적고 방향의 기준이 불분명한 경우 기준(예: 남동향 - 거실 앞 발코니 기준)을 표시하여 적습니다.

4. ② 권리관계의 '등기부 기재사항'은 등기사항증명서를 확인하여 적습니다.

   가. 대상물건에 신탁등기가 되어 있는 경우에는 수탁자 및 신탁물건(신탁원부 번호)임을 적고, 신탁원부 약정사항에 명시된 대상물건에 대한 임대차계약의 요건(수탁자 및 수익자의 동의 또는 승낙, 임대차계약 체결의 당사자, 그 밖의 요건 등)을 확인하여 그 요건에 따라 유효한 임대차계약을 체결할 수 있음을 설명(신탁원부 교부 또는 ⑩ 실제 권리관계 또는 공시되지 않은 물건의 권리사항에 주요 내용을 작성)해야 합니다.

   나. 대상물건에 공동담보가 설정되어 있는 경우에는 공동담보 목록 등을 확인하여 공동담보의 채권최고액 등 해당 중개물건의 권리관계를 명확히 적고 설명해야 합니다.

   ※ 예를 들어, 다세대주택 건물 전체에 설정된 근저당권 현황을 확인·제시하지 않으면서, 계약대상 물건이 포함된 일부 호실의 공동담보 채권최고액이 마치 건물 전체에 설정된 근저당권의 채권최고액인 것처럼 중개의뢰인을 속이는 경우에는 「공인중개사법」 위반으로 형사처벌 대상이 될 수 있습니다.

5. ③ 토지이용계획, 공법상 이용제한 및 거래규제에 관한 사항(토지)의 '건폐율 상한 및 용적률 상한'은 시·군의 조례에 따라 적고, '도시·군계획시설', '지구단위계획구역, 그 밖의 도시·군관리계획'은 개업공인중개사가 확인하여 적으며, '그 밖의 이용제한 및 거래규제사항'은 토지이용계획확인서의 내용을 확인하고, 공부에서 확인할 수 없는 사항은 부동산종합공부시스템 등에서 확인하여 적습니다(임대차의 경우에는 생략할 수 있습니다).

6. ④ 임대차 확인사항은 다음 각 목의 구분에 따라 적습니다.

   가. 「주택임대차보호법」 제3조의7에 따라 임대인이 확정일자 부여일, 차임 및 보증금 등 정보(확정일자 부여 현황 정보) 및 국세 및 지방세 납세증명서(국세 및 지방세 체납 정보)의 제출 또는 열람 동의로 갈음했는지 구분하여 표시하고, 「공인중개사법」 제25조의3에 따른 임차인의 권리에 관한 설명 여부를 표시합니다.

   나. 임대인이 제출한 전입세대 확인서류가 있는 경우에는 확인에 ✓로 표시를 한 후 설명하고, 없는 경우에는 미확인에 ✓로 표시한 후 「주민등록법」 제29조의2에 따른 전입세대확인서의 열람·교부 방법에 대해 설명합니다(임대인이 거주하는 경우이거나 확정일자 부여현황을 통해 선순위의 모든 세대가 확인되는 경우 등에는 '해당 없음'에 ✓로 표시합니다).

   다. 최우선변제금은 「주택임대차보호법 시행령」 제10조(보증금 중 일정액의 범위 등) 및 제11조(우선변제를 받을 임차인의 범위)를 확인하여 각각 적되, 근저당권 등 선순위 담보물권이 설정되어 있는 경우 선순위 담보물권 설정 당시의 소액임차인범위 및 최우선변제금액을 기준으로 적어야 합니다.

   라. '민간임대 등록 여부'는 대상물건이 「민간임대주택에 관한 특별법」에 따라 등록된 민간임대주택인지 여부를 같은 법 제60조에 따른 임대주택정보체계에 접속하여 확인하거나 임대인에게 확인하여 '[ ]' 안에 ✓로 표시하고, 민간임대주택인 경우 같은 법에 따른 권리·의무사항을 임대인 및 임차인에게 설명해야 합니다.

※ 민간임대주택은 「민간임대주택에 관한 특별법」 제5조에 따라 임대사업자가 등록한 주택으로서, 임대인과 임차인 간 임대차계약(재계약 포함) 시에는 다음의 사항이 적용됩니다.
- 「민간임대주택에 관한 특별법」 제44조에 따라 임대의무기간 중 임대료 증액청구는 5퍼센트의 범위에서 주거비 물가지수, 인근 지역의 임대료 변동률 등을 고려하여 같은 법 시행령으로 정하는 증액비율을 초과하여 청구할 수 없으며, 임대차계약 또는 임대료 증액이 있은 후 1년 이내에는 그 임대료를 증액할 수 없습니다.
- 「민간임대주택에 관한 특별법」 제45조에 따라 임대사업자는 임차인이 의무를 위반하거나 임대차를 계속하기 어려운 경우 등에 해당하지 않으면 임대의무기간 동안 임차인과의 계약을 해제·해지하거나 재계약을 거절할 수 없습니다.

　마. '계약갱신요구권 행사 여부'는 대상물건이 「주택임대차보호법」의 적용을 받는 주택으로서 임차인이 있는 경우 매도인(임대인)으로부터 계약갱신요구권 행사 여부에 관한 사항을 확인할 수 있는 서류를 받으면 '확인'에 ✓로 표시하여 해당 서류를 첨부하고, 서류를 받지 못한 경우 '미확인'에 ✓로 표시하며, 임차인이 없는 경우에는 '해당 없음'에 ✓로 표시합니다. 이 경우 개업공인중개사는 「주택임대차보호법」에 따른 임대인과 임차인의 권리·의무사항을 매수인에게 설명해야 합니다.

7. ⑥ 관리비는 직전 1년간 월평균 관리비 등을 기초로 산출한 총 금액을 적되, 관리비에 포함되는 비목들에 대해서는 해당하는 곳에 ✓로 표시하며, 그 밖의 비목에 대해서는 ✓로 표시한 후 비목 내역을 적습니다. 관리비 부과방식은 해당하는 곳에 ✓로 표시하고, 그 밖의 부과방식을 선택한 경우에는 그 부과방식에 대해서 작성해야 합니다. 이 경우 세대별 사용량을 계량하여 부과하는 전기료, 수도료 등 비목은 실제 사용량에 따라 금액이 달라질 수 있고, 이에 따라 총 관리비가 변동될 수 있음을 설명해야 합니다.

8. ⑦ 비선호시설(1km이내)의 '종류 및 위치'는 대상물건으로부터 1km 이내에 사회통념상 기피 시설인 화장장·봉안당·공동묘지·쓰레기처리장·쓰레기소각장·분뇨처리장·하수종말처리장 등의 시설이 있는 경우, 그 시설의 종류 및 위치를 적습니다.

9. ⑧ 거래예정금액 등의 '거래예정금액'은 중개가 완성되기 전 거래예정금액을, '개별공시지가(m^2당)' 및 '건물(주택)공시가격'은 중개가 완성되기 전 공시된 공시지가 또는 공시가격을 적습니다[임대차의 경우에는 '개별공시지가(m^2당)' 및 '건물(주택)공시가격'을 생략할 수 있습니다].

10. ⑨ 취득 시 부담할 조세의 종류 및 세율은 중개가 완성되기 전 「지방세법」의 내용을 확인하여 적습니다(임대차의 경우에는 제외합니다).

11. ⑩ 실제 권리관계 또는 공시되지 않은 물건의 권리 사항은 매도(임대)의뢰인이 고지한 사항(법정지상권, 유치권, 「주택임대차보호법」에 따른 임대차, 토지에 부착된 조각물 및 정원수, 계약 전 소유권 변동 여부, 도로의 점용허가 여부 및 권리·의무 승계 대상 여부 등)을 적습니다. 「건축법 시행령」 별표 1 제2호에 따른 공동주택(기숙사는 제외합니다) 중 분양을 목적으로 건축되었으나 분양되지 않아 보존등기만 마쳐진 상태인 공동주택에 대해 임대차계약을 알선하는 경우에는 이를 임차인에게 설명해야 합니다.

　※ 임대차계약의 경우 현재 존속 중인 임대차의 임대보증금, 월 단위의 차임액, 계약기간 및 임대차 계약의 장기수선충당금의 처리 등을 확인하여 적습니다. 그 밖에 경매 및 공매 등의 특이사항이 있는 경우 이를 확인하여 적습니다.

12. ⑪ 내부·외부 시설물의 상태(건축물), ⑫ 벽면·바닥면 및 도배 상태와 ⑬ 환경조건은 중개대상물에 대해 개업공인중개사가 매도(임대)의뢰인에게 자료를 요구하여 확인한 사항을 적고, ⑪ 내부·외부 시설물의 상태(건축물)의 '그 밖의 시설물'은 가정자동화시설(Home Automation 등 IT 관련 시설)의 설치 여부를 적습니다.

13. ⑮ 중개보수 및 실비는 개업공인중개사와 중개의뢰인이 협의하여 결정한 금액을 적되 '중개보수'는 거래예정금액을 기준으로 계산하고, '산출내역(중개보수)'은 '거래예정금액(임대차의 경우에는 임대보증금 + 월 단위의 차임액 × 100) × 중개보수 요율'과 같이 적습니다. 다만, 임대차로서 거래예정금액이 5천만원 미만인 경우에는 '임대보증금 + 월 단위의 차임액 × 70'을 거래예정금액으로 합니다.

14. 공동중개 시 참여한 개업공인중개사(소속공인중개사를 포함합니다)는 모두 서명·날인해야 하며, 2명을 넘는 경우에는 별지로 작성하여 첨부합니다.

Chapter 03 거래계약의 체결

> **학습포인트** 거래계약서의 기재사항을 학습한다.

1 개설

1. 원칙

「민법」은 자유계약의 원칙에 입각해 있으므로 언제, 어디서, 어떠한 내용과 방식으로 계약을 체결하느냐는 원칙적으로 당사자들이 자유롭게 결정할 문제이다.

2. 계약방식의 자유의 제한

① **「부동산등기 특별조치법」**: 계약을 원인으로 소유권이전등기를 신청할 때 검인계약서를 등기소에 제출하도록 규정하고 있다.
② **「공인중개사법」**: 개업공인중개사의 거래계약서 작성의무를 규정하고 있다.

2 계약서 작성 시 일반적인 주의사항 – 당사자의 확인(매도인에 관한 사항)

(1) 권리의 진정성 확인

① **당사자 확인**: 개업공인중개사는 선량한 관리자의 주의와 신의, 성실로써 매도 등 처분을 하려는 자가 진정한 권리자와 동일인인지의 여부를 등기사항증명서와 주민등록증 등(등기권리증)에 의하여 조사·확인할 의무가 있다고 할 것이다(대판 1992. 2.11, 91다36239).

② **제한능력 등의 조사·확인**
  ㉠ 자연인의 법률행위가 유효하게 성립하려면 제한능력자가 아니어야 한다. 제한능력자의 법률행위는 취소할 수 있기 때문이다.
  ㉡ 제한능력자에는 미성년자, 피성년후견인, 피한정후견인이 있다.
  ㉢ 「민법」제4조에 의하면 성년이란 "사람은 19세로 성년에 이르게 된다."로 정의 내리고 있다. 성년자인지의 여부는 주민등록증을 통하여 조사·확인하여야 한다. 친권자 여부는 가족관계증명서로, 이혼에 따른 친권자 여부 및 미성년후견인에 관한 사항은 기본증명서로 확인한다.

ⓔ 피성년후견인, 피한정후견인인지 여부와 법정대리인은 후견등기사항증명서를 통하여 확인한다.

ⓜ 후견인이 피후견인을 대리하여 다음의 어느 하나에 해당하는 행위를 하거나 미성년자의 다음의 어느 하나에 해당하는 행위에 동의를 할 때는 후견감독인이 있으면 그의 동의를 받아야 한다(민법 제950조 제1항).

> ⓐ 영업에 관한 행위
> ⓑ 금전을 빌리는 행위
> ⓒ 의무만을 부담하는 행위
> ⓓ 부동산 또는 중요한 재산에 관한 권리의 득실변경을 목적으로 하는 행위
> ⓔ 소송행위
> ⓕ 상속의 승인, 한정승인 또는 포기 및 상속재산의 분할에 관한 협의

(2) 공동소유 재산의 계약을 체결하는 경우

구분	공유*	합유*	총유*
인적 결합	우연한 결합	조합	권리능력 없는 사단
세계관	개인주의	절충주의	단체주의
지분	○	○	×
지분처분자유	○	×(전원동의 시 가능)	×(지분 없음)
물건의 처분	전원의 동의	전원의 동의	사원총회의 결의
보존행위	단독으로 처리 가능		관리는 단체가 함 (사원총회의결)
이용·개량행위	지분의 과반수 찬성으로 가능		
변경·처분행위	전원의 동의		
관리비용	지분비율로 부담		
사용·수익	지분비율로 사용·수익		각자가 함

📖 용어 정리

*공유
여럿이 공동목적을 위한 인적 결합관계 없이 1개의 물건을 공동으로 소유하는 것으로서 1개의 물건에 대한 1개의 소유권이 분량적으로 분할되어 여럿에게 귀속하는 것을 말한다.

*합유
법률의 규정 또는 계약에 의해 여럿이 조합체를 이루어 물건을 소유하는 공동소유의 한 형태이다.

*총유
개인주의적 공동소유형태 중 하나이다. 재산의 관리와 처분의 권능은 공동체에 속하지만, 그 재산의 사용과 수익의 권능은 공동체의 각 구성원에 속하는 형태이다.

3 부동산거래 전자계약시스템

1. 전자계약절차 흐름도

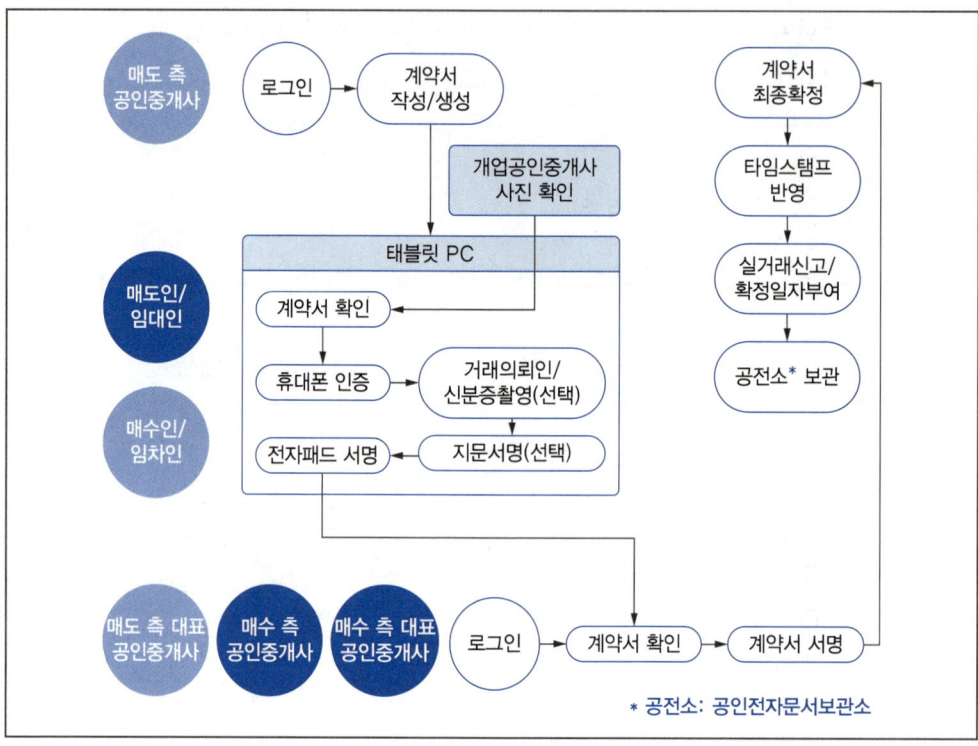

2. 부동산거래 전자계약의 혜택

(1) 편리성

소비자(거래의뢰인) 혜택	공인중개사 혜택
① 공인중개사 신분확인 및 계약결과 안내 서비스 ② 주택임대차 확정일자 자동 부여(수수료 면제)	① 부동산 실거래신고의무 면제 ② 종이계약서 보관 불필요

(2) 경제성

소비자(거래의뢰인) 혜택	공인중개사 혜택
대출 우대금리 적용	부동산 서류 발급 최소화(건축물대장, 토지대장 등 생략)

(3) 안전성

소비자(거래의뢰인) 혜택	공인중개사 혜택
계약서류 위변조 및 부실한 확인·설명 차단	① 무자격·무등록 불법 중개행위 차단 ② 개인정보 암호화로 안심거래 지원

Chapter 04 개별적 중개실무

> **학습포인트** 「주택임대차보호법」과 「상가건물 임대차보호법」의 취지 및 내용을 학습하고, 경매 관련 업무내용과 규칙 및 예규를 이해한다.

1 부동산등기 특별조치법

1. 소유권이전등기 등

(1) 소유권이전등기 등 신청의무

「부동산등기 특별조치법」에서는 부동산의 소유권이전을 내용으로 하는 계약을 체결한 자는 소유권이전등기신청 기준일(반대급부 이행완료일 또는 계약효력발생일)부터 60일 이내에 소유권이전등기를 신청할 의무를 진다.

(2) 소유권보존등기 신청의무

소유권보존등기가 되어 있지 아니한 부동산에 대하여 소유권이전을 내용으로 하는 계약을 체결한 자는 소유권보존등기신청 기준일부터 60일 이내에 소유권보존등기를 하여야 한다.

2. 검인계약서

(1) 검인계약서의 제출

계약을 원인(교환, 증여 등)으로 한 소유권이전등기를 신청할 때에 일방 또는 위임을 받은 자가 부동산 소재지를 관할하는 시장·군수·구청장 또는 그 권한을 위임받은 자(읍·면장)의 검인을 받아 등기소에 제출하여야 한다.

(2) 기재사항

① 당사자
② 목적 부동산
③ 계약연월일
④ 대금 및 그 지급일자 등 지급에 관한 사항 또는 평가액 및 그 차액의 정산에 관한 사항
⑤ 개업공인중개사가 있을 때에는 개업공인중개사
⑥ 계약의 조건이나 기한이 있을 때에는 그 조건 또는 기한

(3) 검인신청 및 검인절차

검인신청을 할 때에는 계약서의 원본 또는 판결서 등의 정본을 관할 시장·군수·구청장에게 제출하여야 한다.

■ 검인대상

원칙	검인을 받아야 하는 경우	검인을 받지 아니하는 경우
계약을 원인으로 소유권이전등기를 신청	① 매매·교환·증여계약서, 명의신탁계약서, 공유물분할계약서, 양도담보계약서 ② 등기원인을 증명하는 서면이 집행력 있는 판결서, 확정판결과 동일한 효력이 있는 조서(화해조서, 청구인낙조서, 조정조서) ③ 가등기에 기한 본등기 신청 시 원인계약서	① 수용, 상속, 취득시효, 권리포기 등을 원인으로 한 소유권이전 ② 소유권이전청구권보전의 가등기 ③ 계약의 일방당사자가 국가 또는 지방자치단체인 경우 ④ 「부동산 거래신고 등에 관한 법률」상 부동산 거래신고필증을 교부받은 경우 ⑤ 「부동산 거래신고 등에 관한 법률」상 토지거래허가를 받은 경우

➕ 매매계약서의 경우 본래는 검인신청의 대상이지만 다른 법률에 의해 검인을 받은 것으로 보는 경우에는 검인을 받지 아니한다.

2 부동산 실권리자명의 등기에 관한 법률

1. 제도의 의의 및 취지

부동산등기제도를 악용한 투기·탈세·탈법행위 등 반사회적 행위를 방지하기 위하여 제정되었다.

2. 부동산실명제의 내용 – 제정 목적

(1) **투기, 탈세, 탈법행위 등 반사회적 행위 방지**

(2) **부동산거래의 정상화와 부동산가격의 안정 도모**

(3) **실권리자명의 등기의무**

① **원칙**: 누구든지 부동산에 관한 물권(소유권, 지상권, 전세권, 저당권 등)을 명의신탁약정에 의하여 명의수탁자의 명의로 등기하여서는 아니 된다.

② **예외**: 종중 및 배우자, 종교단체의 경우 조세포탈, 강제집행의 면탈 또는 법령상 제한의 회피를 목적으로 하지 않는 경우에는 특례를 인정하여 명의신탁약정의 효력, 과징금, 이행강제금, 벌칙 및 기존 명의신탁의 실명등기의무 위반 시의 효력규정의 적용을 배제한다.

③ **양도담보의 경우**: 양도담보의 경우에는 채무자, 채권금액 및 채무변제를 위한 양도담보라는 뜻이 기재된 서면을 등기 시 제출하여야 한다.

(4) 명의신탁약정의 유형

① **2자 간의 명의신탁**: 명의신탁자가 소유하던 부동산을 명의수탁자의 명의로 가장매매·증여하여 등기하는 경우를 의미한다.

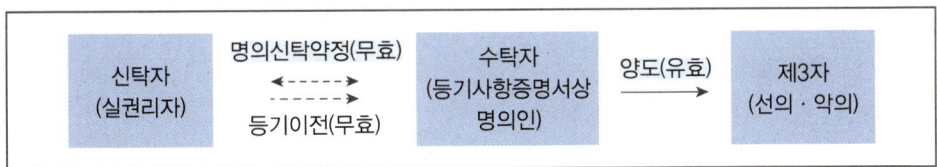

② **3자 간의 등기명의신탁**: 원소유자(매도인)와 명의신탁자(매수인)가 매매계약을 체결한 후 명의신탁자와 명의수탁자의 명의신탁약정에 기초하여 원소유자(매도인)로부터 명의수탁자로 등기가 이전되는 형태를 의미한다.

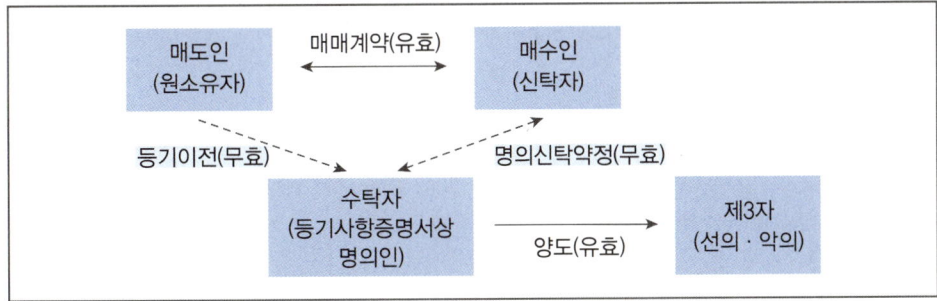

③ **계약명의신탁**: 원소유자(매도인)는 명의신탁자와 명의수탁자 간에 명의신탁약정이 있다는 사실을 모르고, 명의수탁자와 직접계약을 체결하여 원소유자(매도인)로부터 명의수탁자로 등기가 이전되는 형태를 말한다.

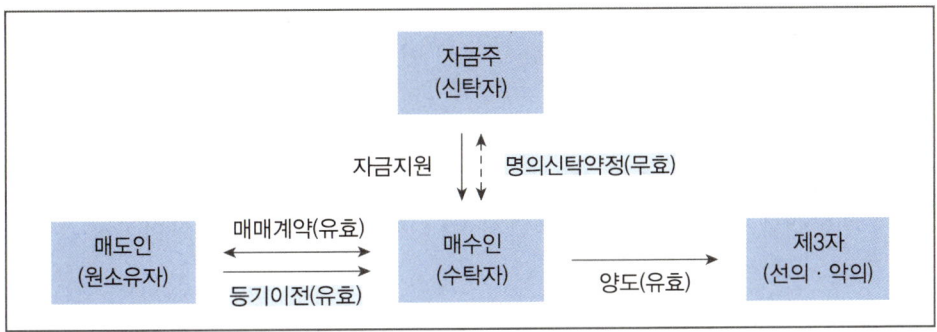

➕ 계약명의신탁이라 하더라도 매도인이 명의신탁의 사실을 알고 있는 경우에는 매도인과 수탁자와의 매매계약은 무효이고, 수탁자로의 이전등기도 무효이다.

(5) 명의신탁약정의 벌칙 등

① 벌칙
- ㉠ 명의신탁자: 5년 이하의 징역 또는 2억원 이하의 벌금
- ㉡ 명의수탁자: 3년 이하의 징역 또는 1억원 이하의 벌금

② 과징금*: 명의신탁자에게 부동산가액의 30%에 해당하는 금액의 범위 안에서 과징금 부과

> **용어 정리**
>
> *과징금
> 행정청이 일정한 행정상의 의무를 위반한 자에게 부과하는 위반에 대한 제재로 징수하는 금전적 제재를 말하며, 수수료, 사용료, 특허료, 납부금 등이 있다.

③ 이행강제금*(2자 간 및 3자 간의 등기명의신탁의 경우)
- ㉠ 과징금 부과일로부터 1년이 경과한 경우: 부동산평가액의 10%
- ㉡ 다시 1년이 경과한 경우: 부동산평가액의 20%

> **용어 정리**
>
> *이행강제금
> 행정법상의 의무 이행을 간접적으로 강제하기 위해 일정한 기한까지 의무를 이행하지 않을 경우 부과하는 징수금을 말한다.

3 주택임대차보호법 관련 실무

1. 「주택임대차보호법」의 의의 및 성격

(1) 주택임대차의 의의
주택임대차는 「민법」상 임대차와 다름이 없으며, 다만 그 목적물이 주거용 건물이라는 점에서 차이가 있을 뿐이다.

(2) 주택임대차계약의 법적 성질
주택임대차계약은 유상·쌍무·낙성·불요식·계속적·채권계약의 성질을 갖는다.

2. 제정 목적

「주택임대차보호법」은 주거용 건물의 임대차에 관하여 「민법」에 대한 특례를 규정함으로써 국민의 주거 생활의 안정을 보장함을 목적으로 한다.

3. 적용범위

「주택임대차보호법」의 보호를 받는 경우	「주택임대차보호법」의 보호를 받지 못하는 경우
• 등기된 주택(단독주택, 아파트, 빌라 등) • 미등기된 건물이나 준공검사를 받지 않은 건물 • 무허가건물이나 가건물 • 비주거용 건물을 집주인이 주거용도로 개조하여 세놓은 건물 • 비주거용 건물을 세입자가 집주인의 승낙을 받고 주거용도로 개조하여 사용하는 건물 • 주거를 겸하는 가게나 공장(주된 용도가 주거용) • 한국토지주택공사 및 지방공사가 임차한 후 지방자치단체의 장 또는 해당 법인이 선정한 입주자 • 「중소기업기본법」 제2조에 따른 중소기업에 해당하는 법인이 소속직원의 주거용으로 주택을 임차한 경우	• 보증금이나 월세를 내지 않고 사용하는 경우(무료사용) • 여관, 호텔, 민박, 가건물 등 일시사용을 목적으로 임대차한 경우 • 비주거용 건물을 임차인이 임대인의 승낙 없이 주거용으로 개조한 경우 • 업무용 오피스텔, 콘도 등

(1) 주택의 임대차

① **주거용 건물**: 「주택임대차보호법」은 주거용 건물(주택)의 전부 또는 일부의 임대차에 관하여 이를 적용한다.

② **겸용 건물**: 임차주택의 일부가 주거 외의 목적으로 사용되는 경우에도 「주택임대차보호법」이 적용된다.

③ **「중소기업기본법」 규정에 따른 중소기업이 임차한 직원의 주거용 주택**: 「중소기업기본법」 제2조에 따른 중소기업에 해당하는 법인이 소속직원의 주거용으로 주택을 임차한 후 그 법인이 선정한 직원이 해당 주택을 인도받고 주민등록을 마쳤을 때에는 대항력을 인정한다. 임대차가 끝나기 전에 그 직원이 변경된 경우에는 그 법인이 선정한 새로운 직원이 주택을 인도받고 주민등록을 마친 다음 날부터 제3자에 대하여 효력이 생긴다.

(2) 등기하지 아니한 전세(미등기전세, 채권적 전세)

「주택임대차보호법」은 미등기전세 등에도 적용된다.

(3) 일시사용을 위한 임대차

일시사용을 위한 임대차임이 명백한 경우에는 이를 적용하지 아니한다.

4. 대항력

(1) 주택임차권의 대항력
① 주택의 점유와 주민등록은 대항력의 취득요건이자 동시에 존속요건이 된다.
② 임차인 본인의 과실로 인하여 지번이 상이하게 전입신고를 한 때에는 대항력을 갖지 못하며, 실제 지번에 맞도록 정정한 때부터 대항력이 인정된다. 그러나 공무원의 착오로 인하여 지번이 상이하게 전입신고가 되었다면 대항력이 인정되는 시기에 아무런 영향을 미치지 못한다.
③ 공동주택(아파트, 다세대주택 등)의 경우 동·호수를 표시하지 아니하고 지번만 표시하여 전입신고를 하였다면 대항력을 갖지 못한다. 그러나 단독주택(다가구 등)의 경우 전입신고 시 주택의 동·호수를 표시하지 아니하고 지번만 표시하여도 대항력을 가질 수 있다.

(2) 주택임대인의 지위 승계
임차주택의 양수인(그 밖에 임대할 권리를 승계한 자를 포함한다)은 임대인의 지위를 승계한 것으로 본다.

(3) 보증금의 회수
① 임차인이 임차주택에 대하여 보증금반환청구소송의 확정판결이나 그 밖에 이에 준하는 집행권원에 따라서 경매를 신청하는 경우에는 집행개시 요건에 관한 「민사집행법」에도 불구하고 반대의무의 이행이나 이행의 제공을 집행개시의 요건으로 하지 아니한다.
② 대항요건과 임대차계약증서상의 확정일자를 갖춘 임차인은 「민사집행법」에 따른 경매 또는 「국세징수법」에 따른 공매를 할 때에 임차주택(대지를 포함한다)의 환가대금에서 후순위권리자나 그 밖의 채권자보다 우선하여 보증금을 변제받을 권리가 있다.
③ 임차인은 임차주택을 양수인에게 인도하지 아니하면 위 ②에 따른 보증금을 받을 수 없다.

5. 주택임차권등기명령

임대차가 끝난 후 보증금이 반환되지 아니한 경우 임차인은 임차주택의 소재지를 관할하는 법원에 임차권등기명령을 신청하여 임차권등기가 경료되면 등기와 동시에 대항력 또는 우선변제권을 취득하도록 하고, 만일 임차인이 이미 대항력과 우선변제권을 취득한 자인 경우에는 종전의 대항력과 우선변제권을 유지하며, 임차권등기 이후에는 주택의 점유와 주민등록의 요건을 갖추지 아니하더라도 임차인이 종전에 가지고 있던 대항력과 우선변제권이 유지되도록 함으로써 임차권등기의 효력을 강화하고 임차인이 자유롭게 주거를 이전할 수 있도록 하고 있다.

① 임차권등기명령의 신청을 기각하는 결정에 대하여 임차인은 항고(抗告)할 수 있다.
② 임차인은 임차권등기명령의 집행에 따른 임차권등기를 마치면 대항력과 우선변제권을 취득한다. 다만, 임차인이 임차권등기 이전에 이미 대항력이나 우선변제권을 취득한 경우에는 그 대항력이나 우선변제권은 그대로 유지되며, 임차권등기 이후에는 대항요건을 상실하더라도 이미 취득한 대항력이나 우선변제권을 상실하지 아니한다.
③ 임차권등기명령의 집행에 따른 임차권등기가 끝난 주택(임대차의 목적이 주택의 일부분인 경우에는 해당 부분으로 한정한다)을 그 이후에 임차한 임차인은 우선변제(최우선변제)를 받을 권리가 없다.
④ 임차인은 임차권등기명령의 신청과 그에 따른 임차권등기와 관련하여 든 비용을 임대인에게 청구할 수 있다.
⑤ 금융기관 등은 임차인을 대위하여 임차권등기명령을 신청할 수 있다.

6. 존속기간 등

(1) 최단기간

주택임대차계약 기간의 정함이 없거나 기간을 2년 미만으로 정한 임대차는 그 기간을 2년으로 본다.

(2) 경매에 의한 임차권 소멸

임차권은 임차주택에 대하여 「민사집행법」에 따른 경매가 행하여진 경우에는 그 임차주택의 경락에 따라 소멸한다. 다만, 보증금이 전액 변제되지 아니한 대항력이 있는 임차권은 그러하지 아니하다.

(3) 계약의 갱신
① **약정에 의한 갱신**: 주택임대차계약이 종료된 후에 합의에 의하여 갱신할 수 있다.
② **묵시적 갱신**: 「주택임대차보호법」은 「민법」의 임대차계약상의 묵시의 갱신에 대한 특칙을 두고 있다. 즉, 임대인이 임대차기간이 끝나기 6개월 전부터 2개월 전까지의 기간에 임차인에게 갱신거절의 통지를 하지 아니하거나 계약조건을 변경하지 아니하면 갱신하지 아니한다는 뜻의 통지를 하지 아니한 경우에는 그 기간이 끝난 때에 전 임대차와 동일한 조건으로 다시 임대차한 것으로 본다. 임차인이 임대차기간이 끝나기 2개월 전까지 통지하지 아니한 경우에도 또한 같다. 이 경우 갱신된 임대차의 존속기간은 2년으로 본다.

(4) 계약갱신요구권 등
① 임대인은 임차인이 임대차기간이 끝나기 6개월 전부터 2개월 전까지의 기간 이내에 계약갱신을 요구할 경우 정당한 사유 없이 거절하지 못한다. 다만, 다음의 어느 하나에 해당하는 경우에는 그러하지 아니하다.

> ㉠ 임차인이 2기의 차임액에 해당하는 금액에 이르도록 차임을 연체한 사실이 있는 경우
> ㉡ 임차인이 거짓이나 그 밖의 부정한 방법으로 임차한 경우
> ㉢ 서로 합의하여 임대인이 임차인에게 상당한 보상을 제공한 경우
> ㉣ 임차인이 임대인의 동의 없이 목적 주택의 전부 또는 일부를 전대(轉貸)한 경우
> ㉤ 임차인이 임차한 주택의 전부 또는 일부를 고의나 중대한 과실로 파손한 경우
> ㉥ 임차한 주택의 전부 또는 일부가 멸실되어 임대차의 목적을 달성하지 못할 경우
> ㉦ 임대인이 다음의 어느 하나에 해당하는 사유로 목적 주택의 전부 또는 대부분을 철거하거나 재건축하기 위하여 목적 주택의 점유를 회복할 필요가 있는 경우
>   ⓐ 임대차계약 체결 당시 공사시기 및 소요기간 등을 포함한 철거 또는 재건축계획을 임차인에게 구체적으로 고지하고 그 계획에 따르는 경우
>   ⓑ 건물이 노후·훼손 또는 일부 멸실되는 등 안전사고의 우려가 있는 경우
>   ⓒ 다른 법령에 따라 철거 또는 재건축이 이루어지는 경우
> ㉧ 임대인(임대인의 직계존속·직계비속을 포함한다)이 목적 주택에 실제 거주하려는 경우
> ㉨ 그 밖에 임차인이 임차인으로서의 의무를 현저히 위반하거나 임대차를 계속하기 어려운 중대한 사유가 있는 경우

② 임차인은 위 ①에 따른 계약갱신요구권을 1회에 한하여 행사할 수 있다. 이 경우 갱신되는 임대차의 존속기간은 2년으로 본다.
③ 갱신되는 임대차는 전 임대차와 동일한 조건으로 다시 계약된 것으로 본다. 다만, 차임과 보증금은 약정한 차임이나 보증금의 20분의 1의 범위에서 증액할 수 있다.

④ 갱신되는 임대차의 해지에 관하여는 계약이 갱신된 경우 임대차의 존속기간 2년의 규정에도 불구하고 임차인은 언제든지 임대인에게 계약해지(契約解止)를 통지할 수 있다. 갱신되는 임대차의 해지는 임대인이 그 통지를 받은 날부터 3개월이 지나면 그 효력이 발생한다.

⑤ 임대인(임대인의 직계존속·직계비속을 포함한다)이 목적 주택에 실제 거주하려는 사유로 갱신을 거절하였음에도 불구하고 갱신요구가 거절되지 아니하였더라면 갱신되었을 기간이 만료되기 전에 정당한 사유 없이 제3자에게 목적 주택을 임대한 경우 임대인은 갱신거절로 인하여 임차인이 입은 손해를 배상하여야 한다.

⑥ 손해배상액은 거절 당시 당사자 간에 손해배상액의 예정에 관한 합의가 이루어지지 않는 한 다음의 금액 중 큰 금액으로 한다.

> ㉠ 갱신거절 당시 월차임(차임 외에 보증금이 있는 경우에는 그 보증금을 다음의 내용 중 낮은 비율에 따라 월 단위의 차임으로 전환한 금액을 포함한다. 이하 '환산월차임')의 3개월분에 해당하는 금액
> ⓐ 「은행법」에 따른 은행에서 적용하는 대출금리와 해당 지역의 경제 여건 등을 고려하여 대통령령으로 정하는 비율인 연 1할
> ⓑ 한국은행에서 공시한 기준금리에 대통령령으로 정하는 이율인 연 2%를 더한 비율
> ㉡ 임대인이 제3자에게 임대하여 얻은 환산월차임과 갱신거절 당시 환산월차임 간 차액의 2년분에 해당하는 금액
> ㉢ 임대인(임대인의 직계존속·직계비속을 포함한다)이 목적 주택에 실제 거주하려는 사유로 인한 갱신거절로 인하여 임차인이 입은 손해액

7. 차임 등의 증감청구권 및 월차임 전환 시 산정률의 제한

(1) 차임·보증금의 증감청구권

① 차임 또는 보증금의 증액청구는 약정한 차임 등의 20분의 1의 금액을 초과하지 못한다. 또한 증액청구는 임대차계약 또는 약정한 차임 등의 증액이 있은 후 1년 이내에는 이를 하지 못한다. 다만, 특별시·광역시·특별자치시·도 및 특별자치도는 관할 구역 내의 지역별 임대차 시장 여건 등을 고려하여 증액청구의 상한을 조례로 달리 정할 수 있다.

② 임차인이 증액비율을 초과하여 차임 또는 보증금을 지급하거나 월차임 산정률을 초과하여 차임을 지급한 경우에는 초과 지급된 차임 또는 보증금 상당금액의 반환을 청구할 수 있다.

(2) 월차임 전환 시 산정률의 제한

연 10%와 한국은행에서 공시한 기준금리에 대통령령으로 정하는 이율인 연 2%를 더한 비율 중 낮은 비율을 곱한 월차임의 범위를 초과할 수 없다.

8. 우선변제권

(1) 확정일자부여 및 임대차 정보제공 등(우선변제권)

① **효력**: 대항요건과 임대차계약증서상의 확정일자를 갖춘 임차인은 「민사집행법」에 의한 경매 또는 「국세징수법」에 의한 공매 시 임차주택(대지를 포함한다)의 환가대금에서 후순위권리자나 기타 채권자보다 우선하여 보증금을 변제받을 권리가 있다.

② **부여장소**
  ㉠ 공증인 사무소나 법무법인 또는 공증인가 공동법률사무소 등 공증기관
  ㉡ 전국 지방법원 및 지원과 등기소
  ㉢ 주택 소재지의 읍·면·동 주민센터
  ㉣ 주택 소재지의 시(특별시·광역시·특별자치시는 제외하고, 특별자치도는 포함한다)·군·구(자치구를 말한다)의 출장소

③ **임대차 정보제공 등**
  ㉠ 주택의 임대차에 이해관계가 있는 자는 확정일자부여기관에 해당 주택의 확정일자부여일, 차임 및 보증금 등 정보의 제공을 요청할 수 있다. 이 경우 요청을 받은 확정일자부여기관은 정당한 사유 없이 이를 거부할 수 없다.
  ㉡ 임대차계약을 체결하려는 자는 임대인의 동의를 받아 확정일자부여기관에 정보제공을 요청할 수 있다.

(2) 보증금 중 일정액의 보호(최우선변제권)

① **특징**: 최우선변제권이라 함은 대통령령으로 정하는 소액보증금의 임차인이 부동산 경·공매 시 임차주택(대지를 포함한다)의 환가대금에서 보증금 중 일정액에 대하여 후순위 담보권자, 일반채권자뿐만 아니라 선순위 담보권자보다도 우선하여 변제받을 수 있는 권리를 말한다.

② **보증금 중 일정액의 범위와 기준**: 보증금 중 일정액을 다른 담보물권자보다 우선하여 변제받을 임차인 및 보증금 중 일정액의 범위와 기준은 주택가액(대지의 가액을 포함한다)의 2분의 1의 범위 안에서 대통령령으로 정한다.

지역 구분	보증금 중 일정액을 보호받을 임차인의 범위	보증금 중 일정액의 범위
서울특별시	1억 6,500만원	5,500만원
수도권 중 과밀억제권역(서울특별시 제외, 세종특별자치시, 용인시, 화성시 및 김포시)	1억 4,500만원	4,800만원
광역시(군·과밀억제권역 제외), 안산시, 광주시, 파주시, 이천시 및 평택시	8,500만원	2,800만원
그 밖의 지역	7,500만원	2,500만원

9. 주택임차권의 승계

① 임차인이 상속권자 없이 사망한 경우에 그 주택에서 가정공동생활을 하던 사실상의 혼인관계에 있는 자는 임차인의 권리와 의무를 승계한다.
② 임차인이 사망한 때에 사망 당시 상속권자가 그 주택에서 가정공동생활을 하고 있지 아니한 경우에는 그 주택에서 가정공동생활을 하던 사실상의 혼인관계에 있는 자와 2촌 이내의 친족은 공동으로 임차인의 권리와 의무를 승계한다.
③ 위의 경우 임차인이 사망한 후 1개월 이내에 승계대상자가 임대인에 대하여 반대의사를 표시한 때에는 그러하지 아니하다.

10. 주택임대차표준계약서 사용

주택임대차계약을 서면으로 체결할 때에는 법무부장관이 국토교통부장관과 협의하여 정하는 주택임대차표준계약서를 우선적으로 사용한다. 다만, 당사자가 다른 서식을 사용하기로 합의한 경우에는 그러하지 아니하다.

4 상가건물 임대차계약과 중개실무

1. 「상가건물 임대차보호법」의 의의 및 성격

(1) 상가건물 임대차의 의의

상가건물 임대차는 「민법」상의 임대차로서, 다만 목적물이 상가건물이라는 점에서 차이가 있을 뿐이다.

(2) 상가건물 임대차계약의 법적 성질

상가건물 임대차계약은 유상·쌍무·낙성·불요식·계속적·채권계약의 성질을 갖는다.

2. 제정 목적

상가건물 임대차에 관하여 「민법」에 대한 특례를 규정함으로써 국민 경제생활의 안정을 보장함을 목적으로 한다.

3. 적용범위

(1) 「상가건물 임대차보호법」의 적용범위

① 「상가건물 임대차보호법」은 상가건물의 임대차(임대차 목적물의 주된 부분을 영업용으로 사용하는 경우를 포함한다)에 대하여 적용한다. 다만, 다음의 상가건물임대차위원회의 심의를 거쳐 대통령령으로 정하는 보증금액의 범위를 초과하는 임대차는 그러하지 아니하다.

지역 구분	「상가건물 임대차보호법」 적용대상 보증금액
서울특별시	9억원 이하
「수도권정비계획법」에 따른 과밀억제권역 (서울특별시 제외) 및 부산광역시	6억 9천만원 이하
광역시(과밀억제권역에 포함된 지역과 군지역, 부산광역시 제외), 세종특별자치시, 파주시, 화성시, 안산시, 용인시, 김포시 및 광주시	5억 4천만원 이하
그 밖의 지역	3억 7천만원 이하

② 위 ①의 규정에도 불구하고 다음의 경우는 보증금을 초과하는 임대차에 대하여도 적용된다.

> ㉠ 대항력 규정
> ㉡ 임차인의 계약갱신요구권
> ㉢ 계약 갱신 시 차임과 보증금의 증감청구(5% 초과 금지규정은 적용 안 됨)
> ㉣ 권리금 회수기회 보호 규정
> ㉤ 표준계약서 작성 등
> ㉥ 3기 차임 연체 시 계약해지 규정
> ㉦ 폐업으로 인한 임차인의 해지권

(2) 등기하지 아니한 전세

「상가건물 임대차보호법」은 미등기전세에도 적용된다.

(3) 일시사용을 위한 임대차

일시사용을 위한 임대차임이 명백한 경우에는 이를 적용하지 아니한다.

4. 대항력

(1) 상가건물 임차권의 대항력

상가건물 임대차는 그 등기가 없는 경우에 임차인이 건물의 인도와 「부가가치세법」, 「소득세법」 또는 「법인세법」에 따른 사업자등록을 신청하면 그 다음 날부터 제3자에 대하여 효력이 생긴다.

(2) 상가건물 임대인의 지위 승계

상가건물의 양수인(그 밖에 임대할 권리를 승계한 자를 포함한다)은 임대인의 지위를 승계한 것으로 본다.

(3) 보증금의 회수

① 임차인이 임차건물에 대하여 보증금반환청구소송의 확정판결, 그 밖에 이에 준하는 집행권원에 따라서 경매를 신청하는 경우에는 집행개시 요건에 관한 「민사집행법」에도 불구하고 반대의무의 이행이나 이행의 제공을 집행개시의 요건으로 하지 아니한다.
② 대항요건과 임대차계약증서상의 확정일자를 갖춘 임차인은 「민사집행법」에 따른 경매 또는 「국세징수법」에 따른 공매를 할 때에 임차건물(임대인 소유의 대지를 포함한다)의 환가대금에서 후순위권리자나 그 밖의 채권자보다 우선하여 보증금을 변제받을 권리가 있다.
③ 임차인은 임차건물을 양수인에게 인도하지 아니하면 위 ②에 따른 보증금을 받을 수 없다.

(4) 확정일자부여 및 임대차정보의 제공 등

① 확정일자는 상가건물의 소재지 관할 세무서장이 부여한다.
② 관할 세무서장은 해당 상가건물의 소재지, 확정일자부여일, 차임 및 보증금 등을 기재한 확정일자부를 작성하여야 한다. 이 경우 전산정보처리조직을 이용할 수 있다.
③ 상가건물의 임대차에 이해관계가 있는 자는 관할 세무서장에게 해당 상가건물의 확정일자부여일, 차임 및 보증금 등 정보의 제공을 요청할 수 있다. 이 경우 요청을 받은 관할 세무서장은 정당한 사유 없이 이를 거부할 수 없다.
④ 임대차계약을 체결하려는 자는 임대인의 동의를 받아 관할 세무서장에게 위 ③에 따른 정보제공을 요청할 수 있다.

5. 상가건물의 임차권등기명령

임차권등기명령의 집행에 따른 임차권등기를 마친 건물(임대차의 목적이 건물의 일부분인 경우에는 그 부분으로 한정한다)을 그 이후에 임차한 임차인은 「상가건물 임대차보호법」 제14조에 따른 최우선변제를 받을 권리가 없다. 동일한 상가건물에 계속하여 보증금 중 일정액의 우선특권을 보장한다면 저당권자 등에게 너무 가혹하게 되어 담보제도를 무력화시킬 수 있기 때문이다. 그러나 등기 이후에 임차한 임차인도 확정일자(상가건물 임대차보호법 제5조 제2항)의 보호는 그대로 있다는 점을 유의하여야 한다. 확정일자는 후순위권리자에게만 우선하므로 담보제도를 무력화시키는 일이 없기 때문이다.

① 임대차가 종료된 후 보증금이 반환되지 아니한 경우 임차인은 임차건물의 소재지를 관할하는 지방법원, 지방법원지원 또는 시·군법원에 임차권등기명령을 신청할 수 있다.
② 임차권등기명령 신청을 기각하는 결정에 대하여 임차인은 항고할 수 있다.
③ 임차권등기명령의 집행에 따른 임차권등기를 마치면 임차인은 대항력과 우선변제권을 취득한다. 다만, 임차인이 임차권등기 이전에 이미 대항력 또는 우선변제권을 취득한 경우에는 그 대항력 또는 우선변제권이 그대로 유지되며, 임차권등기 이후에는 대항요건을 상실하더라도 이미 취득한 대항력 또는 우선변제권을 상실하지 아니한다.
④ 임차권등기명령의 집행에 따른 임차권등기를 마친 건물(임대차의 목적이 건물의 일부분인 경우에는 그 부분으로 한정한다)을 그 이후에 임차한 임차인은 「상가건물 임대차보호법」 제14조에 따른 최우선변제를 받을 권리가 없다.
⑤ 임차인은 임차권등기명령의 신청 및 그에 따른 임차권등기와 관련하여 든 비용을 임대인에게 청구할 수 있다.
⑥ 금융기관 등은 임차인을 대위하여 임차권등기명령을 신청할 수 있다.

6. 존속기간

(1) 최단기간

상가건물 임대차계약기간을 정하지 아니하거나 기간을 1년 미만으로 정한 임대차는 그 기간을 1년으로 본다. 다만, 임차인은 1년 미만으로 정한 기간이 유효함을 주장할 수 있다.

(2) 경매에 의한 임차권 소멸

임차권은 임차건물에 대하여 「민사집행법」에 따른 경매가 실시된 경우에는 그 임차건물이 매각되면 소멸한다. 다만, 보증금이 전액 변제되지 아니한 대항력 있는 임차권은 그러하지 아니하다.

(3) 계약의 갱신

① 약정에 의한 갱신

② **묵시적 갱신**: 「상가건물 임대차보호법」은 「민법」의 임대차계약상의 묵시적 갱신에 대한 특칙을 두고 있다. 영세상인의 경제활동에 안정을 꾀하기 위함이다. 즉, 임대인이 임대차기간이 끝나기 6개월 전부터 1개월 전까지의 기간에 임차인에게 갱신거절의 통지를 하지 아니하거나 계약조건을 변경하지 아니하면 갱신하지 아니한다는 뜻의 통지를 하지 아니한 경우에는 그 기간이 끝난 때에 전 임대차와 동일한 조건으로 다시 임대차한 것으로 본다. 이 경우 갱신된 임대차의 존속기간은 1년으로 본다.

③ **임차인의 계약갱신요구권**

　㉠ 임대인은 임차인이 임대차기간이 끝나기 6개월 전부터 1개월 전까지의 기간 이내에 계약갱신을 요구할 경우 정당한 사유 없이 거절하지 못한다. 다만, 다음의 어느 하나에 해당하는 경우에는 그러하지 아니하다.

> ⓐ 임차인이 3기의 차임액에 해당하는 금액에 이르도록 차임을 연체한 사실이 있는 경우
> ⓑ 임차인이 거짓이나 그 밖의 부정한 방법으로 임차한 경우
> ⓒ 서로 합의하여 임대인이 임차인에게 상당한 보상을 제공한 경우
> ⓓ 임차인이 임대인의 동의 없이 목적 건물의 일부 또는 전부를 전대한 경우
> ⓔ 임차인이 임차한 건물의 전부 또는 일부를 고의 또는 중대한 과실로 파손한 경우
> ⓕ 임차한 건물의 전부 또는 일부가 멸실되어 임대차의 목적을 달성하지 못할 경우
> ⓖ 임대인이 다음의 어느 하나에 해당하는 사유로 목적 건물의 전부 또는 대부분을 철거하거나 재건축하기 위해 목적 건물의 점유회복이 필요한 경우
> 　ⅰ) 임대차계약 체결 당시 공사시기 및 소요기간 등을 포함한 철거 또는 재건축 계획을 임차인에게 구체적으로 고지하고 그 계획에 따르는 경우
> 　ⅱ) 건물이 노후·훼손 또는 일부 멸실되는 등 안전사고의 우려가 있는 경우
> 　ⅲ) 다른 법령에 따라 철거 또는 재건축이 이루어지는 경우
> ⓗ 그 밖에 임차인이 임차인으로서의 의무를 현저히 위반하거나 임대차를 계속하기 어려운 중대한 사유가 있는 경우

　㉡ 임차인의 계약갱신요구권은 최초의 임대차기간을 포함한 전체 임대차기간이 10년을 초과하지 않는 범위 내에서만 행사할 수 있다.

　㉢ 계약갱신요구권의 규정은 전대인과 전차인의 전대차관계에도 적용된다. 따라서 임대인의 동의를 받고 전대차계약을 체결한 전차인은 임차인의 계약갱신요구권 행사 기간 범위 내에서 임차인을 대위하여 임대인에게 계약갱신요구권을 행사할 수 있다.

7. 차임 등의 증감청구권 및 월차임 전환 시 산정률의 제한

(1) 차임·보증금의 증감청구권

① 차임 또는 보증금이 임차건물에 관한 조세, 공과금, 그 밖의 부담의 증감이나 「감염병의 예방 및 관리에 관한 법률」에 따른 제1급 감염병 등에 의한 경제사정의 변동으로 인하여 상당하지 아니하게 된 경우에는 당사자는 장래의 차임 또는 보증금에 대하여 증감을 청구할 수 있다. 그러나 증액의 경우에는 5%를 초과하지 못한다.

② 증액 청구는 임대차계약 또는 약정한 차임 등의 증액이 있은 후 1년 이내에는 하지 못한다.

③ 「감염병의 예방 및 관리에 관한 법률」에 따른 제1급 감염병에 의한 경제사정의 변동으로 차임 등이 감액된 후 임대인이 증액을 청구하는 경우에는 증액된 차임 등이 감액 전 차임 등의 금액에 달할 때까지는 위 ①의 단서를 적용하지 아니한다.

(2) 월차임 전환 시 산정률의 제한

연 12%와 한국은행 공시 기준금리에 4.5배를 곱한 비율 중 낮은 비율을 곱한 월차임의 범위를 초과할 수 없다.

8. 우선변제권

(1)
임차인은 상가건물의 인도와 사업자등록을 마치고 임대차계약서상에 확정일자(관할세무서장인)를 갖추면, 「민사집행법」에 의한 경매 또는 「국세징수법」에 의한 공매 시 임차건물(임대인 소유의 대지를 포함한다)의 환가대금에서 후순위권리자나 기타 채권자보다 우선하여 변제받을 권리가 있다. 다만, 임차인은 임차건물을 양수인에게 인도하지 않으면 보증금을 수령할 수 없다.

(2) 보증금 중 일정액의 범위와 기준(최우선변제권)

① **최우선변제 범위**

지역 구분	보증금 중 일정액을 보호받을 임차인의 범위	보증금 중 일정액의 범위
서울특별시	6,500만원	2,200만원
수도권 중 과밀억제권역(서울특별시 제외)	5,500만원	1,900만원
광역시(군·과밀억제권역 제외), 안산시, 용인시, 김포시 및 광주시	3,800만원	1,300만원
그 밖의 지역	3,000만원	1,000만원

② 임차인의 보증금 중 일정액이 상가건물의 가액의 2분의 1을 초과하는 경우에는 상가건물의 가액의 2분의 1에 해당하는 금액에 한하여 우선변제권이 있다.

9. 표준계약서의 작성 등

법무부장관은 국토교통부장관과 협의를 거쳐 보증금, 차임액, 임대차기간, 수선비 분담 등의 내용이 기재된 상가건물임대차표준계약서를 정하여 그 사용을 권장할 수 있다.

10. 권리금 보호 규정

권리금	임대차 목적물인 상가건물에서 영업을 하는 자 또는 영업을 하려는 자가 영업시설·비품, 거래처, 신용, 영업상의 노하우, 상가건물의 위치에 따른 영업상의 이점 등 유형·무형의 재산적 가치의 양도 또는 이용대가로서 임대인, 임차인에게 보증금과 차임 이외에 지급하는 금전 등의 대가를 말한다.
권리금계약	신규임차인이 되려는 자가 임차인에게 권리금을 지급하기로 하는 계약을 말한다.
권리금 보호 규정	임대인은 임대차기간이 끝나기 6개월 전부터 임대차 종료 시까지 다음의 어느 하나에 해당하는 행위를 함으로써 권리금계약에 따라 임차인이 주선한 신규임차인이 되려는 자로부터 권리금을 지급받는 것을 방해하여서는 아니 된다. ① 임차인이 주선한 신규임차인이 되려는 자에게 권리금을 요구하거나 임차인이 주선한 신규임차인이 되려는 자로부터 권리금을 수수하는 행위 ② 임차인이 주선한 신규임차인이 되려는 자로 하여금 임차인에게 권리금을 지급하지 못하게 하는 행위 ③ 임차인이 주선한 신규임차인이 되려는 자에게 상가건물에 관한 조세, 공과금, 주변 상가건물의 차임 및 보증금, 그 밖의 부담에 따른 금액에 비추어 현저히 고액의 차임과 보증금을 요구하는 행위 ④ 그 밖에 정당한 사유 없이 임대인이 임차인이 주선한 신규임차인이 되려는 자와 임대차계약의 체결을 거절하는 행위. 다만, 다음의 경우는 정당한 사유로 본다. 　㉠ 임차인이 주선한 신규임차인이 되려는 자가 보증금 또는 차임을 지급할 자력이 없는 경우 　㉡ 임차인이 주선한 신규임차인이 되려는 자가 임차인으로서의 의무를 위반할 우려가 있거나 그 밖에 임대차를 유지하기 어려운 상당한 사유가 있는 경우 　㉢ 임대차 목적물인 상가건물을 1년 6개월 이상 영리목적으로 사용하지 아니한 경우 　㉣ 임대인이 선택한 신규임차인이 임차인과 권리금계약을 체결하고 그 권리금을 지급한 경우

세부사항	① 임대인이 권리금 규정을 위반하여 임차인에게 손해를 발생하게 한 때에는 그 손해를 배상할 책임이 있다. 이 경우 그 손해배상액은 신규임차인이 임차인에게 지급하기로 한 권리금과 임대차 종료 당시의 권리금 중 낮은 금액을 넘지 못한다. ② 임대인에게 손해배상을 청구할 권리는 임대차가 종료한 날부터 3년 이내에 행사하지 아니하면 시효의 완성으로 소멸한다. ③ 임차인은 임대인에게 임차인이 주선한 신규임차인이 되려는 자의 보증금 및 차임을 지급할 자력 또는 그 밖에 임차인으로서의 의무를 이행할 의사 및 능력에 관하여 자신이 알고 있는 정보를 제공하여야 한다.
권리금 적용 제외	① 임대차 목적물인 상가건물이 「유통산업발전법」 제2조에 따른 대규모점포 또는 준대규모점포의 일부인 경우(다만, 전통시장 및 상점가 육성을 위한 특별법 제2조 제1호에 따른 전통시장은 제외한다) ② 임대차 목적물인 상가건물이 「국유재산법」에 따른 국유재산 또는 「공유재산 및 물품 관리법」에 따른 공유재산인 경우
기타 내용	① **표준권리금계약서의 작성**: 국토교통부장관은 법무부장관과 협의를 거쳐 임차인과 신규임차인이 되려는 자가 권리금계약을 체결하기 위한 표준권리금계약서를 정하여 그 사용을 권장할 수 있다. ② **권리금 평가기준의 고시**: 국토교통부장관은 권리금에 대한 감정평가의 절차와 방법 등에 관한 기준을 고시할 수 있다. ③ **차임연체와 해지**: 임차인의 차임연체액이 3기의 차임액에 달하는 때에는 임대인은 계약을 해지할 수 있다.

5 경·공매

1. 경매제도

(1) 법원 경매의 의미

경매란 금전채권의 만족을 얻기 위한 채권자의 신청에 따라 법원이 부동산을 강제적으로 매각하는 제도로서, **집행권원***에 의한 경매인 강제경매와 담보권 실행을 위한 경매인 임의경매 두 가지 유형이 있다.

> **용어 정리**
>
> * **집행권원**
> 강제집행절차에 들어가기 위해 필요한 것으로, 공적인 기관이 일정한 사법상 이행청구권의 존재와 범위를 표시하고 집행력을 부여한 공적 증서를 말한다.

(2) 경매의 종류

① **강제경매**: 집행권원을 가지고 있는 채권자가 그 집행권원에 표시된 이행청구권의 실현을 위하여 채무자 소유의 부동산을 압류한 후 매각시켜 그 매각대금에서 금전채권의 만족을 얻는 강제집행을 말한다.

② **임의경매**: 담보물권, 담보가등기, 전세권 등이 가지고 있는 경매권에 의하여 실행되는 경매이다.

2. 경매절차

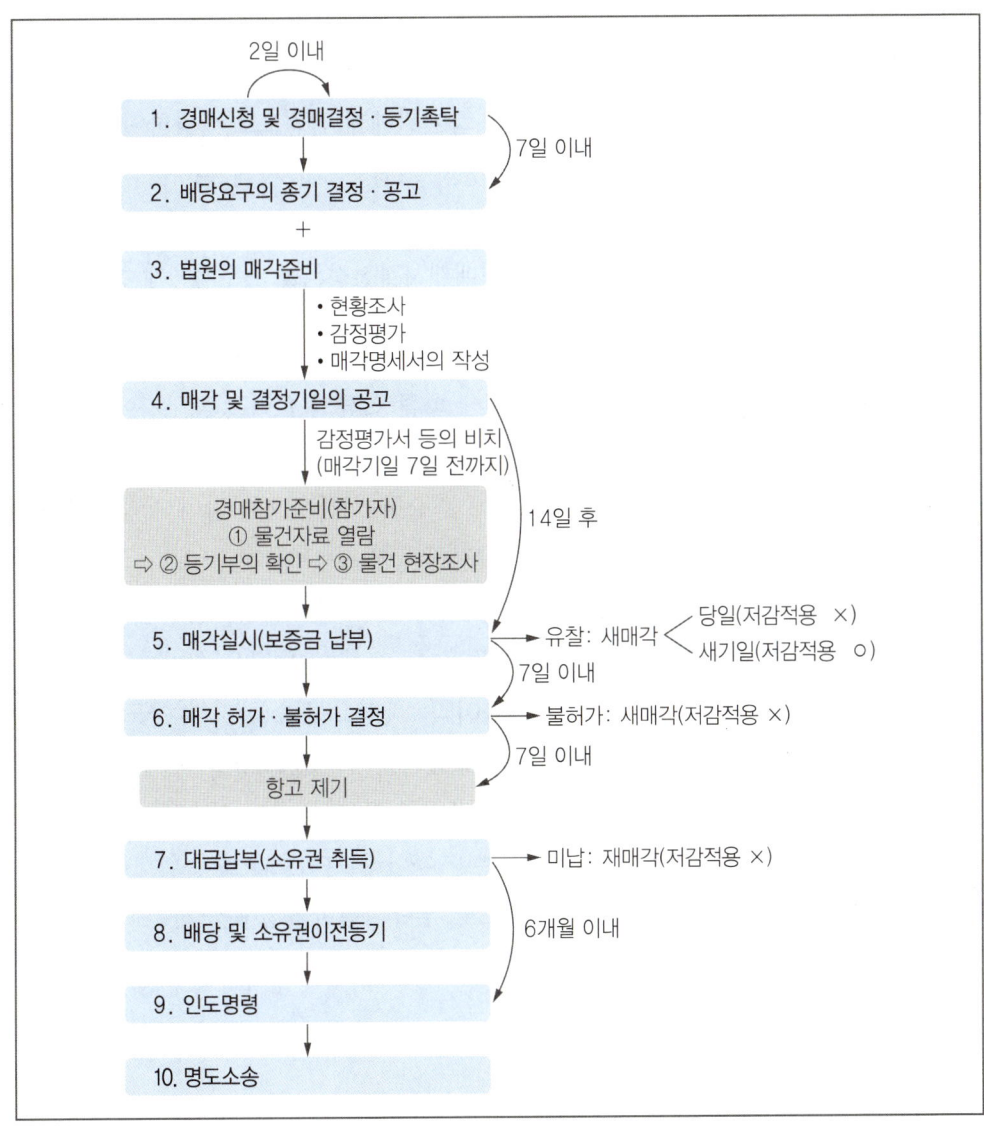

(1) 경매신청 및 경매개시결정

① **경매신청**: 경매를 신청하려면 경매신청서를 작성한 다음, 첨부서류와 함께 관할 집행법원에 제출하여야 한다. 또한 신청인이 법인일 경우에는 대표자의 자격을 증명할 자격증명서(법인 등기사항증명서 초본), 대리인을 통하여 신청할 경우에는 자격을 증명할 위임장을 제출하여야 한다.

② **경매개시결정**: 강제경매신청이 접수되면 집행법원은 신청서의 기재 및 첨부서류에 의하여 강제집행의 요건, 집행개시요건 및 강제경매에 특히 필요한 요건(부동산이 채무자의 소유일 것, 압류금지 부동산이 아닐 것) 등에 관하여 형식적 심사를 하여, 신청이 적법하다고 인정되면 강제경매개시결정을 한다.

③ **경매개시결정기입등기의 촉탁**: 집행법원이 경매개시결정을 하였을 때에는 그 사유를 등기사항증명서에 기입할 것을 등기관에게 직권으로 촉탁하여야 하며, 등기관은 위 촉탁에 의하여 경매개시결정의 기입등기를 하게 된다.

④ **경매개시결정문의 송달**: 채무자에 대한 개시결정의 송달은 경매절차 진행의 적법유효요건으로 되어 있기 때문에 경매개시결정정본을 채무자에게 송달하게 된다.

(2) 배당요구의 종기결정 및 공고

① **배당요구의 종기결정**: 경매개시결정에 따른 압류의 효력은 채무자에게 그 결정이 송달되거나 경매개시결정기입등기가 된 때에 그 효력이 생기는데, 집행법원은 효력이 생긴 때부터 1주일 내에 절차에 필요한 기간을 감안하여 배당요구를 할 수 있는 종기를 첫 매각기일 이전으로 정하는 결정을 한다.

② **배당요구의 종기공고**: 배당요구의 종기가 정하여진 때에는 법원은 압류의 효력이 생긴 때부터 1주일 내에 경매개시결정을 한 취지 및 배당요구의 종기를 공고한다.

③ **배당요구를 하지 아니한 경우의 불이익**: 배당요구를 하지 않아도 배당을 받을 수 있는 채권자가 아니면 배당요구의 종기까지 배당요구를 하여야 배당을 받을 수 있게 되며, 그때까지 배당요구를 하지 않은 경우에는 선순위채권자라도 경매절차에서 배당을 받을 수 없게 될 뿐만 아니라 자기보다 후순위채권자로서 배당을 받은 자를 상대로 별도의 소송으로 부당이득반환청구를 하는 것도 허용하지 않는다.

④ 채권자의 배당요구

㉠ 배당요구의 종기까지 반드시 배당요구를 하여야 할 채권자

> ⓐ 집행력 있는 정본을 가진 채권자
> ⓑ 「민법」, 「상법」, 그 밖의 법률에 의하여 우선변제청구권이 있는 채권자(주택임대차보호법에 의한 소액임차인, 확정일자부 임차인, 근로기준법에 의한 임금채권자, 상법에 의한 고용관계로 인한 채권이 있는 자 등)
> ⓒ 경매개시결정기입등기 후에 가압류한 채권자
> ⓓ 국세 등의 교부청구권자

㉡ 배당요구를 하지 않아도 배당을 받을 수 있는 채권자

> ⓐ 첫 경매개시결정등기 전에 이미 등기를 마친 담보권자
> ⓑ 임차권등기권자
> ⓒ 체납처분에 의한 압류등기권자
> ⓓ 경매개시결정등기 전에 가압류한 채권자 등

(3) 매각(입찰)의 준비

법원 또는 집행법원은 부동산의 현상, 점유관계, 차임 또는 보증금의 액수, 그 밖의 현황에 관하여 조사를 명하고, 감정인에게 부동산을 평가하게 하여 그 평가액을 참작하여 최저매각가격(최저입찰가격)을 정한다.

① **현황조사**: 법원 또는 집행법원은 경매개시결정을 한 후 지체 없이 집행관에게 부동산의 현상, 점유관계, 차임 또는 임대차 보증금의 액수, 그 밖의 현황에 관하여 조사할 것을 명한다.

② **공과금을 주관하는 공공기관에 대한 최고**: 법원 또는 집행법원은 경매개시결정 후 조세 기타 공과금을 주관하는 공공기관에 대하여 목적 부동산에 관한 채권의 유무와 한도를 배당요구의 종기까지 통지하여 줄 것을 최고하게 된다.

③ **이해관계인에 대한 채권신고의 최고**: 법원 또는 집행법원은 경매개시결정일부터 3일 내에 등기사항증명서에 기입된 부동산 위의 권리자(가등기담보권자를 포함한다) 등에 대하여 자신의 채권의 원금, 이자, 비용, 그 밖의 부대채권에 관한 계산서를 배당요구 종기일까지 제출할 것을 최고하게 된다.

④ **부동산의 평가 및 최저입찰가격의 결정**: 법원 또는 집행법원은 등기관으로부터 기입등기의 통지를 받은 후 3일 내에 평가명령을 발하여 감정인으로 하여금 경매부동산을 평가하게 하고, 그 평가액을 참작하여 최저매각(입찰)가격을 정한다.

(4) 매각 및 매각결정기일의 지정·공고·통지

법원 또는 집행법원의 판단에 따라 통상의 방법처럼 진행하는 기일입찰방법과 일정기간의 입찰기간을 정하여 입찰을 실시하는 기간입찰방법 중 하나를 택하여 매각기일 등을 지정·공고·통지한다.

① **매각 및 매각결정기일의 지정**: 법원 또는 집행법원은 공과금을 주관하는 공공기관에 대한 통지, 현황조사, 최저매각가격결정 등의 절차가 끝나고 경매절차를 취소할 사유가 없는 경우에는 매각명령을 하고, 직권으로 매각기일을 지정하고 공고한다. 최초의 매각기일은 공고일로부터 14일 이상의 간격을 두고 하게 되며, 집행법원은 매각기일을 지정함과 동시에 직권으로 매각결정기일을 정하여 공고한다. 매각결정기일은 대개 매각기일로부터 7일 이내로 정하게 된다.

② **매각기일의 공고**: 매각 및 매각결정기일을 지정한 때에는 법원 또는 집행법원은 이를 공고한다. 매각기일의 공고는 공고사항을 기재한 서면을 법원의 게시판에 게시하는 방법으로 하고, 최초의 매각기일에 관한 공고는 그 요지를 신문에 게재하는 외에 속행 사건과 함께 인터넷 법원경매정보사이트에 공고한다.

③ **매각기일의 통지**: 법원 또는 집행법원이 매각기일과 매각결정기일(기일입찰), 입찰기간 및 매각기일(기간입찰)을 지정하면 이를 이해관계인에게 통지한다. 위 통지는 집행기록에 표시된 이해관계인의 주소에 등기우편으로 발송하여 할 수 있으며, 따라서 발송한 때 송달된 것으로 간주된다.

(5) 매각의 실시

「민사집행법」에 따르면 부동산의 매각은 매각기일에 하는 호가경매, 매각기일에 입찰 및 개찰하게 하는 기일입찰, 입찰기간 내에 입찰하게 하여 매각기일에 개찰하는 기간입찰의 세 가지 방법으로 하도록 규정되어 있으며, 현행 법원 또는 집행법원에서 실시하고 있는 가장 통상적인 입찰방법은 기일입찰이다(유찰 시 새매각 실시). 일반적으로 보증금은 최저매각가격의 10%로 한다. 하지만 법원 또는 집행법원은 상당하다고 인정하는 때에는 최저매각가격의 10%로 하는 보증금액을 달리 정할 수 있다.

(6) 매각허부결정절차

매각기일에 최고가매수인이 정해지면, 법원 또는 집행법원은 매각결정기일에 이해관계인의 의견을 들은 후 매각의 허부를 결정한다. 이때 매각허부의 결정에 대하여 이해관계인은 즉시 항고할 수 있다(매각을 불허가하거나, 매각허가결정을 취소한 경우 새매각 실시).

(7) 매각대금의 납부

매각허가결정이 확정되었을 때에는 법원은 대금지급기한을 정하여 매수인에게 매각대금의 납부를 명한다. 매각허가결정이 확정되면 법원은 대금지급기한을 지정하므로, 정해진 기한 내에 언제든지 대금을 납부할 수 있다.

① **대금지급기한제**: 대금은 지정된 기한 내에 법원에서 발급하는 납부명령서와 함께 은행에 납부하여야 한다. 납부할 금액은 매각대금에서 입찰보증금으로 제공한 금액(현금 또는 자기앞수표)을 제외한 금액이다.

② **대금납부의 효과**: 매수인은 매각대금을 완납한 때에 경매의 목적인 권리를 확정적으로 취득한다.

③ **대금불납부에 따른 법원의 조치**

㉠ **차순위 매수신고**: 최고가 매수신고인이 대금납부를 하지 않은 경우 재매각절차를 거치지 않고 차순위 매수신고인에게 매각을 허가하여 절차지연을 방지하기 위한 제도를 말한다.

㉡ **차순위 매수신고인에 대한 매각허가결정**: 차순위 매수신고인은 최고가 입찰액에서 보증금을 공제한 액수보다 높은 가격으로 응찰한 사람 중 차순위 매수신고를 접수한 자가 된다. 차순위 매수신고인을 정하여 놓은 경우에 매수인이 대금지급기한에 대금납부의무를 이행하지 아니할 때에는 차순위 매수신고인에 대한 매각허가결정 여부를 결정하게 된다. 차순위 매수신고인에 대하여 매각허가결정이 내려진 때에는 종전 매수인도 매수보증금의 반환을 청구하지 못하며, 위 보증금은 배당재단에 편입된다.

㉢ **재매각**: 재매각은 법원이 정한 대금지급기한까지 매수인이 매각대금을 완납하지 않는 경우에 법원이 직권으로 다시 실시하는 매각을 말한다. 매수인이 매각대금을 완납하지 않는 경우 차순위 매수신고인이 있는 때에는 매각결정기일을 다시 지정하여 차순위 매수신고인에 대하여 매각허가결정을 하고 대금지급기한을 지정하게 되며, 새로이 정해진 대금지급기한에도 대금납부를 하지 않으면 재매각을 하게 된다.

(8) 배당절차

매수인이 매각대금을 완납하면 법원은 배당기일을 정하여 이해관계인과 배당을 요구한 채권자에게 통지하여 배당을 하게 된다.

■■ **배당순위**

배당순위	배당채권
0순위	경매비용(경매절차비용, 감정평가보수 등), 제3취득자의 비용상환청구권
1순위	• 소액 주택임대차·상가임대차보증금채권 • 「근로기준법」상 최종 3개월분 임금채권
2순위	당해세(집행의 목적물에 대하여 부과된 국세·지방세)
3순위	• 당해세를 제외한 국세·지방세 • 저당권·전세권 등에 의한 담보권 채권 • 우선변제권 있는 주택임대차보증금채권
4순위	일반임금채권
5순위	「산업재해보상보험법」·「국민연금법」 등에 의한 보험료
6순위	일반채권

(9) 소유권이전등기 등의 촉탁

매수인이 대금을 완납하면 매각부동산의 소유권을 취득하므로, 집행법원은 매수인 명의의 소유권이전등기, 매수인이 인수하지 아니하는 부동산상의 부담의 말소등기를 등기관에게 촉탁하게 된다.

(10) 부동산 인도 또는 명도

① **부동산 인도명령***: 대금완납 후 6개월 이내에 집행법원에 대하여 집행관으로 하여금 매각부동산을 강제로 매수인에게 인도하게 하는 내용의 인도명령을 신청하여 그 명령에 의하여 부동산을 인도받을 수 있다.

> **용어 정리**
>
> * 인도명령
> 매수인이 매각대금을 지급하고 유효한 소유권을 취득했음에도 불구하고 채무자나 점유자가 해당 부동산을 계속 점유하고 있으면 예상치 못한 손해를 볼 수 있는데, 이 경우 매수인은 법원에 부동산 인도명령을 신청해서 채무자·전 소유자 또는 점유자로부터 그 부동산을 회복할 수 있다.

② **인도명령의 상대방**: 인도명령의 상대방은 채무자, 채무자의 일반승계인, 소유자, 부동산점유자 등이다. 다만, 그 점유자가 매수인에게 대항할 수 있는 권원을 가진 때에는 제외된다.

③ **명도소송***: 인도명령을 거부할 경우 명도소송을 제기하여 강제집행을 실행한다.

> **용어 정리**
>
> * 명도소송
> 매수인이 부동산에 대한 대금을 지급했음에도 점유자가 부동산의 인도를 거절하는 경우 부동산을 비우고 넘겨달라는 의도로 제기하는 소송이다.

3. 권리분석

■ 소멸주의와 인수주의

소멸주의	인수주의
저당권·근저당권·압류·가압류·담보가등기	유치권·법정지상권·분묘기지권
말소기준권리*보다 앞서 설정된 전세권 중 배당요구의 종기까지 배당요구를 한 전세권	보증금이 전액 변제되지 아니한 대항력 있는 임차권은 인수됨
말소기준권리보다 뒤에 설정된 용익물권 등 ① 지상권 ② 임차권 ③ 주택의 인도 + 전입신고한 주택임차권 ④ 가등기, 가처분등기, 환매등기	말소기준권리보다 앞서 설정된 용익물권 등 ① 지상권 ② 임차권 ③ 주택의 인도 + 전입신고한 주택임차권 ④ 가등기, 가처분등기, 환매등기
경매개시결정등기보다 늦게 경료된 용익물권 등 ① 지상권 ② 임차권 ③ 주택의 인도 + 전입신고한 주택임차권 ④ 가등기, 가처분등기, 환매등기	경매개시결정등기보다 앞선 용익물권 등(단, 그보다 앞선 담보물권 등이 없어야 함) ① 지상권 ② 임차권 ③ 주택의 인도 + 전입신고한 주택임차권 ④ 가등기, 가처분등기, 환매등기

> **용어 정리**
>
> *말소기준권리
> (근)저당권, 담보가등기, (가)압류, 경매개시결정등기 중 가장 먼저 등기된 권리로 여러 가지 권리에 대한 말소·인수의 기준이 되는 권리를 말한다.

6 공인중개사의 매수신청대리인 등록 등에 관한 규칙·예규

1. 총칙

(1) 매수신청대리권의 범위

법원에 매수신청대리인으로 등록된 개업공인중개사가 매수신청대리의 위임을 받은 경우 다음의 행위를 할 수 있다.

① 매수신청보증의 제공
② 입찰표의 작성 및 제출
③ 차순위 매수신고
④ 매수신청의 보증을 돌려줄 것을 신청하는 행위
⑤ 공유자의 우선매수신고*

⑥ (구)「임대주택법」제22조 규정에 따른 임차인의 임대주택 우선매수신고
⑦ 공유자 또는 임대주택 임차인의 우선매수신고에 따라 차순위 매수신고인으로 보게 되는 경우 그 차순위 매수신고인의 지위를 포기하는 행위

> **용어 정리**
>
> *공유자의 우선매수신고
> 공유재산이 경매에 붙여진 경우, 최고가 낙찰자가 있지만 법원에서 공유자가 우선매수신고를 신청하면 최고 낙찰가와 동일한 가격으로 공유자에게 우선매수할 수 있는 기회를 주는 제도이다.

(2) 매수신청대리의 대상물

「공인중개사의 매수신청대리인 등록 등에 관한 규칙」에서 규정하고 있는 중개대상물은 「공인중개사법」에서 규정하고 있는 중개업무의 중개대상물과 동일하다.

① 토지
② 건물 그 밖의 토지의 정착물
③ 「입목에 관한 법률」에 따른 입목
④ 「공장 및 광업재단 저당법」에 따른 공장재단, 광업재단

2. 매수신청대리인 등록

매수신청대리인이 되고자 하는 개업공인중개사는 중개사무소(법인인 개업공인중개사의 경우에는 주된 중개사무소를 말한다)가 있는 곳을 관할하는 지방법원의 장(이하 '지방법원장')에게 매수신청대리인 등록을 하여야 한다.

(1) 등록의 신청

① **등록신청**: 매수신청대리인으로 등록하고자 하는 자는 매수신청대리인 등록신청서에 다음의 서류를 첨부하여 지방법원장에게 신청하여야 한다.

㉠ 공인중개사자격증 사본
㉡ 법인의 등기사항증명서(법인인 개업공인중개사인 경우에 한한다). 다만, 「전자정부법」규정에 따른 행정정보의 공동이용을 통하여 그 서류에 대한 정보를 확인할 수 있는 경우에는 그 확인으로 갈음할 수 있다.
㉢ 중개사무소등록증 사본
㉣ 실무교육 이수증 사본
㉤ 여권용 사진 2매
㉥ 보증을 제공하였음을 증명하는 보증보험증서 사본, 공제증서 사본, 공탁증서 사본

② **등록처분**: 매수신청대리인 등록신청을 받은 지방법원장은 14일 이내에 개업공인중개사의 종별에 따라 구분하여 등록을 하여야 한다.

(2) 등록요건

개업공인중개사가 매수신청대리인으로 등록하기 위한 요건은 다음과 같다.
① 개업공인중개사이거나 법인인 개업공인중개사일 것
② **부동산경매에 관한 실무교육을 이수하였을 것**
  ㉠ 매수신청대리인 등록을 하고자 하는 개업공인중개사(다만, 법인인 개업공인중개사의 경우에는 공인중개사인 대표자를 말한다)는 등록신청일 전 1년 이내에 법원행정처장이 지정하는 교육기관에서 부동산경매에 관한 실무교육을 이수하여야 한다. 다만, 폐업신고 후 1년 이내에 다시 등록신청을 하고자 하는 자는 그러하지 아니하다.
  ㉡ 교육시간은 32시간 이상 44시간 이내로 한다.
  ㉢ 실무교육은 직업윤리, 「민사소송법」, 「민사집행법」, 경매실무 등 필수과목 및 교육기관이 자체적으로 정한 부동산경매 관련 과목의 수강과 교육과목별 평가로 한다.
  ㉣ 실무교육에 필요한 전문인력 및 교육시설을 갖추고 객관적 평가기준을 마련한 다음의 기관 또는 단체는 법원행정처장에게 그 지정승인을 요청할 수 있다.

  > ⓐ 「고등교육법」에 따라 설립된 대학 또는 전문대학으로서 부동산 관련 학과가 개설된 학교
  > ⓑ 공인중개사협회

③ 보증보험 또는 공제에 가입하였거나 공탁을 하였을 것

(3) 등록효과

① **등록증의 교부**
  ㉠ 지방법원장은 매수신청대리인 등록을 한 자에 대해서는 매수신청대리인등록증을 교부하고, 매수신청대리인등록대장에 그 등록에 관한 사항을 기록·유지하여야 한다.
  ㉡ 등록번호는 법원별 고유번호 두 자리 숫자, 서기 연도의 뒤 두 자리 숫자, 진행번호인 아라비아 숫자로 표시하고, 진행번호는 등록증을 발급한 시간순서에 따라 일련번호로써 부여한다.

② **등록증의 재교부**
  ㉠ 등록증을 교부받은 자가 등록증을 잃어버리거나 못쓰게 된 경우와 등록증의 기재사항의 변경으로 인하여 다시 등록증을 교부받고자 하는 경우에는 매수신청대리인등록증 재교부신청서에 의하여 재교부를 신청할 수 있다.
  ㉡ 개업공인중개사가 등록증의 기재사항의 변경으로 인하여 다시 등록증을 교부받고자 하는 경우에는 매수신청대리인등록증 재교부신청서에 이미 교부받은 등록증과 변경사항을 증명하는 서류를 첨부하여야 한다.
③ **등록증 등의 게시**: 개업공인중개사가 사무소 안에 게시해야 할 사항은 다음과 같다.

> ㉠ 등록증
> ㉡ 매수신청대리 등 보수표
> ㉢ 보증의 설정을 증명할 수 있는 서류

(4) 결격사유

다음의 어느 하나에 해당하는 자는 매수신청대리인 등록을 할 수 없다.
① 매수신청대리인 등록이 취소된 후 3년이 지나지 아니한 자. 다만, 중개업 또는 매수신청대리업의 폐업신고에 의한 등록취소는 제외한다.
②「민사집행법」제108조 제4호에 해당하는 자(민사집행절차에서의 매각에 관하여 유죄판결을 받고 그 판결 확정일부터 2년이 지나지 아니한 사람)

> 「민사집행법」제108조 제4호
> **제108조【매각장소의 질서유지】** 집행관은 다음 각 호 가운데 어느 하나에 해당한다고 인정되는 사람에 대하여 매각장소에 들어오지 못하도록 하거나 매각장소에서 내보내거나 매수의 신청을 하지 못하도록 할 수 있다.
>   1.~3. 생략
>   4. 민사집행절차에서의 매각에 관하여 「형법」 제136조(공무집행방해)·제137조(위계에 의한 공무집행방해)·제140조(공무상 비밀표시무효)·제140조의2(부동산강제집행효용침해)·제142조(공무상 보관물의 무효)·제315조(경매, 입찰의 방해) 및 제323조(권리행사방해) 내지 제327조(강제집행면탈)에 규정된 죄로 유죄판결을 받고 그 판결확정일로부터 2년이 지나지 아니한 사람

③ 매수신청대리업무정지처분을 받고 폐업신고를 한 자로서 업무정지기간(폐업에도 불구하고 진행되는 것으로 본다)이 지나지 아니한 자
④ 매수신청대리업무정지처분을 받은 개업공인중개사인 법인의 업무정지의 사유가 발생한 당시의 사원 또는 임원이었던 자로서 개업공인중개사에 대한 업무정지기간이 지나지 아니한 자
⑤ 위 ①~④ 중 어느 하나에 해당하는 자가 사원 또는 임원으로 있는 법인인 개업공인중개사

3. 손해배상책임의 보장

매수신청대리인이 된 개업공인중개사는 매수신청대리를 하는 경우 고의 또는 과실로 인하여 위임인에게 재산상 손해를 발생하게 한 때에는 그 손해를 배상할 책임이 있다.

(1) 업무보증의 설정 및 설정시기

매수신청대리인이 되고자 매수신청대리등록을 신청하는 경우에는 구비서류에 보증의 설정을 증명할 수 있는 서류가 포함되므로, 최소한 매수신청대리등록을 신청하기 전까지는 업무보증을 설정하여야 한다.

(2) 업무보증의 설정방법

① 보증보험의 가입
② 협회의 공제에 가입
③ 공탁

(3) 업무보증 설정내용

개업공인중개사가 손해배상책임을 보장하기 위한 보증을 설정하여야 하는 금액은 다음과 같다.

> ① 법인인 개업공인중개사: 4억원 이상. 다만, 분사무소를 두는 경우에는 분사무소마다 2억원 이상을 추가로 설정하여야 한다.
> ② 법인이 아닌 개업공인중개사: 2억원 이상

(4) 업무보증의 변경

① 개업공인중개사가 그 보증을 다른 보증으로 변경하고자 하는 경우에는 이미 설정한 보증의 효력이 있는 기간 중에 다른 보증을 설정하고, 그 증빙서를 갖추어 관할 지방법원장에게 제출하여야 한다.
② 보증보험 또는 공제에 가입한 개업공인중개사로서 보증기간의 만료로 인하여 다시 보증을 설정하고자 하는 자는 보증기간 만료일까지 다시 보증을 설정하고, 관할 지방법원장에게 제출하여야 한다.

(5) 공탁금 회수제한

공탁금은 매수신청대리인이 된 개업공인중개사가 폐업, 사망 또는 해산한 날부터 3년 이내에는 이를 회수할 수 없다.

(6) 업무보증 설정사항 설명 및 교부

매수신청의 위임을 받은 개업공인중개사는 매수신청인에게 손해배상책임의 보장에 관한 다음의 사항을 설명하고 관계증서의 사본을 교부하거나 관계증서에 관한 전자문서를 제공하여야 한다.

> ① 보장금액
> ② 보증보험회사, 공제사업을 행하는 자, 공탁기관 및 그 소재지
> ③ 보장기간

(7) 손해배상금의 지급

① **보증보험금 등의 지급절차**: 매수신청인이 손해배상금으로 보증보험금, 공제금 또는 공탁금을 지급받고자 하는 경우에는 매수신청인과 매수신청대리인이 된 개업공인중개사와의 손해배상합의서, 화해조서, 확정된 법원의 판결서 사본 또는 기타 이에 준하는 효력이 있는 서류를 첨부하여 보증기관에 손해배상금의 지급을 청구하여야 한다.

② **손해배상 후 금액의 보전**: 매수신청대리인이 된 개업공인중개사가 보증보험금, 공제금 또는 공탁금으로 손해배상을 한 때에는 15일 이내에 보증보험 또는 공제에 다시 가입하거나 공탁금 중 부족하게 된 금액을 보전하여야 한다.

4. 매수신청대리행위

(1) 대리행위의 방식

개업공인중개사는 대리행위를 하는 경우 매각장소 또는 집행법원에 직접 출석하여야 한다.

① **제출서류**: 개업공인중개사는 대리행위를 하는 경우 각 대리행위마다 대리권을 증명하는 문서(본인의 인감증명서가 첨부된 위임장과 대리인등록증 사본 등)를 제출하여야 한다.

  ㉠ 같은 날 같은 장소에서 대리행위를 동시에 하는 경우에는 하나의 서면으로 갈음할 수 있다.
  ㉡ 문서는 매 사건마다 제출하여야 한다. 다만, 개별매각의 경우에는 매 물건번호마다 제출하여야 한다.
  ㉢ 법인인 개업공인중개사의 경우 대표자의 자격을 증명하는 문서를 추가로 제출하여야 한다.

② **위임장 기재사항**: 위임장에는 사건번호, 개별매각의 경우 물건번호, 대리인의 성명과 주소, 위임내용, 위임인의 성명과 주소를 기재하고, 위임인의 인감도장을 날인하고 인감증명서를 첨부하거나 위임인이 위임장에 서명하고 본인서명사실확인서 또는 전자본인서명확인서의 발급증을 첨부하여야 한다.

(2) 사건카드

개업공인중개사는 매수신청대리 사건카드를 비치하고, 사건을 위임받은 때에는 사건카드에 위임받은 순서에 따라 일련번호, 경매사건번호, 위임받은 연월일, 보수액과 위임인의 주소·성명 기타 필요한 사항을 기재하고, 서명·날인(공인중개사법에 의해 등록한 인장 사용)한 후 5년간 이를 보존하여야 한다.

5. 의무 및 금지행위

(1) 개업공인중개사의 의무

① **신의·성실의무**: 개업공인중개사는 신의와 성실로써 공정하게 매수신청대리업무를 수행하여야 한다.

② **비밀준수의무**: 개업공인중개사는 다른 법률에서 특별한 규정이 있는 경우를 제외하고는 그 업무상 알게 된 비밀을 누설하여서는 아니 된다. 개업공인중개사가 그 업무를 떠난 경우에도 같다.

③ **확인·설명의무**
  ㉠ **매수신청대리 대상물의 확인·설명**: 개업공인중개사가 매수신청대리를 위임받은 경우 매수신청대리 대상물의 권리관계, 경제적 가치, 매수인이 부담하여야 할 사항 등에 대하여 위임인에게 성실·정확하게 설명하고 등기사항증명서, 신탁원부, 건축물대장 등본 등 설명의 근거자료를 제시하여야 한다.
  ㉡ **확인·설명사항**
    ⓐ 매수신청대리 대상물의 표시 및 권리관계
    ⓑ 법령의 규정에 따른 제한사항
    ⓒ 매수신청대리 대상물의 경제적 가치
    ⓓ 매수신청대리 대상물에 관한 소유권을 취득함에 따라 부담·인수하여야 할 권리 등 사항
  ㉢ **확인·설명서의 보관**: 개업공인중개사는 위임계약을 체결한 경우 확인·설명서를 작성하여 서명·날인(공인중개사법에 의해 등록한 인장 사용)한 후 위임인에게 교부하고, 그 사본을 사건카드에 철하여 5년간 보존하여야 한다.

④ **질서유지의무**: 개업공인중개사는 매각절차의 적정과 매각장소의 질서유지를 위하여 「민사집행법」의 규정 및 집행관의 조치에 따라야 한다.

⑤ **신고의무**: 개업공인중개사는 다음의 어느 하나에 해당하는 경우에는 그 사유가 발생한 날부터 10일 이내에 지방법원장에게 그 사실을 신고하여야 한다.

> ㉠ 중개사무소를 이전한 경우
> ㉡ 중개업을 휴업 또는 폐업한 경우
> ㉢ 공인중개사 자격이 취소된 경우
> ㉣ 공인중개사 자격이 정지된 경우
> ㉤ 중개사무소 개설등록이 취소된 경우
> ㉥ 중개업무가 정지된 경우
> ㉦ 분사무소를 설치한 경우

(2) 금지행위

개업공인중개사는 다음의 행위를 하여서는 아니 된다.

> ① 이중으로 매수신청대리인 등록신청을 하는 행위
> ② 매수신청대리인이 된 사건에 있어서 매수신청인으로서 매수신청을 하는 행위
> ③ 동일 부동산에 대하여 이해관계가 다른 2인 이상의 대리인이 되는 행위
> ④ 명의대여를 하거나 등록증을 대여 또는 양도하는 행위
> ⑤ 다른 개업공인중개사의 명의를 사용하는 행위
> ⑥ 「형법」 제315조에 규정된 경매·입찰방해죄에 해당하는 행위
> ⑦ 사건카드 또는 확인·설명서에 허위기재하거나 필수적 기재사항을 누락하는 행위
> ⑧ 그 밖에 다른 법령에 따라 금지되는 행위

6. 지도 및 감독

(1) 감독상의 명령 등

① **감독상의 명령**

㉠ 지방법원장 또는 감독사무를 수탁받아 감독의 사무를 행하는 지원장은 매수신청대리인 등록을 한 개업공인중개사에게 매수신청대리업무에 관한 사항에 대하여 보고하게 하거나 자료의 제출 그 밖에 필요한 명령을 할 수 있고, 소속공무원으로 하여금 중개사무소에 출입하여 장부·서류 등을 조사 또는 검사하게 할 수 있다.

㉡ 지방법원장의 위탁규정에 따라 감독의 사무를 행하는 협회의 시·도지부는 중개사무소 출입·조사 또는 검사를 할 수 있다.

② **조사권한증명서의 제시**
　㉠ 중개사무소에 출입하여 장부·서류 등을 조사하는 공무원은 공무원증과 매수신청대리업무 조사권한증명서를 지니고 상대방에게 이를 내보여야 한다.
　㉡ 업무위탁규정에 따라 중개사무소에 출입하여 장부·서류 등을 조사하는 자는 신분증과 협회의 시·도지부 대표자가 발급한 조사권한증명서를 지니고 상대방에게 이를 내보여야 한다.

(2) 등록취소

① **절대적 등록취소**: 지방법원장은 다음의 어느 하나에 해당하는 경우에는 매수신청대리인 등록을 취소하여야 한다.

> ㉠ 「공인중개사법」 규정에 따른 결격사유에 해당하는 경우
> ㉡ 「공인중개사법」 또는 이 규칙 규정에 따라 폐업신고를 한 경우
> ㉢ 「공인중개사법」 규정에 따라 공인중개사 자격이 취소된 경우
> ㉣ 「공인중개사법」 규정에 따라 중개사무소 개설등록이 취소된 경우
> ㉤ 등록 당시 매수신청대리인 등록요건을 갖추지 않았던 경우
> ㉥ 등록 당시 매수신청대리인 등록의 결격사유가 있었던 경우

② **상대적 등록취소**: 지방법원장은 다음의 어느 하나에 해당하는 경우에는 매수신청대리인 등록을 취소할 수 있다.

> ㉠ 매수신청대리인 등록 후 등록요건을 갖추지 못하게 된 경우
> ㉡ 매수신청대리인 등록 후 결격사유가 있게 된 경우
> ㉢ 사건카드를 작성하지 아니하거나 보존하지 아니한 경우
> ㉣ 확인·설명서를 교부하지 아니하거나 보존하지 아니한 경우
> ㉤ 보수 이외의 명목으로 돈 또는 물건을 받은 경우, 예규에서 정한 보수를 초과하여 받은 경우, 보수의 영수증을 교부하지 아니한 경우
> ㉥ 비밀준수의무규정을 위반한 경우
> ㉦ 매각절차의 적정과 매각장소의 질서유지를 위하여 「민사집행법」의 규정 및 집행관의 조치에 따라야 한다는 규정을 위반한 경우
> ㉧ 개업공인중개사가 금지행위에 해당하는 행위를 한 경우
> ㉨ 감독상의 명령이나 중개사무소의 출입, 조사 또는 검사에 대하여 기피, 거부 또는 방해하거나 거짓으로 보고 또는 제출한 경우
> ㉩ 최근 1년 이내에 이 규칙에 따라 2회 이상 업무정지처분을 받고 다시 업무정지처분에 해당하는 행위를 한 경우

(3) 업무정지

① **절대적 업무정지**: 지방법원장은 개업공인중개사(이 경우 분사무소를 포함한다)가 다음의 어느 하나에 해당하는 경우에는 그 기간을 정하여 매수신청대리업무를 정지하는 처분을 하여야 한다.

> ㉠ 「공인중개사법」 또는 이 규칙 규정에 따라 휴업하였을 경우
> ㉡ 「공인중개사법」 규정에 위반하여 공인중개사 자격을 정지당한 경우
> ㉢ 「공인중개사법」 규정에 위반하여 업무의 정지를 당한 경우
> ㉣ 상대적 등록취소사유에 해당하는 경우
>   ⓐ 매수신청대리인 등록 후 등록요건을 갖추지 못하게 된 경우
>   ⓑ 매수신청대리인 등록 후 결격사유가 있게 된 경우
>   ⓒ 사건카드를 작성하지 아니하거나 보존하지 아니한 경우
>   ⓓ 확인·설명서를 교부하지 아니하거나 보존하지 아니한 경우
>   ⓔ 보수 이외의 명목으로 돈 또는 물건을 받은 경우, 예규에서 정한 보수를 초과하여 받은 경우, 보수의 영수증을 교부하지 아니한 경우
>   ⓕ 비밀준수의무규정을 위반한 경우
>   ⓖ 매각절차의 적정과 매각장소의 질서유지를 위하여 「민사집행법」의 규정 및 집행관의 조치에 따라야 한다는 규정을 위반한 경우
>   ⓗ 개업공인중개사가 금지행위에 해당하는 행위를 한 경우
>   ⓘ 최근 1년 이내에 이 규칙에 따라 2회 이상 업무정지처분을 받고 다시 업무정지처분에 해당하는 행위를 한 경우

② **상대적 업무정지**: 지방법원장은 매수신청대리인 등록을 한 개업공인중개사(이 경우 분사무소를 포함한다)가 다음의 어느 하나에 해당하는 경우에는 그 기간을 정하여 매수신청대리업무의 정지를 명할 수 있다.

> ㉠ 경매를 방해한 경우, 즉 다른 사람의 매수신청을 방해하거나 부당하게 다른 사람과 담합 또는 매각의 적정한 실시를 방해하거나, 이러한 행위를 교사하는 경우
> ㉡ 등록증 등을 게시하지 아니한 경우
> ㉢ 매수신청대리 사건카드, 매수신청대상물 확인·설명서, 보수 영수증에 「공인중개사법」의 규정에 따라 등록한 인장으로 날인하지 아니한 경우
> ㉣ 사무소 이전 등의 신고를 하지 아니한 경우
> ㉤ 감독상의 명령이나 중개사무소의 출입, 조사 또는 검사에 대하여 기피, 거부 또는 방해하거나 거짓으로 보고 또는 제출한 경우
> ㉥ 사무소의 명칭이나 간판에 고유한 지명 등 법원행정처장이 인정하는 특별한 경우를 제외하고는 '법원'의 명칭이나 휘장 등을 표시하여서는 아니 된다는 규정을 위반하여 '법원'의 명칭이나 휘장 등을 표시하였을 경우
> ㉦ 그 밖에 이 규칙에 따른 명령이나 처분에 위반한 경우

(4) 행정처분(등록취소, 업무정지) 후의 조치

① **서면통지**: 지방법원장은 매수신청대리인 등록을 한 개업공인중개사에 대하여 등록취소, 업무정지의 처분을 할 경우에는 위반행위를 조사·확인한 후 위반사실, 징계처분의 내용과 그 기간 등을 서면으로 명시하여 통지하여야 한다.

② **의견진술**: 지방법원장은 등록취소, 업무정지처분을 하고자 하는 때에는 10일 이상의 기간을 정하여 개업공인중개사에게 구술 또는 서면(전자문서를 포함)에 의한 의견진술의 기회를 주어야 한다. 이 경우 지정된 기일까지 의견진술이 없는 때에는 의견이 없는 것으로 본다.

③ **행정처분관리대장의 기재 및 보존**: 지방법원장은 등록취소 또는 업무정지처분을 한 때에는 등록취소·업무정지 관리대장(별지 제13호 양식)에 기재하여 5년간 보존하여야 한다.

④ **등록증의 반납 및 업무정지기간**
  ㉠ 등록취소처분을 받은 개업공인중개사는 처분을 받은 날부터 7일 이내에 관할 지방법원장에게 등록증을 반납하여야 한다.
  ㉡ 중개사무소의 개설등록이 취소된 경우로서 개인인 개업공인중개사가 사망한 경우에는 그 개업공인중개사와 세대를 같이 하고 있는 자, 법인인 개업공인중개사가 해산한 경우에는 법인의 대표자 또는 임원이었던 자가 등록취소처분을 받은 날부터 7일 이내에 등록증을 관할 지방법원장에게 반납하여야 한다.
  ㉢ 업무정지기간은 1개월 이상 2년 이하로 한다.

7. 명칭의 표시 등

(1) 법원의 명칭 등 표시금지
매수신청대리인 등록을 한 개업공인중개사는 그 사무소의 명칭이나 간판에 고유한 지명 등 법원행정처장이 인정하는 특별한 경우를 제외하고는 '법원'의 명칭이나 휘장 등을 표시하여서는 아니 된다.

(2) 행정처분 시 표시의무
개업공인중개사는 매수신청대리인 등록이 취소된 때에는 사무실 내·외부에 매수신청대리 업무에 관한 표시 등을 제거하여야 하며, 업무정지처분을 받은 때에는 업무정지 사실을 중개사사무소의 출입문에 표시하여야 한다.

SUBJECT 2

부동산공법

- PART 1 국토의 계획 및 이용에 관한 법률
- PART 2 도시개발법
- PART 3 도시 및 주거환경정비법
- PART 4 건축법
- PART 5 주택법
- PART 6 농지법

오리엔테이션 #2차 시험 #1교시 제2과목 #50분, 40문제

- 6가지 법률로 구성
- 행정청(국가, 지방자치단체)과 국민과의 관계를 규율하는 규제법
- 토지를 계획·개발하는 내용과 관리·정비하는 내용을 다루는 토지에 대한 규제법
- 건축물과 주택 등을 각 용도에 맞게 건축하고 관리 및 공급하는 방법을 다루는 건축물에 대한 규제법

TIP 과락(40점)을 면하는 전략적 학습, 용어와 핵심개념 파악, 절차에 대한 체계 학습, 용어&숫자 암기

부동산공법 기초다지기

1 부동산공법의 출제범위

부동산공법이란 부동산의 행정절차에 관한 모든 법률을 총칭하는 것이며, 특히 공인중개사 시험에서의 부동산공법은 일반적인 부동산공법에 관한 법률 중 총 6개의 법률(국토의 계획 및 이용에 관한 법률, 도시개발법, 도시 및 주거환경정비법, 건축법, 주택법, 농지법)만을 그 범위로 정하는 것을 말한다.

시험 법률	특징	출제문항 수
「국토의 계획 및 이용에 관한 법률」	국토의 이용·개발 및 보전을 위한 계획의 수립 및 집행 등에 관하여 필요한 사항을 정한 법	12문제
「도시개발법」	신도시개발과 관련된 법	6문제
「도시 및 주거환경정비법」	주거환경개선사업, 재개발사업, 재건축사업과 관련된 법	6문제
「건축법」	건축물의 건축 등과 관련된 법	7문제
「주택법」	주택의 건설, 공급 등에 관한 법	7문제
「농지법」	농지의 소유, 이용, 보전에 관한 법	2문제

▪ 부동산 및 공법(公法)의 정의

- **부동산**: 우리나라 「민법」 제99조 제1항은 "토지 및 그 정착물은 부동산이다."라고 정의하고 있다.
- **공법(公法)**: 행정법을 살펴보면 '국가적·지배적·윤리적·타율적·공익적 규율에 관한 법'을 말한다(통설).

2 부동산공법의 특성

1. 정의

> 부동산공법이란 부동산에 관한 법으로 주로 협의의 부동산을 대상으로 부동산정책의 각 분야의 내용을 다루고 있는 법으로서 행정법의 내용과 원리를 중심으로 구성되어 있는 법이다.

① 부동산공법이란 부동산에 관한 공법적 규율 ⇨ 부동산에 관하여 규율을 가함
② 부동산에 대한 사권행사를 국가 등이 공익목적으로 개입하여 이를 규제·제한하는 법

- **사법**: 개인과 개인 상호간의 수평적 법률관계 규율
  ⇨ 사익보호를 목적으로 제정(민법)
- **공법**: 국가적 행정주체와 개인을 모두 규율
  ⇨ 공익보호를 목적으로 제정(헌법, 행정법)

2. 비구속적 행정계획 vs 구속적 행정계획

조건	비구속적 행정계획	구속적 행정계획
주체	행정관청(○) / 일반국민(×)	행정관청(○) / 일반국민(○)
행정쟁송 대상 여부	행정쟁송 제기 불가	행정쟁송의 대상이 됨
법적 성격	행정규칙, 행정명령 (일면적, 내부 구속적 계획)	행정처분, 행정행위의 성격 (양면적, 대내외적 구속력)
주민의 의견청취	공청회 ⇨ 간접 청취	공람·열람 ⇨ 직접 청취
절차	수립 ⇨ 승인	입안 ⇨ 결정
종류	광역도시계획, 도시·군기본계획	도시·군관리계획

➕ 행정계획: 행정청이 수립하는 계획으로 행정청은 수립의무가 있다(구속성 有).

부동산공법 기초다지기

3 법의 분류

1. 법의 체계

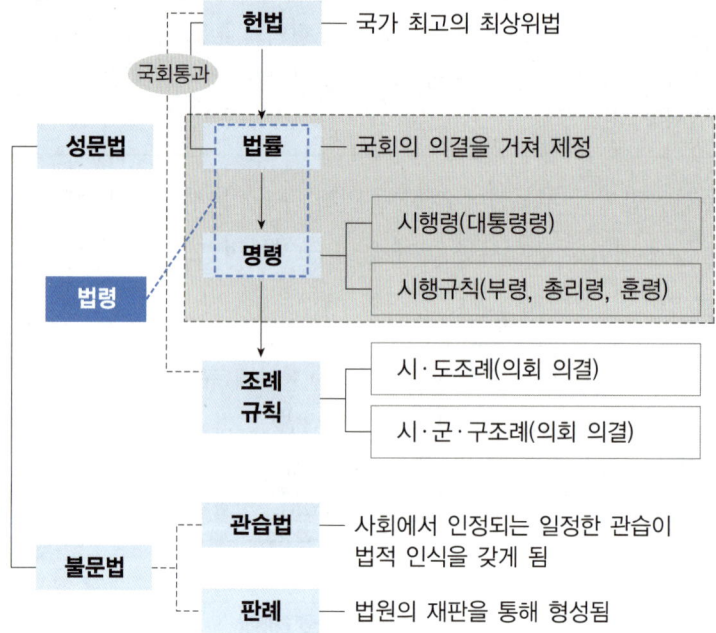

「주택법」 제1장 총칙	「주택법 시행령」 (대통령령) 제1장 총칙	「주택법 시행규칙」 (국토교통부령) 제1장 총칙
제1조(목적) 이 법은 … 목적으로 한다. 제2조(정의) 1. '주택'이란 … 구분한다. 2. '단독주택'이란 …, 그 종류와 범위는 대통령령으로 정한다. 6. '국민주택규모'란 … 주거전용면적의 산정방법은 국토교통부령으로 정한다. ⋮ 제8조 ① 국토교통부장관은 … 1. 거짓이나 … 6. 다음 각 목의 어느 하나에 … 가. 「건설기술 진흥법」 …	제1조(목적) 이 영은 「주택법」에서 위임된 사항과 그 시행에 필요한 사항을 규정함을 목적으로 한다. 제2조(단독주택의 종류와 범위) 「주택법」 제2조 제2호에 따른 단독주택의 종류와 범위는 다음 각 호와 같다. 1. 단독주택 2. 다중주택 3. 다가구주택 제3조 … 제4조 … 제5조 …	제1조(목적) 이 규칙은 「주택법」 및 같은 법 시행령에서 위임된 사항과 그 시행에 관하여 필요한 사항을 규정함을 목적으로 한다. 제2조(주거전용면적의 산정방법) 「주택법」 제2조 제6호 후단에 따른 주거전용면적의 산정방법은 다음 각 호의 기준에 따른다. 1. 단독주택의 경우 : … 2. 공동주택의 경우 : … 제3조 ① 주택법 시행령 제5조 제1항 제1호에서 … 제4조 …

2. 입법절차

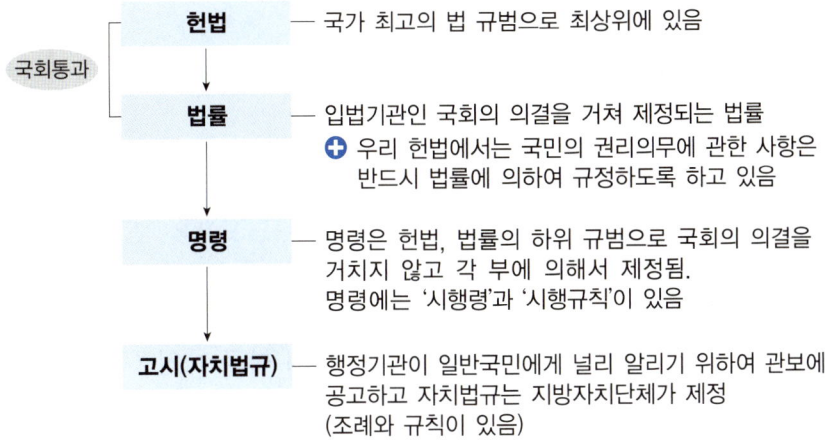

3. 법률용어

이상, 이하, 초과, 미만	• 일정 수량을 기준으로 삼아 그 기준점을 포함해 그것보다 수량이 많은 경우에는 '이상'을 사용하고, 그것보다 수량이 적은 경우에는 '이하'를 사용 • 기준점이 되는 일정 수량을 포함하지 않으면서 그것보다 많은 경우에는 '초과'를 사용하고, 그것보다 수량이 적은 경우에는 '미만'을 사용
이전, 이후, 이내, 전, 후, 내	• 시간적인 기준점, 즉 어느 기준시점의 전후를 나타내고자 할 때 사용 • 기준이 되는 시점을 포함하여 그 전 또는 후의 시간적인 범위를 나타낼 때 '이전, 이후, 이내'를 사용하고, 그 기준시점을 포함하지 않으면서 시간적인 범위를 나타낼 때 '전, 후, 내'를 사용 예 5월 1일 전 ⇨ 5월 1일을 포함하지 않고 그 전의 시간적 범위 　　5월 1일 이전 ⇨ 5월 1일을 포함한 그 전의 시간적 범위 　　※ 결국, '5월 1일 전'과 '4월 30일 이전'은 같은 시간적 범위를 나타냄
~와, 및	• '~와'는 단어가 2개 나열될 때 사용하며, 3개 이상 나열될 때는 처음 것부터 그 다음 것들을 쉼표로 연결하고 마지막 것을 '~와'로 연결 • 병합적 접속사인 '및'은 단어를 2개 이상 병합적으로 연결할 때 사용하는데, 3개 이상 연결하면서 같은 뜻을 서술할 경우엔 쉼표(,) 또는 중간점(·)으로 연결하고 마지막 것을 '및'으로 연결
또는, 혹은	선택적 접속사인 '또는'과 '혹은'은 'A나 B'처럼 선택을 나타내며, 단어가 2개 있을 경우 '또는'과 '혹은'을 사용하고, 3개 이상 있을 경우에는 처음 것을 쉼표로 연결하고 마지막 것을 '또는'과 '혹은'으로 연결
준용(準用)한다	어떤 사항에 관한 유사한 내용의 조문을 되풀이하지 않으면서 그 조문에 필요한 사항만 변경을 가하여 적용하는 것으로, 법규의 간결에 기함

부동산공법 기초다지기

4 공공시행자

(1) 국가나 지방자치단체

(2) 대통령령으로 정하는 공공기관
　① 「한국토지주택공사법」에 따른 한국토지주택공사
　② 「한국수자원공사법」에 따른 한국수자원공사
　③ 「한국농어촌공사 및 농지관리기금법」에 따른 한국농어촌공사
　④ 「한국관광공사법」에 따른 한국관광공사
　⑤ 「한국철도공사법」에 따른 한국철도공사
　⑥ 「혁신도시 조성 및 발전에 관한 특별법」에 따른 매입공공기관
　⑦ 「한국공항공사법」에 따른 한국공항공사

(3) 대통령령으로 정하는 정부출연기관
　① 「국가철도공단법」에 따른 국가철도공단
　② 「제주특별자치도 설치 및 국제자유도시 조성을 위한 특별법」에 따른 제주국제자유도시개발센터

(4) 「지방공기업법」에 따라 설립된 지방공사

5 행정조직구성 체계도

공법체계잡기 01 　행정조직구성 체계도

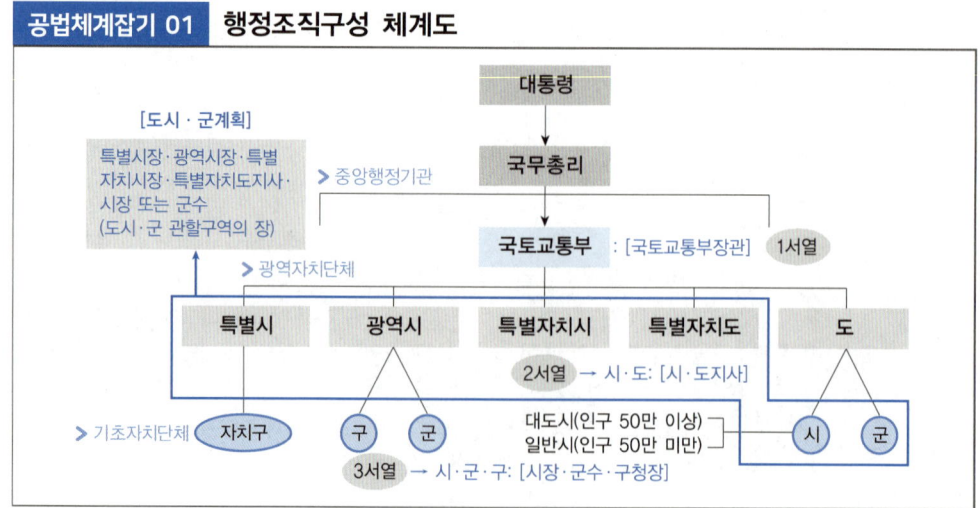

PART 1 **국토의 계획 및 이용에 관한 법률**

부동산공법 중 토지이용규제를 위한 행정계획의 수립과 토지이용행위를 규제하는 내용으로 구성된 법률로 총 40문제 중 12문제가 출제됩니다. 부동산공법 중 가장 중요한 법률로서 다른 법들을 이해하기 위해서는 선행적으로 학습이 이루어져야 하는 법률이기도 합니다.

Chapter 01 총칙

📍 **학습포인트** 용어의 정의를 정리한다.

1 제정 목적

「국토의 계획 및 이용에 관한 법률」은 국토의 이용·개발과 보전을 위한 계획의 수립 및 집행 등에 필요한 사항을 정하여 공공복리를 증진시키고 국민의 삶의 질을 향상시키는 것을 목적으로 한다.

공법체계잡기 02 국토계획법의 국토계획 및 이용(개발) 체계도

```
                    국가계획 : 국토교통부장관(국장)
                       ↓
         국토      광역도시계획
         계획         ↓
                    도시·군계획 ─── 도시·군기본계획
                                ─── 도시·군관리계획
                    결정권자: [국토교통부장관, 시·도지사, 대도시 시장]
```

- **용** 도지역·용도지구의 지정 또는 변경에 관한 계획
- **용** 도구역[개발·도·수·시·입·복합·혁신구역]의 지정 또는 변경에 관한 계획
- **지** 구단위계획구역의 지정 또는 변경에 관한 계획과 지구단위계획
  - 결정권자: [국토교통부장관, 시·도지사, 시장 또는 군수]
- **기** 반시설의 설치·정비 또는 개량에 관한 계획
- **도** 시개발사업이나 정비사업에 관한 계획

```
         이용     공적 개발 ──인가→ 도시·군계획사업 ─── 도시·군계획시설사업 : 국토계획법
        (개발)                                    ─── 도시개발사업 : 도시개발법
                                                ─── 정비사업 : 도시정비법
                 사적 개발 ──허가→ 개발행위 등 ─── 성장관리계획구역
                                              ─── 개발밀도관리구역
                                              ─── 기반시설부담구역
```

2 국토의 용도구분 체계도

공법체계잡기 03 국토계획법의 용도지역·용도지구·용도구역 체계도

```
용도지역
├─ 도 시지역
│   ├─ 주 거지역
│   ├─ 상 업지역
│   ├─ 공 업지역
│   └─ 녹 지지역
│       ├─ 보 전녹지
│       ├─ 생 산녹지
│       └─ 자 연녹지
├─ 관 리지역
│   ├─ 보 전관리
│   ├─ 생 산관리
│   └─ 계 획관리
├─ 농 림지역
└─ 자 연환경보전지역

용도지구
├─ 방 재 지구
├─ 취 락지구
├─ 개 발진흥지구
├─ 보 호지구
├─ 경 관지구
├─ 특 정용도제한지구
├─ 고 도지구
├─ 방 화지구
└─ 복 합용도지구

용도구역
├─ 개 발제한구역
│   ※ 결정권자: [국장]
├─ 도 시자연공원구역
│   :[시·도지사, 대도시 시장]
├─ 수 산자원보호구역
│   :[해양수산부장관]
├─ 시 가화조정구역
│   :[시·도지사, 국장]
├─ 도시·군계획시설
│   입 체복합구역
│   :[국장, 시·도지사, 대도시 시장]
├─ 복 합 용도구역
│   :[공간재구조화 결정권자]
└─ 도시 혁 신 구 역
    :[공간재구조화 결정권자]
```

3 용어의 정의

1. 계획에 관한 용어

(1) 국가계획

중앙행정기관이 법률에 따라 수립하거나 국가의 정책적인 목적을 이루기 위하여 수립하는 계획 중 도시·군기본계획의 내용(법 제19조 제1항 제1호부터 제9호)이나 도시·군관리계획으로 결정하여야 할 사항이 포함된 계획을 말한다.

(2) 광역도시계획

광역계획권의 장기발전방향을 제시하는 계획을 말한다.

(3) 도시·군계획

특별시·광역시·특별자치시·특별자치도·시 또는 군(광역시의 관할 구역에 있는 군은 제외)의 관할 구역에 대하여 수립하는 공간구조와 발전방향에 대한 계획으로서 도시·군기본계획과 도시·군관리계획으로 구분한다.

(4) 도시·군기본계획

특별시·광역시·특별자치시·특별자치도·시 또는 군의 관할 구역 및 생활권에 대하여 기본적인 공간구조와 장기발전방향을 제시하는 종합계획으로서 도시·군관리계획 수립의 지침이 되는 계획을 말한다.

(5) 도시·군관리계획

특별시·광역시·특별자치시·특별자치도·시 또는 군의 개발·정비 및 보전을 위하여 수립하는 토지 이용, 교통, 환경, 경관, 안전, 산업, 정보통신, 보건, 복지, 안보, 문화 등에 관한 다음의 계획을 말한다.

① 용도지역·용도지구의 지정 또는 변경에 관한 계획
② 개발제한구역, 도시자연공원구역, 시가화조정구역, 수산자원보호구역의 지정 또는 변경에 관한 계획
③ 지구단위계획구역의 지정 또는 변경에 관한 계획과 지구단위계획
④ 기반시설의 설치·정비 또는 개량에 관한 계획
⑤ 도시개발사업이나 정비사업에 관한 계획
⑥ 도시혁신구역의 지정 또는 변경에 관한 계획과 도시혁신계획
⑦ 복합용도구역의 지정 또는 변경에 관한 계획과 복합용도계획
⑧ 도시·군계획시설입체복합구역의 지정 또는 변경에 관한 계획

(6) 용도지역

토지의 이용 및 건축물의 용도·**건폐율***·**용적률***·높이 등을 제한함으로써 토지를 경제적·효율적으로 이용하고 공공복리의 증진을 도모하기 위하여 서로 중복되지 아니하게 도시·군관리계획으로 결정하는 지역을 말한다.

> **용어 정리**
>
> *건폐율
> 건축밀도를 나타내는 대표적인 지표의 하나로서 「건축법」에서는 대지면적에 대한 건축면적의 비율로 정의하고 있다.
>
> *용적률
> 대지면적에 대한 건축물 연면적의 비율을 말한다. 연면적은 하나의 건축물 각 층의 바닥면적 합계이다.

① **용도지구**: 토지의 이용 및 건축물의 용도·건폐율·용적률·높이 등에 대한 용도지역의 제한을 강화하거나 완화하여 적용함으로써 용도지역의 기능을 증진시키고 경관·안전 등을 도모하기 위하여 도시·군관리계획으로 결정하는 지역을 말한다.

② **용도구역**: 토지의 이용 및 건축물의 용도·건폐율·용적률·높이 등에 대한 용도지역 및 용도지구의 제한을 강화하거나 완화하여 따로 정함으로써 시가지의 무질서한 확산방지, 계획적이고 단계적인 토지 이용의 도모, 혁신적이고 복합적인 토지 활용의 촉진, 토지 이용의 종합적 조정·관리 등을 위하여 도시·군관리계획으로 결정하는 지역을 말한다.

(7) 공간재구조화계획

토지의 이용 및 건축물이나 그 밖의 시설의 용도·건폐율·용적률·높이 등을 완화하는 용도구역의 효율적이고 계획적인 관리를 위하여 수립하는 계획을 말한다.

(8) 도시혁신계획

창의적이고 혁신적인 도시공간의 개발을 목적으로 도시혁신구역에서의 토지의 이용 및 건축물의 용도·건폐율·용적률·높이 등의 제한에 관한 사항을 따로 정하기 위하여 공간재구조화계획으로 결정하는 도시·군관리계획을 말한다.

(9) 복합용도계획

주거·상업·산업·교육·문화·의료 등 다양한 도시기능이 융복합된 공간의 조성을 목적으로 복합용도구역에서의 건축물의 용도별 구성비율 및 건폐율·용적률·높이 등의 제한에 관한 사항을 따로 정하기 위하여 공간재구조화계획으로 결정하는 도시·군관리계획을 말한다.

(10) 지구단위계획

도시·군계획 수립 대상지역의 일부에 대하여 토지 이용을 합리화하고 그 기능을 증진시키며 미관을 개선하고 양호한 환경을 확보하며, 그 지역을 체계적·계획적으로 관리하기 위하여 수립하는 도시·군관리계획을 말한다.

(11) 성장관리계획

성장관리계획구역에서의 난개발을 방지하고 계획적인 개발을 유도하기 위하여 수립하는 계획을 말한다.

2. 이용(개발)에 관한 용어

(1) 기반시설

시설	내용
유통·공급시설	유통업무설비, 수도·전기·가스·열공급설비, 방송·통신시설, **공동구*** · 시장, 유류저장 및 송유설비
방재시설	하천·유수지·저수지·방화설비·방풍설비·방수설비·사방설비·방조설비
보건위생시설	장사시설·도축장·종합의료시설
교통시설	도로·철도·항만·공항·주차장·자동차정류장·궤도·차량 검사 및 면허시설
환경기초시설	하수도·폐기물처리 및 재활용시설·빗물저장 및 이용시설·수질오염방지시설·폐차장
공공·문화체육시설	학교·공공청사·문화시설·공공필요성이 인정되는 체육시설·연구시설·사회복지시설·공공직업훈련시설·청소년수련시설
공간시설	광장·공원·녹지·유원지·공공공지

> **용어 정리**
>
> ***공동구**
> 전기·가스·수도 등의 공급설비, 통신시설, 하수도시설 등 지하매설물을 공동 수용함으로써 미관의 개선, 도로구조의 보전 및 교통의 원활한 소통을 위하여 지하에 설치하는 시설물을 말한다.

■ 기반시설 중 세부항목의 분류

도로	① 일반도로	② 자동차전용도로	③ 보행자전용도로
	④ 보행자우선도로	⑤ 자전거전용도로	⑥ 고가도로
	⑦ 지하도로		
자동차정류장	① 여객자동차터미널	② 물류터미널	③ 공영차고지
	④ 공동차고지	⑤ 화물자동차 휴게소	⑥ 복합환승센터
	⑦ 환승센터		
광장	① 교통광장	② 일반광장	③ 경관광장
	④ 지하광장	⑤ 건축물부설광장	

(2) 광역시설

기반시설 중 광역적인 정비체계가 필요한 다음의 시설을 말한다.

둘 이상의 특별시·광역시·특별자치시·특별자치도·시 또는 군의 관할 구역에 걸쳐 있는 시설	도로·철도·광장·녹지, 수도·전기·가스·열공급설비, 방송·통신시설, 공동구, 유류저장 및 송유설비, 하천·하수도(하수종말처리시설은 제외)
둘 이상의 특별시·광역시·특별자치시·특별자치도·시 또는 군이 공동으로 이용하는 시설	항만·공항·자동차정류장·공원·유원지·유통업무설비·문화시설·공공필요성이 인정되는 체육시설·사회복지시설·공공직업훈련시설·청소년수련시설·유수지·장사시설·도축장·하수도(하수종말처리시설에 한함)·폐기물처리 및 재활용시설·수질오염방지시설·폐차장

(3) 도시·군계획사업

도시·군관리계획을 시행하기 위한 사업으로서 도시·군계획시설사업,「도시개발법」에 따른 도시개발사업 및「도시 및 주거환경정비법」에 따른 정비사업을 말한다.

① **도시·군계획시설**: 기반시설 중 도시·군관리계획으로 결정된 시설을 말한다.
② **도시·군계획시설사업**: 도시·군계획시설을 설치·정비 또는 개량하는 사업을 말한다.

(4) 개발행위

① **개발밀도관리구역**: 개발로 인하여 기반시설이 부족할 것으로 예상되나 기반시설을 설치하기 곤란한 지역을 대상으로 건폐율이나 용적률을 강화하여 적용하기 위하여 지정하는 구역을 말한다.
② **기반시설부담구역**: 개발밀도관리구역 외의 지역으로서 개발로 인하여 도로, 공원, 녹지 등 대통령령으로 정하는 기반시설의 설치가 필요한 지역을 대상으로 기반시설을 설치하거나 그에 필요한 용지를 확보하게 하기 위하여 지정·고시하는 구역을 말한다.

4 계획의 우선순위

국가계획	광역도시계획 및 도시·군계획은 국가계획에 부합되어야 하며, 광역도시계획 또는 도시·군계획의 내용이 국가계획의 내용과 다를 때에는 국가계획의 내용이 우선한다. 이 경우 국가계획을 수립하려는 중앙행정기관의 장은 미리 지방자치단체의 장의 의견을 듣고 충분히 협의하여야 한다.
광역도시계획	광역도시계획이 수립되어 있는 지역에 대하여 수립하는 도시·군기본계획은 그 광역도시계획에 부합되어야 하며, 도시·군기본계획의 내용이 광역도시계획의 내용과 다를 때에는 광역도시계획의 내용이 우선한다.

Chapter 02 광역도시계획

📍 **학습포인트** 광역도시계획의 수립권자를 정리한다.

1 광역도시계획의 체계도

공법체계잡기 04 국토계획법의 광역도시계획 체계도

```
                [수립절차]                    [승인절차]         열람:
                                                              (30)일
광역계획권 → 기초 → 공청회 → 지방의회 → 수립 → 협의 → 심의 → 승인 → 공고
  지정      조사    개최    의견청취
```

┌ 관할 구역 다르면 → [국장]   ┌ 둘 이상 시·도 걸침 → [시·도지사 공동] ────→ [국장]
└ 같은 도 관할 구역 → [도지사]   │   《(3)년 이내 신청》
                                    ├ 같은 도 관할 구역 → [시장·군수 공동] ────→ [도지사]
                                    ├ 시·도지사 3년 초과 승인신청 × → [국장 직접]
                                    ├ 시장·군수 3년 초과 승인신청 × → [도지사 직접] → [국장]
                                    ├ 시·도지사 요청 → [국장 + 시·도지사 공동]
                                    ├ 시장·군수 요청 → [도지사 + 시장·군수 공동] → [도지사]
                                    ├ 시장·군수 협의 요청 → [도지사 단독]
                                    └ 국가계획 / 수립기준 → [국장] ────────→ [국장]

※ 수립권자: [국장, 시·도지사, 시장 또는 군수]

2 광역계획권의 지정

(1) 지정 목적

① 둘 이상의 특별시·광역시·특별자치시·특별자치도·시 또는 군의 공간구조 및 기능을 상호 연계시키고 환경을 보전하며 광역시설을 체계적으로 정비하기 위하여 필요한 경우에 지정할 수 있다.

② 인접한 둘 이상의 특별시·광역시·특별자치시·특별자치도·시 또는 군의 관할 구역 전부 또는 일부를 광역계획권으로 지정할 수 있다.

(2) 지정권자

① **국토교통부장관**: 광역계획권이 둘 이상의 특별시·광역시·특별자치시·도 또는 특별자치도(이하 '시·도')의 관할 구역에 걸쳐 있는 경우
② **도지사**: 광역계획권이 도의 관할 구역에 속하여 있는 경우

(3) 지정절차

① **지정요청**: 중앙행정기관의 장, 특별시장·광역시장·특별자치시장·도지사·특별자치도지사(이하 '시·도지사'), 시장 또는 군수는 국토교통부장관이나 도지사에게 광역계획권의 지정 또는 변경을 요청할 수 있다.
② **의견청취·심의**
  ㉠ 국토교통부장관은 광역계획권을 지정하거나 변경하려면 관계 시·도지사, 시장 또는 군수의 의견을 들은 후 중앙도시계획위원회의 심의를 거쳐야 한다.
  ㉡ 도지사가 광역계획권을 지정하거나 변경하려면 관계 중앙행정기관의 장, 관계 시·도지사, 시장 또는 군수의 의견을 들은 후 지방도시계획위원회의 심의를 거쳐야 한다.
③ **통보**: 국토교통부장관 또는 도지사는 광역계획권을 지정하거나 변경하면 지체 없이 관계 시·도지사, 시장 또는 군수에게 그 사실을 통보하여야 한다.

3 광역도시계획의 수립

(1) 수립권자

수립권자	내용
시장 또는 군수 공동	광역계획권이 같은 도의 관할 구역에 속하여 있는 경우
관할 시·도지사 공동	광역계획권이 둘 이상의 시·도의 관할 구역에 걸쳐 있는 경우
관할 도지사	① 광역계획권을 지정한 날부터 3년이 지날 때까지 관할 시장 또는 군수로부터 광역도시계획의 승인 신청이 없는 경우 ② 시장 또는 군수가 협의를 거쳐 요청하는 경우
국토교통부장관	① 국가계획과 관련된 광역도시계획의 수립이 필요한 경우 ② 광역계획권을 지정한 날부터 3년이 지날 때까지 관할 시·도지사로부터 광역도시계획에 대하여 승인 신청이 없는 경우
국토교통부장관과 시·도지사가 공동	① 시·도지사의 요청이 있는 경우 ② 그 밖에 필요하다고 인정되는 경우
도지사와 시장 또는 군수가 공동	① 시장 또는 군수가 요청하는 경우 ② 그 밖에 필요하다고 인정하는 경우

(2) 광역도시계획의 수립절차

① **수립기준**: 광역도시계획의 수립기준은 대통령령으로 정하는 바에 따라 국토교통부장관이 정한다.

② **기초조사**: 국토교통부장관, 시·도지사, 시장 또는 군수는 광역도시계획을 수립하거나 변경하려면 미리 인구, 경제, 사회, 문화, 토지 이용, 환경, 교통, 주택, 그 밖에 대통령령으로 정하는 사항 중 그 광역도시계획의 수립 또는 변경에 필요한 사항을 대통령령으로 정하는 바에 따라 조사하거나 측량(이하 '기초조사')하여야 한다.

③ **공청회의 개최**: 국토교통부장관, 시·도지사, 시장 또는 군수는 광역도시계획을 수립하거나 변경하려면 미리 공청회를 열어 주민과 관계 전문가 등으로부터 의견을 들어야 하며, 공청회에서 제시된 의견이 타당하다고 인정하면 광역도시계획에 반영하여야 한다.

④ **지방의회의 의견청취**
   ㉠ 시·도지사, 시장 또는 군수 수립 시: 시·도지사, 시장 또는 군수는 광역도시계획을 수립하거나 변경하려면 미리 관계 시·도, 시 또는 군의 의회와 관계 시장 또는 군수의 의견을 들어야 한다.
   ㉡ 국토교통부장관 수립 시: 국토교통부장관은 광역도시계획을 수립하거나 변경하려면 관계 시·도지사에게 광역도시계획안을 송부하여야 하며, 관계 시·도지사는 그 광역도시계획안에 대하여 해당 시·도의 의회와 관계 시장 또는 군수의 의견을 들은 후 그 결과를 국토교통부장관에게 제출하여야 한다.

(3) 광역도시계획의 승인절차

① **협의·심의**
   ㉠ 국토교통부장관은 광역도시계획을 승인하거나 직접 광역도시계획을 수립 또는 변경(시·도지사와 공동으로 수립하거나 변경하는 경우를 포함)하려면 관계 중앙행정기관과 협의한 후 중앙도시계획위원회의 심의를 거쳐야 한다.
   ㉡ 협의의 요청을 받은 관계 중앙행정기관의 장은 특별한 사유가 없으면 그 요청을 받은 날부터 30일 이내에 국토교통부장관에게 의견을 제시하여야 한다.

② **국토교통부장관의 승인**: 시·도지사는 광역도시계획을 수립하거나 변경하려면 국토교통부장관의 승인을 받아야 한다.

③ **도지사의 승인**: 시장 또는 군수는 광역도시계획을 수립하거나 변경하려면 도지사의 승인을 받아야 한다. 도지사가 광역도시계획을 승인하거나 직접 광역도시계획을 수립 또는 변경(시장·군수와 공동으로 수립하거나 변경하는 경우를 포함)하려면 위 ①의 규정을 준용한다.

(4) 공고·열람

① 국토교통부장관은 직접 광역도시계획을 수립 또는 변경하거나 승인하였을 때에는 관계 중앙행정기관의 장과 시·도지사에게 관계 서류를 송부하여야 하며, 관계 서류를 받은 시·도지사는 지체 없이 이를 해당 시·도의 공보와 인터넷 홈페이지에 게재하는 방법에 의하여 이를 공고한다.

② 관계 서류를 30일 이상 일반이 열람할 수 있도록 하여야 한다.

> **한눈에 보기** 광역도시계획의 절차

```
자료제출 요청 ┐
전문기관 의뢰 ┴─ [기초조사]  ─ 국토교통부장관, 시·도지사, 시장·군수 ┐
                    ↓                                              │
주민         ┐                                                     │ 수립
관계전문가    ┴─ [공청회]   ─ 국토교통부장관, 시·도지사, 시장·군수 ├ 절차
                 (14일 전)                                         │
                    ↓                                              │
해당 지방의회 ┐                                                    │
시장·군수    ┴─ [의견청취]  ─ 국토교통부장관, 시·도지사, 시장·군수 ┘
                 (30일 이내)
                    ↓
관계 행정기관장 ─── [협의]    ─ 국토교통부장관, 도지사 ┐
                 (30일 이내)                          │
                    ↓                                 │ 승인
도시계획위원회 ──── [심의]    ─ 국토교통부장관, 도지사 ├ 절차
                    ↓                                 │
                  [승인]    ─ 국토교통부장관, 도지사 ┘
                    ↓
                  (송부)
                 (30일 이상)
                    ↓
               (공고·열람)  ─ 시·도지사, 시장·군수
```

Chapter 03 도시·군기본계획

학습포인트 도시·군기본계획의 수립 및 승인에 대해 이해한다.

1 도시·군기본계획의 체계도

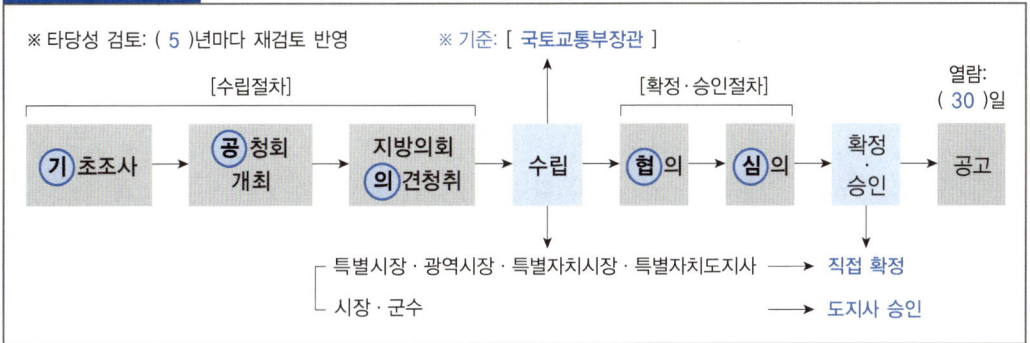

2 도시·군기본계획의 개념

(1) 의의
① 특별시·광역시·특별자치시·특별자치도·시 또는 군(광역시의 관할 구역에 있는 군은 제외)의 관할 구역 및 생활권에 대하여 기본적인 공간구조와 장기발전방향을 제시하는 종합계획으로서 도시·군관리계획수립의 지침이 되는 계획을 말한다.
② 비구속적 행정계획(행정쟁송의 제기 불능)으로 수립하여 승인하는 절차이다.

(2) 도시·군기본계획의 내용
도시·군기본계획에는 다음의 사항에 대한 정책 방향이 포함되어야 한다.
① 지역적 특성 및 계획의 방향·목표에 관한 사항
② 공간구조 및 인구의 배분에 관한 사항
③ 생활권의 설정과 생활권역별 개발·정비 및 보전 등에 관한 사항
④ 공원·녹지 및 경관에 관한 사항
⑤ 토지의 이용·개발 및 용도별 수요·공급에 관한 사항
⑥ 환경의 보전 및 관리, 기반시설에 관한 사항
⑦ 기후변화 대응 및 에너지절약에 관한 사항
⑧ 방재·방범 등 안전에 관한 사항

3 도시·군기본계획의 수립

(1) 수립권자와 대상지역

① **수립권자**: 특별시장·광역시장·특별자치시장·특별자치도지사·시장 또는 군수는 관할 구역에 대하여 도시·군기본계획을 수립하여야 한다.

② **수립 제외**: 시 또는 군의 위치, 인구의 규모, 인구감소율 등을 고려하여 대통령령으로 정하는 다음의 시 또는 군은 도시·군기본계획을 수립하지 아니할 수 있다.

> ㉠ 「수도권정비계획법」 규정에 의한 수도권에 속하지 아니하고 광역시와 경계를 같이 하지 아니한 시 또는 군으로서 인구 10만명 이하인 시 또는 군
> ㉡ 관할 구역 전부에 대하여 광역도시계획이 수립되어 있는 시 또는 군으로서 해당 광역도시계획에 도시·군기본계획의 내용이 모두 포함되어 있는 시 또는 군

③ **연계수립**

㉠ 특별시장·광역시장·특별자치시장·특별자치도지사·시장 또는 군수는 지역여건상 필요하다고 인정되면 인접한 특별시·광역시·특별자치시·특별자치도·시 또는 군의 관할 구역 전부 또는 일부를 포함하여 도시·군기본계획을 수립할 수 있다.

㉡ 이 경우 특별시장·광역시장·특별자치시장·특별자치도지사·시장 또는 군수와 미리 협의하여야 한다.

(2) 도시·군기본계획의 수립절차

① **수립기준**: 도시·군기본계획의 수립기준 등은 대통령령으로 정하는 바에 따라 국토교통부장관이 정한다.

② **기초조사**

㉠ 특별시장·광역시장·특별자치시장·특별자치도지사·시장 또는 군수는 기초조사의 내용에 국토교통부장관이 정하는 바에 따라 실시하는 토지의 토양, 입지, 활용가능성 등 토지의 적성에 대한 평가(이하 '토지적성평가')와 재해취약성에 관한 분석(이하 '재해취약성분석')을 포함하여야 한다.

㉡ 도시·군기본계획 입안일부터 5년 이내에 토지적성평가를 실시한 경우 등 대통령령으로 정하는 경우에는 토지적성평가 또는 재해취약성분석을 하지 아니할 수 있다.

③ **공청회의 개최**: 특별시장·광역시장·특별자치시장·특별자치도지사·시장 또는 군수는 도시·군기본계획을 수립하거나 변경하려면 미리 공청회를 열어 주민과 관계 전문가 등으로부터 의견을 들어야 하며, 공청회에서 제시된 의견이 타당하다고 인정하면 도시·군기본계획에 반영하여야 한다.

④ **지방의회의 의견청취**: 특별시장·광역시장·특별자치시장·특별자치도지사·시장 또는 군수는 도시·군기본계획을 수립하거나 변경하려면 미리 그 특별시·광역시·특별자치시·특별자치도·시 또는 군 의회의 의견을 들어야 한다.

⑤ **타당성 검토**: 특별시장·광역시장·특별자치시장·특별자치도지사·시장 또는 군수는 5년마다 관할 구역의 도시·군기본계획에 대하여 타당성을 전반적으로 재검토하여 정비하여야 한다.

(3) 도시·군기본계획의 확정(승인)절차

① **협의 및 심의**
  ㉠ 특별시장·광역시장·특별자치시장 또는 특별자치도지사는 도시·군기본계획을 수립하거나 변경하려면 관계 행정기관의 장과 협의한 후 지방도시계획위원회의 심의를 거쳐야 한다.
  ㉡ 도지사는 도시·군기본계획을 승인하려면 관계 행정기관의 장과 협의한 후 지방도시계획위원회의 심의를 거쳐야 한다.

② **확정 및 승인**
  ㉠ 특별시장·광역시장·특별자치시장 또는 특별자치도지사는 도시·군기본계획을 수립하거나 변경하려면 대통령령으로 정하는 바에 따라 직접 확정한다.
  ㉡ 시장 또는 군수는 도시·군기본계획을 수립하거나 변경하려면 대통령령으로 정하는 바에 따라 도지사의 승인을 받아야 한다.

③ **송부·공고 및 열람**
  ㉠ 특별시장·광역시장·특별자치시장 또는 특별자치도지사는 도시·군기본계획을 수립하거나 변경한 경우에는 관계 행정기관의 장에게 관계 서류를 송부하여야 하며, 대통령령으로 정하는 바에 따라 그 계획을 공고하고 일반인이 30일 이상 열람할 수 있도록 하여야 한다.
  ㉡ 도지사는 도시·군기본계획을 승인하면 관계 행정기관의 장과 시장 또는 군수에게 관계 서류를 송부하여야 하며, 관계 서류를 받은 시장 또는 군수는 대통령령으로 정하는 바에 따라 그 계획을 공고하고 일반인이 30일 이상 열람할 수 있도록 하여야 한다.

Chapter 04 도시·군관리계획

📍 **학습포인트** 도시·군관리계획의 입안 및 결정에 대해 이해하고, 용도지역·용도지구·용도구역의 분류별 특징과 지구단위계획구역의 지정대상을 이해한다.

1 도시·군관리계획의 체계도

공법체계잡기 06 국토계획법의 도시·군관리계획 체계도

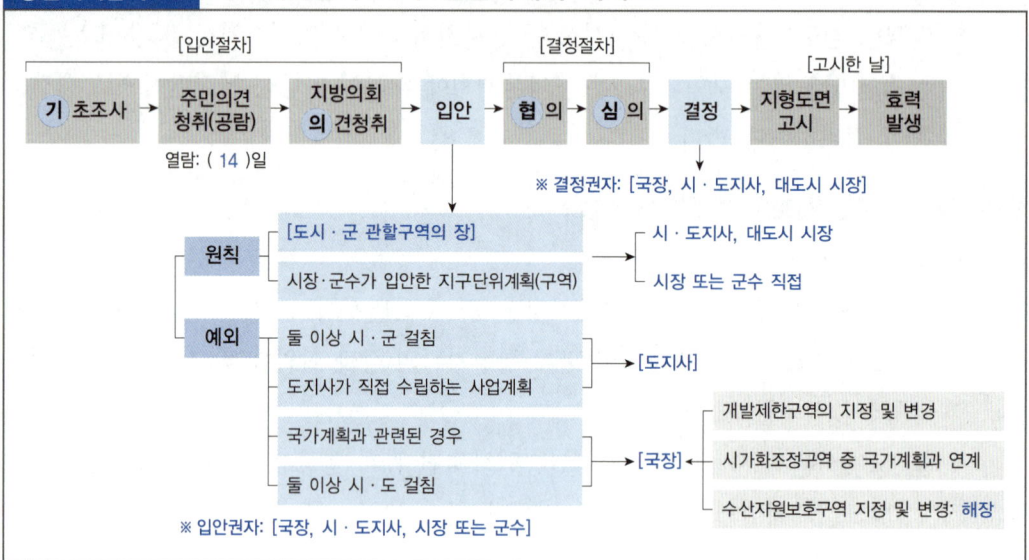

2 도시·군관리계획의 개념

(1) 의의

특별시·광역시·특별자치시·특별자치도·시 또는 군의 개발·정비 및 보전을 위하여 수립하는 토지 이용, 교통, 환경, 경관, 안전, 산업, 정보통신, 보건, 복지, 안보, 문화 등에 관한 다음의 계획을 말한다.

① 용도지역·용도지구의 지정 또는 변경에 관한 계획
② 개발제한구역, 도시자연공원구역, 시가화조정구역, 수산자원보호구역의 지정 또는 변경에 관한 계획
③ 도시·군계획시설입체복합구역의 지정 또는 변경에 관한 계획
④ 도시혁신구역의 지정 또는 변경에 관한 계획과 도시혁신계획
⑤ 복합용도구역의 지정 또는 변경에 관한 계획과 복합용도계획
⑥ 지구단위계획구역의 지정 또는 변경에 관한 계획과 지구단위계획

⑦ 기반시설의 설치·정비 또는 개량에 관한 계획 ⇨ 도시·군계획시설사업
⑧ 도시개발사업이나 정비사업에 관한 계획 ⇨ 도시개발사업(도시개발법), 정비사업(도시정비법)

(2) 성격

① 공용제한 중 계획제한으로서 구속적 행정계획이다.
② 도시·군관리계획은 행정청 내부는 물론 일반 사인도 함께 구속하는 구속적 행정행위이므로 행정심판 및 행정소송의 대상이 된다.
③ 도시·군관리계획은 도시·군기본계획에 부합되어야 하며 도시·군기본계획은 도시·군관리계획의 지침이 된다.

3 도시·군관리계획의 입안 및 결정

1. 도시·군관리계획의 입안

(1) 입안권자

① **원칙**: 특별시장·광역시장·특별자치시장·특별자치도지사·시장 또는 군수
  ㉠ **인접 포함**: 특별시장·광역시장·특별자치시장·특별자치도지사·시장 또는 군수는 다음의 어느 하나에 해당하면 인접한 특별시·광역시·특별자치시·특별자치도·시 또는 군의 관할 구역 전부 또는 일부를 포함하여 도시·군관리계획을 입안할 수 있다.
    ⓐ 지역 여건상 필요하다고 인정하여 미리 인접한 특별시장·광역시장·특별자치시장·특별자치도지사·시장 또는 군수와 협의한 경우
    ⓑ 인접한 특별시·광역시·특별자치시·특별자치도·시 또는 군의 관할 구역을 포함하여 도시·군기본계획을 수립한 경우
  ㉡ **공동입안**: 인접한 특별시·광역시·특별자치시·특별자치도·시 또는 군의 관할 구역에 대한 도시·군관리계획은 관계 특별시장·광역시장·특별자치시장·특별자치도지사·시장 또는 군수가 협의하여 공동으로 입안하거나 입안할 자를 정한다.
  ㉢ **지정입안**: 협의가 성립되지 아니하는 경우 도시·군관리계획을 입안하려는 구역이 같은 도의 관할 구역에 속할 때에는 관할 도지사가, 둘 이상의 시·도의 관할 구역에 걸쳐 있을 때에는 국토교통부장관(수산자원보호구역의 경우 해양수산부장관)이 입안할 자를 지정하고 그 사실을 고시하여야 한다.

② **예외**: 국토교통부장관, 도지사

국토교통부 장관	직접 또는 관계 중앙행정기관의 장의 요청에 의하여 도시·군관리계획을 입안	㉠ 국가계획과 관련된 경우 ㉡ 둘 이상의 시·도에 걸쳐 지정되는 용도지역·용도지구 또는 용도구역과 둘 이상의 시·도에 걸쳐 이루어지는 사업의 계획 중 도시·군관리계획으로 결정하여야 할 사항이 있는 경우 ㉢ 특별시장·광역시장·특별자치시장·특별자치도지사·시장 또는 군수가 법 제138조에 따른 기한까지 국토교통부장관의 도시·군관리계획 조정 요구에 따라 도시·군관리계획을 정비하지 아니하는 경우
도지사	직접 또는 시장이나 군수의 요청에 의하여 도시·군관리계획을 입안	㉠ 둘 이상의 시·군에 걸쳐 지정되는 용도지역·용도지구 또는 용도구역과 둘 이상의 시·군에 걸쳐 이루어지는 사업의 계획 중 도시·군관리계획으로 결정하여야 할 사항이 포함되어 있는 경우 ㉡ 도지사가 직접 수립하는 사업의 계획으로서 도시·군관리계획으로 결정하여야 할 사항이 포함되어 있는 경우

(2) 입안제안

① **제안자**

㉠ 주민(이해관계자를 포함)은 다음의 사항에 대하여 도시·군관리계획을 입안할 수 있는 자에게 도시·군관리계획의 입안을 제안할 수 있다.

제안사항	제안 시 토지소유자 동의
용도지구 중 해당 용도지구에 따른 건축물이나 그 밖의 시설의 용도·종류 및 규모 등의 제한을 지구단위계획으로 대체하기 위한 용도지구의 지정 및 변경에 관한 사항	토지면적의 3분의 2 이상의 동의
개발진흥지구 중 산업·유통개발진흥지구의 지정 및 변경에 관한 사항	토지면적의 3분의 2 이상의 동의
기반시설의 설치·정비 또는 개량에 관한 사항	토지면적의 5분의 4 이상의 동의
지구단위계획구역의 지정 및 변경과 지구단위계획의 수립 및 변경에 관한 사항	토지면적의 3분의 2 이상의 동의
도시·군계획시설입체복합구역의 지정 및 변경과 건축제한·건폐율·용적률·높이 등에 관한 사항	토지면적의 5분의 4 이상의 동의

㉡ 제안서에는 도시·군관리계획도서와 계획설명서를 첨부하여야 한다.

② **결과통보**

㉠ 도시·군관리계획 입안의 제안을 받은 국토교통부장관, 시·도지사, 시장 또는 군수는 제안일부터 45일 이내에 도시·군관리계획 입안에의 반영 여부를 제안자에게 통보하여야 한다.

㉡ 부득이한 사정이 있는 경우에는 1회에 한하여 30일을 연장할 수 있다.

③ **비용부담**: 도시·군관리계획의 입안을 제안받은 자는 제안자와 협의하여 제안된 도시·군관리계획의 입안 및 결정에 필요한 비용의 전부 또는 일부를 제안자에게 부담시킬 수 있다.

(3) 입안절차

① **기초조사**: 도시·군관리계획을 입안하는 경우에는 광역도시계획 수립을 위한 기초조사에 관한 규정을 준용하며, 국토교통부장관(수산자원보호구역인 경우에는 해양수산부장관), 시·도지사, 시장 또는 군수는 기초조사의 내용에 토지적성평가와 재해취약성분석, 도시·군관리계획이 환경에 미치는 영향 등에 대한 환경성 검토를 포함하여야 한다.

② **주민의 의견청취**: 국토교통부장관(수산자원보호구역인 경우에는 해양수산부장관), 시·도지사, 시장 또는 군수는 도시·군관리계획을 입안하는 때에는 주민의 의견을 들어야 하며, 도시·군관리계획안에 대하여 주민의 의견을 청취하려는 때에는 도시·군관리계획안의 주요내용을 해당 지방자치단체의 공보나 둘 이상의 일간신문, 해당 지방자치단체의 인터넷 홈페이지 등의 매체 및 국토교통부장관이 구축·운영하는 국토이용정보체계에 공고하고 도시·군관리계획안을 14일 이상의 기간 동안 일반인이 열람할 수 있도록 해야 한다.

③ **지방의회의 의견청취**: 국토교통부장관, 시·도지사, 시장 또는 군수는 도시·군관리계획을 입안하려면 대통령령으로 정하는 사항에 대하여 해당 지방의회의 의견을 들어야 한다.

④ **타당성 검토**: 특별시장·광역시장·특별자치시장·특별자치도지사·시장 또는 군수는 5년마다 관할 구역의 도시·군관리계획에 대하여 그 타당성을 전반적으로 재검토하여 정비하여야 한다.

2. 도시·군관리계획의 결정

(1) 결정권자

① **원칙**

㉠ 도시·군관리계획은 시·도지사가 직접 또는 시장·군수의 신청에 따라 결정한다.

㉡ 「지방자치법」에 따른 서울특별시와 광역시 및 특별자치시를 제외한 인구 50만 명 이상의 대도시(이하 '대도시')의 경우에는 해당 대도시 시장이 직접 결정한다.

> **보충** 시장 또는 군수가 직접 결정
>
> 1. 시장 또는 군수가 입안한 지구단위계획구역의 지정·변경과 지구단위계획의 수립·변경에 관한 도시·군관리계획
> 2. 지구단위계획으로 대체하는 용도지구 폐지에 관한 도시·군관리계획[해당 시장(대도시 시장은 제외) 또는 군수가 도지사와 미리 협의한 경우에 한정]

② **예외**: 다음의 도시·군관리계획은 국토교통부장관이 결정한다.
 ㉠ 국토교통부장관이 입안한 도시·군관리계획
 ㉡ 개발제한구역의 지정 및 변경에 관한 도시·군관리계획
 ㉢ 시가화조정구역의 지정 및 변경에 관한 도시·군관리계획(국가계획 관련 시)

> **보충** 해양수산부장관이 결정
>
> 수산자원보호구역의 지정 및 변경에 관한 도시·군관리계획은 해양수산부장관이 결정한다.

(2) 결정절차

① **협의**: 시·도지사는 도시·군관리계획을 결정하려면 관계행정기관의 장과 미리 협의하여야 하며, 국토교통부장관(수산자원보호구역인 경우에는 해양수산부장관)이 도시·군관리계획을 결정하려면 관계 중앙행정기관의 장과 미리 협의하여야 한다.

② **심의**: 국토교통부장관(수산자원보호구역인 경우에는 해양수산부장관)이 도시·군관리계획을 결정하려면 관계 중앙도시계획위원회의 심의를 거쳐야 하며, 시·도지사가 도시·군관리계획을 결정하려면 시·도도시계획위원회의 심의를 거쳐야 한다.

③ **고시·열람**: 국토교통부장관이나 시·도지사는 도시·군관리계획을 결정하면 대통령령으로 정하는 바에 따라 그 결정을 고시하고, 국토교통부장관이나 도지사는 관계 서류를 관계 특별시장·광역시장·특별자치시장·특별자치도지사·시장 또는 군수에게 송부하여야 하며, 특별시장·광역시장·특별자치시장·특별자치도지사는 관계 서류를 일반이 열람할 수 있도록 하여야 한다.

(3) 결정·고시의 효력

① **효력발생시기**: 도시·군관리계획결정의 효력은 지형도면을 고시한 날부터 발생한다.

② **기득권 보호**: 도시·군관리계획결정 당시 이미 사업 또는 공사에 착수한 자(국토의 계획 및 이용에 관한 법률 또는 다른 법률에 따라 허가·인가·승인 등을 받아야 하는 경우에는 그 허가·인가·승인 등을 받아 사업 또는 공사에 착수한 자)는 그 도시·군관리계획 결정과 관계없이 그 사업 또는 공사를 계속할 수 있다.

4 용도지역·용도지구·용도구역

1. 용도지역

(1) 용도지역의 의의
① 토지의 이용 및 건축물의 용도, 건폐율, 용적률, 높이 등을 제한함으로써 토지를 경제적·효율적으로 이용
② 공공복리의 증진을 도모하기 위하여 서로 중복되지 아니하게 도시·군관리계획으로 결정하는 지역

(2) 용도지역의 지정
① **지정권자**: 국토교통부장관, 시·도지사 또는 대도시 시장은 용도지역의 지정 또는 변경을 도시·군관리계획으로 결정한다.
② **공유수면매립지에 관한 용도지역의 지정의제**
　㉠ 공유수면(바다만 해당)의 매립 목적이 그 매립구역과 이웃하고 있는 용도지역의 내용과 같으면 도시·군관리계획의 입안 및 결정의 절차 없이 그 매립준공구역은 그 매립의 준공인가일부터 이와 이웃하고 있는 용도지역으로 지정된 것으로 본다.
　㉡ 공유수면의 매립 목적이 그 매립구역과 이웃하고 있는 용도지역의 내용과 다른 경우 및 그 매립구역이 둘 이상의 용도지역에 걸쳐 있거나 이웃하고 있는 경우 그 매립구역이 속할 용도지역은 도시·군관리계획결정으로 지정하여야 한다.
③ **용도지역 중 도시지역으로 결정·고시의제**: 다른 법률에 따라 다음의 어느 하나의 구역 등으로 지정·고시된 지역은 「국토의 계획 및 이용에 관한 법률」에 따른 도시지역으로 결정·고시된 것으로 본다.

> ㉠ 「항만법」에 따른 항만구역으로서 도시지역에 연접한 공유수면
> ㉡ 「어촌·어항법」에 따른 어항구역으로서 도시지역에 연접한 공유수면
> ㉢ 「산업입지 및 개발에 관한 법률」의 규정에 따른 국가산업단지, 일반산업단지 및 도시첨단산업단지
> ㉣ 「택지개발촉진법」에 따른 택지개발지구
> ㉤ 「전원개발촉진법」에 따른 전원개발사업구역 및 예정구역(수력발전소 또는 송·변전설비만을 설치하기 위한 전원개발사업구역 및 예정구역은 제외)

(3) 용도지역의 종류

① **도시지역**: 인구와 산업이 밀집되어 있거나 밀집이 예상되어 그 지역에 대하여 체계적인 개발·정비·관리·보전 등이 필요한 지역

주거지역	거주의 안녕과 건전한 생활환경의 보호를 위하여 필요한 지역
상업지역	상업이나 그 밖의 업무의 편익을 증진하기 위하여 필요한 지역
공업지역	공업의 편익을 증진하기 위하여 필요한 지역
녹지지역	자연환경·농지 및 산림의 보호, 보건위생, 보안과 도시의 무질서한 확산을 방지하기 위하여 녹지의 보전이 필요한 지역

② **관리지역**: 도시지역의 인구와 산업을 수용하기 위하여 도시지역에 준하여 체계적으로 관리하거나 농림업의 진흥, 자연환경 또는 산림의 보전을 위하여 농림지역 또는 자연환경보전지역에 준하여 관리할 필요가 있는 지역

보전관리지역	자연환경 보호, 산림 보호, 수질오염 방지, 녹지공간 확보 및 생태계 보전 등을 위하여 보전이 필요하나, 주변 용도지역과의 관계 등을 고려할 때 자연환경보전지역으로 지정하여 관리하기가 곤란한 지역
생산관리지역	농업·임업·어업생산 등을 위하여 관리가 필요하나, 주변 용도지역과의 관계 등을 고려할 때 농림지역으로 지정하여 관리하기가 곤란한 지역
계획관리지역	도시지역으로의 편입이 예상되는 지역이나 자연환경을 고려하여 제한적인 이용·개발을 하려는 지역으로서 계획적·체계적인 관리가 필요한 지역

③ **농림지역**: 도시지역에 속하지 아니하는 「농지법」에 따른 농업진흥지역 또는 「산지관리법」에 따른 보전산지 등으로서 농림업을 진흥시키고 산림을 보전하기 위하여 필요한 지역

④ **자연환경보전지역**: 자연환경·수자원·해안·생태계·상수원 및 국가유산의 보전과 수산자원의 보호·육성 등을 위하여 필요한 지역

(4) 용도지역의 세분

주거지역 (6개)	전용주거지역 (양호)	제1종 전용주거지역	단독주택 중심
		제2종 전용주거지역	공동주택 중심
	일반주거지역 (편리)	제1종 일반주거지역	저층주택 중심
		제2종 일반주거지역	중층주택 중심
		제3종 일반주거지역	중·고층주택 중심
	준주거지역	주거기능을 위주로 이를 지원하는 상업·업무기능 보완	
상업지역 (4개)	근린상업지역	근린지역에서의 일용품 및 서비스공급	
	유통상업지역	도시 내 및 지역 간의 유통기능 증진	
	일반상업지역	일반적인 상업 및 업무기능 증진	
	중심상업지역	도심·부도심의 업무 및 상업기능의 확충	

공업지역 (3개)	전용공업지역	주로 중화학공업·공해성 공업 등 수용
	일반공업지역	환경을 저해하지 아니하는 공업의 배치
	준공업지역	경공업 등과 주거·상업·업무기능의 보완
녹지지역 (3개)	보전녹지지역	도시의 자연환경·경관·산림 및 녹지공간의 보전
	생산녹지지역	주로 농업적 생산을 위한 개발의 유보
	자연녹지지역	불가피한 경우 제한적인 개발이 필요한 지역

(5) 용도지역의 건폐율과 용적률

용도지역	구분	세분		건폐율(% 이하)		용적률(% 이하)	
				국토계획법	시행령	국토계획법	시행령
도시지역	주거지역	전용	1종	70 이하	50 이하	500 이하	100 이하
			2종		50 이하		150 이하
		일반	1종		60 이하		200 이하
			2종		60 이하		250 이하
			3종		50 이하		300 이하
		준주거			70 이하		500 이하
	상업지역	중심		90 이하	90 이하	1,500 이하	1,500 이하
		일반			80 이하		1,300 이하
		유통			80 이하		1,100 이하
		근린			70 이하		900 이하
	공업지역	전용		70 이하	70 이하	400 이하	300 이하
		일반					350 이하
		준공업					400 이하
	녹지지역	보전		20 이하	20 이하	100 이하	80 이하
		생산					100 이하
		자연					100 이하
관리지역		보전		20 이하	20 이하	80 이하	80 이하
		생산		20 이하	20 이하	80 이하	80 이하
		계획		40 이하	40 이하	100 이하	100 이하
농림지역				20 이하	20 이하	80 이하	80 이하
자연환경보전지역				20 이하	20 이하	80 이하	80 이하

> **보충** 건폐율·용적률의 제한목적
>
> 1. **건폐율의 제한목적**: 대지 안에서 건축물의 수평적 확대를 억제함으로써 건축물의 사용이나 건축물에 화재 등의 재난발생 시 소화·피난 등에 필요한 공간을 확보하는 데 있다.
> 2. **용적률의 제한목적**: 건축물의 높이를 규제함으로써 도로, 상·하수도, 광장, 공원, 주차장 등 공공시설의 설치 등 효율적이고 쾌적한 도시환경을 조성하여 균형 있는 도시의 발전을 도모하는 데 있다.

(6) 용도지역 미지정 또는 미세분 지역

① **용도지역이 미지정된 지역**: 도시지역·관리지역·농림지역 또는 자연환경보전지역으로 용도가 지정되지 아니한 지역에 대하여는 건축물의 건축제한, 건폐율, 용적률의 규정을 적용할 때에 자연환경보전지역에 관한 규정을 적용한다.

② **도시지역이 미세분된 지역**: 도시지역이 세부용도지역으로 지정되지 아니한 경우에는 건축물의 건축제한, 건폐율, 용적률의 규정을 적용할 때에 해당 용도지역이 도시지역인 경우에는 보전녹지지역에 관한 규정을 적용한다.

③ **관리지역이 미세분된 지역**: 관리지역이 세부용도지역으로 지정되지 아니한 경우에는 건축물의 건축제한, 건폐율, 용적률의 규정을 적용할 때에 해당 용도지역이 관리지역인 경우에는 보전관리지역에 관한 규정을 적용한다.

2. 용도지구

(1) 용도지구의 의의

① **정의**: 토지의 이용 및 건축물의 용도·건폐율·용적률·높이 등에 대한 용도지역의 제한을 강화하거나 완화하여 적용함으로써 용도지역의 기능을 증진시키고 경관·안전 등을 도모하기 위하여 도시·군관리계획으로 결정하는 지역을 말한다.

② **지정권자**: 국토교통부장관, 시·도지사 또는 대도시 시장은 용도지구의 지정 또는 변경을 도시·군관리계획으로 결정하며, 필요하다고 인정되는 때에는 대통령령이 정하는 바에 따라 용도지구를 도시·군관리계획결정으로 다시 세분하여 지정하거나 이를 변경할 수 있다.

(2) 용도지구의 종류

종류	내용
방재지구	풍수해, 산사태, 지반의 붕괴, 그 밖의 재해를 예방하기 위하여 필요한 지구
취락지구	녹지지역·관리지역·농림지역·자연환경보전지역·개발제한구역 또는 도시자연공원구역의 취락을 정비하기 위한 지구
개발진흥지구	주거기능·상업기능·공업기능·유통물류기능·관광기능·휴양기능 등을 집중적으로 개발·정비할 필요가 있는 지구
보호지구	국가유산, 중요 시설물(항만, 공항 등 대통령령으로 정하는 시설물) 및 문화적·생태적으로 보존가치가 큰 지역의 보호와 보존을 위하여 필요한 지구
경관지구	경관의 보전·관리 및 형성을 위하여 필요한 지구
특정용도제한지구	주거 및 교육환경 보호나 청소년 보호 등의 목적으로 오염물질 배출시설, 청소년 유해시설 등 특정시설의 입지를 제한할 필요가 있는 지구
고도지구	쾌적한 환경 조성 및 토지의 효율적 이용을 위하여 건축물 높이의 최고한도를 규제할 필요가 있는 지구
방화지구	화재의 위험을 예방하기 위하여 필요한 지구
복합용도지구	지역의 토지 이용 상황, 개발 수요 및 주변 여건 등을 고려하여 효율적이고 복합적인 토지 이용을 도모하기 위하여 특정시설의 입지를 완화할 필요가 있는 지구

(3) 용도지구의 세분

방재지구	자연방재지구	토지의 이용도가 낮은 해안변, 하천변, 급경사지 주변 등의 지역으로서 건축제한 등을 통하여 재해 예방이 필요한 지구
	시가지방재지구	건축물·인구가 밀집되어 있는 지역으로서 시설 개선 등을 통하여 재해 예방이 필요한 지구
취락지구	집단취락지구	개발제한구역 안의 취락을 정비하기 위하여 필요한 지구
	자연취락지구	녹지지역·관리지역·농림지역 또는 자연환경보전지역 안의 취락을 정비하기 위하여 필요한 지구
	보호취락지구	녹지지역, 관리지역, 농림지역, 자연환경보전지역 안의 취락을 농촌주거환경 보호와 주거기능 강화를 목적으로 정비하기 위한 지구
개발진흥지구	주거개발진흥지구	주거기능을 중심으로 개발·정비할 필요가 있는 지구
	산업·유통개발진흥지구	공업기능 및 유통·물류기능을 중심으로 개발·정비할 필요가 있는 지구
	관광·휴양개발진흥지구	관광·휴양기능을 중심으로 개발·정비할 필요가 있는 지구
	복합개발진흥지구	주거기능, 공업기능, 유통·물류기능 및 관광·휴양기능 중 둘 이상의 기능을 중심으로 개발·정비할 필요가 있는 지구
	특정개발진흥지구	주거기능, 공업기능, 유통·물류기능 및 관광·휴양기능 외의 기능을 중심으로 특정한 목적을 위하여 개발·정비할 필요가 있는 지구

보호지구	역사문화환경보호지구	국가유산·전통사찰 등 역사·문화적으로 보존가치가 큰 시설 및 지역의 보호와 보존을 위하여 필요한 지구
	중요시설물보호지구	중요시설물의 보호와 기능의 유지 및 증진 등을 위하여 필요한 지구
	생태계보호지구	야생동식물서식처 등 생태적으로 보존가치가 큰 지역의 보호와 보존을 위하여 필요한 지구
경관지구	자연경관지구	산지·구릉지 등 자연경관을 보호하거나 유지하기 위하여 필요한 지구
	시가지경관지구	지역 내 주거지, 중심지 등 시가지의 경관을 보호 또는 유지하거나 형성하기 위하여 필요한 지구
	특화경관지구	지역 내 주요 수계의 수변 또는 문화적 보존가치가 큰 건축물 주변의 경관 등 특별한 경관을 보호 또는 유지하거나 형성하기 위하여 필요한 지구

3. 용도구역

(1) 용도구역의 의의

토지의 이용 및 건축물의 용도·건폐율·용적률·높이 등에 대한 용도지역 및 용도지구의 제한을 강화하거나 완화하여 따로 정함으로써 ① 시가지의 무질서한 확산방지, ② 계획적이고 단계적인 토지 이용의 도모, ③ 혁신적이고 복합적인 토지 활용의 촉진, ④ 토지 이용의 종합적 조정·관리 등을 위하여 도시·군관리계획으로 결정하는 지역을 말한다.

(2) 개발제한구역

① **지정권자**: 국토교통부장관은 개발제한구역의 지정 또는 변경을 도시·군관리계획으로 결정할 수 있다.

② **지정 목적**: ㉠ 도시의 무질서한 확산을 방지하고, ㉡ 도시 주변의 자연환경을 보전하여 도시민의 건전한 생활환경을 확보하기 위하여 도시의 개발을 제한할 필요가 있거나, ㉢ 국방부장관의 요청이 있어 보안상 도시의 개발을 제한할 필요가 있다고 인정되는 경우 지정한다.

(3) 도시자연공원구역

① **지정권자**: 시·도지사 또는 대도시 시장은 도시자연공원구역의 지정 또는 변경을 도시·군관리계획으로 결정할 수 있다.

② **지정 목적**: 도시의 자연환경 및 경관을 보호하고 도시민에게 건전한 여가·휴식공간을 제공하기 위하여 도시지역 안의 식생(植生)이 양호한 산지(山地)의 개발을 제한할 필요가 있다고 인정하는 경우 지정한다.

(4) 수산자원보호구역

① **지정권자**: 해양수산부장관은 직접 또는 관계 행정기관의 장의 요청을 받아 수산자원보호구역의 지정 또는 변경을 도시·군관리계획으로 결정할 수 있다.

② **지정 목적**: 수산자원을 보호·육성하기 위하여 필요한 공유수면이나 그에 인접한 토지에 대하여 지정한다.

(5) 시가화조정구역

① **지정권자**

  ㉠ 시·도지사는 직접 또는 관계 행정기관의 장의 요청을 받아 시가화조정구역의 지정 또는 변경을 도시·군관리계획으로 결정할 수 있다.

  ㉡ 국가계획과 연계하여 시가화조정구역의 지정 또는 변경이 필요한 경우에는 국토교통부장관이 직접 시가화조정구역의 지정 또는 변경을 도시·군관리계획으로 결정할 수 있다.

② **지정 목적**

  ㉠ 도시지역과 그 주변지역의 무질서한 시가화를 방지하고 계획적·단계적인 개발을 도모하기 위하여 시가화를 유보할 필요가 있다고 인정되는 경우 지정한다.

  ㉡ **시가화유보기간**: 인구의 동태, 토지의 이용상황, 산업발전상황 등을 고려하여 5년 이상 20년 이내의 범위 안에서 도시·군관리계획으로 시가화유보기간을 정하여야 한다.

③ **기준**: 시가화조정구역의 지정에 관한 도시·군관리계획의 결정은 시가화유보기간이 끝난 날의 다음 날부터 그 효력을 잃는다. 이 경우 국토교통부장관 또는 시·도지사는 대통령령으로 정하는 바에 따라 그 사실을 고시하여야 한다.

(6) 도시·군계획시설입체복합구역

① **지정권자**: 도시·군관리계획 결정권자

② **지정대상**: 다음의 어느 하나에 해당하는 경우에 도시·군계획시설이 결정된 토지의 전부 또는 일부를 도시·군계획시설입체복합구역으로 지정할 수 있다.

  ㉠ 도시·군계획시설 준공 후 10년이 경과한 경우로서 해당 시설의 개량 또는 정비가 필요한 경우

  ㉡ 주변지역 정비 또는 지역경제 활성화를 위하여 기반시설의 복합적 이용이 필요한 경우

  ㉢ 첨단기술을 적용한 새로운 형태의 기반시설 구축 등이 필요한 경우

(7) 복합용도구역
① **지정권자:** 공간재구조화계획 결정권자(국토교통부장관, 시·도지사)
② **지정대상**
  ㉠ 산업구조 또는 경제활동의 변화로 복합적 토지 이용이 필요한 지역
  ㉡ 노후건축물 등이 밀집하여 단계적 정비가 필요한 지역

(8) 도시혁신구역
① **지정권자:** 공간재구조화계획 결정권자(국토교통부장관, 시·도지사)
② **지정대상**
  ㉠ 도시·군기본계획에 따른 도심·부도심 또는 생활권의 중심지역
  ㉡ 주요 기반시설과 연계하여 지역의 거점역할을 수행할 수 있는 지역

5 지구단위계획구역 및 지구단위계획

1. 지구단위계획

(1) 의의
① **정의:** 지구단위계획이란 도시·군계획 수립 대상지역의 일부에 대하여 토지 이용을 합리화하고 그 기능을 증진시키며 미관을 개선하고 양호한 환경을 확보하며, 그 지역을 체계적·계획적으로 관리하기 위하여 수립하는 도시·군관리계획을 말한다.
② **결정권자:** 지구단위계획구역 및 지구단위계획은 국토교통부장관, 시·도지사, 시장 또는 군수가 도시·군관리계획으로 결정한다.

(2) 지구단위계획의 수립 시 고려사항
① 도시의 정비·관리·보전·개발 등 지구단위계획구역의 지정 목적
② 주거·산업·유통·관광휴양·복합 등 지구단위계획구역의 중심기능
③ 해당 용도지역의 특성
④ 지역 공동체의 활성화
⑤ 안전하고 지속가능한 생활권의 조성
⑥ 해당 지역 및 인근 지역의 토지 이용을 고려한 토지이용계획과 건축계획의 조화

2. 지구단위계획구역의 지정

(1) 임의적 지정 대상지역

국토교통부장관, 시·도지사, 시장·군수는 다음에 해당하는 지역의 전부 또는 일부에 대하여 지구단위계획구역을 지정할 수 있다.

> ① 용도지구
> ② 도시개발구역
> ③ 정비구역
> ④ 택지개발지구
> ⑤ 대지조성사업지구
> ⑥ 산업단지와 준산업단지
> ⑦ 관광단지와 관광특구
> ⑧ 개발제한구역·도시자연공원구역·시가화조정구역 또는 공원에서 해제되는 구역, 녹지지역에서 주거·상업·공업지역으로 변경되는 구역과 새로 도시지역으로 편입되는 구역 중 계획적인 개발 또는 관리가 필요한 지역
> ⑨ 도시지역 내 주거·상업·업무 등의 기능을 결합하는 등 복합적인 토지 이용을 증진시킬 필요가 있는 지역
> ⑩ 도시지역 내 유휴토지를 효율적으로 개발하거나 교정시설, 군사시설, 그 밖에 시설을 이전 또는 재배치하여 토지 이용을 합리화하고, 그 기능을 증진시키기 위하여 집중적으로 정비가 필요한 지역으로서 요건에 해당하는 지역
> ⑪ 도시지역의 체계적·계획적인 관리 또는 개발이 필요한 지역

(2) 필수적 지정 대상지역

국토교통부장관, 시·도지사, 시장·군수는 다음에 해당하는 지역은 지구단위계획구역으로 지정하여야 한다.

① **사업완료 10년 경과지역**
　㉠ 「도시 및 주거환경정비법」상 정비구역
　㉡ 「택지개발촉진법」상 택지개발지구

② **다음 지역 중 면적이 30만m² 이상인 지역**
　㉠ 시가화조정구역 또는 공원에서 해제되는 지역(단, 녹지지역으로 지정 또는 존치되거나 개발계획 × ⇨ 제외)
　㉡ 녹지지역에서 주거·상업·공업지역으로 변경되는 지역

(3) 도시지역 외의 지역 중 대상지역

① 지정하려는 구역 면적의 100분의 50 이상이 계획관리지역으로서 대통령령으로 정하는 다음의 요건에 해당하는 지역

> ㉠ 계획관리지역 외 지구단위계획구역에 포함하는 지역은 생산관리지역 또는 보전관리지역일 것
> ㉡ 해당 지역에 도로·수도공급설비·하수도 등 기반시설을 공급할 수 있을 것
> ㉢ 자연환경·경관·미관 등을 해치지 아니하고 국가유산의 훼손 우려가 없을 것

② 개발진흥지구로서 대통령령으로 정하는 요건에 해당하는 지역
③ 용도지구를 폐지하고 그 용도지구에서의 행위제한 등을 지구단위계획으로 대체하려는 지역

3. 지구단위계획의 내용

(1) 포함사항

지구단위계획구역의 지정 목적을 이루기 위하여 지구단위계획에는 다음의 사항 중 ③과 ⑤의 사항을 포함한 둘 이상의 사항이 포함되어야 한다. 다만, ②를 내용으로 하는 지구단위계획의 경우에는 그러하지 아니하다.

> ① 용도지역이나 용도지구를 대통령령으로 정하는 범위에서 세분하거나 변경하는 사항
> ② 기존의 용도지구를 폐지하고 그 용도지구에서의 건축물이나 그 밖의 시설의 용도·종류 및 규모 등의 제한을 대체하는 사항
> ③ 대통령령으로 정하는 기반시설의 배치와 규모
> ④ 도로로 둘러싸인 일단의 지역 또는 계획적인 개발·정비를 위하여 구획된 일단의 토지의 규모와 조성계획
> ⑤ 건축물의 용도제한, 건축물의 건폐율 또는 용적률, 건축물 높이의 최고한도 또는 최저한도
> ⑥ 건축물의 배치·형태·색채 또는 건축선에 관한 계획
> ⑦ 환경관리계획 또는 경관계획
> ⑧ 보행안전 등을 고려한 교통처리계획

한눈에 보기 지구단위계획 필수적 포함사항

1. 기반시설의 배치와 규모
2. 건축물의 용도제한, 건축물의 건폐율 또는 용적률, 건축물 높이의 최고한도 또는 최저한도

(2) 도시·군계획시설 등의 수용능력

지구단위계획은 도로, 상하수도 등 대통령령으로 정하는 도시·군계획시설의 처리·공급 및 수용능력이 지구단위계획구역에 있는 건축물의 연면적, 수용인구 등 개발밀도와 적절한 조화를 이룰 수 있도록 하여야 한다.

Chapter 05 　도시·군계획시설사업의 시행

📍 **학습포인트**　도시·군관리계획시설사업의 시행과 매수청구에 대해서 이해한다.

1 도시·군계획시설사업의 체계도

공법체계잡기 07　국토계획법의 도시·군계획시설사업 체계도

[(20)년간 사업시행(×) → (20)년이 되는 날의 (다음 날)] **실 효**

도시·군계획시설 결정·고시 → 단계별 집행계획 수립 → 사업시행자 → 실시계획 작성 및 인가신청 → 실시계획 인가·고시 → 시설사업 시행 → 준공검사 → 공사완료 공고

〈수립권자〉

- 원칙: 시·도지사, 대도시 시장
- 예외: 국장

특별시장·광역시장·특별자치시장·특별자치도지사·시장 또는 군수 (도시·군 관할구역의 장)

〈인가권자〉
→ 국장, 시·도지사, 대도시 시장

행정청
- 원칙: 도시·군 관할구역의 장
- 예외: 국가계획 ⇨ 국장
  광역도시계획 ⇨ 도지사

비행정청 : 행정청으로부터 지정받은 자

2 도시·군계획시설

1. 기반시설

(1) 종류

교통시설	도로·철도·항만·공항·주차장·자동차정류장·궤도·차량 검사 및 면허시설
공간시설	광장·공원·녹지·유원지·공공공지
유통·공급시설	유통업무설비, 수도·전기·가스·열공급설비, 방송·통신시설, 공동구·시장, 유류저장 및 송유설비
공공·문화체육시설	학교·공공청사·문화시설·공공필요성이 인정되는 체육시설·연구시설·사회복지시설·공공직업훈련시설·청소년수련시설
방재시설	하천·유수지·저수지·방화설비·방풍설비·방수설비·사방설비·방조설비
보건위생시설	장사시설·도축장·종합의료시설
환경기초시설	하수도·폐기물처리 및 재활용시설·빗물저장 및 이용시설·수질오염방지시설·폐차장

(2) 공동구

① **정의**: 전기·가스·수도 등의 공급설비, 통신시설, 하수도시설 등 지하매설물을 공동 수용함으로써 미관의 개선, 도로구조의 보전 및 교통의 원활한 소통을 위하여 지하에 설치하는 시설물을 말한다.

② **공동구 설치의무자**: 다음에 해당하는 지역·지구·구역 등이 200만m^2를 초과하는 경우에는 해당 지역 등에서 개발사업을 시행하는 자(이하 '사업시행자')는 공동구를 설치하여야 한다.

> ㉠ 「도시개발법」에 따른 도시개발구역
> ㉡ 「택지개발촉진법」에 따른 택지개발지구
> ㉢ 「도시 및 주거환경정비법」에 따른 정비구역
> ㉣ 「경제자유구역의 지정 및 운영에 관한 특별법」에 따른 경제자유구역

③ **공동구 수용의무**: 공동구가 설치된 경우에는 대통령령으로 정하는 바에 따라 공동구에 수용하여야 할 시설이 모두 수용되도록 하여야 한다.

④ **공동구 설치비용 부담**: 공동구의 설치(개량하는 경우를 포함)에 필요한 비용은 「국토의 계획 및 이용에 관한 법률」 또는 다른 법률에 특별한 규정이 있는 경우를 제외하고는 공동구 점용예정자와 사업시행자가 부담한다.

⑤ **공동구 관리의무**: 공동구는 특별시장·광역시장·특별자치시장·특별자치도지사·시장 또는 군수(이하 '공동구관리자')가 관리한다.

⑥ **공동구 안전 및 유지관리계획**: 공동구관리자는 5년마다 해당 공동구의 안전 및 유지관리계획을 대통령령으로 정하는 바에 따라 수립·시행하여야 한다.

⑦ **공동구의 안전점검**: 공동구관리자는 1년에 1회 이상 공동구의 안전점검을 실시하여야 하며, 안전점검결과 이상이 있다고 인정되는 때에는 지체 없이 정밀안전진단·보수·보강 등 필요한 조치를 하여야 한다.

2. 도시·군계획시설

(1) 도시·군계획시설의 의의

① 기반시설 중 도시·군관리계획으로 결정된 시설을 말한다.
② 도시·군계획시설의 결정·구조 및 설치의 기준 등에 필요한 사항은 국토교통부령으로 정한다.

> ➕ 도시·군계획시설사업: 도시·군계획시설사업이란 도시·군계획시설을 설치·정비 또는 개량하는 사업을 말한다.

(2) 기반시설의 설치

① **원칙**: 지상·수상·공중·수중 또는 지하에 기반시설을 설치하려면 그 시설의 종류·명칭·위치·규모 등을 미리 도시·군관리계획으로 결정하여야 한다.

② **예외**: 용도지역·기반시설의 특성 등을 고려하여 대통령령으로 정하는 경우에는 미리 도시·군관리계획으로 결정하지 아니하고 기반시설을 설치할 수 있다.

(3) 도시·군계획시설의 관리

도시·군계획시설의 관리에 관하여 「국토의 계획 및 이용에 관한 법률」 또는 다른 법률에 특별한 규정이 있는 경우를 제외하고는 국가가 관리하는 경우에는 대통령령으로, 지방자치단체가 관리하는 경우에는 그 지방자치단체의 조례로 도시·군계획시설의 관리에 관한 사항을 정한다.

3. 광역시설

(1) 광역시설의 의의

기반시설 중 광역적인 정비체계가 필요한 다음의 시설로서 대통령령으로 정하는 시설을 말한다.

> ① 둘 이상의 특별시·광역시·특별자치시·특별자치도·시 또는 군의 관할 구역에 걸쳐 있는 시설
> ② 둘 이상의 특별시·광역시·특별자치시·특별자치도·시 또는 군이 공동으로 이용하는 시설

(2) 광역시설의 설치 및 관리

① **원칙**: 광역시설의 설치 및 관리는 도시·군계획시설의 설치·관리 규정에 따른다.

② **예외**
  ㉠ **협약 또는 협의회 구성**: 관계 특별시장·광역시장·특별자치시장·특별자치도지사·시장 또는 군수는 협약을 체결하거나 협의회 등을 구성하여 광역시설을 설치·관리할 수 있다.
  ㉡ **법인의 설치·관리**: 국가계획으로 설치하는 광역시설은 그 광역시설의 설치·관리를 사업목적으로 하거나 사업종목으로 하여 다른 법률에 따라 설립된 법인이 설치·관리할 수 있다.

3 도시·군계획시설사업

1. 도시·군계획시설사업의 시행

(1) 단계별 집행계획의 수립

① 수립권자

원칙	특별시장·광역시장·특별자치시장·특별자치도지사·시장 또는 군수는 도시·군계획시설에 대하여 도시·군계획시설결정의 고시일부터 3개월 이내에 대통령령으로 정하는 바에 따라 재원조달계획, 보상계획 등을 포함하는 단계별 집행계획을 수립하여야 한다.
예외	국토교통부장관이나 도지사가 직접 입안한 도시·군관리계획인 경우 국토교통부장관이나 도지사는 단계별 집행계획을 수립하여 해당 특별시장·광역시장·특별자치시장·특별자치도지사·시장 또는 군수에게 송부할 수 있다.

② 단계별 집행계획 구분

제1단계 집행계획	3년 이내에 시행하는 도시·군계획시설사업
제2단계 집행계획	3년 후에 시행하는 도시·군계획시설사업. 단, 특별시장·광역시장·특별자치시장·특별자치도지사·시장 또는 군수는 매년 제2단계 집행계획을 검토하여 3년 이내에 도시·군계획시설사업을 시행할 도시·군계획시설은 이를 제1단계 집행계획에 포함시킬 수 있다.

(2) 도시·군계획시설사업의 시행자

① 행정청인 시행자

㉠ 원칙: 특별시장·광역시장·특별자치시장·특별자치도지사·시장 또는 군수는 「국토의 계획 및 이용에 관한 법률」 또는 다른 법률에 특별한 규정이 있는 경우 외에는 관할 구역의 도시·군계획시설사업을 시행한다.

㉡ 예외

ⓐ **국토교통부장관**: 국가계획과 관련되거나 그 밖에 특히 필요하다고 인정되는 경우에는 관계 특별시장·광역시장·특별자치시장·특별자치도지사·시장 또는 군수의 의견을 들어 직접 도시·군계획시설사업을 시행할 수 있다.

ⓑ **도지사**: 광역도시계획과 관련되거나 특히 필요하다고 인정되는 경우에는 관계 시장 또는 군수의 의견을 들어 직접 도시·군계획시설사업을 시행할 수 있다.

② **비행정청인 시행자**
　㉠ **지정시행자**: 국토교통부장관, 시·도지사, 시장·군수 외의 자는 시행자 지정을 받기 위한 신청서를 제출하여 국토교통부장관, 시·도지사, 시장 또는 군수로부터 시행자로 지정을 받아 도시·군계획시설사업을 시행할 수 있다.
　㉡ **지정요건**: 다음에 해당하지 아니하는 자가 도시·군계획시설사업의 시행자로 지정을 받으려면 도시·군계획시설사업의 대상인 토지(국·공유지는 제외)면적의 3분의 2 이상에 해당하는 토지를 소유하고, 토지소유자 총수의 2분의 1 이상에 해당하는 자의 동의를 얻어야 한다.

> ⓐ 국가·지방자치단체
> ⓑ 공공기관
> ⓒ 「지방공기업법」에 따른 지방공사 및 지방공단

(3) 실시계획의 작성 및 인가
① **실시계획의 작성**
　㉠ 도시·군계획시설사업의 시행자는 해당 도시·군계획시설사업에 관한 실시계획을 작성하여야 한다.
　㉡ 실시계획에는 사업시행에 필요한 설계도서·자금계획 및 시행기간 그 밖에 대통령령으로 정하는 사항을 자세히 밝히거나 첨부하여야 한다.
② **실시계획의 인가**
　㉠ 도시·군계획시설사업의 시행자(국토교통부장관, 시·도지사와 대도시 시장은 제외)가 실시계획을 작성한 때에는 국토교통부장관이 지정한 시행자는 국토교통부장관의 인가를 받아야 한다.
　㉡ 그 밖의 시행자는 시·도지사 또는 대도시 시장의 인가를 받아야 한다.
③ **실시계획의 고시**: 국토교통부장관, 시·도지사 또는 대도시 시장은 실시계획을 작성(변경작성을 포함), 인가(변경인가를 포함), 폐지하거나 실시계획이 효력을 잃은 경우에는 대통령령으로 정하는 바에 따라 그 내용을 고시하여야 한다.

(4) 사업시행을 위한 조치
① **분할시행**: 도시·군계획시설사업의 시행자는 도시·군계획시설사업을 효율적으로 추진하기 위하여 필요하다고 인정되면 사업시행대상지역 또는 대상시설을 둘 이상으로 분할하여 도시·군계획시설사업을 시행할 수 있다.

② **무료 열람**: 도시·군계획시설사업의 시행자는 도시·군계획시설사업을 시행하기 위하여 필요하면 등기소나 그 밖의 관계 행정기관의 장에게 필요한 서류의 열람 또는 복사나 그 등본 또는 초본의 발급을 무료로 청구할 수 있다.

③ **공시송달**: 도시·군계획시설사업의 시행자는 이해관계인에게 서류를 송달할 필요가 있으나 이해관계인의 주소 또는 거소가 불분명하거나 그 밖의 사유로 서류를 송달할 수 없는 경우에는 그 서류의 송달을 갈음하여 그 내용을 공시할 수 있다.

④ **국·공유지의 처분제한**: 도시·군관리계획결정을 고시한 경우에는 국·공유지로서 도시·군계획시설사업에 필요한 토지는 그 도시·군관리계획으로 정하여진 목적 외의 목적으로 매각하거나 양도할 수 없다. 이를 위반한 행위는 무효로 한다.

(5) 공사완료

① **공사완료보고**: 도시·군계획시설사업의 시행자(국토교통부장관, 시·도지사와 대도시 시장은 제외)는 도시·군계획시설사업의 공사를 마친 때에는 공사완료보고서를 작성하여 시·도지사나 대도시 시장의 준공검사를 받아야 한다.

② **준공검사**: 시·도지사나 대도시 시장은 공사완료보고서를 받으면 지체 없이 준공검사를 하여야 한다.

③ **공사완료 공고**: 시·도지사나 대도시 시장은 준공검사를 한 결과 실시계획대로 완료되었다고 인정되는 경우에는 도시·군계획시설사업의 시행자에게 준공검사증명서를 발급하고 공사완료공고를 하여야 한다.

2. 장기미집행 도시·군계획시설 부지의 매수청구

(1) 매수청구권자

도시·군계획시설에 대한 도시·군관리계획결정의 고시일부터 10년 이내에 그 도시·군계획시설의 설치에 관한 도시·군계획시설사업이 시행되지 아니하는 경우 그 도시·군계획시설의 부지로 되어 있는 토지 중 지목이 대(垈)인 토지(그 토지에 있는 건축물 및 정착물을 포함)의 소유자는 대통령령이 정하는 바에 따라 매수의무자에게 그 토지의 매수를 청구할 수 있다.

(2) 매수의무자

① **원칙**: 특별시장·광역시장·특별자치시장·특별자치도지사·시장 또는 군수에게 그 토지의 매수를 청구할 수 있다.

② **예외**: 다음의 경우에는 그에 해당하는 자에게 그 토지의 매수를 청구할 수 있다.

> ⊙ **사업시행자**: 「국토의 계획 및 이용에 관한 법률」에 따라 해당 도시·군계획시설사업의 시행자가 정하여진 경우에는 그 시행자
> ⊙ **설치·관리의무자**: 「국토의 계획 및 이용에 관한 법률」 또는 다른 법률에 따라 도시·군계획시설을 설치하거나 관리하여야 할 의무가 있는 자가 있는 경우에는 그 의무가 있는 자

(3) 매수절차

① **매수 여부 결정 통보**: 매수의무자는 매수청구를 받은 날부터 6개월 이내에 매수 여부를 결정하여 토지소유자와 특별시장·광역시장·특별자치시장·특별자치도지사·시장 또는 군수에게 알려야 한다.

② **매수기간**: 매수하기로 결정한 토지는 매수 결정을 알린 날부터 2년 이내에 매수하여야 한다.

③ **매수가격**: 매수청구된 토지의 매수가격·매수절차 등에 관하여 「국토의 계획 및 이용에 관한 법률」에 특별한 규정이 있는 경우를 제외하고는 「공익사업을 위한 토지 등의 취득 및 보상에 관한 법률」의 규정을 준용한다.

(4) 매수방법

① **원칙**: 매수의무자는 매수청구를 받은 토지를 매수할 때에는 현금으로 그 대금을 지급한다.

② **예외**: 다음의 어느 하나에 해당하는 경우로서 매수의무자가 지방자치단체인 경우에는 도시·군계획시설채권을 발행하여 지급할 수 있다.

> ⊙ 토지소유자가 원하는 경우
> ⊙ 대통령령으로 정하는 부재부동산 소유자의 토지 또는 비업무용 토지로서 매수대금이 3천만원을 초과하는 경우 그 초과하는 금액을 지급하는 경우

③ **상환기간·이율**: 도시·군계획시설채권의 상환기간은 10년 이내로 하며, 그 이율은 채권발행 당시 「은행법」에 따른 인가를 받은 은행 중 전국을 영업으로 하는 은행이 적용하는 1년 만기 정기예금금리의 평균 이상이어야 하며, 구체적인 상환기간과 이율은 특별시·광역시·특별자치시·특별자치도·시 또는 군의 조례로 정한다.

(5) 매수거부 또는 매수지연 시 조치

매수청구를 한 토지의 소유자는 매수의무자가 매수하지 아니하기로 결정한 경우 또는 매수 결정을 알린 날부터 2년이 지날 때까지 그 토지를 매수하지 아니하는 경우에는 허가를 받아 건축물 또는 공작물을 설치할 수 있다.

> **+ 보충** 허가받아 설치 가능한 건축물 또는 공작물
>
> 1. 단독주택으로서 3층 이하인 것
> 2. 제1종 근린생활시설로서 3층 이하인 것
> 3. 제2종 근린생활시설(단란주점, 안마시술소, 노래연습장 및 다중생활시설은 제외)로서 3층 이하인 것
> 4. 공작물

3. 장기미집행 도시·군계획시설사업

(1) 실효

① **실효사유**: 도시·군계획시설결정이 고시된 도시·군계획시설에 대하여 그 고시일부터 20년이 지날 때까지 그 시설의 설치에 관한 도시·군계획시설사업이 시행되지 아니하는 경우 그 도시·군계획시설결정은 그 고시일부터 20년이 되는 날의 다음 날에 그 효력을 잃는다.

② **실효고시**: 도시·군계획시설결정의 효력을 잃은 때에는 실효일자 및 실효사유와 실효된 도시·군계획의 내용을 국토교통부장관은 관보와 국토교통부의 인터넷 홈페이지에, 시·도지사 또는 대도시 시장은 해당 시·도 또는 대도시의 공보와 인터넷 홈페이지에 지체 없이 그 사실을 고시하여야 한다.

(2) 지방의회의 해제권고

① **지방의회보고**: 특별시장·광역시장·특별자치시장·특별자치도지사·시장 또는 군수는 도시·군계획시설결정이 고시된 도시·군계획시설을 설치할 필요성이 없어진 경우 또는 그 고시일부터 10년이 지날 때까지 해당 시설의 설치에 관한 도시·군계획시설사업이 시행되지 아니하는 경우에는 대통령령으로 정하는 바에 따라 그 현황과 단계별 집행계획을 해당 지방의회에 보고하여야 한다.

② **해제권고**: 보고를 받은 지방의회는 대통령령으로 정하는 바에 따라 해당 특별시장·광역시장·특별자치시장·특별자치도지사·시장 또는 군수에게 도시·군계획시설결정의 해제를 권고할 수 있다.

③ **해제결정**: 도시·군계획시설결정의 해제를 권고받은 특별시장·광역시장·특별자치시장·특별자치도지사·시장 또는 군수는 상위계획과의 연관성, 단계별 집행계획, 교통, 환경 및 주민 의사 등을 고려하여 해제할 수 없다고 인정하는 특별한 사유가 있는 경우를 제외하고는 해제 권고를 받은 날부터 1년 이내에 해제를 위한 도시·군관리계획을 결정하여야 한다.

④ **해제신청**: 도시·군계획시설결정의 고시일부터 10년 이내에 그 도시·군계획시설의 설치에 관한 도시·군계획시설사업이 시행되지 아니한 경우로서 단계별 집행계획상 해당 도시·군계획시설의 실효 시까지 집행계획이 없는 경우에는 그 도시·군계획시설 부지로 되어 있는 토지의 소유자는 대통령령으로 정하는 바에 따라 해당 도시·군계획시설에 대한 도시·군관리계획 입안권자에게 그 토지의 도시·군계획시설결정 해제를 위한 도시·군관리계획 입안을 신청할 수 있다.

Chapter 06 개발행위의 허가 등

◎ **학습포인트** 허가대상 개발행위를 암기한다.

1 개발행위허가 체계도

공법체계잡기 08 국토계획법의 개발행위허가 체계도

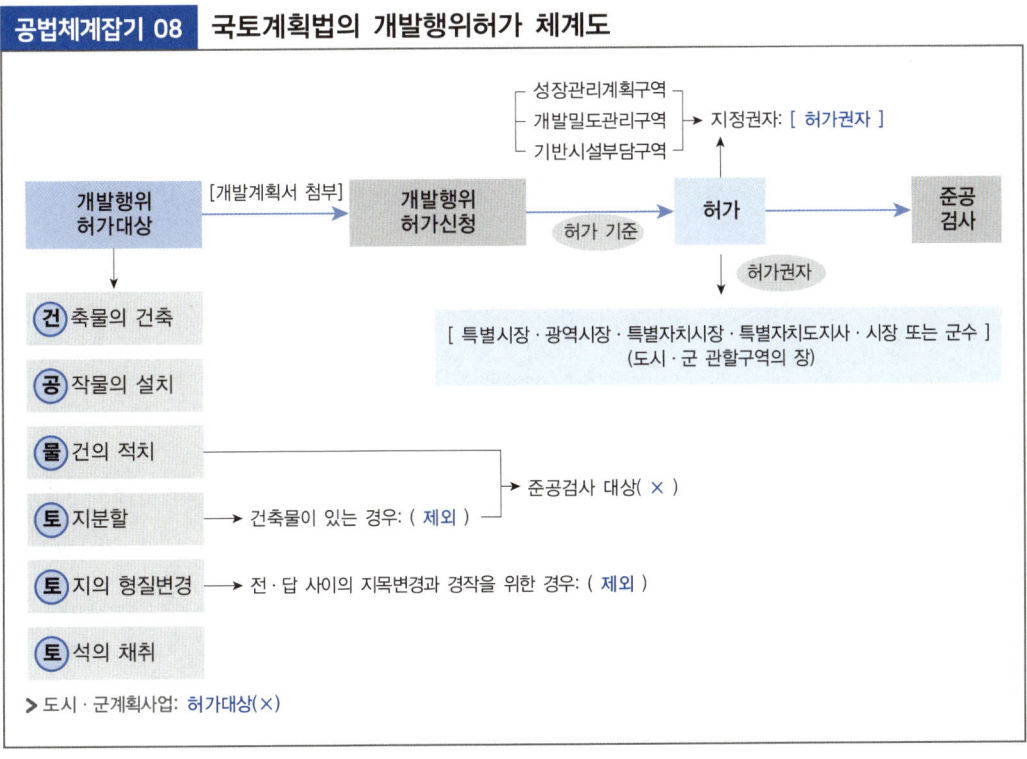

2 개발행위허가

1. 개발행위

(1) 허가대상

다음의 개발행위를 하고자 하는 자는 특별시장·광역시장·특별자치시장·특별자치도지사·시장 또는 군수의 허가를 받아야 한다. 단, 도시·군계획사업에 의하는 경우는 제외한다.

> ① 건축물의 건축 또는 공작물의 설치: 「건축법」상 건축물의 건축과 인공을 가하여 제작한 시설물의 설치
> ② 토지의 형질변경: 절토(땅깎기)·성토(흙쌓기)·정지(땅고르기)·포장 등의 방법으로 토지의 형상을 변경하는 행위와 공유수면의 매립(경작을 위한 경우로서 대통령령으로 정하는 토지의 형질변경은 제외)
> ③ 토석채취: 흙·모래·자갈·바위 등의 토석을 채취하는 행위(토지의 형질변경을 목적으로 하는 것은 제외)
> ④ 토지분할(건축물이 있는 대지는 제외)
>   ㉠ 녹지지역·관리지역·농림지역 및 자연환경보전지역 안에서 관계 법령에 따른 허가·인가 등을 받지 아니하고 행하는 토지의 분할
>   ㉡ 「건축법」에 따른 분할제한면적 미만으로의 토지의 분할
>   ㉢ 관계 법령에 의한 허가·인가 등을 받지 아니하고 행하는 너비 5m 이하로의 토지의 분할
> ⑤ 물건을 쌓아놓는 행위: 녹지지역·관리지역 또는 자연환경보전지역 안에서 「건축법」에 따라 사용승인을 받은 건축물의 울타리 안에 위치하지 아니한 토지에 물건을 1개월 이상 쌓아놓는 행위

(2) 허가 없이 가능한 대상

① 재해복구 또는 재난수습을 위한 응급조치. 다만, 이 경우에는 1개월 이내에 특별시장·광역시장·특별자치시장·특별자치도지사·시장 또는 군수에게 이를 신고하여야 한다.
② 「건축법」에 의하여 신고하고 설치할 수 있는 건축물의 개축·증축 또는 재축과 이에 필요한 범위 안에서의 토지의 형질변경
③ 그 밖에 대통령령으로 정하는 경미한 행위

2. 개발행위허가의 절차

(1) 개발행위허가 신청
① 개발행위를 하려는 자는 그 개발행위에 따른 기반시설의 설치나 그에 필요한 용지의 확보, 위해(危害) 방지, 환경오염 방지, 경관, 조경 등에 관한 계획서를 첨부한 신청서를 개발행위허가권자에게 제출하여야 한다.
② 개발밀도관리구역 안에서는 기반시설의 설치나 그에 필요한 용지의 확보에 관한 계획서를 제출하지 아니한다.
③ 「건축법」의 적용을 받는 건축물의 건축 또는 공작물의 설치를 하려는 자는 「건축법」에서 정하는 절차에 따라 신청서류를 제출하여야 한다.

(2) 개발행위허가의 기준
특별시장·광역시장·특별자치시장·특별자치도지사·시장 또는 군수는 개발행위허가의 신청 내용이 다음의 기준에 맞는 경우에만 개발행위허가 또는 변경허가를 하여야 한다.

> ① 용도지역별 특성을 고려하여 대통령령으로 정하는 개발행위의 규모에 적합할 것. 다만, 개발행위가 「농어촌정비법」에 따른 농어촌정비사업으로 이루어지는 경우 등 대통령령으로 정하는 경우에는 개발행위 규모의 제한을 받지 아니한다.
> ② 도시·군관리계획 및 성장관리계획의 내용에 어긋나지 아니할 것
> ③ 도시·군계획사업의 시행에 지장이 없을 것
> ④ 주변지역의 토지이용실태 또는 토지이용계획, 건축물의 높이, 토지의 경사도, 수목의 상태, 물의 배수, 하천·호소·습지의 배수 등 주변환경이나 경관과 조화를 이룰 것
> ⑤ 해당 개발행위에 따른 기반시설의 설치나 그에 필요한 용지의 확보계획이 적절할 것

■ 개발행위허가의 규모(단위: m² 미만)

주거지역	상업지역	공업지역	녹지지역			관리지역	농림지역	자연환경보전지역
			보전	자연	생산			
1만	1만	3만	5천	1만	1만	3만	3만	5천

(3) 의견청취
① **도시·군계획사업시행자의 의견청취**: 특별시장·광역시장·특별자치시장·특별자치도지사·시장 또는 군수는 개발행위허가 또는 변경허가를 하려면 그 개발행위가 도시·군계획사업의 시행에 지장을 주는지에 관하여 해당 지역에서 시행되는 도시·군계획사업의 시행자의 의견을 들어야 한다.

② **공공시설관리청의 의견청취**: 특별시장·광역시장·특별자치시장·특별자치도지사·시장 또는 군수는 공공시설의 귀속에 관한 사항이 포함된 개발행위허가를 하려면 미리 해당 공공시설이 속한 관리청의 의견을 들어야 한다.

(4) 조건부 허가
① 특별시장·광역시장·특별자치시장·특별자치도지사·시장 또는 군수는 개발행위허가를 하는 경우에는 그 개발행위에 따른 기반시설의 설치 또는 그에 필요한 용지의 확보, 위해 방지, 환경오염 방지, 경관, 조경 등에 관한 조치를 할 것을 조건으로 개발행위허가를 할 수 있다.
② 개발행위허가에 조건을 붙이려는 때에는 미리 개발행위허가를 신청한 자의 의견을 들어야 한다.

(5) 이행보증금
① **원칙**: 이행을 보증하기 위하여 개발행위허가(다른 법률에 따라 개발행위허가가 의제되는 협의를 거친 인가·허가·승인 등을 포함)를 받는 자로 하여금 이행보증금을 예치하게 할 수 있다.
② **예외**: 다음의 어느 하나에 해당하는 경우에는 이행보증금을 예치하지 않아도 된다.

> ㉠ 국가 또는 지방자치단체가 시행하는 개발행위
> ㉡ 「공공기관의 운영에 관한 법률」에 따른 공공기관 중 대통령령으로 정하는 기관이 시행하는 개발행위
> ㉢ 그 밖에 해당 지방자치단체의 조례가 정하는 공공단체가 시행하는 개발행위

③ **위반자에 대한 조치**: 특별시장·광역시장·특별자치시장·특별자치도지사·시장 또는 군수는 개발행위허가를 받지 아니하고 개발행위를 하거나 허가내용과 다르게 개발행위를 하는 자에 대하여는 그 토지의 원상회복을 명할 수 있다.

(6) 준공검사
다음의 개발행위허가를 받은 자는 그 개발행위를 마치면 국토교통부령으로 정하는 바에 따라 특별시장·광역시장·특별자치시장·특별자치도지사·시장 또는 군수의 준공검사를 받아야 한다.

> ① 건축물의 건축 또는 공작물의 설치(건축법에 따른 건축물의 사용승인을 받은 경우에는 제외)
> ② 토지의 형질변경
> ③ 토석의 채취

3. 개발행위허가의 제한

(1) 대상지역 및 제한기간

① 국토교통부장관, 시·도지사, 시장 또는 군수는 다음에 해당되는 지역으로서 도시·군관리계획상 특히 필요하다고 인정되는 지역에 대해서는 대통령령으로 정하는 바에 따라 중앙도시계획위원회나 지방도시계획위원회의 심의를 거쳐 한 차례만 3년 이내의 기간 동안 개발행위허가를 제한할 수 있다.

> ㉠ 녹지지역이나 계획관리지역으로서 수목이 집단적으로 자라고 있거나 조수류 등이 집단적으로 서식하고 있는 지역 또는 우량 농지 등으로 보전할 필요가 있는 지역
> ㉡ 개발행위로 인하여 주변의 환경·경관·미관 및 국가유산 등이 크게 오염되거나 손상될 우려가 있는 지역
> ㉢ 지구단위계획구역으로 지정된 지역
> ㉣ 기반시설부담구역으로 지정된 지역
> ㉤ 도시·군기본계획이나 도시·군관리계획을 수립하고 있는 지역으로서 그 도시·군기본계획이나 도시·군관리계획이 결정될 경우 용도지역·용도지구 또는 용도구역의 변경이 예상되고 그에 따라 개발행위허가의 기준이 크게 달라질 것으로 예상되는 지역

② 위 ①의 ㉢부터 ㉤까지에 해당하는 지역에 대해서는 중앙도시계획위원회나 지방도시계획위원회의 심의를 거치지 아니하고 한 차례만 2년 이내의 기간 동안 개발행위허가의 제한을 연장할 수 있다.

(2) 제한절차

① **심의**: 개발행위허가를 제한하고자 하는 자가 국토교통부장관인 경우에는 중앙도시계획위원회의 심의를 거쳐야 하며, 시·도지사 또는 시장·군수인 경우에는 해당 지방자치단체에 설치된 지방도시계획위원회의 심의를 거쳐야 한다.

② **고시**: 국토교통부장관, 시·도지사, 시장 또는 군수는 개발행위허가를 제한하려면 대통령령으로 정하는 바에 따라 제한지역·제한사유·제한대상행위 및 제한기간을 미리 고시하여야 한다.

4. 개발행위에 따른 공공시설 귀속

행정청이 개발행위허가를 받은 경우(다른 법률에 따라 개발행위허가가 의제되는 협의를 거친 인가·허가·승인 등을 포함)	「국유재산법」및 「공유재산 및 물품 관리법」의 규정에 불구	새로 설치된 공공시설	그 시설을 관리할 관리청에 무상으로 귀속된다.
		종래의 공공시설	개발행위허가를 받은 자에게 무상으로 귀속된다.
행정청이 아닌 자가 개발행위허가를 받은 경우		새로 설치한 공공시설	그 시설을 관리할 관리청에 무상으로 귀속된다.
		개발행위로 인하여 용도가 폐지되는 공공시설	새로 설치한 공공시설의 설치비용에 상당하는 범위에서 개발행위허가를 받은 자에게 무상으로 양도할 수 있다.

3 성장관리계획구역·개발밀도관리구역·기반시설부담구역

1. 성장관리계획구역

(1) 성장관리계획구역의 지정

① **대상지역**: 특별시장·광역시장·특별자치시장·특별자치도지사·시장 또는 군수는 녹지지역, 관리지역, 농림지역 및 자연환경보전지역 중 다음의 어느 하나에 해당하는 지역의 전부 또는 일부에 대하여 성장관리계획구역을 지정할 수 있다.

> ㉠ 개발수요가 많아 무질서한 개발이 진행되고 있거나 진행될 것으로 예상되는 지역
> ㉡ 주변의 토지이용이나 교통여건 변화 등으로 향후 시가화가 예상되는 지역
> ㉢ 주변지역과 연계하여 체계적인 관리가 필요한 지역
> ㉣ 지역·지구 등의 변경으로 토지이용에 대한 행위제한이 완화되는 지역

② **지방의회의견 및 심의**: 특별시장·광역시장·특별자치시장·특별자치도지사·시장 또는 군수는 성장관리계획구역을 지정하거나 이를 변경하려면 대통령령으로 정하는 바에 따라 미리 주민과 해당 지방의회의 의견을 들어야 하며, 관계 행정기관과의 협의 및 지방도시계획위원회의 심의를 거쳐야 한다.

③ **의견제시**: 특별시·광역시·특별자치시·특별자치도·시 또는 군의 의회는 특별한 사유가 없으면 60일 이내에 특별시장·광역시장·특별자치시장·특별자치도지사·시장 또는 군수에게 의견을 제시하여야 하며, 그 기한까지 의견을 제시하지 아니하면 의견이 없는 것으로 본다.

④ **고시·열람**: 특별시장·광역시장·특별자치시장·특별자치도지사·시장 또는 군수가 성장관리계획구역을 지정하거나 이를 변경한 경우에는 관계 행정기관의 장에게 관계 서류를 송부하여야 하며, 대통령령으로 정하는 바에 따라 이를 고시하고 일반인이 열람할 수 있도록 하여야 한다.

(2) 성장관리계획의 수립

① **수립내용**: 특별시장·광역시장·특별자치시장·특별자치도지사·시장 또는 군수는 성장관리계획구역을 지정할 때에는 다음의 사항 중 그 성장관리계획구역의 지정목적을 이루는 데 필요한 사항을 포함하여 성장관리계획을 수립하여야 한다.

> ㉠ 도로, 공원 등 기반시설의 배치와 규모에 관한 사항
> ㉡ 건축물의 용도제한, 건축물의 건폐율 또는 용적률
> ㉢ 건축물의 배치, 형태, 색채 및 높이
> ㉣ 환경관리 및 경관계획

② **건폐율 완화**: 성장관리계획구역에서는 다음의 구분에 따른 범위에서 성장관리계획으로 정하는 바에 따라 특별시·광역시·특별자치시·특별자치도·시 또는 군의 조례로 정하는 비율까지 건폐율을 완화하여 적용할 수 있다.

> ㉠ 계획관리지역: 50% 이하
> ㉡ 생산관리지역·농림지역 및 자연녹지지역·생산녹지지역: 30% 이하

③ **용적률 완화**: 성장관리계획구역 내 계획관리지역에서는 125% 이하의 범위에서 성장관리계획으로 정하는 바에 따라 특별시·광역시·특별자치시·특별자치도·시 또는 군의 조례로 정하는 비율까지 용적률을 완화하여 적용할 수 있다.

2. 개발밀도관리구역

(1) 개발밀도관리구역의 지정

① **지정권자**: 특별시장·광역시장·특별자치시장·특별자치도지사·시장 또는 군수는 주거·상업 또는 공업지역에서의 개발행위로 기반시설(도시·군계획시설을 포함)의 처리·공급 또는 수용능력이 부족할 것으로 예상되는 지역 중 기반시설의 설치가 곤란한 지역을 개발밀도관리구역으로 지정할 수 있다.

② **지정기준**: 개발밀도관리구역의 지정기준, 개발밀도관리구역의 관리 등에 관하여 필요한 사항은 국토교통부장관이 정한다.

(2) 지정절차

① **심의**: 특별시장·광역시장·특별자치시장·특별자치도지사·시장 또는 군수는 개발밀도관리구역을 지정하거나 변경하려면 해당 지방자치단체에 설치된 지방도시계획위원회의 심의를 거쳐야 한다.

② **고시**: 특별시장·광역시장·특별자치시장·특별자치도지사·시장 또는 군수는 개발밀도관리구역을 지정하거나 변경한 경우에는 이를 해당 지방자치단체의 공보에 게재하는 방법에 의하여 고시하여야 한다.

③ **지정·고시의 효과**: 특별시장·광역시장·특별자치시장·특별자치도지사·시장 또는 군수는 개발밀도관리구역 안에서는 대통령령으로 정하는 범위 안에서 건폐율 또는 용적률을 강화하여 적용한다.

3. 기반시설부담구역

(1) 기반시설부담구역의 지정절차

① **지정대상지역**: 특별시장·광역시장·특별자치시장·특별자치도지사·시장 또는 군수는 다음에 해당하는 지역에 대하여는 기반시설부담구역으로 지정하여야 한다.

> ㉠ 「국토의 계획 및 이용에 관한 법률」 또는 다른 법령의 제정·개정으로 인하여 행위제한이 완화되거나 해제되는 지역
> ㉡ 「국토의 계획 및 이용에 관한 법률」 또는 다른 법령에 따라 지정된 용도지역 등이 변경되거나 해제되어 행위제한이 완화되는 지역
> ㉢ 특별시장·광역시장·특별자치시장·특별자치도지사·시장 또는 군수가 기반시설의 설치가 필요하다고 인정하는 지역으로서 대통령령으로 정하는 지역

② **주민의견청취**: 특별시장·광역시장·특별자치시장·특별자치도지사·시장 또는 군수는 기반시설부담구역을 지정 또는 변경하려면 주민의 의견을 들어야 한다.

③ **심의 및 고시**: 해당 지방자치단체에 설치된 지방도시계획위원회의 심의를 거쳐 기반시설부담구역의 명칭·위치·면적 및 지정일자와 관계 도서의 열람방법을 해당 지방자치단체의 공보와 인터넷 홈페이지에 고시하여야 한다.

(2) 기반시설설치계획

① **수립**: 특별시장·광역시장·특별자치시장·특별자치도지사·시장 또는 군수는 기반시설부담구역이 지정되면 기반시설설치계획을 수립하여야 하며, 이를 도시·군관리계획에 반영하여야 한다.

② **구역의 해제의제**: 기반시설부담구역의 지정고시일부터 1년이 되는 날까지 기반시설설치계획을 수립하지 아니하면 그 1년이 되는 날의 다음 날에 기반시설부담구역의 지정은 해제된 것으로 본다.

③ **구역의 지정기준**: 기반시설부담구역의 지정기준 등에 관하여 필요한 사항은 국토교통부장관이 정한다.

(3) 기반시설설치비용

① **부과대상**: 기반시설부담구역에서 기반시설설치비용의 부과대상인 건축행위는 단독주택 및 숙박시설 등 대통령령으로 정하는 시설로서 200m^2(기존 건축물의 연면적을 포함)를 초과하는 건축물의 신축·증축 행위로 한다.

② **납부의무자**: 기반시설부담구역에서 기반시설설치비용의 부과대상인 건축행위를 하는 자는 기반시설설치비용을 내야 한다.

③ **감면**: 납부의무자가 기반시설을 설치하거나 그에 필요한 용지를 확보한 경우 또는 원인자 부담금 등 대통령령으로 정하는 비용을 납부한 경우에는 「국토의 계획 및 이용에 관한 법률」에 따른 기반시설설치비용에서 감면한다.

④ **납부시기**: 특별시장·광역시장·특별자치시장·특별자치도지사·시장 또는 군수는 납부의무자가 국가 또는 지방자치단체로부터 건축허가를 받은 날부터 2개월 이내에 기반시설설치비용을 부과하여야 하고, 납부의무자는 사용승인신청 시까지 이를 납부하여야 한다.

⑤ **강제징수**: 특별시장·광역시장·특별자치시장·특별자치도지사·시장 또는 군수는 납부의무자가 기반시설설치비용을 내지 아니하는 경우에는 「지방행정제재·부과금의 징수 등에 관한 법률」에 따라 징수할 수 있다.

PART 2 **도시개발법**

도시개발사업과 관련된 절차를 주된 내용으로 규정하고 있는 법으로서 총 40문제 중 6문제가 출제됩니다. 도시개발사업의 시행을 중심으로 학습하여야 하고, 환지계획, 환지예정지 지정의 효과 및 환지처분의 효과 등을 집중적으로 학습하여야 합니다.

Chapter 01 총칙

학습포인트 용어의 개념을 이해하고, 체계를 잡는다.

1 제정 목적

「도시개발법」은 도시개발에 필요한 사항을 규정하여 계획적이고 체계적인 도시개발을 도모하고 쾌적한 도시환경의 조성과 공공복리의 증진에 이바지함을 목적으로 한다.

2 용어의 정의

(1) 도시개발에 관한 용어
① **도시개발구역**: 도시개발사업을 시행하기 위하여 지정·고시된 구역을 말한다.
② **도시개발사업**: 도시개발구역에서 주거, 상업, 산업, 유통, 정보통신, 생태, 문화, 보건 및 복지 등의 기능이 있는 단지 또는 시가지를 조성하기 위하여 시행하는 사업을 말한다.

(2) 환지에 관한 용어
① **환지**(換地): 도시개발사업에 의하여 토지구획정리를 실시할 때 필연적으로 발생하는 인접토지와의 교환분을 말한다.
② **환지계획**(換地計劃): 도시개발사업의 시행 시 환지방식에 의하여 사업을 시행하고자 하는 경우 시행자가 미리 계획하는 것을 환지계획이라 한다. 시행자는 환지계획을 작성하는 때에는 환지계획구역별로 이를 작성하여야 하며, 환지계획구역 안의 기존 시가지, 주택밀집지역 및 지목별 이용현황과 공공시설의 이용도 등을 고려하여야 한다.

③ **환지처분**(換地處分): 도시개발사업을 실시함에 있어서 종전의 토지에 관한 소유권 및 기타의 권리를 보유하는 자에게 종전의 토지를 대신하여 정연(整然)하게 구획된 토지를 할당하고, 종국적으로 이를 귀속시키는 처분이다.

④ **보류지**(保留地): 토지구획정리사업 등을 시행하면서, 규약·정관·시행규정 또는 실시계획으로 정하는 목적을 위하여 일정한 토지를 환지로 정하지 않고 남겨 둔 토지를 말한다. 이에 대해 체비지(替費地)는 사업비용의 일부에 충당하기 위해 환지로 정하지 않고 남겨 둔 일정한 토지를 말한다.

3 도시개발사업 체계도

공법체계잡기 09 도시개발법의 도시개발사업 체계도

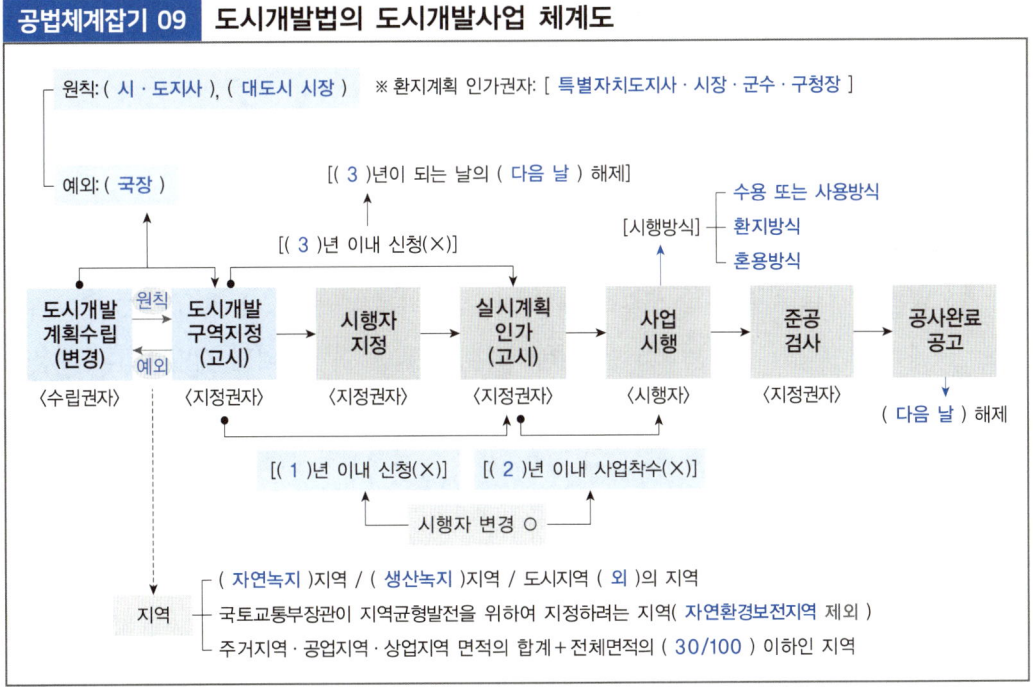

Chapter 02 개발계획 및 도시개발구역의 지정

> **학습포인트** 개발계획의 수립시기를 이해하고, 도시개발구역 지정권자에 대해 정리한다.

1 개발계획의 수립

(1) 개발계획의 수립권자
① 도시개발구역의 지정권자가 도시개발사업의 계획을 수립한다.
② 도시개발구역의 지정권자는 직접 또는 관계 중앙행정기관의 장 또는 시장(대도시 시장은 제외)·군수·구청장 또는 도시개발사업의 시행자의 요청을 받아 개발계획을 변경할 수 있다.

■ 도시개발구역의 지정권자

1. 원칙: 시·도지사, 대도시 시장   ※ 시장·군수(×)
2. 예외: 국토교통부장관

(2) 개발계획의 수립기준
① **부합**: 「국토의 계획 및 이용에 관한 법률」에 따른 광역도시계획이나 도시·군기본계획이 수립되어 있는 지역에 대하여 개발계획을 수립하려면 개발계획의 내용이 해당 광역도시계획이나 도시·군기본계획에 들어맞도록 하여야 한다.
② **작성기준**: 개발계획의 작성 기준 및 방법은 국토교통부장관이 정한다.

(3) 개발계획의 수립시기
① **원칙**: 도시개발구역의 지정권자는 도시개발구역을 지정하려면 해당 도시개발구역에 대한 도시개발사업의 계획을 수립하여야 한다(선 계획 ⇨ 후 구역).
② **예외**: 개발계획을 공모하거나 대통령령으로 정하는 다음의 지역에 도시개발구역을 지정할 때에는 도시개발구역을 지정한 후에 개발계획을 수립할 수 있다(선 구역 ⇨ 후 계획).

> ㉠ 자연녹지지역
> ㉡ 생산녹지지역(생산녹지지역이 도시개발구역 지정면적의 100분의 30 이하인 경우만 해당)
> ㉢ 도시지역 외의 지역
> ㉣ 국토교통부장관이 지역균형발전을 위하여 관계 중앙행정기관의 장과 협의하여 도시개발구역으로 지정하려는 지역(자연환경보전지역은 제외)

ⓜ 해당 도시개발구역에 포함되는 주거지역·상업지역·공업지역의 면적의 합계가 전체 도시개발구역 지정면적의 100분의 30 이하인 지역

2 도시개발구역의 지정

(1) 지정권자

① **원칙**: 시·도지사 또는 대도시 시장
   ㉠ 다음의 어느 하나에 해당하는 자는 계획적인 도시개발이 필요하다고 인정되면 도시개발구역을 지정할 수 있다.

   > ⓐ 특별시장·광역시장·도지사·특별자치도지사(이하 '시·도지사')
   > ⓑ 「지방자치법」에 따른 서울특별시와 광역시를 제외한 인구 50만명 이상의 대도시의 시장(이하 '대도시 시장')

   ㉡ 도시개발사업이 필요하다고 인정되는 지역이 둘 이상의 특별시·광역시·도·특별자치도(이하 '시·도') 또는 「지방자치법」에 따라 서울특별시와 광역시를 제외한 인구 50만 이상의 대도시(이하 '대도시')의 행정구역에 걸치는 경우에는 관계 시·도지사 또는 대도시 시장이 협의하여 도시개발구역을 지정할 자를 정한다.

② **예외**: 국토교통부장관은 다음의 어느 하나에 해당하면 도시개발구역을 지정할 수 있다.

   > ㉠ 국가가 도시개발사업을 실시할 필요가 있는 경우
   > ㉡ 관계 중앙행정기관의 장이 요청하는 경우
   > ㉢ 공공기관의 장 또는 정부출연기관의 장이 30만m^2 이상으로서 국가계획과 밀접한 관련이 있는 도시개발구역의 지정을 제안하는 경우
   > ㉣ 둘 이상의 시·도 또는 대도시의 행정구역에 걸치는 경우 시·도지사 또는 대도시 시장의 협의가 성립하지 아니하는 경우
   > ㉤ 천재지변, 그 밖의 사유로 인하여 도시개발사업을 긴급하게 할 필요가 있는 경우

   ■ **대통령령으로 정하는 정부출연기관**

   > 1. 「국가철도공단법」에 따른 국가철도공단(역세권의 개발 및 이용에 관한 법률에 따른 역세권개발사업을 시행하는 경우에만 해당)
   > 2. 「제주특별자치도 설치 및 국제자유도시 조성을 위한 특별법」에 따른 제주국제자유도시개발센터(제주특별자치도에서 개발사업을 하는 경우에만 해당)

(2) 도시개발구역의 지정 제안* 및 요청*

① **지정 제안**: 국가·지방자치단체·조합을 제외한 도시개발사업 시행자로 지정될 수 있는 자는 특별자치도지사·시장·군수 또는 구청장에게 도시개발구역의 지정을 제안할 수 있다.

② **지정 요청**: 시장(대도시 시장은 제외)·군수 또는 구청장은 대통령령으로 정하는 바에 따라 시·도지사에게 도시개발구역의 지정을 요청할 수 있다.

> **용어 정리**
>
> *제안
> 비행정청이 특정 행정청에게 일정한 행정처분 등을 요구하는 행위를 말한다.
>
> *요청
> 권한 없는 행정청이 권한 있는 행정청에게 일정한 행정처분 등을 요구하는 행위를 말한다.

3 도시개발구역의 지정절차

(1) 기초조사

도시개발사업의 시행자나 시행자가 되려는 자는 도시개발구역을 지정하거나 도시개발구역의 지정을 요청 또는 제안하려고 할 때에는 도시개발구역으로 지정될 구역의 토지, 건축물, 공작물, 주거 및 생활실태, 주택수요, 그 밖에 필요한 사항에 관하여 대통령령으로 정하는 바에 따라 조사하거나 측량할 수 있다.

(2) 주민 등의 의견청취

① 국토교통부장관, 시·도지사 또는 대도시 시장이 도시개발구역을 지정하려고 하거나 대도시 시장이 아닌 시장·군수 또는 구청장이 도시개발구역의 지정을 요청하려고 하는 경우에는 공람이나 공청회를 통하여 주민이나 관계 전문가 등으로부터 의견을 들어야 한다.

② 공람이나 공청회에서 제시된 의견이 타당하다고 인정되면 이를 반영하여야 한다.

(3) 협의·심의

지정권자는 도시개발구역을 지정하거나 도시개발구역 지정 후 개발계획을 수립하려면 관계 행정기관의 장과 협의한 후 중앙도시계획위원회 또는 시·도도시계획위원회나 대도시에 두는 대도시도시계획위원회의 심의를 거쳐야 한다.

(4) 고시·공람

① 지정권자는 도시개발구역을 지정하거나 개발계획을 수립한 경우에는 이를 관보나 공보에 고시한다.
② 대도시 시장인 지정권자는 관계 서류를 일반에게 공람시켜야 하며, 대도시 시장이 아닌 지정권자는 해당 도시개발구역을 관할하는 시장(대도시 시장은 제외)·군수 또는 구청장에게 관계 서류의 사본을 보내야 한다.
③ 지정권자인 특별자치도지사와 관계 서류를 송부받은 시장(대도시 시장은 제외)·군수 또는 구청장은 해당 관계 서류를 일반인에게 공람시켜야 한다.

4 도시개발구역의 지정 효과

(1) 도시지역 등의 결정·고시 의제

① 도시개발구역이 지정·고시된 경우 해당 도시개발구역은 「국토의 계획 및 이용에 관한 법률」에 따른 도시지역과 대통령령으로 정하는 지구단위계획구역으로 결정되어 고시된 것으로 본다.
② 「국토의 계획 및 이용에 관한 법률」에 따라 도시지역 외의 지역에 지정된 지구단위계획구역 및 취락지구로 지정된 지역인 경우에는 그러하지 아니하다.

(2) 도시개발구역에서의 행위제한

① 개발행위 허가
   ㉠ 원칙: 도시개발구역 지정에 관한 주민 등의 의견청취를 위한 공고가 있는 지역 및 도시개발구역에서 다음의 행위를 하려는 자는 특별시장·광역시장·특별자치도지사·시장 또는 군수의 허가를 받아야 한다.

> ⓐ 건축물의 건축 등: 「건축법」에 따른 건축물(가설건축물을 포함)의 건축, 대수선 또는 용도변경
> ⓑ 공작물의 설치: 인공을 가하여 제작한 시설물(건축법에 따른 건축물은 제외)의 설치
> ⓒ 토지의 형질변경: 절토(땅깎기)·성토(흙쌓기)·정지·포장 등의 방법으로 토지의 형상을 변경하는 행위, 토지의 굴착 또는 공유수면의 매립
> ⓓ 토석의 채취: 흙·모래·자갈·바위 등의 토석을 채취하는 행위
> ⓔ 토지분할
> ⓕ 물건을 쌓아놓는 행위: 옮기기 쉽지 아니한 물건을 1개월 이상 쌓아놓는 행위
> ⓖ 죽목의 벌채 및 식재

ⓒ 예외: 다음의 어느 하나에 해당하는 행위는 허가를 받지 아니하고 할 수 있다.

> ⓐ 재해복구 또는 재난수습에 필요한 응급조치를 위하여 하는 행위
> ⓑ 그 밖에 대통령령으로 정하는 행위

② **시행자의 의견청취**: 특별시장·광역시장·특별자치도지사·시장 또는 군수는 행위에 대한 허가를 하려는 경우에 시행자가 이미 지정되어 있으면 미리 그 시행자의 의견을 들어야 한다.

5 도시개발구역의 지정 해제

(1) 해제사유

① **원칙**: 도시개발구역의 지정은 다음의 어느 하나에 규정된 날의 다음 날에 해제된 것으로 본다.

> ⊙ 도시개발구역이 지정·고시된 날부터 3년이 되는 날까지 도시개발사업에 관한 실시계획의 인가를 신청하지 아니하는 경우에는 그 3년이 되는 날
> ⓒ 도시개발사업의 공사완료(환지방식에 따른 사업인 경우에는 그 환지처분)의 공고일

② **예외**: 도시개발구역 지정 후 개발계획을 수립하는 경우에는 다음의 어느 하나에 규정된 날의 다음 날에 도시개발구역의 지정이 해제된 것으로 본다.

> ⊙ 도시개발구역이 지정·고시된 날부터 2년이 되는 날까지 개발계획을 수립·고시하지 아니하는 경우에는 그 2년이 되는 날. 다만, 도시개발구역의 면적이 330만㎡ 이상인 경우에는 5년으로 한다.
> ⓒ 개발계획을 수립·고시한 날부터 3년이 되는 날까지 실시계획의 인가를 신청하지 아니하는 경우에는 그 3년이 되는 날. 다만, 도시개발구역의 면적이 330만㎡ 이상인 경우에는 5년으로 한다.

(2) 용도지역 등의 환원

① 도시개발구역의 지정이 해제의제된 경우에는 그 도시개발구역에 대한 「국토의 계획 및 이용에 관한 법률」에 따른 용도지역 및 지구단위계획구역은 해당 도시개발구역 지정 전의 용도지역 및 지구단위계획구역으로 각각 환원되거나 폐지된 것으로 본다.
② 도시개발사업의 공사완료(환지방식에 의한 사업인 경우에는 그 환지처분)로 인해 그 공고일의 다음 날에 도시개발구역의 지정이 해제의제된 경우에는 환원되거나 폐지된 것으로 보지 아니한다.

Chapter 03 도시개발사업의 시행

학습포인트 도시개발조합과 도시개발방식의 각 종류별 특징에 대해 정리한다.

1 도시개발사업의 시행자

1. 지정권자 지정 사업시행자

(1) 사업시행자 분류

① 공공시행자

> ㉠ 국가나 지방자치단체
> ㉡ 공공기관(한국토지주택공사, 한국수자원공사, 한국농어촌공사, 한국관광공사, 한국철도공사, 매입공공기관, 한국공항공사)
> ㉢ 정부출연기관
>   ⓐ 국가철도공단(역세권개발사업을 시행하는 경우에만 해당)
>   ⓑ 제주국제자유도시개발센터(제주특별자치도에서 개발사업을 하는 경우에만 해당)
> ㉣ 「지방공기업법」에 따라 설립된 지방공사

② 민간시행자

> ㉠ 도시개발구역의 토지소유자
> ㉡ 도시개발구역의 토지소유자가 도시개발을 위하여 설립한 조합(도시개발사업의 전부를 환지방식으로 시행하는 경우에만 해당)
> ㉢ 「수도권정비계획법」에 따른 과밀억제권역에서 수도권 외의 지역으로 이전하는 법인 중 과밀억제권역의 사업 기간 등 대통령령으로 정하는 요건에 해당하는 법인
> ㉣ 「주택법」에 따라 등록한 자 중 도시개발사업을 시행할 능력이 있다고 인정되는 자
> ㉤ 「건설산업기본법」에 따른 토목공사업 또는 토목건축공사업의 면허를 받는 등 개발계획에 맞게 도시개발사업을 시행할 능력이 있다고 인정되는 자
> ㉥ 「부동산개발업의 관리 및 육성에 관한 법률」에 따라 등록한 부동산개발업자
> ㉦ 「부동산투자회사법」에 따라 설립된 자기관리부동산투자회사 또는 위탁관리부동산투자회사

(2) 전부 환지방식일 경우 시행자

① **원칙**: 도시개발구역의 전부를 환지방식으로 시행하는 경우에는 도시개발구역의 토지소유자 또는 조합을 시행자로 지정한다.

② **예외**: 지정권자는 다음의 어느 하나에 해당하는 사유가 있으면 지방자치단체등(지방자치단체, 한국토지주택공사, 지방공사, 신탁업자)을 시행자로 지정할 수 있다.

> **+ 보충** 지방자치단체등을 사업시행자로 지정하는 사유
>
> 1. 토지소유자나 조합이 개발계획의 수립·고시일부터 1년(다만, 지정권자가 시행자 지정 신청기간의 연장이 불가피하다고 인정하여 6개월의 범위에서 연장한 경우에는 그 연장된 기간) 이내에 시행자 지정을 신청하지 아니한 경우 또는 지정권자가 신청된 내용이 위법 또는 부당하다고 인정한 경우
> 2. 지방자치단체의 장이 집행하는 공공시설에 관한 사업과 병행하여 시행할 필요가 있다고 인정한 경우
> 3. 도시개발구역의 국·공유지를 제외한 토지면적의 2분의 1 이상에 해당하는 토지소유자 및 토지소유자 총수의 2분의 1 이상이 지방자치단체 등의 시행에 동의한 경우

(3) 시행자 변경사유

① 도시개발사업에 관한 실시계획의 인가를 받은 후 2년 이내에 사업을 착수하지 아니하는 경우
② 행정처분으로 시행자의 지정이나 실시계획의 인가가 취소된 경우
③ 시행자의 부도·파산, 그 밖에 이와 유사한 사유로 인하여 도시개발사업의 목적을 달성하기 어렵다고 인정되는 경우
④ 도시개발구역의 전부를 환지방식으로 시행하는 경우, 원칙적 시행자인 토지소유자 또는 조합이 도시개발구역 지정의 고시일부터 1년 이내에 도시개발사업에 관한 실시계획의 인가를 신청하지 아니하는 경우

2. 도시개발조합

(1) 조합설립의 인가

① **인가 및 변경**
  ㉠ 조합을 설립하려면 도시개발구역의 토지소유자 7명 이상이 대통령령으로 정하는 사항을 포함한 정관을 작성하여 지정권자에게 조합설립의 인가를 받아야 한다.
  ㉡ 조합이 인가를 받은 사항을 변경하려면 지정권자로부터 변경인가를 받아야 한다.

② **조합설립의 동의**
  ㉠ 조합설립의 인가를 신청하려면 해당 도시개발구역의 토지면적의 3분의 2 이상에 해당하는 토지소유자와 그 구역의 토지소유자 총수의 2분의 1 이상의 동의를 받아야 한다.
  ㉡ 도시개발구역의 토지면적을 산정하는 경우 국·공유지를 포함하여 산정하여야 한다.

③ **조합의 설립등기**
  ㉠ 조합의 설립인가를 받은 조합의 대표자는 설립인가를 받은 날부터 30일 이내에 주된 사무소의 소재지에서 설립등기를 하여야 한다.
  ㉡ 조합은 그 주된 사무소의 소재지에서 등기를 하면 성립한다.

(2) 조합원
① **조합원의 자격**: 조합의 조합원은 도시개발구역의 토지소유자로 한다.
② **조합원의 권리와 의무**
  ㉠ 보유토지의 면적과 관계없는 평등한 의결권을 갖는다.
  ㉡ 공유토지는 공유자의 동의를 받은 대표 공유자 1명만 의결권이 있으며, 「집합건물의 소유 및 관리에 관한 법률」에 따른 구분소유자는 구분소유자별로 의결권이 있다.

(3) 조합의 임원
① **임원의 구성 및 선임**
  ㉠ 조합에는 조합장 1인, 이사, 감사를 임원으로 둔다.
  ㉡ 조합의 임원은 의결권을 가진 조합원이어야 하고, 정관으로 정한 바에 따라 총회에서 선임한다.
  ㉢ 조합의 임원은 같은 목적의 사업을 하는 다른 조합의 임원 또는 직원을 겸할 수 없다.
  ㉣ 조합장 또는 이사의 자기를 위한 조합과의 계약이나 소송에 관하여는 감사가 조합을 대표한다.

  ■ **조합임원의 직무**
  1. **조합장**: 조합을 대표하고 그 사무를 총괄하며, 총회·대의원회 또는 이사회의 의장이 된다.
  2. **이사**: 정관에서 정하는 바에 따라 조합장을 보좌하며, 조합의 사무를 분장한다.
  3. **감사**: 조합의 사무 및 재산상태와 회계에 관한 사항을 감사한다.

② **임원의 결격사유**
  ㉠ 다음에 해당하는 자는 조합의 임원이 될 수 없다.

  ⓐ 피성년후견인, 피한정후견인 또는 미성년자
  ⓑ 파산선고를 받은 자로서 복권되지 아니한 자

ⓒ 금고 이상의 형을 선고받고 그 집행이 끝나거나 집행을 받지 아니하기로 확정된 후 2년이 지나지 아니한 자
ⓓ 금고 이상의 형을 선고받고 그 형의 집행유예 기간 중에 있는 자

ⓒ 조합의 임원으로 선임된 자가 임원의 결격사유에 해당하게 된 경우에는 그 다음 날부터 임원의 자격을 상실한다.

(4) 총회

다음의 사항은 총회의 의결을 거쳐야 한다.

① 정관의 변경
② 개발계획 및 실시계획의 수립 및 변경
③ 자금의 차입과 그 방법·이율 및 상환방법
④ 조합의 수지예산
⑤ 부과금의 금액 또는 징수방법
⑥ 환지계획의 작성
⑦ 환지예정지의 지정
⑧ 체비지 등의 처분방법
⑨ 조합임원의 선임
⑩ 조합의 합병 또는 해산에 관한 사항. 다만, 청산금의 징수·교부를 완료한 후에 조합을 해산하는 경우는 제외한다.
⑪ 그 밖에 정관에서 정하는 사항

(5) 대의원회

① 의결권을 가진 조합원의 수가 50인 이상인 조합은 총회의 권한을 대행하게 하기 위하여 대의원회를 둘 수 있다.
② 대의원회에 두는 대의원의 수는 의결권을 가진 조합원 총수의 100분의 10 이상으로 하며, 대의원은 의결권을 가진 조합원 중에서 정관에서 정하는 바에 따라 선출한다.
③ 대의원회는 총회의 의결사항 중 다음의 사항을 제외한 총회의 권한을 대행할 수 있다.

㉠ 조합임원(조합장, 이사, 감사)의 선임
㉡ 개발계획의 수립 및 변경(실시계획의 수립 및 변경은 제외)
㉢ 정관의 변경
㉣ 조합의 합병 또는 해산에 관한 사항
㉤ 환지계획의 작성

2 실시계획

(1) 실시계획의 작성 및 내용
① 시행자는 도시개발사업에 관한 실시계획을 작성하여야 한다. 이 경우 실시계획에는 지구단위계획이 포함되어야 한다.
② 실시계획은 개발계획에 맞게 작성하여야 한다.
③ 실시계획의 작성에 필요한 세부적인 사항은 국토교통부장관이 정한다.
④ 실시계획에는 사업시행에 필요한 설계도서, 자금계획, 시행기간 그 밖에 대통령령으로 정하는 사항과 서류를 명시하거나 첨부하여야 한다.

(2) 실시계획의 인가
① **지정권자의 인가**: 시행자(지정권자가 시행자인 경우는 제외)는 작성된 실시계획에 관하여 지정권자의 인가를 받아야 한다. 인가를 받은 실시계획을 변경하거나 폐지하는 경우에도 또한 같다.
② **의견청취**: 지정권자가 실시계획을 작성하거나 인가하는 경우 국토교통부장관이 지정권자이면 시·도지사 또는 대도시 시장의 의견을, 시·도지사가 지정권자이면 시장(대도시 시장은 제외)·군수 또는 구청장의 의견을 미리 들어야 한다.
③ **고시·공람**
   ㉠ 지정권자가 실시계획을 작성하거나 인가한 경우에는 관보 또는 공보에 고시하고, 시행자에게 관계 서류의 사본을 송부한다.
   ㉡ 대도시 시장인 지정권자는 일반에게 관계 서류를 공람시켜야 하고, 대도시 시장이 아닌 지정권자는 해당 도시개발구역을 관할하는 시장(대도시 시장은 제외)·군수 또는 구청장에게 관계 서류의 사본을 보내야 한다.

3 도시개발사업의 시행

1. 도시개발사업 시행방식

(1) 개요
① 도시개발사업은 시행자가 도시개발구역의 토지 등을 수용 또는 사용하는 방식이나 환지방식 또는 이를 혼용하는 방식으로 시행할 수 있다.
② 사업의 용이성·규모 등을 고려하여 필요한 경우에는 국토교통부장관이 정하는 기준에 따라 도시개발사업의 시행방식을 정할 수 있다.

(2) 종류

수용 또는 사용방식	계획적이고 체계적인 도시개발 등 집단적인 조성과 공급이 필요한 경우
환지방식	① 대지로서의 효용증진과 공공시설의 정비를 위하여 토지의 교환·분할·합병, 그 밖의 구획변경, 지목 또는 형질의 변경이나 공공시설의 설치·변경이 필요한 경우 ② 도시개발사업을 시행하는 지역의 지가가 인근의 다른 지역에 비하여 현저히 높아 수용 또는 사용방식으로 시행하는 것이 어려운 경우
혼용방식	① 분할 혼용방식: 수용 또는 사용방식이 적용되는 지역과 환지방식이 적용되는 지역을 사업시행지구별로 분할하여 시행하는 방식 ② 미분할 혼용방식: 사업시행지구를 분할하지 아니하고 수용 또는 사용방식과 환지방식을 혼용하여 시행하는 방식

2. 수용 또는 사용방식에 의한 사업시행

(1) 토지 등의 수용 또는 사용

① **수용 또는 사용권자**: 시행자는 도시개발사업에 필요한 토지 등을 수용하거나 사용할 수 있다.

② **민간사업시행자 수용 시 동의요건**: 조합을 제외한 민간사업시행자는 사업대상 토지면적의 3분의 2 이상에 해당하는 토지를 소유하고 토지소유자 총수의 2분의 1 이상에 해당하는 자의 동의를 받아야 한다.

③ **토지보상법 준용**
  ㉠ 토지 등의 수용 또는 사용에 관하여 「도시개발법」에 특별한 규정이 있는 경우 외에는 「공익사업을 위한 토지 등의 취득 및 보상에 관한 법률」을 준용한다.
  ㉡ 사업인정·고시의제: 개발계획의 수립내용 중 '수용 또는 사용의 대상이 되는 토지의 세부목록'을 고시한 경우에는 「공익사업을 위한 토지 등의 취득 및 보상에 관한 법률」에 따른 사업인정 및 그 고시가 있었던 것으로 본다.

(2) 토지상환채권

① **발행권자**: 시행자는 토지소유자가 원하면 토지 등의 매수대금의 일부를 지급하기 위하여 대통령령으로 정하는 바에 따라 사업시행으로 조성된 토지·건축물로 상환하는 토지상환채권을 발행할 수 있다.

② **지급보증**: 민간시행자와 공동출자법인인 시행자는 대통령령으로 정하는 금융기관 등으로부터 지급보증을 받은 경우에만 이를 발행할 수 있다.

③ **발행규모**: 토지상환채권으로 상환할 토지·건축물이 해당 도시개발사업으로 조성되는 분양토지 또는 분양건축물 면적의 2분의 1을 초과하지 아니하도록 하여야 한다.

④ **이율 및 발행방법**: 토지상환채권의 이율은 발행 당시의 은행의 예금금리 및 부동산 수급상황을 고려하여 발행자가 정하며, 토지상환채권은 기명식 증권으로 한다.

> **+ 보충   토지상환채권 발행 시 승인**
>
> 시행자(지정권자가 시행자인 경우는 제외)는 토지상환채권을 발행하려면 토지상환채권의 발행계획을 작성하여 미리 지정권자의 승인을 받아야 한다.

(3) 선수금

① **의의**: 시행자는 조성토지등과 도시개발사업으로 조성되지 아니한 상태의 토지(이하 '원형지')를 공급받거나 이용하려는 자로부터 대통령령으로 정하는 바에 따라 해당 대금의 전부 또는 일부를 미리 받을 수 있다.

② **승인**: 시행자(지정권자가 시행자인 경우는 제외)는 해당 대금의 전부 또는 일부를 미리 받으려면 지정권자의 승인을 받아야 한다.

(4) 원형지의 공급과 개발

① **원형지의 공급**

㉠ **대상자**: 시행자는 도시를 자연친화적으로 개발하거나 복합적·입체적으로 개발하기 위하여 필요한 경우에는 대통령령으로 정하는 절차에 따라 미리 지정권자의 승인을 받아 다음의 어느 하나에 해당하는 자에게 원형지를 공급하여 개발하게 할 수 있다.

> ⓐ 국가 또는 지방자치단체
> ⓑ 「공공기관의 운영에 관한 법률」 제4조에 따른 공공기관
> ⓒ 「지방공기업법」에 따라 설립된 지방공사
> ⓓ 국가나 지방자치단체 또는 대통령령으로 정하는 공공기관에 따른 시행자가 복합개발 등을 위하여 실시한 공모에서 선정된 자
> ⓔ 원형지를 학교나 공장 등의 부지로 직접 사용하는 자

㉡ **공급대상면적**: 공급될 수 있는 원형지의 면적은 도시개발구역 전체 토지면적의 3분의 1 이내로 한정한다.

② **조건부 승인**: 지정권자는 원형지 공급·개발의 승인을 할 때에는 용적률 등 개발밀도, 토지용도별 면적 및 배치, 교통처리계획 및 기반시설의 설치 등에 관한 이행조건을 붙일 수 있다.

③ **원형지개발자의 선정방법**: 원형지개발자의 선정은 수의계약의 방법으로 한다. 다만, 학교나 공장 등의 부지로 직접 사용하는 자에 해당하는 원형지개발자의 선정은 경쟁입찰의 방식으로 하며, 경쟁입찰이 2회 이상 유찰된 경우에는 수의계약의 방법으로 할 수 있다.

④ **원형지의 매각제한**: 원형지개발자(국가 및 지방자치단체는 제외)는 10년의 범위에서 대통령령으로 정하는 기간 중 먼저 끝나는 기간 안에는 원형지를 매각할 수 없다.

> **10년의 범위에서 대통령령으로 정하는 기간**
> 1. 원형지에 대한 공사완료 공고일부터 5년
> 2. 원형지 공급 계약일부터 10년

(5) 조성토지등의 공급

① **공급계획**
   ㉠ 시행자는 조성토지등을 공급하려고 할 때에는 조성토지등의 공급계획을 작성하여야 하며, 지정권자가 아닌 시행자는 작성한 조성토지등의 공급계획에 대하여 지정권자의 승인을 받아야 한다.
   ㉡ 조성토지등의 공급계획을 변경하려는 경우에 지정권자의 승인을 받아야 한다.
   ㉢ 시행자는 조성토지등의 공급계획에 따라 조성토지등을 공급해야 한다.
   ㉣ 시행자는 「국토의 계획 및 이용에 관한 법률」에 따른 기반시설의 원활한 설치를 위하여 필요하면 공급대상자의 자격을 제한하거나 공급조건을 부여할 수 있다.

② **공급가격**
   ㉠ **원칙적 공급가격**: 조성토지등의 가격평가는 감정가격으로 한다.
   ㉡ **예외적 공급가격**: 시행자는 학교, 폐기물처리시설, 임대주택 그 밖에 대통령령으로 정하는 시설을 설치하기 위한 조성토지등과 이주단지의 조성을 위한 토지를 공급하는 경우에는 해당 토지의 가격을 「감정평가 및 감정평가사에 관한 법률」에 따른 감정평가법인등이 감정평가한 가격 이하로 정할 수 있다. 다만, 국가나 지방자치단체, 공공기관 등에 해당하는 자에게 임대주택 건설용지를 공급하는 경우 해당 토지의 가격을 감정평가한 가격 이하로 정하여야 한다.

③ **공급방법**
   ㉠ **원칙**: 경쟁입찰방법
   ㉡ **추첨방법**: 다음의 어느 하나에 해당하는 경우에는 추첨의 방법으로 분양할 수 있다.

ⓐ 「주택법」에 따른 국민주택규모 이하의 주택건설용지
ⓑ 「주택법」에 따른 공공택지
ⓒ 330m² 이하의 단독주택용지
ⓓ 공장용지
ⓔ 수의계약의 방법으로 조성토지를 공급하기로 하였으나 공급 신청량이 지정권자에게 제출한 조성토지등의 공급계획에서 계획된 면적을 초과하는 경우(추첨의 방법에 따른다)

ⓒ **수의계약방법**: 시행자는 다음의 어느 하나에 해당하는 경우에는 수의계약의 방법으로 조성토지등을 공급할 수 있다.

ⓐ 학교용지, 공공청사용지 등 일반에게 분양할 수 없는 공공용지를 국가, 지방자치단체, 그 밖의 법령에 따라 해당 시설을 설치할 수 있는 자에게 공급하는 경우
ⓑ 토지상환채권에 의하여 토지를 상환하는 경우
ⓒ 실시계획에 따라 존치하는 시설물의 유지관리에 필요한 최소한의 토지를 공급하는 경우
ⓓ 토지의 규모 및 형상, 입지조건 등에 비추어 토지이용가치가 현저히 낮은 토지로서, 인접 토지소유자 등에게 공급하는 것이 불가피하다고 시행자가 인정하는 경우

3. 환지방식에 의한 사업시행

(1) 환지계획

① **환지계획의 내용**: 시행자는 도시개발사업의 전부 또는 일부를 환지방식으로 시행하려면 다음의 사항이 포함된 환지계획을 작성하여야 한다.

㉠ 환지 설계
㉡ 필지별로 된 환지 명세
㉢ 필지별과 권리별로 된 청산 대상토지 명세
㉣ 체비지(替費地) 또는 보류지(保留地)의 명세
㉤ 입체환지*를 계획하는 경우에는 입체환지용 건축물의 명세와 입체환지에 따른 주택공급 방법·규모에 관한 사항

📘 **용어 정리**

*입체환지
환지 전 토지나 건축물에 대한 권리를 도시개발사업으로 건설되는 구분건축물에 이전하는 방식을 말한다(참고로 '평면환지'는 환지 전 토지에 대한 권리를 도시개발사업으로 조성되는 토지에 이전하는 방식).

② **환지계획의 작성기준**
　㉠ 환지계획은 종전의 토지와 환지의 위치·지목·면적·토질·수리(水利)·이용 상황·환경, 그 밖의 사항을 종합적으로 고려하여 합리적으로 정하여야 한다.
　㉡ 환지계획의 작성에 따른 환지계획의 기준, 보류지(체비지·공공시설 용지)의 책정 기준 등에 관하여 필요한 사항은 국토교통부령으로 정할 수 있다.
　㉢ 환지부지정: 토지소유자가 신청하거나 동의하면 해당 토지의 전부 또는 일부에 대하여 환지를 정하지 아니할 수 있다. 다만, 해당 토지에 관하여 임차권자 등이 있는 경우에는 그 동의를 받아야 한다.
　㉣ 증환지·감환지: 시행자는 토지면적의 규모를 조정할 특별한 필요가 있으면 면적이 작은 토지는 과소토지가 되지 아니하도록 면적으로 늘려 환지를 정하거나 환지대상에서 제외할 수 있고, 면적이 넓은 토지는 면적을 줄여서 환지를 정할 수 있다.
　㉤ 체비지·보류지: 시행자는 도시개발사업에 필요한 경비에 충당하거나 규약·정관·시행규정 또는 실시계획으로 정하는 목적을 위하여 일정한 토지를 환지로 정하지 아니하고 보류지로 정할 수 있으며, 그중 일부를 체비지로 정하여 도시개발사업에 필요한 경비에 충당할 수 있다.

③ **조성토지등의 가격평가**: 시행자는 환지방식이 적용되는 도시개발구역에 있는 조성토지등의 가격을 평가할 때에는 토지평가협의회의 심의를 거쳐 결정하되, 그에 앞서 대통령령으로 정하는 공인평가기관인 감정평가법인등으로 하여금 평가하게 하여야 한다.

④ **환지계획의 인가**: 행정청이 아닌 시행자가 환지계획을 작성한 경우에는 특별자치도지사·시장·군수 또는 구청장의 인가를 받아야 한다.

(2) 환지예정지

① **환지예정지 지정**
　㉠ 시행자는 도시개발사업의 시행을 위하여 필요하면 도시개발구역의 토지에 대하여 환지예정지를 지정할 수 있다.
　㉡ 종전의 토지에 대한 임차권자등이 있으면 해당 환지예정지에 대하여 해당 권리의 목적인 토지 또는 그 부분을 아울러 지정하여야 한다.

② 환지예정지 지정의 효과
  ㉠ 사용·수익권의 이전: 환지예정지가 지정되면 종전의 토지의 소유자와 임차권자등은 환지예정지 지정의 효력발생일부터 환지처분이 공고되는 날까지 환지예정지나 해당 부분에 대해 종전과 같은 내용의 권리를 행사할 수 있으며 종전의 토지는 사용하거나 수익할 수 없다.
  ㉡ 사용·수익개시일의 지정: 시행자는 환지예정지를 지정한 경우에 해당 토지를 사용하거나 수익하는 데에 장애가 될 물건이 그 토지에 있거나 그 밖에 특별한 사유가 있으면 그 토지의 사용 또는 수익을 시작할 날을 따로 정할 수 있다.
  ㉢ 체비지의 사용·수익·처분: 시행자는 체비지의 용도로 환지예정지가 지정된 경우에는 도시개발사업에 드는 비용을 충당하기 위하여 이를 사용 또는 수익하게 하거나 처분할 수 있다.
  ㉣ 사용·수익의 정지: 시행자는 환지를 정하지 아니하기로 결정된 토지소유자나 임차권자등에게 날짜를 정하여 그날부터 해당 토지 또는 해당 부분의 사용 또는 수익을 정지시킬 수 있다. 시행자가 사용 또는 수익을 정지하게 하려면 30일 이상의 기간을 두고 미리 해당 토지소유자 또는 임차권자등에게 알려야 한다.

(3) 환지처분
① 의의: 사업이 종료된 후 종전 토지에 갈음하여 새로운 토지를 교부하고 그 과부족분에 대하여는 금전으로 청산하는 행정처분을 말한다.
② 환지처분 절차
  ㉠ 공사완료 공고 및 공람: 시행자는 환지방식으로 도시개발사업에 관한 공사를 끝낸 경우에는 지체 없이 이를 관보 또는 공보에 공고하고 공사 관계 서류를 일반인에게 공람시켜야 한다.
  ㉡ 의견서 제출: 도시개발구역의 토지소유자나 이해관계인은 공람기간에 시행자에게 의견서를 제출할 수 있으며, 의견서를 받은 시행자는 공사결과와 실시계획 내용에 맞는지를 확인하여 필요한 조치를 하여야 한다.
  ㉢ 환지처분 공고: 시행자는 지정권자에 의한 준공검사를 받은 경우(지정권자가 시행자인 경우에는 공사완료 공고가 있는 때)에는 60일 이내에 환지처분을 하여야 한다.

③ 환지처분 효과
  ㉠ **환지의 효력**: 환지계획에서 정하여진 환지는 그 환지처분이 공고된 날의 다음 날부터 종전의 토지로 보며, 환지계획에서 환지를 정하지 아니한 종전의 토지에 있던 권리는 그 환지처분이 공고된 날이 끝나는 때에 소멸한다.
  ㉡ **행정상·재판상 처분**: 행정상 처분이나 재판상의 처분으로서 종전의 토지에 전속하는 것에 관하여는 영향을 미치지 아니한다.
  ㉢ **지역권**: 도시개발구역의 토지에 대한 지역권은 종전의 토지에 존속한다. 다만, 도시개발사업의 시행으로 행사할 이익이 없어진 지역권은 환지처분이 공고된 날이 끝나는 때에 소멸한다.
  ㉣ **입체환지처분 효과**: 입체환지처분을 받은 자는 환지처분이 공고된 날의 다음 날에 환지계획으로 정하는 바에 따라 건축물의 일부와 해당 건축물이 있는 토지의 공유지분을 취득한다. 이 경우 종전의 토지에 대한 저당권은 환지처분이 공고된 날의 다음 날부터 해당 건축물의 일부와 해당 건축물이 있는 토지의 공유지분에 존재하는 것으로 본다.

④ 체비지·보류지의 취득
  ㉠ 체비지는 시행자가, 보류지는 환지계획에서 정한 자가 각각 환지처분이 공고된 날의 다음 날에 해당 소유권을 취득한다.
  ㉡ 환지예정지가 체비지의 용도로 지정된 경우에는 이미 처분된 체비지는 그 체비지를 매입한 자가 소유권이전등기를 마친 때에 소유권을 취득한다.

(4) 청산금*

① **청산기준**: 환지를 정하거나 그 대상에서 제외한 경우 그 과부족분(過不足分)은 종전의 토지 및 환지의 위치·지목·면적·토질·수리·이용 상황·환경, 그 밖의 사항을 종합적으로 고려하여 금전으로 청산하여야 한다.
② **청산금의 결정**: 청산금은 환지처분을 하는 때에 결정하여야 한다. 다만, 동의에 의한 환지부지정 또는 과소토지에 대한 환지부지정처분의 경우에는 청산금을 교부하는 때에 청산금을 결정할 수 있다.
③ **청산금의 확정**: 환지처분이 공고된 날의 다음 날에 확정된다.

> 📖 **용어 정리**
>
> *청산금
> 환지처분에 의한 적법한 원인으로 인하여 발생한 재산가치의 과부족분을 금전으로 정산한 금액을 말한다.

④ **청산금의 징수·교부**
  ㉠ 징수·교부시기: 시행자는 환지처분이 공고된 후에 확정된 청산금을 징수하거나 교부하여야 한다. 다만, 환지를 정하지 아니하는 토지에 대하여는 환지처분 전이라도 청산금을 교부할 수 있다.
  ㉡ 분할징수·교부: 청산금은 대통령령으로 정하는 바에 따라 이자를 붙여 분할징수하거나 분할교부할 수 있다.
⑤ **청산금의 소멸시효**: 청산금을 받을 권리나 징수할 권리를 5년간 행사하지 아니하면 시효로 소멸한다.

4 준공검사·공사완료 공고

(1) 준공검사
① 시행자(지정권자가 시행자인 경우는 제외)가 도시개발사업의 공사를 끝낸 때에는 공사완료보고서를 작성하여 지정권자의 준공검사를 받아야 한다.
② 지정권자는 공사완료보고서를 받으면 지체 없이 준공검사를 하여야 한다.
③ 지정권자는 효율적인 준공검사를 위하여 필요하면 관계 행정기관·공공기관·연구기관, 그 밖의 전문기관 등에 의뢰하여 준공검사를 할 수 있다.
④ 시행자는 도시개발사업을 효율적으로 시행하기 위하여 필요하면 해당 도시개발사업에 관한 공사가 전부 끝나기 전이라도 공사가 끝난 부분에 관하여 준공검사(지정권자가 시행자인 경우에는 시행자에 의한 공사완료 공고)를 받을 수 있다.

(2) 공사완료의 공고
① 지정권자는 준공검사를 한 결과 도시개발사업이 실시계획대로 끝났다고 인정되면 시행자에게 준공검사증명서를 내어주고 공사완료 공고를 하여야 하며, 실시계획대로 끝나지 아니하였으면 지체 없이 보완시공 등 필요한 조치를 하도록 명하여야 한다.
② 지정권자가 시행자인 경우 그 시행자는 도시개발사업의 공사를 완료한 때에는 공사완료 공고를 하여야 한다.
③ 준공검사 전 또는 공사완료 공고 전에는 조성토지등(체비지는 제외)을 사용할 수 없다.

PART 3 도시 및 주거환경정비법

주거환경개선사업, 재개발사업, 재건축사업이라는 3가지 정비사업의 전반적인 절차를 규정하고 있는 법률로 총 40문제 중 6문제가 출제됩니다. 특히 정비사업의 시행에서 많은 문제가 출제되므로, 해당 챕터에 대한 학습이 필요합니다.

Chapter 01 총칙

학습포인트 용어의 정의를 정확하게 숙지한다.

1 제정 목적

「도시 및 주거환경정비법」은 도시기능의 회복이 필요하거나 주거환경이 불량한 지역을 계획적으로 정비하고, 노후·불량건축물을 효율적으로 개량하기 위하여 필요한 사항을 규정함으로써 도시환경을 개선하고 주거생활의 질을 높이는 데 이바지함을 목적으로 한다.

2 용어의 정의

(1) 정비구역

정비사업을 계획적으로 시행하기 위하여 지정·고시된 구역을 말한다.

(2) 정비사업

「도시 및 주거환경정비법」에서 정한 절차에 따라 도시기능을 회복하기 위하여 정비구역에서 정비기반시설을 정비하거나 주택 등 건축물을 개량 또는 건설하는 다음의 사업을 말한다.

한눈에 보기 정비사업의 종류

주거환경개선사업	도시저소득 주민이 집단거주하는 지역으로서 정비기반시설이 극히 열악하고 노후·불량건축물이 과도하게 밀집한 지역의 주거환경을 개선하거나 단독주택 및 다세대주택이 밀집한 지역에서 정비기반시설과 공동이용시설 확충을 통하여 주거환경을 보전·정비·개량하기 위한 사업
재개발사업	① 정비기반시설이 열악하고 노후·불량건축물이 밀집한 지역에서 주거환경을 개선하거나 상업지역·공업지역 등에서 도시기능의 회복 및 상권활성화 등을 위하여 도시 환경을 개선하기 위한 사업

	② 다음의 요건을 모두 갖추어 시행하는 재개발사업을 '공공재개발사업'이라 한다. 　㉠ 특별자치시장, 특별자치도지사, 시장, 군수, 자치구의 구청장(시장·군수등) 또는 토지주택공사등(조합과 공동으로 시행하는 경우를 포함)이 주거환경개선사업의 시행자, 재개발사업의 시행자나 재개발사업의 대행자(공공재개발사업 시행자)일 것 　㉡ 건설·공급되는 주택의 전체 세대수 또는 전체 연면적 중 토지등소유자 대상 분양분(지분형주택은 제외)을 제외한 나머지 주택의 세대수 또는 연면적의 100분의 20 이상 100분의 50 이하의 범위에서 대통령령으로 정하는 기준에 따라 특별시·광역시·특별자치시·도·특별자치도 또는 「지방자치법」에 따른 서울특별시·광역시 및 특별자치시를 제외한 인구 50만 이상 대도시의 조례로 정하는 비율 이상을 지분형주택, 「공공주택 특별법」에 따른 공공임대주택 또는 「민간임대주택에 관한 특별법」에 따른 공공지원민간임대주택으로 건설·공급할 것
재건축사업	① 정비기반시설은 양호하나 노후·불량건축물에 해당하는 공동주택이 밀집한 지역에서 주거환경을 개선하기 위한 사업 ② 다음의 요건을 모두 갖추어 시행하는 재건축사업을 '공공재건축사업'이라 한다. 　㉠ 시장·군수등 또는 토지주택공사등(조합과 공동으로 시행하는 경우를 포함)이 재건축사업의 시행자나 재건축사업의 대행자일 것 　㉡ 종전의 용적률, 토지면적, 기반시설 현황 등을 고려하여 대통령령으로 정하는 세대수 이상을 건설·공급할 것(단, 정비구역의 지정권자가 국토의 계획 및 이용에 관한 법률에 따른 도시·군기본계획, 토지이용 현황 등 대통령령으로 정하는 불가피한 사유로 해당하는 세대수를 충족할 수 없다고 인정하는 경우에는 그러하지 아니하다)

(3) 노후·불량건축물

① 건축물이 훼손되거나 일부가 멸실되어 붕괴, 그 밖의 안전사고의 우려가 있는 건축물

② 내진성능이 확보되지 아니한 건축물 중 중대한 기능적 결함 또는 부실 설계·시공으로 인한 구조적 결함 등이 있는 건축물

③ **다음의 요건을 모두 충족하는 건축물로서 대통령령으로 정하는 바에 따라 시·도조례로 정하는 건축물**

　㉠ 주변 토지의 이용상황 등에 비추어 주거환경이 불량한 곳에 위치할 것

　㉡ 건축물을 철거하고 새로운 건축물을 건설하는 경우 건설에 드는 비용과 비교하여 효용의 현저한 증가가 예상될 것

> **■ 시·도조례로 정할 수 있는 건축물**
>
> 1. 「건축법」상 대지분할제한의 규정에 따라 해당 지방자치단체의 조례로 정하는 면적에 미치지 못하거나 「국토의 계획 및 이용에 관한 법률」에 따른 도시·군계획시설 등의 설치로 인하여 효용을 다할 수 없게 된 대지에 있는 건축물
> 2. 공장의 매연·소음 등으로 인하여 위해를 초래할 우려가 있는 지역에 있는 건축물
> 3. 해당 건축물을 준공일 기준으로 40년까지 사용하기 위하여 보수·보강하는 데 드는 비용이 철거 후 새로운 건축물을 건설하는 데 드는 비용보다 클 것으로 예상되는 건축물

④ 도시미관을 저해하거나 노후화된 건축물로서 대통령령으로 정하는 바에 따라 시·도조례로 정하는 건축물

> **시·도조례로 정할 수 있는 건축물**
>
> 1. 준공된 후 20년 이상 30년 이하의 범위에서 시·도조례로 정하는 기간이 지난 건축물
> 2. 「국토의 계획 및 이용에 관한 법률」 제19조 제1항 제8호에 따른 도시·군기본계획의 경관에 관한 사항에 어긋나는 건축물

(4) 정비기반시설

도로·상하수도·구거(溝渠: 도랑)·공원·공용주차장·공동구(국토의 계획 및 이용에 관한 법률 규정에 따른 공동구), 그 밖에 주민의 생활에 필요한 열·가스 등의 공급시설로서 대통령령으로 정하는 시설을 말한다.

> **대통령령으로 정하는 시설**
>
> 1. 녹지, 하천, 공공공지, 광장
> 2. 소방용수시설, 비상대피시설, 가스공급시설, 지역난방시설
> 3. 주거환경개선사업을 위하여 지정·고시된 정비구역 안에 설치하는 공동이용시설로서 사업시행계획서에 해당 특별자치시장·특별자치도지사·시장·군수 또는 자치구의 구청장이 관리하는 것으로 포함된 시설

(5) 공동이용시설

주민이 공동으로 사용하는 놀이터·마을회관·공동작업장, 그 밖에 대통령령으로 정하는 시설을 말한다.

> **대통령령으로 정하는 시설**
>
> 1. 공동으로 사용하는 구판장·세탁장·화장실 및 수도
> 2. 탁아소·어린이집·경로당 등 노유자시설
> 3. 그 밖에 1. 및 2.의 시설과 유사한 용도의 시설로서 시·도조례로 정하는 시설

(6) 대지

정비사업으로 조성된 토지를 말한다.

(7) 주택단지

주택 및 부대시설·복리시설을 건설하거나 대지로 조성되는 일단의 토지로서 다음의 어느 하나에 해당하는 일단의 토지를 말한다.

> ① 「주택법」에 따른 사업계획승인을 받아 주택과 부대·복리시설을 건설한 일단의 토지
> ② 위 ①에 따른 일단의 토지 중 「국토의 계획 및 이용에 관한 법률」에 따른 도시·군계획시설인 도로나 그 밖에 이와 유사한 시설로 분리되어 각각 관리되고 있는 각각의 토지
> ③ 위 ①에 따른 일단의 토지 둘 이상이 공동으로 관리되고 있는 경우 그 전체 토지
> ④ 분할된 토지 또는 분할되어 나가는 토지
> ⑤ 「건축법」에 따라 건축허가를 얻어 아파트 또는 연립주택을 건설한 일단의 토지

(8) 사업시행자

정비사업을 시행하는 자를 말한다.

(9) 토지등소유자

다음의 어느 하나에 해당하는 자를 말한다. 다만, 「자본시장과 금융투자업에 관한 법률」에 따른 신탁업자가 사업시행자로 지정된 경우 토지등소유자가 정비사업을 목적으로 신탁업자에게 신탁한 토지 또는 건축물에 대하여는 위탁자를 토지등소유자로 본다.

> ① 주거환경개선사업 및 재개발사업의 경우에는 정비구역에 위치한 토지 또는 건축물의 소유자 또는 그 지상권자
> ② 재건축사업의 경우에는 정비구역에 위치한 건축물 및 그 부속토지의 소유자

(10) 토지주택공사등

「한국토지주택공사법」에 따라 설립된 한국토지주택공사 또는 「지방공기업법」에 따라 주택사업을 수행하기 위하여 설립된 지방공사를 말한다.

(11) 정관등

① 조합의 정관
② 사업시행자인 토지등소유자가 자치적으로 정한 규약
③ 시장·군수등, 토지주택공사등 또는 신탁업자가 작성한 시행규정

Chapter 02 기본계획의 수립 및 정비구역의 지정

📍 **학습포인트** 정비기본계획과 정비계획의 권한권자와 절차를 숙지하고, 정비구역에서의 행위제한을 정리한다.

1 도시정비사업 체계도

공법체계잡기 10 도시정비법의 도시정비사업 체계도

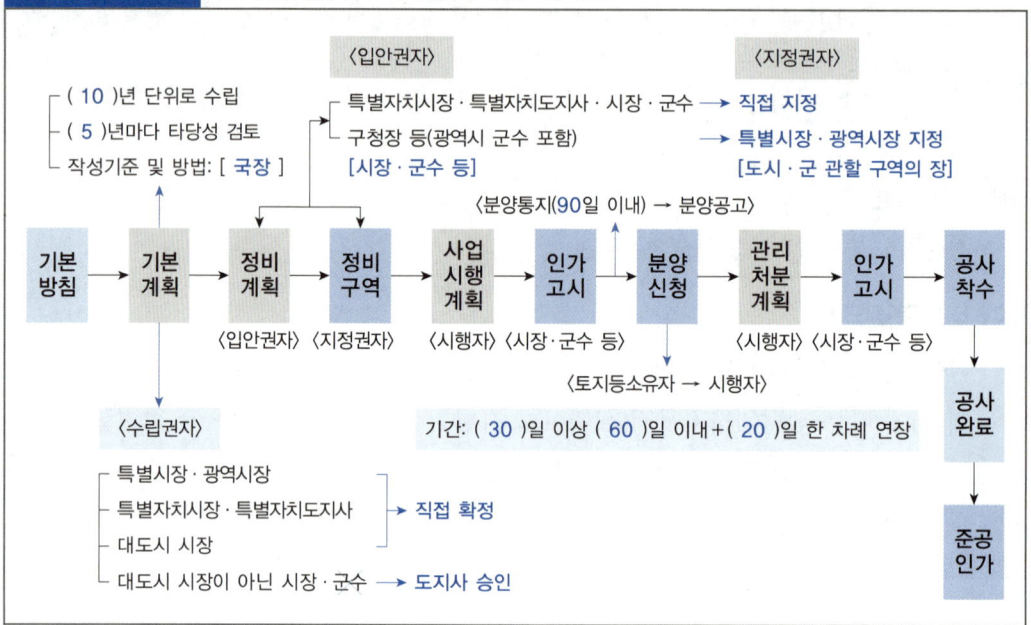

2 도시·주거환경정비기본계획

(1) 도시 및 주거환경정비 기본방침

국토교통부장관은 도시 및 주거환경을 개선하기 위하여 10년마다 다음의 사항을 포함한 기본방침을 수립하고, 5년마다 타당성을 검토하여 그 결과를 기본방침에 반영하여야 한다.

① 도시 및 주거환경정비를 위한 국가정책 방향
② 도시·주거환경정비기본계획의 수립 방향
③ 노후·불량주거지 조사 및 개선계획의 수립
④ 도시 및 주거환경 개선에 필요한 재정지원계획

(2) 기본계획 수립

① 수립권자
- ㉠ 특별시장·광역시장·특별자치시장·특별자치도지사 또는 시장은 관할 구역에 대하여 도시·주거환경정비기본계획(이하 '기본계획')을 10년 단위로 수립하여야 한다.
- ㉡ 도지사가 대도시가 아닌 시로서 기본계획을 수립할 필요가 없다고 인정하는 시에 대하여는 기본계획을 수립하지 아니할 수 있다.

② 타당성 검토
특별시장·광역시장·특별자치시장·특별자치도지사 또는 시장(이하 '기본계획의 수립권자')은 기본계획에 대하여 5년마다 타당성을 검토하여 그 결과를 기본계획에 반영하여야 한다.

③ 기본계획의 내용
- ㉠ 기본계획의 작성기준 및 작성방법은 국토교통부장관이 정하여 고시한다.
- ㉡ 기본계획에는 다음의 사항이 포함되어야 한다.

  > ⓐ 정비사업의 기본방향
  > ⓑ 정비사업의 계획기간
  > ⓒ 인구·건축물·토지이용·정비기반시설·지형 및 환경 등의 현황
  > ⓓ 주거지 관리계획
  > ⓔ 토지이용계획·정비기반시설계획·공동이용시설설치계획 및 교통계획
  > ⓕ 녹지·조경·에너지공급·폐기물처리 등에 관한 환경계획
  > ⓖ 사회복지시설 및 주민문화시설 등의 설치계획
  > ⓗ 도시의 광역적 재정비를 위한 기본방향
  > ⓘ 정비예정구역의 개략적 범위
  > ⓙ 단계별 정비사업 추진계획(정비예정구역별 정비계획의 수립시기 포함)
  > ⓚ 건폐율·용적률 등에 관한 건축물의 밀도계획
  > ⓛ 세입자에 대한 주거안정대책
  > ⓜ 그 밖에 주거환경 등을 개선하기 위하여 필요한 사항으로서 대통령령으로 정하는 사항

④ 수립절차
- ㉠ **주민의견청취**: 기본계획의 수립권자는 기본계획을 수립하거나 변경하려는 경우에는 14일 이상 주민에게 공람하여 의견을 들어야 하며, 제시된 의견이 타당하다고 인정되면 이를 기본계획에 반영하여야 한다.
- ㉡ **지방의회 의견청취**: 기본계획의 수립권자는 공람과 함께 지방의회의 의견을 들어야 한다.

ⓒ **협의 및 심의**: 기본계획의 수립권자(대도시의 시장이 아닌 시장은 제외)는 기본계획을 수립하거나 변경하려면 관계 행정기관의 장과 협의한 후 「국토의 계획 및 이용에 관한 법률」에 따른 지방도시계획위원회의 심의를 거쳐야 한다.

ⓔ **도지사 승인**: 대도시의 시장이 아닌 시장은 기본계획을 수립하거나 변경하려면 도지사의 승인을 받아야 하며, 도지사가 이를 승인하려면 관계 행정기관의 장과 협의한 후 지방도시계획위원회의 심의를 거쳐야 한다.

ⓜ **고시 및 열람**: 기본계획의 수립권자는 기본계획을 수립하거나 변경한 때에는 지체 없이 이를 해당 지방자치단체의 공보에 고시하고 일반인이 열람할 수 있도록 하여야 한다.

ⓗ **보고**: 기본계획의 수립권자는 기본계획을 고시한 때에는 국토교통부령으로 정하는 방법 및 절차에 따라 국토교통부장관에게 보고하여야 한다.

> **한눈에 보기** 기본계획의 수립절차
>
> ① 주민공람(14일 이상) ⇨ ② 지방의회의 의견청취(이 경우 의견제시 없이 60일이 초과한 경우 이의가 없는 것으로 본다) ⇨ ③ 관계 행정기관장의 협의(특별시장·광역시장·특별자치시장·특별자치도지사·대도시 시장) ⇨ ④ 지방도시계획위원회의 심의 ⇨ ⑤ 시장(대도시 시장 제외)은 도지사의 승인 ⇨ ⑥ 고시 ⇨ ⑦ 국토교통부장관에게 보고

3 정비계획의 입안 및 정비구역의 지정

1. 정비계획의 입안

(1) 입안의 제안

① 토지등소유자는 정비계획의 입안권자에게 정비계획의 입안을 제안할 수 있다.

② 정비계획 입안의 제안을 위한 토지등소유자의 동의, 제안서의 처리 등에 필요한 사항은 대통령령으로 정한다.

(2) 정비계획의 내용

> ① 정비사업의 명칭
> ② 정비구역 및 그 면적
> ③ 토지등소유자별 분담금 추산액 및 산출근거
> ④ 도시·군계획시설의 설치에 관한 계획
> ⑤ 공동이용시설 설치계획
> ⑥ 건축물의 주용도·건폐율·용적률·높이에 관한 계획
> ⑦ 환경보전 및 재난방지에 관한 계획

⑧ 정비구역 주변의 교육환경 보호에 관한 계획
⑨ 세입자 주거대책
⑩ 정비사업시행 예정시기
⑪ 그 밖에 정비사업의 시행을 위하여 필요한 사항으로서 대통령령으로 정하는 사항(건축물의 건축선 등)

(3) 정비계획 입안권자

① 정비계획을 입안하는 특별자치시장·특별자치도지사·시장·군수 또는 구청장등(이하 '정비계획의 입안권자')이 생활권의 설정, 생활권별 기반시설 설치계획 및 주택수급계획, 생활권별 주거지의 정비·보전·관리의 방향의 사항을 포함하여 기본계획을 수립한 지역에서 정비계획을 입안하는 경우에는 그 정비구역을 포함한 해당 생활권에 대하여 세부계획을 입안할 수 있다.
② 정비계획의 작성기준 및 작성방법은 국토교통부장관이 정하여 고시한다.

2. 정비구역의 지정

(1) 지정권자

① 특별시장·광역시장·특별자치시장·특별자치도지사·시장 또는 군수(광역시의 군수는 제외)는 기본계획에 적합한 범위에서 노후·불량건축물이 밀집하는 등 대통령령으로 정하는 요건에 해당하는 구역에 대하여 정비계획을 결정하여 정비구역을 지정(변경지정을 포함)할 수 있다.
② 천재지변, 「재난 및 안전관리 기본법」 또는 「시설물의 안전 및 유지관리에 관한 특별법」에 따른 사용제한·사용금지, 그 밖의 불가피한 사유로 긴급하게 정비사업을 시행할 필요가 있다고 인정되는 정비사업을 시행하려는 경우에는 기본계획을 수립하거나 변경하지 아니하고 정비구역을 지정할 수 있다.
③ 정비구역의 지정권자는 정비구역의 진입로 설치를 위하여 필요한 경우에는 진입로 지역과 그 인접지역을 포함하여 정비구역을 지정할 수 있다.

(2) 지정절차

① **심의**: 정비구역의 지정권자는 정비구역을 지정하거나 변경지정하려면 지방도시계획위원회의 심의를 거쳐야 한다. 다만, 경미한 사항을 변경하는 경우에는 지방도시계획위원회의 심의를 거치지 아니할 수 있다.

② **고시**: 정비구역의 지정권자는 정비구역을 지정(변경지정을 포함)하거나 정비계획을 결정(변경결정을 포함)한 때에는 정비계획을 포함한 정비구역 지정의 내용을 해당 지방자치단체의 공보에 고시하여야 한다.

③ **보고 및 열람**: 정비구역의 지정권자는 정비계획을 포함한 정비구역을 지정·고시한 때에는 국토교통부령으로 정하는 방법 및 절차에 따라 국토교통부장관에게 그 지정의 내용을 보고하여야 하며, 관계 서류를 일반인이 열람할 수 있도록 하여야 한다.

> **한눈에 보기** 정비계획의 수립 및 정비구역 지정절차
>
> ① 주민설명회 및 30일 이상 주민에게 공람 ⇨ ② 정비구역 지정권자는 지방도시계획위원회의 심의를 거쳐 지정 ⇨ ③ 지방자치단체의 공보에 고시 ⇨ ④ 국토교통부장관에게 보고 ⇨ ⑤ 일반인 열람

4 정비구역에서의 개발행위 및 정비구역 해제

(1) 개발행위 허가대상

① **원칙**: 정비구역에서 다음의 어느 하나에 해당하는 행위를 하려는 자는 시장·군수 등의 허가를 받아야 한다. 허가받은 사항을 변경하려는 때에도 또한 같다.

> ⊙ 건축물(가설건축물을 포함)의 건축 또는 용도변경
> ⓛ 공작물의 설치: 인공을 가하여 제작한 시설물의 설치
> ⓒ 토지의 형질변경: 절토(땅깎기)·성토(흙쌓기)·정지(땅고르기)·포장 등의 방법으로 토지의 형상을 변경하는 행위, 토지의 굴착 또는 공유수면의 매립
> ⓔ 토석의 채취: 흙·모래·자갈·바위 등의 토석을 채취하는 행위
> ⓜ 토지분할
> ⓑ 물건을 쌓아놓는 행위: 이동이 쉽지 아니한 물건을 1개월 이상 쌓아놓는 행위
> ⓢ 죽목의 벌채 및 식재

② **예외**: 다음의 어느 하나에 해당하는 행위는 허가를 받지 아니하고 이를 할 수 있다.

> ⊙ 재해복구 또는 재난수습에 필요한 응급조치를 위한 행위
> ⓛ 기존 건축물의 붕괴 등 안전사고의 우려가 있는 경우 해당 건축물에 대한 안전조치를 위한 행위
> ⓒ 그 밖에 대통령령으로 정하는 행위
>   ⓐ 농림수산물의 생산에 직접 이용되는 것으로서 국토교통부령으로 정하는 간이공작물의 설치

ⓑ 경작을 위한 토지의 형질변경
ⓒ 정비구역의 개발에 지장을 주지 아니하고 자연경관을 손상하지 아니하는 범위에서의 토석의 채취
ⓓ 정비구역에 존치하기로 결정된 대지에 물건을 쌓아놓는 행위
ⓔ 관상용 죽목의 임시식재(경작지에서의 임시식재는 제외)

③ **기득권 보호**
㉠ 허가를 받아야 하는 행위로서 정비구역의 지정 및 고시 당시 이미 관계 법령에 따라 행위허가를 받았거나 허가를 받을 필요가 없는 행위에 관하여 그 공사 또는 사업에 착수한 자는 대통령령으로 정하는 바에 따라 시장·군수등에게 신고한 후 이를 계속 시행할 수 있다.
㉡ 정비구역이 지정·고시된 날부터 30일 이내에 그 공사 또는 사업의 진행상황과 시행계획을 첨부하여 관할 시장·군수등에게 신고하여야 한다.

(2) 정비구역의 의무적 해제

정비구역의 지정권자는 다음의 어느 하나에 해당하는 경우에는 정비예정구역 또는 정비구역(이하 '정비구역 등')을 해제하여야 한다.

① 정비예정구역에 대하여 기본계획에서 정한 정비구역 지정 예정일부터 3년이 되는 날까지 특별자치시장, 특별자치도지사, 시장 또는 군수가 정비구역을 지정하지 아니하거나 구청장등이 정비구역의 지정을 신청하지 아니하는 경우
② 재개발사업·재건축사업(조합이 시행하는 경우로 한정)이 다음의 어느 하나에 해당하는 경우
  ㉠ 토지등소유자가 정비구역으로 지정·고시된 날부터 2년이 되는 날까지 추진위원회의 승인을 신청하지 아니하는 경우(추진위원회를 구성하는 경우로 한정)
  ㉡ 토지등소유자가 정비구역으로 지정·고시된 날부터 3년이 되는 날까지 조합설립인가를 신청하지 아니하는 경우(추진위원회를 구성하지 아니하는 경우로 한정)
  ㉢ 추진위원회가 추진위원회 승인일부터 2년이 되는 날까지 조합설립인가를 신청하지 아니하는 경우
  ㉣ 조합이 조합설립인가를 받은 날부터 3년이 되는 날까지 사업시행계획인가를 신청하지 아니하는 경우
③ 토지등소유자가 시행하는 재개발사업으로서 토지등소유자가 정비구역으로 지정·고시된 날부터 5년이 되는 날까지 사업시행계획인가를 신청하지 아니하는 경우

Chapter 03 정비사업의 시행

> **학습포인트** 정비사업별 시행자를 숙지하고, 정비사업조합에 관한 세부적인 내용과 정비사업의 사업시행계획의 내용 및 절차, 관리처분계획의 개념을 파악하고 정리한다.

1 정비사업의 시행방법

주거환경개선사업	주거환경개선사업은 다음의 어느 하나에 해당하는 방법 또는 이를 혼용하는 방법으로 한다. ① 사업시행자가 정비구역에서 정비기반시설 및 공동이용시설을 새로 설치하거나 확대하고 토지등소유자가 스스로 주택을 보전·정비하거나 개량하는 방법[스스로개량방식(현지개량방식)] ② 사업시행자가 정비구역의 전부 또는 일부를 수용하여 주택을 건설한 후 토지등소유자에게 우선 공급하거나 대지를 토지등소유자 또는 토지등소유자 외의 자에게 공급하는 방법(수용방식) ③ 사업시행자가 환지로 공급하는 방법(환지방식) ④ 사업시행자가 정비구역에서 인가받은 관리처분계획에 따라 주택 및 부대시설·복리시설을 건설하여 공급하는 방법(관리처분방식)
재개발사업	정비구역에서 인가받은 관리처분계획에 따라 건축물을 건설하여 공급하거나 환지로 공급하는 방법으로 한다(관리처분방식 / 환지방식).
재건축사업	정비구역에서 인가받은 관리처분계획에 따라 건축물을 건설하여 공급하는 방법으로 한다. 다만, 주택단지에 있지 아니하는 건축물의 경우에는 지형여건·주변의 환경으로 보아 사업 시행상 불가피한 경우로서 정비구역으로 보는 사업에 한정한다(관리처분방식).

> **+ 보충** 재건축사업의 공동주택 외 건축물 건설
> 1. 건축물을 건설하여 공급하는 경우 주택, 부대시설 및 복리시설을 제외한 건축물(공동주택 외 건축물)은 「국토의 계획 및 이용에 관한 법률」에 따른 준주거지역 및 상업지역에서만 건설할 수 있다.
> 2. 공동주택 외 건축물의 연면적은 전체 건축물 연면적의 100분의 30 이하이어야 한다.

2 정비사업의 시행자

(1) 주거환경개선사업

① **시행자**: 시장·군수등, 토지주택공사등, 공익법인
② **스스로 주택을 보전·정비하거나 개량하는 방법**(현지개량방식): 시장·군수등이 직접 시행하되, 토지주택공사등을 사업시행자로 지정하여 시행하게 하려는 경우에는 공람공고일 현재 토지등소유자 과반수의 동의를 받아야 한다.

③ **수용방법, 환지방법, 관리처분계획에 따라 공급하는 방법**: 시장·군수등이 직접 시행하거나 다음에서 정한 자에게 시행하게 할 수 있다.

> ㉠ 시장·군수등이 다음의 어느 하나에 해당하는 자를 사업시행자로 지정하는 경우
>   ⓐ 토지주택공사등
>   ⓑ 주거환경개선사업을 시행하기 위하여 국가, 지방자치단체, 토지주택공사등 또는 「공공기관의 운영에 관한 법률」에 따른 공공기관이 총지분의 100분의 50을 초과하는 출자로 설립한 법인
> ㉡ 시장·군수등이 위 ㉠에 해당하는 자와 다음의 어느 하나에 해당하는 자를 공동시행자로 지정하는 경우
>   ⓐ 「건설산업기본법」에 따른 건설업자
>   ⓑ 「주택법」에 따라 건설업자로 보는 등록사업자

④ **동의요건**

㉠ 위 ③에 따라 시행하려는 경우에는 정비계획에 따른 공람공고일 현재 해당 정비예정구역의 토지 또는 건축물의 소유자 또는 지상권자의 3분의 2 이상의 동의와 세입자(정비계획에 따른 공람공고일 3개월 전부터 해당 정비예정구역에 3개월 이상 거주하고 있는 자) 세대수 과반수의 동의를 각각 받아야 한다.

㉡ 세입자의 세대수가 토지등소유자의 2분의 1 이하인 경우 등 대통령령으로 정하는 사유가 있는 경우에는 세입자의 동의절차를 거치지 아니할 수 있다.

(2) 재개발사업

① **시행자**: 조합 또는 토지등소유자

② 다음의 어느 하나에 해당하는 방법으로 시행할 수 있다.

> ㉠ 조합이 시행하거나 조합이 조합원의 과반수의 동의를 받아 시장·군수등, 토지주택공사등, 건설업자, 등록사업자 또는 대통령령으로 정하는 요건을 갖춘 자와 공동으로 시행하는 방법
> ㉡ 토지등소유자가 20인 미만인 경우에는 토지등소유자가 시행하거나 토지등소유자가 토지등소유자의 과반수의 동의를 받아 시장·군수등, 토지주택공사등, 건설업자, 등록사업자 또는 대통령령으로 정하는 요건을 갖춘 자와 공동으로 시행하는 방법

(3) 재건축사업

① **시행자**: 조합

② 조합이 시행하거나 조합이 조합원의 과반수의 동의를 받아 시장·군수등, 토지주택공사등, 건설업자 또는 등록사업자와 공동으로 시행할 수 있다.

| 한눈에 보기 | 정비사업의 시행자 및 시행방식 |

사업종류	기반시설	시행자		시행방식
주거환경 개선사업	극히 열악	① 스스로개량방식(현지개량방식): 시장·군수등, 토지주택공사등 ② 수용, 환지, 관리처분방식 사업시행 시 　㉠ 시장·군수등이 직접 시행 　㉡ 시장·군수등의 지정 시행(토지주택공사등, 법인) 　㉢ 시장·군수등의 공동 시행 지정(건설업자 등)		① 스스로개량방식 　(현지개량방식) ② 수용방식 ③ 환지방식 ④ 관리처분
재개발사업	열악	조합(원칙) +과반수 동의	시장·군수등, 토지주택공사등, 건설업자, 등록업자, 신탁업자, 한국부동산원 공동	(환지 O, 관리처분 O)
		토지등소유자 (20인 미만)	토지등소유자 단독	
			과반수 동의+시장·군수등, 토지주택공사등, 건설업자, 등록업자, 신탁업자, 한국부동산원 공동	
재건축사업 (재건축진단, 토지 ×, 수용 ×)	양호	조합(원칙) +과반수 동의	시장·군수등, 토지주택공사등+건설업자, 등록업자 공동	(환지 ×, 관리처분 O) ⇨ 공동주택 외 건축물(준주거, 상업)

(4) 재개발사업·재건축사업의 공공시행자

① **시행사유**: 시장·군수등은 재개발사업 및 재건축사업이 다음의 어느 하나에 해당하는 때에는 직접 정비사업을 시행하거나 토지주택공사등(토지주택공사등이 건설업자 또는 등록사업자와 공동으로 시행하는 경우를 포함)을 사업시행자로 지정하여 정비사업을 시행하게 할 수 있다.

> ㉠ 천재지변, 「재난 및 안전관리 기본법」 또는 「시설물의 안전 및 유지관리에 관한 특별법」에 따른 사용제한·사용금지, 그 밖의 불가피한 사유로 긴급하게 정비사업을 시행할 필요가 있다고 인정하는 때
> ㉡ 정비계획에서 정한 정비사업시행 예정일부터 2년 이내에 사업시행계획인가를 신청하지 아니하거나 사업시행계획인가를 신청한 내용이 위법 또는 부당하다고 인정하는 때(재건축사업의 경우는 제외)
> ㉢ 추진위원회가 시장·군수등의 구성승인을 받은 날부터 3년 이내에 조합설립인가를 신청하지 아니하거나 조합이 조합설립인가를 받은 날부터 3년 이내에 사업시행계획인가를 신청하지 아니한 때
> ㉣ 지방자치단체의 장이 시행하는 「국토의 계획 및 이용에 관한 법률」에 따른 도시·군계획사업과 병행하여 정비사업을 시행할 필요가 있다고 인정하는 때
> ㉤ 순환정비방식으로 정비사업을 시행할 필요가 있다고 인정하는 때

ⓑ 사업시행계획인가가 취소된 때
ⓢ 해당 정비구역의 국·공유지 면적 또는 국·공유지와 토지주택공사등이 소유한 토지를 합한 면적이 전체 토지면적의 2분의 1 이상으로서 토지등소유자의 과반수가 시장·군수등 또는 토지주택공사등을 사업시행자로 지정하는 것에 동의하는 때
ⓞ 해당 정비구역의 토지면적 2분의 1 이상의 토지소유자와 토지등소유자의 3분의 2 이상에 해당하는 자가 시장·군수등 또는 토지주택공사등을 사업시행자로 지정할 것을 요청하는 때

② 시장·군수등이 직접 정비사업을 시행하거나 토지주택공사등을 사업시행자로 지정·고시한 때에는 그 고시일 다음 날에 추진위원회의 구성승인 또는 조합설립인가가 취소된 것으로 본다.

(5) 시공자 선정

① **조합이 시행자인 경우**: 조합은 조합설립인가를 받은 후 조합총회에서 국토교통부장관이 정하는 경쟁입찰 또는 수의계약(2회 이상 경쟁입찰이 유찰된 경우로 한정)의 방법으로 건설업자 또는 등록사업자를 시공자로 선정하여야 한다. 다만, 조합원이 100명 이하인 정비사업은 조합총회에서 정관으로 정하는 바에 따라 선정할 수 있다.

② **토지등소유자가 시행자인 경우**: 토지등소유자가 재개발사업을 시행하는 경우에는 사업시행계획인가를 받은 후 규약에 따라 건설업자 또는 등록사업자를 시공자로 선정하여야 한다.

③ **시장·군수등이 시행자인 경우**: 시장·군수등이 직접 정비사업을 시행하거나 토지주택공사등 또는 지정개발자를 사업시행자로 지정한 경우 사업시행자는 사업시행자 지정·고시 후 경쟁입찰 또는 수의계약의 방법으로 건설업자 또는 등록사업자를 시공자로 선정하여야 한다.

3 조합설립추진위원회

(1) 추진위원회의 구성

① 조합을 설립하려는 경우에는 정비구역 지정·고시 후 다음의 사항에 대하여 토지등소유자 과반수의 동의를 받아 조합설립을 위한 추진위원회를 구성하여 국토교통부령으로 정하는 방법과 절차에 따라 시장·군수등의 승인을 받아야 한다.

㉠ 추진위원회 위원장을 포함한 5명 이상의 추진위원회 위원
㉡ 법 제34조 제1항에 따른 운영규정

② 추진위원회의 구성에 동의한 토지등소유자는 조합의 설립에 동의한 것으로 본다. 다만, 조합설립인가를 신청하기 전에 시장·군수등 및 추진위원회에 조합설립에 대한 반대의 의사표시를 한 추진위원회 동의자의 경우에는 그러하지 아니하다.

(2) 추진위원회의 업무
① 정비사업전문관리업자의 선정 및 변경
② 설계자의 선정 및 변경
③ 개략적인 정비사업 시행계획서의 작성
④ 조합설립인가를 받기 위한 준비업무
⑤ 그 밖에 조합설립을 추진하기 위하여 대통령령으로 정하는 업무

(3) 추진위원회의 조직 및 운영
① **조직**: 추진위원회는 추진위원회를 대표하는 추진위원장 1명과 감사를 두어야 한다.
② **운영규정**: 국토교통부장관은 추진위원회의 공정한 운영을 위하여 다음의 사항을 포함한 추진위원회의 운영규정을 정하여 고시하여야 한다.

> ㉠ 추진위원회 위원의 선임방법 및 변경에 관한 사항
> ㉡ 추진위원회 위원의 권리·의무에 관한 사항
> ㉢ 추진위원회 업무범위에 관한 사항

③ **경비의 납부**: 추진위원회는 운영규정에 따라 운영하여야 하며, 토지등소유자는 운영에 필요한 경비를 운영규정에 따라 납부하여야 한다.
④ **포괄승계**: 추진위원회는 수행한 업무를 법 제44조에 따른 총회에 보고하여야 하며, 그 업무와 관련된 권리·의무는 조합이 포괄승계한다.
⑤ **관련 서류의 인계**: 추진위원회는 사용경비를 기재한 회계장부 및 관계 서류를 조합설립인가일부터 30일 이내에 조합에 인계하여야 한다.

4 정비사업조합

(1) 조합의 설립인가
① 조합설립의 대상
㉠ 시장·군수등, 토지주택공사등 또는 지정개발자가 아닌 자가 정비사업을 시행하려는 경우에는 토지등소유자로 구성된 조합을 설립하여야 한다.
㉡ 토지등소유자가 재개발사업을 시행하려는 경우에는 그러하지 아니하다.

② **조합설립 시 동의요건**

재개발사업		재개발사업의 추진위원회(추진위원회를 구성하지 아니하는 경우에는 토지등소유자)가 조합을 설립하려면 **토지등소유자의 4분의 3 이상 및 토지면적의 2분의 1 이상**의 토지소유자의 동의를 받아 정비구역 지정·고시 후 시장·군수등의 인가를 받아야 한다.
재건축사업	주택 단지 안	재건축사업의 추진위원회(추진위원회를 구성하지 아니하는 경우에는 토지등소유자)가 조합을 설립하려는 때에는 주택단지의 공동주택의 각 동(복리시설의 경우에는 주택단지의 복리시설 전체를 하나의 동으로 본다)별 구분소유자의 과반수 동의(복리시설인 경우에는 3분의 1 이상)와 주택단지의 전체 구분소유자의 100분의 70 이상 및 토지면적의 100분의 70 이상의 토지소유자의 동의를 받아 정관등을 첨부하여 정비구역 지정·고시 후 시장·군수등의 인가를 받아야 한다.
	주택단지가 아닌 지역 포함	주택단지가 아닌 지역이 정비구역에 포함된 때에는 **주택단지가 아닌 지역의 토지 또는 건축물 소유자의 4분의 3 이상 및 토지면적의 3분의 2 이상**의 토지소유자의 동의를 받아야 한다.

(2) 조합의 법인격

① **조합의 법적 성격**: 조합은 법인으로 한다.
② **성립시기**: 조합은 조합설립인가를 받은 날부터 30일 이내에 주된 사무소의 소재지에서 대통령령으로 정하는 사항을 등기하는 때에 성립한다.
③ **조합의 명칭**: 조합은 명칭에 '정비사업조합'이라는 문자를 사용하여야 한다.
④ **「민법」의 준용**: 조합에 관하여는 「도시 및 주거환경정비법」에 규정된 것을 제외하고는 「민법」 중 사단법인에 관한 규정을 준용한다.

(3) 조합원의 자격

① 정비사업의 조합원(사업시행자가 신탁업자인 경우에는 위탁자)은 토지등소유자(재건축사업의 경우에는 재건축사업에 동의한 자만 해당)로 한다.
② 다음의 어느 하나에 해당하는 때에는 그 여러 명을 대표하는 1명을 조합원으로 본다.

> ㉠ 토지 또는 건축물의 소유권과 지상권이 여러 명의 공유에 속하는 때
> ㉡ 여러 명의 토지등소유자가 1세대에 속하는 때
> ㉢ 조합설립인가(조합설립인가 전에 신탁업자를 사업시행자로 지정한 경우에는 사업시행자의 지정) 후 1명의 토지등소유자로부터 토지 또는 건축물의 소유권이나 지상권을 양수하여 여러 명이 소유하게 된 때

(4) 조합의 임원

① **임원구성**: 조합은 조합원으로서 정비구역에 위치한 건물 또는 토지(재건축사업의 경우에는 건축물과 부속토지를 말한다)를 소유한 자[하나의 건축물 또는 토지의 소유권을 다른 사람과 공유한 경우에는 가장 많은 지분을 소유(2인 이상의 공유자가 가장 많은 지분을 소유한 경우를 포함한다)한 경우로 한정한다] 중 일정한 요건을 갖춘 조합장 1명과 이사, 감사를 임원으로 둔다. 이 경우 조합장은 선임일부터 관리처분계획인가를 받을 때까지는 해당 정비구역에서 거주하여야 한다.

② **임원의 수**: 조합에 두는 이사의 수는 3명 이상으로 하고, 감사의 수는 1명 이상 3명 이하로 한다. 다만, 토지등소유자의 수가 100인을 초과하는 경우에는 이사의 수를 5명 이상으로 한다.

③ **임기**: 조합임원의 임기는 3년 이하의 범위에서 정관으로 정하되, 연임할 수 있다.

④ **선출방법**: 조합임원의 선출방법 등은 정관으로 정한다.

> **+ 보충 조합임원의 직무**
>
> 1. 조합장은 조합을 대표하고, 그 사무를 총괄하며, 총회 또는 대의원회의 의장이 된다.
> 2. 조합장이 대의원회의 의장이 되는 경우에는 대의원으로 본다.
> 3. 조합장 또는 이사가 자기를 위하여 조합과 계약이나 소송을 할 때에는 감사가 조합을 대표한다.
> 4. 조합임원은 같은 목적의 정비사업을 하는 다른 조합의 임원 또는 직원을 겸할 수 없다.

(5) 조합임원의 결격사유 및 해임

① **임원의 결격사유**: 다음의 어느 하나에 해당하는 자는 조합임원 또는 전문조합관리인이 될 수 없다.

> ⊙ 미성년자·피성년후견인 또는 피한정후견인
> ⓒ 파산선고를 받고 복권되지 아니한 자
> ⓒ 금고 이상의 실형을 선고받고 그 집행이 종료(종료된 것으로 보는 경우를 포함)되거나 집행이 면제된 날부터 2년이 지나지 아니한 자
> ⓔ 금고 이상의 형의 집행유예를 선고받고 그 유예기간 중에 있는 자
> ⓜ 「도시 및 주거환경정비법」을 위반하여 벌금 100만원 이상의 형을 선고받고 10년이 지나지 아니한 자
> ⓗ 제35조에 따른 조합설립 인가권자에 해당하는 지방자치단체의 장, 지방의회의원 또는 그 배우자·직계존속·직계비속

② **임원의 퇴임**: 조합임원이 결격사유에 해당하게 되거나 선임 당시 그에 해당하는 자이었음이 밝혀진 경우 또는 자격요건을 갖추지 못한 경우에는 당연 퇴임한다.

③ **퇴임 전 행위의 효력**: 퇴임된 임원이 퇴임 전에 관여한 행위는 그 효력을 잃지 아니한다.

(6) 총회개최 및 의결사항

① **총회**: 조합에는 조합원으로 구성되는 총회를 둔다.
② **총회의 소집**: 총회는 조합장이 직권으로 소집하거나 조합원 5분의 1 이상(정관의 기재사항 중 조합임원의 권리·의무·보수·선임방법·변경 및 해임에 관한 사항을 변경하기 위한 총회는 10분의 1 이상) 또는 대의원 3분의 2 이상의 요구로 조합장이 소집하며, 조합원 또는 대의원의 요구로 총회를 소집하는 경우 조합은 소집을 요구하는 자가 본인인지 여부를 대통령령으로 정하는 기준에 따라 정관으로 정하는 방법으로 확인하여야 한다.

(7) 대의원회

① **대의원회 설치**: 조합원의 수가 100명 이상인 조합은 대의원회를 두어야 한다.
② **대의원의 수**: 대의원회는 조합원의 10분의 1 이상으로 하되 조합원의 10분의 1이 100명을 넘는 경우 조합원의 10분의 1의 범위에서 100명 이상으로 구성할 수 있다.
③ **대의원의 자격**: 조합장이 아닌 조합임원은 대의원이 될 수 없다.

5 사업시행계획

(1) 사업시행계획의 인가

① 사업시행자(공동시행의 경우를 포함하되, 사업시행자가 시장·군수등인 경우는 제외)는 정비사업을 시행하려는 경우 사업시행계획서에 정관등과 그 밖에 국토교통부령으로 정하는 서류를 첨부하여 시장·군수등에게 제출하고 사업시행계획인가를 받아야 하며, 인가받은 사항을 변경하거나 정비사업을 중지 또는 폐지하려는 경우에도 또한 같다.
② 대통령령으로 정하는 경미한 사항을 변경하려는 때에는 시장·군수등에게 신고하여야 한다.

(2) 사업시행계획의 동의

① **조합인 시행자**: 사업시행자(시장·군수등 또는 토지주택공사등은 제외)는 사업시행계획인가를 신청하기 전에 미리 총회의 의결을 거쳐야 하며, 인가받은 사항을 변경하거나 정비사업을 중지 또는 폐지하려는 경우에도 또한 같다.
② **토지등소유자가 재개발사업을 시행하려는 경우**: 사업시행계획인가를 신청하기 전에 사업시행계획서에 대하여 토지등소유자의 4분의 3 이상 및 토지면적의 2분의 1 이상의 토지소유자의 동의를 받아야 한다.
③ **지정개발자가 정비사업을 시행하려는 경우**: 사업시행계획인가를 신청하기 전에 토지등소유자의 과반수의 동의 및 토지면적의 2분의 1 이상의 토지소유자의 동의를 받아야 한다.

(3) 사업시행계획서의 작성

사업시행자는 정비계획에 따라 다음의 사항을 포함하는 사업시행계획서를 작성하여야 한다.

> ① 토지이용계획(건축물배치계획을 포함)
> ② 정비기반시설 및 공동이용시설의 설치계획
> ③ 임시거주시설을 포함한 주민이주대책
> ④ 세입자의 주거 및 이주대책
> ⑤ 사업시행기간 동안 정비구역 내 가로등 설치, 폐쇄회로 텔레비전 설치 등 범죄예방대책
> ⑥ 임대주택의 건설계획(재건축사업의 경우는 제외)
> ⑦ 국민주택규모 주택의 건설계획(주거환경개선사업의 경우는 제외)
> ⑧ 공공지원민간임대주택 또는 임대관리 위탁주택의 건설계획(필요한 경우로 한정)
> ⑨ 건축물의 높이 및 용적률 등에 관한 건축계획
> ⑩ 정비사업의 시행과정에서 발생하는 폐기물의 처리계획
> ⑪ 교육시설의 교육환경 보호에 관한 계획(정비구역부터 200m 이내에 교육시설이 설치되어 있는 경우로 한정)
> ⑫ 정비사업비
> ⑬ 그 밖에 사업시행을 위한 사항으로서 대통령령으로 정하는 바에 따라 시·도조례로 정하는 사항

(4) 관계 서류의 공람과 의견청취

① **공람**: 시장·군수등은 사업시행계획인가를 하거나 사업시행계획서를 작성하려는 경우에는 대통령령으로 정하는 방법 및 절차에 따라 관계 서류의 사본을 14일 이상 일반인이 공람할 수 있게 하여야 한다. 다만, 경미한 사항을 변경하려는 경우에는 그러하지 아니하다.

② **의견제출**: 토지등소유자 또는 조합원, 그 밖에 정비사업과 관련하여 이해관계를 가지는 자는 공람기간 이내에 시장·군수등에게 서면으로 의견을 제출할 수 있다.

6 관리처분계획

1. 분양공고 및 분양신청

(1) 분양신청의 통지 및 공고

① **분양통지**: 사업시행자는 사업시행계획인가의 고시가 있은 날(사업시행계획인가 이후 시공자를 선정한 경우에는 시공자와 계약을 체결한 날)부터 90일 이내에 다음의 사항을 토지등소유자에게 통지하여야 한다.

> ⊙ 분양대상자별 종전의 토지 또는 건축물의 명세 및 사업시행계획인가의 고시가 있은 날을 기준으로 한 가격(사업시행계획인가 전에 법 제81조 제3항에 따라 철거된 건축물은 시장·군수등에게 허가를 받은 날을 기준으로 한 가격)
> ⓒ 분양대상자별 분담금의 추산액
> ⓒ 분양신청서
> ⓔ 분양신청기간
> ⓜ 그 밖에 대통령령으로 정하는 사항

② **분양공고**: 분양의 대상이 되는 대지 또는 건축물의 내역 등 대통령령으로 정하는 다음의 사항을 해당 지역에서 발간되는 일간신문에 공고하여야 한다.

> ⊙ 사업시행인가의 내용
> ⓒ 정비사업의 종류·명칭 및 정비구역의 위치·면적
> ⓒ 분양신청기간 및 장소
> ⓔ 분양대상 대지 또는 건축물의 내역
> ⓜ 분양신청자격
> ⓗ 분양신청방법
> ⓢ 토지등소유자 외의 권리자의 권리신고방법
> ⓞ 분양을 신청하지 아니한 자에 대한 조치
> ⓩ 그 밖에 시·도조례로 정하는 사항

(2) 분양신청

① **분양신청기간**: 통지한 날부터 30일 이상 60일 이내로 하여야 한다. 다만, 사업시행자는 관리처분계획의 수립에 지장이 없다고 판단하는 경우에는 분양신청기간을 20일의 범위에서 한 차례만 연장할 수 있다.

② **분양신청**: 대지 또는 건축물에 대한 분양을 받으려는 토지등소유자는 분양신청기간에 대통령령으로 정하는 방법 및 절차에 따라 사업시행자에게 대지 또는 건축물에 대한 분양신청을 하여야 한다.

(3) 손실보상에 관한 협의

사업시행자는 관리처분계획이 인가·고시된 다음 날부터 90일 이내에 손실보상에 관한 협의 대상자와 토지, 건축물 또는 그 밖의 권리의 손실보상에 관한 협의를 하여야 한다. 다만, 사업시행자는 분양신청기간 종료일의 다음 날부터 협의를 시작할 수 있다.

■■ 손실보상에 관한 협의 대상자

1. 분양신청을 하지 아니한 자
2. 분양신청기간 종료 이전에 분양신청을 철회한 자
3. 투기과열지구에서 분양신청을 할 수 없는 자
4. 인가된 관리처분계획에 따라 분양대상에서 제외된 자

2. 관리처분계획의 수립

(1) 관리처분계획의 내용

사업시행자는 분양신청기간이 종료된 때에는 분양신청의 현황을 기초로 다음의 사항이 포함된 관리처분계획을 수립하여 시장·군수등의 인가를 받아야 하며, 관리처분계획을 변경·중지 또는 폐지하려는 경우에도 또한 같다. 다만, 대통령령으로 정하는 경미한 사항을 변경하려는 경우에는 시장·군수등에게 신고하여야 한다.

① 분양설계
② 분양대상자의 주소 및 성명
③ 분양대상자별 분양예정인 대지 또는 건축물의 추산액(임대관리 위탁주택에 대한 내용 포함)
④ 다음에 해당하는 보류지 등의 명세와 추산액 및 처분방법
   ㉠ 일반 분양분
   ㉡ 공공지원민간임대주택
   ㉢ 임대주택
   ㉣ 그 밖에 부대·복리시설 등
⑤ 분양대상자별 종전의 토지 또는 건축물의 명세 및 사업시행계획인가의 고시가 있은 날을 기준으로 한 가격(사업시행계획인가 전에 철거된 건축물은 시장·군수등에게 허가를 받은 날을 기준으로 한 가격)
⑥ 정비사업비의 추산액(재건축사업의 경우에는 재건축초과이익 환수에 관한 법률에 따른 재건축부담금에 관한 사항을 포함) 및 그에 따른 조합원 분담규모 및 분담시기

(2) 관리처분계획의 수립기준

① **작성기준**: 종전의 토지 또는 건축물의 면적·이용상황·환경 그 밖의 사항을 종합적으로 고려하여 대지 또는 건축물이 균형 있게 분양신청자에게 배분되고 합리적으로 이용되도록 한다.
② **증·감환권**: 지나치게 좁거나 넓은 토지 또는 건축물은 넓히거나 좁혀 대지 또는 건축물이 적정 규모가 되도록 한다.
③ **현금청산**: 너무 좁은 토지 또는 건축물이나 정비구역 지정 후 분할된 토지 또는 집합건물의 소유권을 취득한 자에게는 현금으로 청산할 수 있다.

④ **위해방지를 위한 조치**: 재해 또는 위생상의 위해를 방지하기 위해 토지의 규모를 조정할 특별한 필요가 있는 때에는 너무 좁은 토지를 넓혀 토지를 갈음하여 보상을 하거나 건축물의 일부와 그 건축물이 있는 대지의 공유지분을 교부할 수 있다.

⑤ **분양설계기준**: 분양설계에 관한 계획은 분양신청기간이 만료하는 날을 기준으로 하여 수립한다.

⑥ **1주택 공급원칙**: 1세대 또는 1명이 하나 이상의 주택 또는 토지를 소유한 경우 1주택을 공급하고, 같은 세대에 속하지 아니하는 2명 이상이 1주택 또는 1토지를 공유한 경우에는 1주택만 공급한다.

> **+ 보충 1주택 공급의 예외**
>
> 1. 2주택 공급
>   ① 분양대상자별 종전의 토지 또는 건축물 명세 및 사업시행계획인가 고시가 있는 날을 기준으로 한 가격(사업시행계획인가 전에 철거된 건축물의 경우에는 시장·군수등에게 허가받은 날을 기준으로 한 가격)의 범위 또는 종전 주택의 주거전용면적의 범위에서 2주택을 공급할 수 있고, 이 중 1주택은 주거전용면적을 60m² 이하로 한다.
>   ② 60m² 이하로 공급받은 1주택은 소유권이전고시일 다음 날부터 3년이 지나기 전에는 주택을 전매(매매·증여나 그 밖에 권리의 변동을 수반하는 모든 행위를 포함하되 상속의 경우는 제외)하거나 이의 전매를 알선할 수 없다.
> 2. 3주택 공급
>   ① 과밀억제권역에 위치한 재건축사업의 경우에는 토지등소유자가 소유한 주택 수의 범위에서 3주택까지 공급할 수 있다.
>   ② 투기과열지구 또는 「주택법」에 따라 지정된 조정대상지역에서 최초 사업시행계획인가를 신청하는 재건축사업의 토지등소유자는 제외한다.
> 3. 소유한 주택 수만큼 공급
>   ① 과밀억제권역에 위치하지 아니한 재건축사업의 토지등소유자(단, 투기과열지구 또는 주택법에 따라 지정된 조정대상지역에서 최초 사업시행계획인가를 신청하는 재건축사업의 토지등소유자는 제외)
>   ② 근로자(공무원인 근로자 포함) 숙소, 기숙사 용도로 주택을 소유하고 있는 토지등소유자
>   ③ 국가, 지방자치단체 및 토지주택공사등
>   ④ 「지방자치분권 및 지역균형발전에 관한 특별법」에 따른 공공기관지방이전 및 혁신도시 활성화를 위한 시책 등에 따라 이전하는 공공기관이 소유한 주택을 양수한 자

3. 관리처분계획의 인가절차

(1) 공람 및 의견청취

① 사업시행자는 관리처분계획의 인가를 신청하기 전에 관계 서류의 사본을 30일 이상 토지등소유자에게 공람하게 하고 의견을 들어야 한다.

② 대통령령으로 정하는 경미한 사항을 변경하려는 경우에는 토지등소유자의 공람 및 의견청취절차를 거치지 아니할 수 있다.

(2) 인가 여부의 통보 및 고시
① **통보**: 시장·군수등은 사업시행자의 관리처분계획인가의 신청이 있은 날부터 30일 이내에 인가 여부를 결정하여 사업시행자에게 통보하여야 한다. 다만, 시장·군수등은 대통령령으로 정하는 공공기관에 인가 신청된 관리처분계획의 타당성 검증을 요청하는 경우에는 관리처분계획인가의 신청을 받은 날부터 60일 이내에 인가 여부를 결정하여 사업시행자에게 통지하여야 한다.
② **고시**: 시장·군수등이 관리처분계획을 인가하는 때에는 그 내용을 해당 지방자치단체의 공보에 고시하여야 한다.

(3) 분양신청자에 대한 통지
① 사업시행자는 공람을 실시하려거나 시장·군수등의 고시가 있은 때에는 대통령령으로 정하는 방법과 절차에 따라 토지등소유자에게는 공람계획을 통지하여야 한다.
② 분양신청을 한 자에게는 관리처분계획인가의 내용 등을 통지하여야 한다.

7 공사완료에 따른 조치

(1) 정비사업의 준공인가
① **시장·군수등의 준공인가**: 시장·군수등이 아닌 사업시행자가 정비사업 공사를 완료한 때에는 대통령령으로 정하는 방법 및 절차에 따라 시장·군수등의 준공인가를 받아야 한다.
② **준공검사 실시 및 의뢰**: 준공인가 신청을 받은 시장·군수등은 지체 없이 준공검사를 실시하여야 한다. 이 경우 시장·군수등은 효율적인 준공검사를 위하여 필요한 때에는 관계 행정기관·공공기관·연구기관, 그 밖의 전문기관 또는 단체에게 준공검사의 실시를 의뢰할 수 있다.
③ **준공인가 및 공사완료고시**
  ㉠ 시장·군수등은 준공검사를 실시한 결과 정비사업이 인가받은 사업시행계획대로 완료되었다고 인정되는 때에는 준공인가를 하고 공사의 완료를 해당 지방자치단체의 공보에 고시하여야 한다.
  ㉡ 시장·군수등은 직접 시행하는 정비사업에 관한 공사가 완료된 때에는 그 완료를 해당 지방자치단체의 공보에 고시하여야 한다.

④ **준공인가 전 사용허가**
  ㉠ 시장·군수등은 준공인가를 하기 전이라도 완공된 건축물이 사용에 지장이 없는 등 대통령령으로 정하는 기준에 적합한 경우에는 입주예정자가 완공된 건축물을 사용할 수 있도록 사업시행자에게 허가할 수 있다.
  ㉡ 시장·군수등이 사업시행자인 경우에는 허가를 받지 아니하고 입주예정자가 완공된 건축물을 사용하게 할 수 있다.
  ㉢ 공사완료의 고시 절차 및 방법, 그 밖에 필요한 사항은 대통령령으로 정한다.

⑤ **준공인가 등에 따른 정비구역의 해제**
  ㉠ 정비구역의 지정은 준공인가의 고시가 있는 날(관리처분계획을 수립하는 경우에는 이전고시가 있는 때)의 다음 날에 해제된 것으로 본다.
  ㉡ 정비구역의 해제는 조합의 존속에 영향을 주지 아니한다.

(2) 소유권이전고시

① **소유권이전의 절차**
  ㉠ 사업시행자는 공사완료고시가 있는 때에는 지체 없이 대지확정측량을 하고 토지의 분할절차를 거쳐 관리처분계획에 정한 사항을 분양받을 자에게 통지하고 대지 또는 건축물의 소유권을 이전하여야 한다.
  ㉡ 정비사업의 효율적인 추진을 위하여 필요한 경우에는 해당 정비사업에 관한 공사가 전부 완료되기 전이라도 완공된 부분은 준공인가를 받아 대지 또는 건축물별로 분양받을 자에게 소유권을 이전할 수 있다.

② **소유권이전고시와 취득**
  ㉠ 사업시행자는 대지 및 건축물의 소유권을 이전하려는 때에는 그 내용을 해당 지방자치단체의 공보에 고시한 후 시장·군수등에게 보고하여야 한다.
  ㉡ 이 경우 대지 또는 건축물을 분양받을 자는 고시가 있는 날의 다음 날에 그 대지 또는 건축물의 소유권을 취득한다.

(3) 이전등기

① **등기**: 사업시행자는 이전고시가 있는 때에는 지체 없이 대지 및 건축물에 관한 등기를 지방법원지원 또는 등기소에 촉탁 또는 신청하여야 한다.
② **다른 등기의 제한**: 정비사업에 관하여 이전고시가 있는 날부터 등기가 있을 때까지는 저당권 등의 다른 등기를 하지 못한다.

PART 4 건축법

총 40문제 중 7문제가 출제되는 법률로, 최근에는 상당히 어렵게 출제되고 있는 법률이지만 우리가 일상에서 많이 접하는 내용들로 구성되어 있기 때문에 개념을 이해하고 법에 적용한다면 크게 어렵지 않게 학습할 수 있는 법률입니다.

Chapter 01 총칙

ⓧ 학습포인트 용어의 정의를 이해하고 정리한다.

1 제정 목적

「건축법」은 건축물의 대지·구조·설비 기준 및 용도 등을 정하여 건축물의 안전·기능·환경 및 미관을 향상시킴으로써 공공복리의 증진에 이바지하는 것을 목적으로 한다.

2 용어의 정의

(1) 대지(垈地)
① 정의: 「공간정보의 구축 및 관리 등에 관한 법률」에 따라 각 필지(筆地)로 나눈 토지를 말한다(1필지 1대지).
② 예외: 대통령령으로 정하는 토지는 둘 이상의 필지를 하나의 대지로 하거나 하나 이상의 필지의 일부를 하나의 대지로 할 수 있다.

(2) 주요구조부
① 정의: 내력벽(耐力壁), 기둥, 바닥, 보, 지붕틀 및 주계단(主階段)을 말한다.
② 제외: 사이 기둥, 최하층 바닥, 작은 보, 차양, 옥외 계단, 그 밖에 이와 유사한 것으로 건축물의 구조상 중요하지 아니한 부분은 제외한다.

(3) 건축물
① 정의
㉠ 토지에 정착(定着)하는 공작물 중 지붕과 기둥 또는 벽이 있는 것과 이에 딸린 시설물(담장, 대문 등)을 말한다.

    ⓛ 지하나 고가(高架)의 공작물에 설치하는 사무소·공연장·점포·차고·창고, 그 밖에 대통령령으로 정하는 것을 말한다.

② 종류
  ㉠ 고층 건축물: 층수가 30층 이상이거나 높이가 120m 이상인 건축물을 말한다.
  ㉡ 초고층 건축물: 층수가 50층 이상이거나 높이가 200m 이상인 건축물을 말한다.
  ㉢ 다중이용 건축물: 다음의 어느 하나에 해당하는 건축물을 말한다.

> ⓐ 다음의 어느 하나에 해당하는 용도로 쓰는 바닥면적의 합계가 5천㎡ 이상인 건축물
> - 숙박시설 중 관광숙박시설
> - 판매시설
> - 문화 및 집회시설(동물원·식물원은 제외)
> - 종교시설
> - 의료시설 중 종합병원
> - 운수시설 중 여객용 시설
> ⓑ 16층 이상인 건축물

+ 보충   특수구조 건축물

1. 한쪽 끝은 고정되고 다른 끝은 지지(支持)되지 아니한 구조로 된 보·차양 등이 외벽(외벽이 없는 경우에는 외곽 기둥)의 중심선으로부터 3m 이상 돌출된 건축물
2. 기둥과 기둥 사이의 거리(기둥의 중심선 사이의 거리를 말하며, 기둥이 없는 경우에는 내력벽과 내력벽의 중심선 사이의 거리)가 20m 이상인 건축물
3. 무량판 구조(보가 없이 바닥판·기둥으로 구성된 구조를 말한다)를 가진 건축물로서 무량판 구조인 어느 하나의 층에 수직으로 배치된 주요구조부의 전체 단면적에서 보가 없이 배치된 기둥의 전체 단면적이 차지하는 비율이 4분의 1이상인 건축물
4. 특수한 설계·시공·공법 등이 필요한 건축물로서 국토교통부장관이 정하여 고시하는 구조로 된 건축물

(4) 지하층

① 건축물의 바닥이 지표면 아래에 있는 층으로서 바닥에서 지표면까지 평균높이가 해당 층 높이의 2분의 1 이상인 것을 말한다.
② 지하층은 층수 산정 시 제외된다.

(5) 거실

건축물 안에서 거주, 집무, 작업, 집회, 오락, 그 밖에 이와 유사한 목적을 위하여 사용되는 방을 말한다.

(6) 건축설비

건축물에 설치하는 전기·전화 설비, 초고속 정보통신 설비, 지능형 홈네트워크 설비, 가스·급수·배수(配水)·배수(排水)·환기·난방·냉방·소화(消火)·배연(排煙) 및 오물처리의 설비, 굴뚝, 승강기, 피뢰침, 국기 게양대, 공동시청 안테나, 유선방송 수신시설, 우편함, 저수조(貯水槽), 방범시설, 그 밖에 국토교통부령으로 정하는 설비를 말한다.

(7) 건축

① **정의**: 건축물을 신축·증축·개축·재축(再築)하거나 건축물을 이전하는 것을 말한다.

② **분류**

신축	⊙ 건축물이 없는 대지(기존 건축물이 해체되거나 멸실된 대지를 포함)에 새로 건축물을 축조하는 것을 말한다. ⓒ 부속건축물만 있는 대지에 새로 주된 건축물을 축조하는 것도 신축이며, 개축 또는 재축하는 것은 제외한다.
증축	기존 건축물이 있는 대지에서 건축물의 건축면적, 연면적, 층수 또는 높이를 늘리는 것을 말한다.
개축	기존 건축물의 전부 또는 일부[내력벽, 기둥, 보, 지붕틀(한옥의 경우에는 서까래 제외) 중 셋 이상이 포함되는 경우]를 해체하고 그 대지에 종전과 같은 규모의 범위에서 건축물을 다시 축조하는 것을 말한다.
재축	건축물이 천재지변이나 그 밖의 재해(災害)로 멸실된 경우 그 대지에 다음의 요건을 모두 갖추어 다시 축조하는 것을 말한다. ⊙ 연면적 합계는 종전 규모 이하로 할 것 ⓒ 동(棟)수, 층수 및 높이는 다음의 어느 하나에 해당할 것 　ⓐ 동수, 층수 및 높이가 모두 종전 규모 이하일 것 　ⓑ 동수, 층수 또는 높이의 어느 하나가 종전 규모를 초과하는 경우에는 해당 동수, 층수 및 높이가 「건축법」,「건축법 시행령」 또는 건축조례에 모두 적합할 것
이전	건축물의 주요구조부를 해체하지 아니하고 같은 대지의 다른 위치로 옮기는 것을 말한다.

(8) 대수선

건축물의 기둥, 보, 내력벽, 주계단 등의 구조나 외부 형태를 수선·변경하거나 증설하는 것으로서 대통령령으로 정하는 것을 말한다.

▪ 대통령령으로 정하는 것

다음의 어느 하나에 해당하는 것으로서 증축·개축 또는 재축에 해당하지 아니하는 것을 말한다.
1. 내력벽: 증설 또는 해체하거나 그 벽면적을 30m² 이상 수선 또는 변경하는 것
2. 기둥·보·지붕틀: 증설 또는 해체하거나 세 개 이상 수선 또는 변경하는 것
3. 건축물의 외벽에 사용하는 마감재료: 증설 또는 해체하거나 벽면적 30m² 이상 수선 또는 변경하는 것
4. 방화벽 또는 방화구획을 위한 바닥 또는 벽: 증설 또는 해체하거나 수선 또는 변경하는 것
5. 주계단·피난계단 또는 특별피난계단: 증설 또는 해체하거나 수선 또는 변경하는 것
6. 다가구주택의 가구 간 경계벽 또는 다세대주택의 세대 간 경계벽: 증설 또는 해체하거나 수선 또는 변경하는 것

(9) 리모델링

건축물의 노후화를 억제하거나 기능 향상 등을 위하여 대수선하거나 건축물의 일부를 증축 또는 개축하는 행위를 말한다.

(10) 건축관계자

① **건축주**: 건축물의 건축·대수선·용도변경, 건축설비의 설치 또는 공작물의 축조에 관한 공사를 발주하거나 현장 관리인을 두어 스스로 그 공사를 하는 자를 말한다.

② **설계자**: 자기의 책임(보조자의 도움을 받는 경우를 포함)으로 설계도서를 작성하고 그 설계도서에서 의도하는 바를 해설하며, 지도하고 자문에 응하는 자를 말한다.

③ **공사시공자**: 「건설산업기본법」에 따른 건설공사를 하는 자를 말한다.

④ **공사감리자**: 자기의 책임(보조자의 도움을 받는 경우를 포함)으로 「건축법」으로 정하는 바에 따라 건축물, 건축설비 또는 공작물이 **설계도서***의 내용대로 시공되는지를 확인하고, 품질관리·공사관리·안전관리 등에 대하여 지도·감독하는 자를 말한다.

> **용어 정리**
>
> *설계도서
> 건축물의 건축등에 관한 공사용 도면, 구조 계산서, 시방서(示方書), 그 밖에 국토교통부령으로 정하는 공사에 필요한 서류를 말한다.

(11) 도로

① **정의**: 보행과 자동차 통행이 가능한 너비 4m 이상의 도로로서 다음의 어느 하나에 해당하는 도로나 그 예정도로를 말한다.

> ㉠ 「국토의 계획 및 이용에 관한 법률」, 「도로법」, 「사도법」, 그 밖의 관계 법령에 따라 신설 또는 변경에 관한 고시가 된 도로
> ㉡ 건축허가 또는 신고 시에 특별시장·광역시장·특별자치시장·도지사·특별자치도지사(이하 '시·도지사') 또는 시장·군수·구청장(자치구의 구청장)이 위치를 지정하여 공고한 도로

② **막다른 도로**

막다른 도로의 길이	해당 도로의 소요너비
10m 미만	2m 이상
10m 이상 35m 미만	3m 이상
35m 이상	6m 이상 (도시지역이 아닌 읍·면의 구역에서는 4m 이상)

(12) 그 밖의 용어

내화구조 (耐火構造)	화재에 견딜 수 있는 성능을 가진 구조로서 국토교통부령으로 정하는 기준에 적합한 구조를 말한다.
방화구조 (防火構造)	화염의 확산을 막을 수 있는 성능을 가진 구조로서 국토교통부령으로 정하는 기준에 적합한 구조를 말한다.
난연재료 (難燃材料)	불에 잘 타지 아니하는 성능을 가진 재료로서 국토교통부령으로 정하는 기준에 적합한 재료를 말한다.
불연재료 (不燃材料)	불에 타지 아니하는 성질을 가진 재료로서 국토교통부령으로 정하는 기준에 적합한 재료를 말한다.
준불연재료	불연재료에 준하는 성질을 가진 재료로서 국토교통부령으로 정하는 기준에 적합한 재료를 말한다.
발코니	① 건축물의 내부와 외부를 연결하는 완충공간으로서 전망이나 휴식 등의 목적으로 건축물 외벽에 접하여 부가적(附加的)으로 설치되는 공간을 말한다. ② 주택에 설치되는 발코니로서 국토교통부장관이 정하는 기준에 적합한 발코니는 필요에 따라 거실·침실·창고 등의 용도로 사용할 수 있다.

Chapter 02 건축물의 건축

학습포인트 허가권자와 용도변경에 대해 정확하게 숙지한다.

1 건축허가

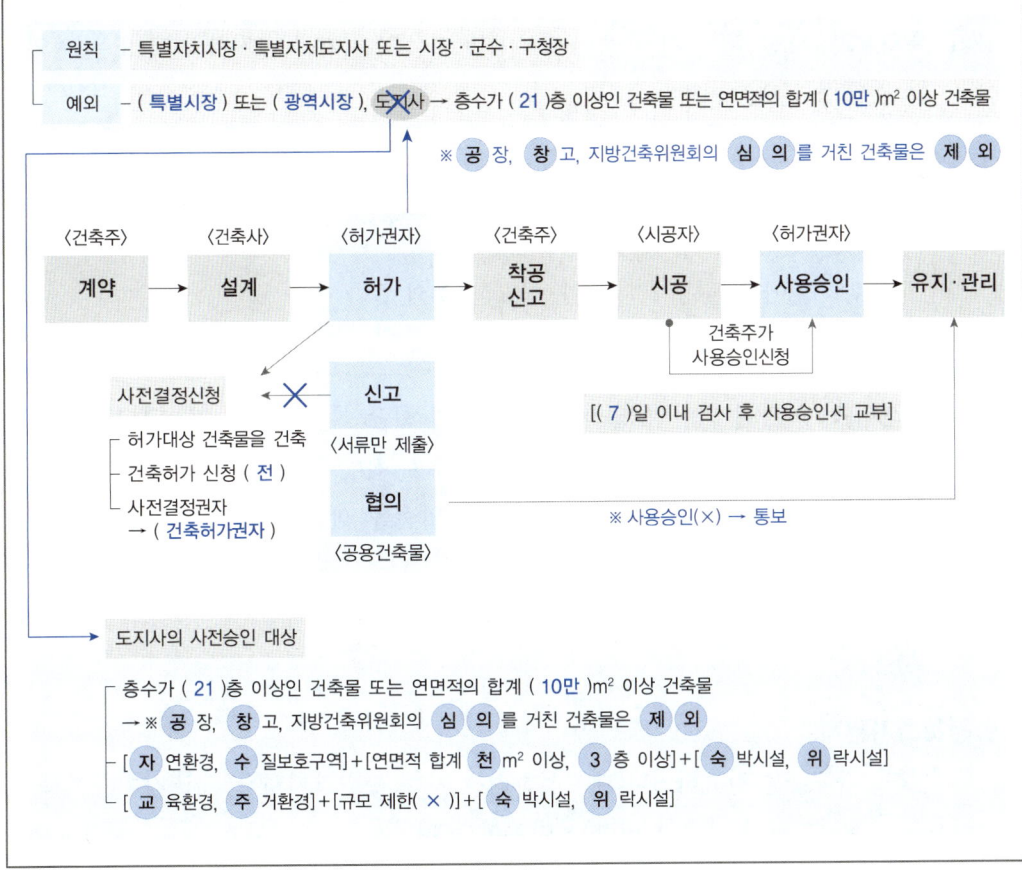

공법체계잡기 11 건축법의 건축절차 체계도

(1) 사전결정신청

① **대상자**: 건축허가 대상 건축물을 건축하려는 자는 건축허가를 신청하기 전에 허가권자에게 그 건축물의 건축에 관한 다음의 사항에 대하여 사전결정을 신청할 수 있다.

> ㉠ 해당 대지에 건축하는 것이 「건축법」이나 관계 법령에서 허용되는지 여부
> ㉡ 「건축법」 또는 관계 법령에 따른 건축기준 및 건축제한, 그 완화에 관한 사항 등을 고려하여 해당 대지에 건축 가능한 건축물의 규모
> ㉢ 건축허가를 받기 위하여 신청자가 고려하여야 할 사항

② **동시신청**: 사전결정신청자는 건축위원회 심의와 「도시교통정비 촉진법」에 따른 교통영향평가서의 검토를 동시에 신청할 수 있다.

③ **사전협의**: 허가권자는 사전결정이 신청된 건축물의 대지면적이 「환경영향평가법」에 따른 소규모 환경영향평가 대상사업인 경우 환경부장관이나 지방환경관서의 장과 소규모 환경영향평가에 관한 협의를 하여야 한다.

④ **사전결정 통지**: 허가권자는 사전결정신청을 받으면 입지, 건축물의 규모, 용도 등을 사전결정한 후 사전결정신청자에게 알려야 한다.

⑤ **통지효과**: 사전결정통지를 받은 경우에는 다음의 허가를 받거나 신고 또는 협의를 한 것으로 본다.

> ㉠ 「국토의 계획 및 이용에 관한 법률」에 따른 개발행위허가
> ㉡ 「산지관리법」에 따른 산지전용허가와 산지전용신고, 산지일시사용허가·신고(단, 보전산지인 경우에는 도시지역만 해당)
> ㉢ 「농지법」에 따른 농지전용허가·신고 및 협의
> ㉣ 「하천법」에 따른 하천점용허가

⑥ **의견제출**: 허가권자는 위 ⑤의 어느 하나에 해당되는 내용이 포함된 사전결정을 하려면 미리 관계 행정기관의 장과 협의하여야 하며, 협의를 요청받은 관계 행정기관의 장은 요청받은 날부터 15일 이내에 의견을 제출하여야 한다.

⑦ **효력상실**: 사전결정신청자는 사전결정을 통지받은 날부터 2년 이내에 건축허가를 신청하여야 하며, 이 기간에 건축허가를 신청하지 아니하면 사전결정의 효력이 상실된다.

(2) 건축허가권자

① **원칙**: 건축물을 건축하거나 대수선하려는 자는 특별자치시장·특별자치도지사 또는 시장·군수·구청장의 허가를 받아야 한다.

② **예외**: 다음의 건축물을 특별시나 광역시에 건축하려면 특별시장이나 광역시장의 허가를 받아야 한다.

> ㉠ 층수가 21층 이상이거나 연면적의 합계가 10만m² 이상인 건축물의 건축
> ㉡ 연면적의 10분의 3 이상을 증축하여 층수가 21층 이상으로 되거나 연면적의 합계가 10만m² 이상으로 되는 경우
> ➕ 단, 공장, 창고, 지방건축위원회의 심의를 거친 건축물(초고층 건축물은 제외)은 제외한다.

(3) 도지사의 사전승인

시장·군수는 다음의 어느 하나에 해당하는 건축물의 건축을 허가하려면 미리 건축계획서와 국토교통부령으로 정하는 건축물의 용도, 규모 및 형태가 표시된 기본설계도서를 첨부하여 도지사의 승인을 받아야 한다.

> ① 층수가 21층 이상이거나 연면적의 합계가 10만m^2 이상인 건축물로서 다음에 해당하는 건축물은 제외
>   ㉠ 공장
>   ㉡ 창고
>   ㉢ 지방건축위원회의 심의를 거친 건축물(초고층 건축물은 제외)
>   ㉣ 도시환경, 광역교통 등을 고려하여 해당 도의 조례로 정하는 건축물
> ② 자연환경이나 수질을 보호하기 위하여 도지사가 지정·공고한 구역에 건축하는 3층 이상 또는 연면적의 합계가 1천m^2 이상인 다음의 건축물
>   ㉠ 공동주택
>   ㉡ 제2종 근린생활시설 중 일반음식점
>   ㉢ 업무시설 중 일반업무시설
>   ㉣ 숙박시설
>   ㉤ 위락시설
> ③ 주거환경이나 교육환경 등 주변환경을 보호하기 위하여 필요하다고 인정하여 도지사가 지정·공고한 구역에 건축하는 위락시설 및 숙박시설에 해당하는 건축물

(4) 건축신고

건축허가 대상 건축물이라 하더라도 건축신고 대상 규모에 해당하는 경우에는 미리 특별자치시장·특별자치도지사 또는 시장·군수·구청장에게 신고함으로써 건축허가를 받은 것으로 본다.

(5) 공용건축물의 특례

① 국가나 지방자치단체는 허가를 받거나 신고하여야 하는 건축물을 건축·대수선·용도변경하거나 가설건축물을 건축하거나 공작물을 축조하려는 경우에는 미리 건축물의 소재지를 관할하는 허가권자와 협의하여야 한다.
② 협의한 경우에는 건축허가를 받았거나 신고한 것으로 본다.

2 건축물의 건축절차

(1) 건축설계
① 건축허가를 받아야 하거나 건축신고를 하여야 하는 건축물 또는 「주택법」에 따른 리모델링을 하는 건축물의 건축등을 위한 설계는 건축사가 아니면 할 수 없다.
② 설계자는 건축물이 「건축법」과 「건축법」에 따른 명령이나 처분, 그 밖의 관계 법령에 맞고 안전·기능 및 미관에 지장이 없도록 설계하여야 하며, 국토교통부장관이 정하여 고시하는 설계도서 작성기준에 따라 설계도서를 작성하여야 한다.

(2) 착공신고 등
① 허가를 받거나 신고를 한 건축물의 공사를 착수하려는 건축주는 국토교통부령으로 정하는 바에 따라 허가권자에게 공사계획을 신고하여야 한다.
② 공사계획을 신고하거나 변경신고를 하는 경우 해당 공사감리자(공사감리자를 지정한 경우만 해당)와 공사시공자가 신고서에 함께 서명하여야 한다.
③ 건축주는 「건설산업기본법」을 위반하여 건축물의 공사를 하거나 하게 할 수 없으며, 허가를 받은 건축물의 건축주는 신고를 할 때에는 각 계약서의 사본을 첨부하여야 한다.

(3) 건축시공
① 공사시공자는 건축주와의 계약대로 성실하게 공사를 수행하여야 하며, 「건축법」과 「건축법」에 따른 명령이나 처분, 그 밖의 관계 법령에 맞게 건축물을 건축하여 건축주에게 인도하여야 한다.
② 공사시공자는 건축물(건축허가나 용도변경허가 대상인 것만 해당)의 공사현장에 설계도서를 갖추어 두어야 한다.
③ 공사시공자는 설계도서가 「건축법」과 「건축법」에 따른 명령이나 처분, 그 밖의 관계 법령에 맞지 아니하거나 공사의 여건상 불합리하다고 인정되면 건축주와 공사감리자의 동의를 받아 서면으로 설계자에게 설계를 변경하도록 요청할 수 있다.

(4) 건축물의 공사감리
① 건축주는 대통령령으로 정하는 용도·규모 및 구조의 건축물을 건축하는 경우 건축사나 대통령령으로 정하는 자를 공사감리자(공사시공자 본인 및 독점규제 및 공정거래에 관한 법률에 따른 계열회사는 제외)로 지정하여 공사감리를 하게 하여야 한다.

② 「건설산업기본법」에 해당하지 아니하는 소규모 건축물로서 건축주가 직접 시공하는 건축물 및 주택으로 사용하는 건축물 중 대통령령으로 정하는 건축물의 경우에는 대통령령으로 정하는 바에 따라 허가권자가 해당 건축물의 설계에 참여하지 아니한 자 중에서 공사감리자를 지정하여야 한다.

③ 연면적의 합계가 5천m² 이상인 건축공사의 공사감리자는 필요하다고 인정하면 공사시공자에게 상세시공도면을 작성하도록 요청할 수 있다.

(5) 사용승인

① **사용승인 대상**: 건축주가 허가를 받았거나 신고를 한 건축물의 건축공사를 완료[하나의 대지에 2 이상의 건축물을 건축하는 경우 동(棟)별 공사를 완료한 경우를 포함]한 후 그 건축물을 사용하려면 공사감리자가 작성한 감리완료보고서(공사감리자를 지정한 경우만 해당)와 국토교통부령으로 정하는 공사완료도서를 첨부하여 허가권자에게 사용승인을 신청하여야 한다.

② **사용승인서 교부**: 허가권자는 사용승인신청을 받은 경우 국토교통부령으로 정하는 기간에 다음의 사항에 대한 검사를 실시하고, 검사에 합격한 건축물에 대하여는 사용승인서를 내주어야 한다.

> ㉠ 사용승인을 신청한 건축물이 「건축법」에 따라 허가 또는 신고한 설계도서대로 시공되었는지의 여부
> ㉡ 감리완료보고서, 공사완료도서 등의 서류 및 도서가 적합하게 작성되었는지의 여부

③ **건축물의 사용시기**

원칙	건축주는 사용승인을 받은 후가 아니면 그 건축물을 사용하거나 사용하게 할 수 없다.
예외	㉠ 허가권자가 법령이 정한 기간 내 사용승인서를 교부하지 아니한 경우 ㉡ 사용승인서를 교부받기 전에 공사가 완료된 부분이 건폐율, 용적률, 설비, 피난·방화 등 국토교통부령으로 정하는 기준에 적합한 경우로서 기간을 정하여 대통령령으로 정하는 바에 따라 임시사용의 승인을 한 경우

> **+ 보충 임시사용승인**
>
> 1. **임시사용승인의 신청**: 건축주는 사용승인서를 받기 전에 공사가 완료된 부분에 대한 임시사용의 승인을 받으려는 경우에는 임시사용승인신청서를 허가권자에게 제출(전자문서에 의한 제출을 포함)하여야 한다.
> 2. **임시사용승인의 기간**: 임시사용승인의 기간은 2년 이내로 한다. 단, 허가권자는 대형 건축물 또는 암반공사 등으로 인하여 공사기간이 긴 건축물에 대하여는 그 기간을 연장할 수 있다.

3 건축물의 용도변경

공법체계잡기 12 건축법의 건축물 용도변경 체계도

```
건축물
용도변경  ─────────→  [허가권자]: 특별~~시~~장·광역~~시~~장·특별자치시장·특별자치도지사·시장·군수·구청장
[허가·신고·건축물대장
  기재내용 변경신청]
```

시설군 순서	용도 순서
㉧ 동차 관련 시설군	㉧ ㉦ ㉠ 관련 시설
㉰ 업 등의 시설군	㉧ ㉮ 순환 관련 시설 / ㉤ ㉨ 관련 시설 / ㉦ ㉢ 시설 / ㉱ 고시설 / ㉯ ㉲ 물저장 및 처리시설 / ㉠ 장 / ㉩ 례시설
㉥ 기통신시설군	㉫ ㉰ 통신시설 / ㉝ ㉡ 시설
㉤ 화 및 집회시설군	㉯ ㉮ 시설 / ㉠ 광휴게시설 / ㉪ 교시설 / ㉤ 화 및 집회시설
㉢ ㉧ 시설군	㉮ ㉧ 시설 / ㉭ ㉰ 시설 / ㉥ 매시설 / 제2종 근린생활시설 중 ㉡ 중생활시설
㉧ 육 및 복지시설군	㉢ ㉣ 시설 / ㉥ 유자시설 / ㉧ 육연구시설 / ㉦ 련시설 / ㉣ 영장시설
㉦ 린생활시설군	제1종 ㉦ ㉩ 생활시설 / 제2종 ㉦ ㉩ 생활시설
㉣ 거업무시설군	㉧ ㉥ 시설 / 단독 ㉣ ㉣ / 공동 ㉣ ㉣ / 교정시설 / 국방·군사시설
㉠ ㉡ ㉢ 시설군	동물 및 식물 관련 시설

↑ 허가   ↓ 신고

※ 같은 시설군 안에서 용도변경 ⇨ 건축물대장 기재내용 변경신청
  (같은 호·근린시설 상호간은 제외)

(1) 용도변경의 허가 또는 신고

① **용도변경**: 사용승인을 받은 건축물의 용도를 변경하려는 자는 국토교통부령으로 정하는 바에 따라 특별자치시장·특별자치도지사 또는 시장·군수·구청장의 허가를 받거나 신고를 하여야 한다.

② **허가대상**: 시설군(施設群)에 속하는 건축물의 용도를 상위군에 해당하는 용도로 변경하는 경우에는 허가를 받아야 한다.

③ **신고대상**: 시설군에 속하는 건축물의 용도를 하위군에 해당하는 용도로 변경하는 경우에는 신고하여야 한다.

④ **기재내용 변경신청**: 건축물의 각 시설군 중 같은 시설군 안에서 용도를 변경하려는 자는 국토교통부령으로 정하는 바에 따라 특별자치시장·특별자치도지사 또는 시장·군수·구청장에게 건축물대장 기재내용의 변경을 신청하여야 한다.

> **+ 보충** 건축물대장 기재내용 변경신청도 하지 않는 경우
>
> 다음의 어느 하나에 해당하는 건축물 상호간의 용도변경의 경우에는 건축물대장 기재내용 변경신청도 하지 않아도 된다.
> 1. [별표 1]의 같은 호에 속하는 건축물 상호간의 용도변경(예 공동주택에 속하는 아파트, 연립주택, 다세대주택, 기숙사 건축물 상호간의 용도변경)
> 2. 「국토의 계획 및 이용에 관한 법률」이나 그 밖의 관계 법령에서 정하는 용도제한에 적합한 범위에서 제1종 근린생활시설과 제2종 근린생활시설 상호간의 용도변경

(2) 「건축법」의 준용

① 허가나 신고대상인 경우로서 용도변경하려는 부분의 바닥면적의 합계가 $100m^2$ 이상인 경우의 사용승인에 관하여는 「건축법」 제22조(건축물의 사용승인) 규정을 준용한다.

② 허가대상인 경우로서 용도변경하려는 부분의 바닥면적의 합계가 $500m^2$ 이상인 용도변경(대통령령으로 정하는 경우는 제외)의 설계에 관하여는 「건축법」 제23조(건축물의 설계) 규정을 준용하여 건축사가 설계를 하여야 한다.

Chapter 03 건축물의 대지와 도로

> **학습포인트** 대지의 조경과 공개공지, 도로를 정리하고, 건축선에 대한 개념을 이해한다.

1 건축물의 대지

(1) 대지의 안전

① **도로와의 관계**: 대지는 인접한 도로면보다 낮아서는 아니 된다(단, 대지의 배수에 지장이 없거나 건축물의 용도상 방습의 필요가 없는 경우에는 인접한 도로면보다 낮아도 된다).

② **습지 · 매립지**: 습한 토지, 물이 나올 우려가 많은 토지, 쓰레기, 그 밖에 이와 유사한 것으로 매립된 토지에 건축물을 건축하는 경우에는 성토, 지반 개량 등 필요한 조치를 하여야 한다.

③ **배수시설의 설치**: 대지에는 빗물과 오수를 배출하거나 처리하기 위하여 필요한 하수관, 하수구, 저수탱크, 그 밖에 이와 유사한 시설을 하여야 한다.

④ **옹벽의 설치**: 손궤(損潰: 무너져 내림)의 우려가 있는 토지에 대지를 조성하려면 국토교통부령으로 정하는 바에 따라 옹벽을 설치하거나 그 밖에 필요한 조치를 하여야 한다.

(2) 대지의 조경

① **원칙:** 면적이 200m² 이상인 대지에 건축을 하는 건축주는 용도지역 및 건축물의 규모에 따라 해당 지방자치단체의 조례로 정하는 기준에 따라 대지 안에 조경이나 그 밖에 필요한 조치를 하여야 한다.

② **예외:** 다음의 어느 하나에 해당하는 건축물에 대해서는 조경 등의 조치를 하지 아니할 수 있다.

> ㉠ 녹지지역에 건축하는 건축물
> ㉡ 면적 5천m² 미만인 대지에 건축하는 공장
> ㉢ 연면적의 합계가 1천500m² 미만인 공장
> ㉣ 「산업집적활성화 및 공장설립에 관한 법률」에 따른 산업단지의 공장
> ㉤ 대지에 염분이 함유되어 있는 경우 또는 건축물 용도의 특성상 조경 등의 조치를 하기가 곤란하거나 조경 등의 조치를 하는 것이 불합리한 경우로서 건축조례로 정하는 건축물
> ㉥ 축사
> ㉦ 허가를 받아야 하는 가설건축물
> ㉧ 연면적의 합계가 1천500m² 미만인 물류시설(주거지역 또는 상업지역에 건축하는 것은 제외)로서 국토교통부령으로 정하는 것
> ㉨ 「국토의 계획 및 이용에 관한 법률」에 따라 지정된 자연환경보전지역·농림지역 또는 관리지역(지구단위계획구역으로 지정된 지역은 제외)의 건축물

(3) 공개공지 등의 확보

① **설치대상지역:** 다음의 어느 하나에 해당하는 지역의 환경을 쾌적하게 조성하기 위하여 대통령령으로 정하는 용도와 규모의 건축물은 일반이 사용할 수 있도록 대통령령으로 정하는 기준에 따라 소규모 휴식시설 등의 공개공지(공터) 또는 공개공간(공개공지 등)을 설치하여야 한다.

> ㉠ 일반주거지역, 준주거지역
> ㉡ 상업지역
> ㉢ 준공업지역
> ㉣ 특별자치시장·특별자치도지사 또는 시장·군수·구청장이 도시화의 가능성이 크거나 노후 산업단지의 정비가 필요하다고 인정하여 지정·공고하는 지역

② **설치대상 건축물:** 다음의 어느 하나에 해당하는 건축물의 대지에는 공개공지 또는 공개공간을 설치하여야 한다.

㉠ 바닥면적의 합계가 5천m² 이상인 문화 및 집회시설, 종교시설, 판매시설(농수산물 유통시설은 제외), 운수시설(여객용 시설만 해당), 업무시설 및 숙박시설
㉡ 그 밖에 다중이 이용하는 시설로서 건축조례로 정하는 건축물

③ **설치면적 및 기준**
㉠ 공개공지 등의 면적은 대지면적의 100분의 10 이하의 범위에서 건축조례로 정한다.
㉡ 공개공지 등을 설치할 때에는 모든 사람들이 환경친화적으로 편리하게 이용할 수 있도록 긴 의자 또는 조경시설 등 건축조례로 정하는 시설을 설치해야 한다.

④ **건축기준 완화 적용**: 건축물에 공개공지 등을 설치하는 경우에는 건축물의 건폐율, 건축물의 용적률과 건축물의 높이제한을 다음의 범위에서 완화하여 적용할 수 있다.

> ㉠ 용적률은 해당 지역에 적용되는 용적률의 1.2배 이하
> ㉡ 건축물의 높이제한은 해당 건축물에 적용되는 높이기준의 1.2배 이하

2 도로

(1) 도로의 지정 및 폐지·변경

① **도로의 지정**: 허가권자는 지정한 도로의 위치를 지정·공고하려면 국토교통부령으로 정하는 바에 따라 그 도로에 대한 이해관계인의 동의를 받아야 한다. 다만, 다음의 어느 하나에 해당하면 이해관계인의 동의를 받지 아니하고 건축위원회의 심의를 거쳐 도로를 지정할 수 있다.

> ㉠ 허가권자가 이해관계인이 해외에 거주하는 등의 사유로 이해관계인의 동의를 받기가 곤란하다고 인정하는 경우
> ㉡ 주민이 오랫동안 통행로로 이용하고 있는 사실상의 통로로서 해당 지방자치단체의 조례로 정하는 것인 경우

② **도로의 폐지·변경**: 허가권자는 지정한 도로를 폐지하거나 변경하려면 그 도로에 대한 이해관계인의 동의를 받아야 한다.

(2) 대지와 도로와의 관계

① **원칙**: 건축물의 대지는 2m 이상이 도로(자동차만의 통행에 사용되는 도로는 제외)에 접하여야 한다. 다만, 다음의 어느 하나에 해당하면 그러하지 아니하다.

> ㉠ 해당 건축물의 출입에 지장이 없다고 인정되는 경우
> ㉡ 건축물의 주변에 광장·공원·유원지 그 밖에 관계 법령에 의하여 건축이 금지되고 공중의 통행에 지장이 없는 것으로서 허가권자가 인정한 공지가 있는 경우
> ㉢ 「농지법」에 따른 농막을 건축하는 경우

② **강화**: 연면적의 합계가 2천m^2(공장인 경우에는 3천m^2) 이상인 건축물(축사, 작물재배사, 그 밖에 이와 비슷한 건축물로서 건축조례로 정하는 규모의 건축물은 제외)의 대지는 너비 6m 이상의 도로에 4m 이상 접하여야 한다.

3 건축선(建築線)

(1) 개념
① 도로와 접한 부분에 있어서 건축물을 건축할 수 있는 한계선을 말한다.
② 건축물에 의한 도로의 침식을 방지하고 교통의 원활을 도모하는 기능을 한다.

(2) 건축선의 지정
① **원칙**: 원칙적으로 건축선은 대지와 도로의 경계선으로 한다.
② **예외**: 소요너비에 미달되는 너비의 도로의 경우 다음을 건축선으로 한다.

조건	건축선
도로 양쪽에 대지가 있을 때	도로의 중심선에서 소요너비의 2분의 1의 수평거리를 후퇴한 선
도로의 반대쪽에 경사지, 하천, 철도, 선로부지 등이 있을 때	경사지 등이 있는 쪽의 도로경계선에서 소요너비에 상당하는 수평거리의 선

(3) 지정건축선
① 특별자치시장·특별자치도지사 또는 시장·군수·구청장은 시가지 안에서 건축물의 위치나 환경을 정비하기 위하여 필요하다고 인정하면 건축선을 따로 지정할 수 있다.
② 특별자치시장·특별자치도지사 또는 시장·군수·구청장은 도시지역에는 4m 이하의 범위에서 건축선을 따로 지정할 수 있다.

(4) 건축선에 따른 건축제한
① 건축물과 담장은 건축선의 수직면을 넘어서는 아니 된다(단, 지표 아래 부분은 그러하지 아니하다).
② 도로면으로부터 높이 4.5m 이하에 있는 출입구, 창문, 그 밖에 이와 유사한 구조물은 열고 닫을 때 건축선의 수직면을 넘지 아니하는 구조로 하여야 한다.

Chapter 04 지역 및 지구 안의 건축물

◎ 학습포인트 건폐율과 용적률의 개념을 정리하고, 면적 산정방법을 숙지한다.

1 건축물의 면적 산정

(1) 대지면적

① **원칙**: 대지의 수평투영면적으로 한다.

② **예외**: 다음의 어느 하나에 해당하는 면적은 제외한다.

> ㉠ 대지에 건축선이 정하여진 경우: 그 건축선과 도로 사이의 대지면적
> ㉡ 대지에 도시·군계획시설인 도로·공원 등이 있는 경우: 그 도시·군계획시설에 포함되는 대지(국토의 계획 및 이용에 관한 법률에 따라 건축물 또는 공작물을 설치하는 도시·군계획시설의 부지는 제외)면적

(2) 건축면적

① **원칙**: 건축물의 외벽(외벽이 없는 경우에는 외곽부분의 기둥)의 중심선으로 둘러싸인 부분의 수평투영면적으로 한다.

② **예외**: 다음의 경우에는 건축면적에 산입하지 않는다.

> ㉠ 지표면으로부터 1m 이하에 있는 부분(창고 중 물품을 입출고하기 위하여 차량을 접안시키는 부분의 경우에는 지표면으로부터 1.5m 이하에 있는 부분)
> ㉡ 건축물 지상층에 일반인이나 차량이 통행할 수 있도록 설치한 보행통로나 차량통로
> ㉢ 지하주차장의 경사로

(3) 바닥면적

① **원칙**: 건축물의 각 층 또는 그 일부로서 벽·기둥, 그 밖에 이와 비슷한 구획의 중심선으로 둘러싸인 부분의 수평투영면적으로 한다.

② **예외**: 다음의 경우에는 바닥면적에 산입하지 않는다.

> ㉠ 필로티나 그 밖에 이와 비슷한 구조(벽면적의 2분의 1 이상이 그 층의 바닥면에서 위층 바닥 아래면까지 공간으로 된 것만 해당)의 부분은 그 부분이 공중의 통행이나 차량의 통행 또는 주차에 전용되는 경우와 공동주택의 경우에는 바닥면적에 산입하지 아니한다.

ⓛ 승강기탑(옥상 출입용 승강장을 포함), 계단탑, 장식탑, 다락[층고(層高)가 1.5m(경사진 형태의 지붕인 경우에는 1.8m) 이하인 것만 해당], 건축물의 내부에 설치하는 냉방설비 배기장치 전용 설치공간(각 세대나 실별로 외부공기에 직접 닿는 곳에 설치하는 경우로 1m² 이하로 한정), 건축물의 외부 또는 내부에 설치하는 굴뚝, 더스트슈트, 설비덕트, 그 밖에 이와 비슷한 것과 옥상·옥외 또는 지하에 설치하는 물탱크, 기름탱크, 냉각탑, 정화조, 도시가스 정압기, 그 밖에 이와 비슷한 것을 설치하기 위한 구조물과 건축물 간에 화물의 이동에 이용되는 컨베이어벨트만을 설치하기 위한 구조물은 바닥면적에 산입하지 않는다.
　ⓒ 공동주택으로서 지상층에 설치한 기계실, 전기실, 어린이놀이터, 조경시설 및 생활폐기물 보관시설의 면적은 바닥면적에 산입하지 않는다.
　ⓔ 건축물을 리모델링하는 경우로서 미관 향상, 열의 손실 방지 등을 위하여 외벽에 부가하여 마감재 등을 설치하는 부분은 바닥면적에 산입하지 아니한다.

> **+ 보충** 바닥면적에 포함되는 경우
> 1. 벽·기둥의 구획이 없는 건축물은 그 지붕 끝부분으로부터 수평거리 1m를 후퇴한 선으로 둘러싸인 수평투영면적으로 한다.
> 2. 건축물의 노대 등의 바닥은 난간 등의 설치 여부에 관계없이 노대 등의 면적(외벽의 중심선으로부터 노대 등의 끝부분까지의 면적)에서 노대 등이 접한 가장 긴 외벽에 접한 길이에 1.5m를 곱한 값을 뺀 면적을 바닥면적에 산입한다.

(4) 연면적

① **원칙**: 지하층을 포함하여 하나의 건축물의 각 층의 바닥면적의 합계를 말한다.
② **예외**: 용적률 산정 시에는 다음에 해당하는 면적을 산입하지 않는다.

> ⓐ 지하층의 면적
> ⓑ 지상층의 주차용(해당 건축물의 부속용도인 경우만 해당)으로 사용되는 면적
> ⓒ 초고층 건축물과 준초고층 건축물에 설치하는 피난안전구역의 면적
> ⓓ 건축물의 경사지붕 아래에 설치하는 대피공간의 면적

2 건축물의 높이 및 층수 산정

(1) 건축물의 높이
① **원칙**: 지표면으로부터 그 건축물의 상단까지의 높이로 한다.
② **필로티 설치 시**: 건축물의 1층 전체에 필로티(건축물을 사용하기 위한 경비실, 계단실, 승강기실, 그 밖에 이와 비슷한 것을 포함)가 설치되어 있는 경우에는 법 제60조(건축물의 높이제한) 및 법 제61조 제2항(일조 등 확보를 위한 건축물의 높이제한)을 적용할 때 필로티의 **층고***를 제외한 높이로 한다.

> 📖 **용어 정리**
>
> *층고
> 방의 바닥구조체 윗면으로부터 위층 바닥구조체의 윗면까지의 높이로 한다.

(2) 층수
① 지하층은 건축물의 층수에 산입하지 아니한다.
② 층의 구분이 명확하지 않은 건축물은 그 건축물의 높이를 4m마다 하나의 층으로 산정한다.
③ 건축물이 부분에 따라 그 층수가 다른 경우에는 그중 가장 많은 층수를 그 건축물의 층수로 본다.

3 건폐율 및 용적률

구분	건폐율	용적률
의의	대지면적에 대한 건축면적 비율의 최대한도 건폐율 = $\dfrac{건축면적}{대지면적} \times 100(\%)$	대지면적에 대한 건축물의 연면적 비율의 최대한도 용적률 = $\dfrac{연면적}{대지면적} \times 100(\%)$
규제 목적	① 대지 안의 공지를 확보함으로써 채광, 통풍, 환기, 피난, 소화 등을 위함 ② 평면적 건축규모 제한	① 대지 안의 밀도를 제한함으로써 공간 안의 밀도를 조절하기 위함 ② 입체적 건축규모 제한

PART 5

주택법

총 40문제 중 7문제가 출제되는 법률로, 주택건설사업에 대한 전체 흐름을 먼저 파악하고 세부내용을 학습한다면 크게 어려운 법은 아닙니다. 특히, 주택의 용어, 주택조합, 주택공급 시 전매제한 내용과 공급질서 교란행위 위주로 학습이 요구되는 법입니다.

Chapter 01 총칙

학습포인트 용어의 정의를 이해하고, 주택의 분류에 대하여 정확하게 숙지한다.

1 제정 목적

「주택법」은 쾌적하고 살기 좋은 주거환경 조성에 필요한 주택의 건설·공급 및 주택시장의 관리 등에 관한 사항을 정함으로써 국민의 주거안정과 주거수준의 향상에 이바지함을 목적으로 한다.

2 용어의 정의

(1) 주택

① **정의**: 세대의 구성원이 장기간 독립된 주거생활을 할 수 있는 구조로 된 건축물의 전부 또는 일부 및 그 부속토지를 말하며, 단독주택과 공동주택으로 구분한다.

② **준주택**: 주택 외의 건축물과 그 부속토지로서 주거시설로 이용 가능한 시설 등을 말하며, 그 범위와 종류는 다음과 같다.

> ㉠ 오피스텔
> ㉡ 노인복지주택
> ㉢ 다중생활시설
> ㉣ 기숙사

(2) 부대시설

주택에 딸린 다음의 시설 또는 설비를 말한다.

> ① 주차장, 관리사무소·담장 및 주택단지 안의 도로
> ② 「건축법」에 따른 건축설비

(3) 복리시설

주택단지 안의 입주자 등의 생활복리를 위한 다음의 공동시설을 말한다.

> ① 어린이놀이터, 근린생활시설, 유치원, 주민운동시설 및 경로당
> ② 그 밖에 입주자 등의 생활복리를 위하여 대통령령으로 정하는 공동시설

(4) 간선시설(幹線施設)

① 도로·상하수도·전기시설·가스시설·통신시설 및 지역난방시설 등 주택단지 안의 기간시설(基幹施設)을 그 주택단지 밖에 있는 같은 종류의 기간시설에 연결시키는 시설을 말한다.

② 가스시설·통신시설 및 지역난방시설의 경우에는 주택단지 안의 기간시설을 포함한다.

(5) 주택단지

① 주택건설사업계획 또는 대지조성사업계획의 승인을 받아 주택과 그 부대시설 및 복리시설을 건설하거나 대지를 조성하는 데 사용되는 일단의 토지를 말한다.

② 다음의 시설로 분리된 토지는 이를 각각 별개의 주택단지로 본다.

> ㉠ 철도·고속도로·자동차전용도로
> ㉡ 폭 20m 이상인 일반도로
> ㉢ 폭 8m 이상인 도시계획예정도로
> ㉣ 보행자 및 자동차의 통행이 가능한 도로로서 도시·군계획시설인 도로, 일반국도·특별시도·광역시도 또는 지방도

(6) 공공택지

다음의 어느 하나에 해당하는 공공사업에 의하여 개발·조성되는 공동주택이 건설되는 용지를 말한다.

> ① 국민주택건설사업 또는 대지조성사업
> ② 「택지개발촉진법」에 따른 택지개발사업
> ③ 「산업입지 및 개발에 관한 법률」에 따른 산업단지개발사업
> ④ 「공공주택 특별법」에 따른 공공주택지구조성사업
> ⑤ 「민간임대주택에 관한 특별법」에 따른 공공지원민간임대주택 공급촉진지구 조성사업
> ⑥ 「도시개발법」에 따른 도시개발사업(공공사업시행자 또는 국가, 지방자치단체 및 공공기관등이 100분의 50을 초과하여 출자한 법인이 수용 또는 사용의 방식으로 시행하는 사업과 혼용방식 중 수용 또는 사용방식이 적용되는 구역에서 시행하는 사업만 해당)
> ⑦ 「경제자유구역의 지정 및 운영에 관한 특별법」에 따른 경제자유구역개발사업
> ⑧ 「혁신도시 조성 및 발전에 관한 특별법」에 따른 혁신도시개발사업
> ⑨ 「신행정수도 후속대책을 위한 연기·공주지역 행정중심복합도시 건설을 위한 특별법」에 따른 행정중심복합도시건설사업
> ⑩ 「공익사업을 위한 토지 등의 취득 및 보상에 관한 법률」에 따른 공익사업으로서 대통령령으로 정하는 사업

(7) 리모델링

건축물의 노후화 억제 또는 기능 향상 등을 위한 다음에 해당하는 행위를 말한다.

> ① 대수선(大修繕): 사용검사일(사용승인일)부터 10년이 지난 공동주택
> ② 증축: 사용검사일(사용승인일)부터 15년이 지난 공동주택
>   ㉠ 각 세대의 주거전용면적의 30% 이내(세대의 주거전용면적이 85m² 미만인 경우에는 40% 이내)에서 증축하는 행위
>   ㉡ 각 세대의 증축 가능 면적을 합산한 면적의 범위에서 기존 세대수의 15% 이내에서 세대수를 증가하는 증축행위

+ 보충 수직증축형 리모델링

1. 수직으로 증축하는 행위(이하 '수직증축형 리모델링')의 대상이 되는 기존 건축물의 층수가 15층 이상인 경우: 3개 층까지
2. 수직증축형 리모델링의 대상이 되는 기존 건축물의 층수가 14층 이하인 경우: 2개 층까지

(8) 공구

하나의 주택단지에서 대통령령으로 정하는 기준에 따라 둘 이상으로 구분되는 일단의 구역으로, 착공신고 및 사용검사를 별도로 수행할 수 있는 구역을 말한다.

■ 대통령령으로 정하는 기준

> 1. 다음의 어느 하나에 해당하는 시설을 설치하거나 공간을 조성하여 6m 이상의 폭으로 공구 간 경계를 설정할 것
>   ① 「주택건설기준 등에 관한 규정」에 따른 주택단지 안의 도로
>   ② 주택단지 안의 지상에 설치되는 부설주차장
>   ③ 주택단지 안의 옹벽 또는 축대
>   ④ 식재·조경이 된 녹지
> 2. 공구별 세대수는 300세대 이상으로 할 것

(9) 주택조합

주택조합이란 많은 수의 구성원이 사업계획의 승인을 받아 주택을 마련하거나 리모델링하기 위하여 결성하는 다음의 조합을 말한다.

> ① **지역주택조합**: 지역에 거주하는 주민이 주택을 마련하기 위하여 설립한 조합
> ② **직장주택조합**: 같은 직장의 근로자가 주택을 마련하기 위하여 설립한 조합
> ③ **리모델링주택조합**: 공동주택의 소유자가 그 주택을 리모델링하기 위하여 설립한 조합

3 주택의 종류

공법체계잡기 13 주택법상 주택분류 체계도

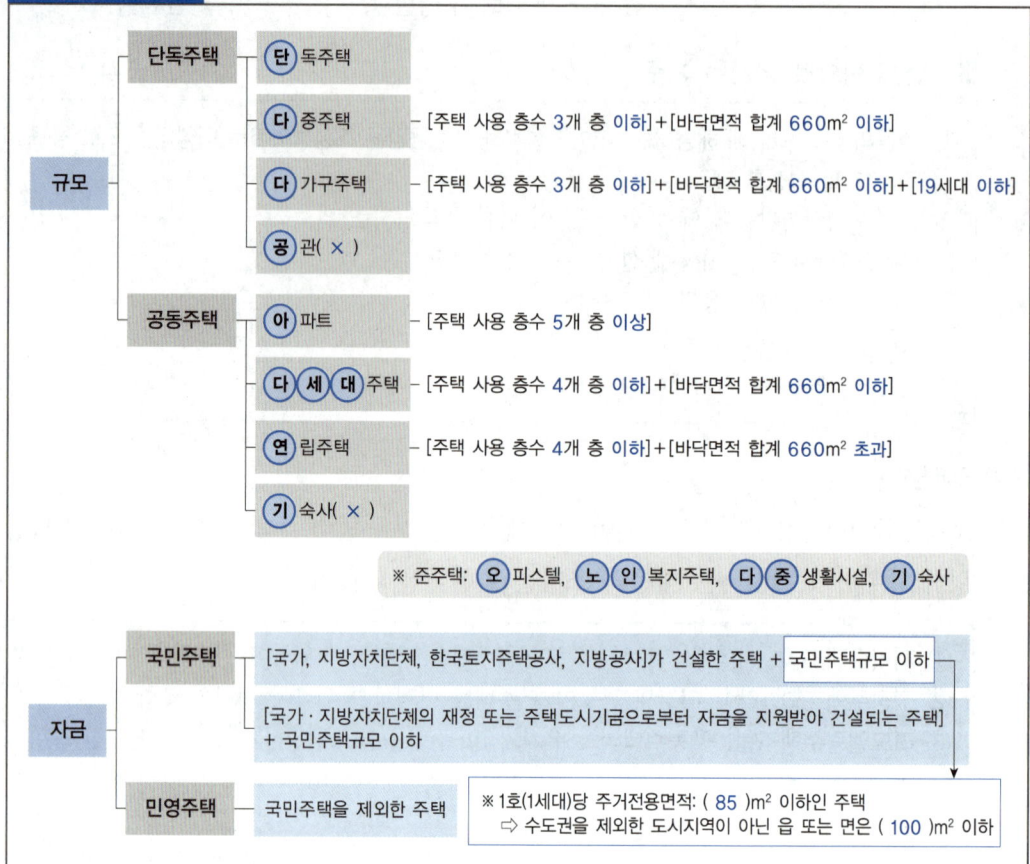

보충 공동주택의 주거전용면적 산정방법

1. 외벽의 내부선을 기준으로 산정한 면적
2. 2세대 이상이 공동으로 사용하는 부분으로서 다음에 해당하는 공용면적은 제외하며, 이 경우 바닥면적에서 주거전용면적을 제외하고 남는 외벽면적은 공용면적에 가산한다.
   ① 복도, 계단, 현관 등 공동주택의 지상층에 있는 공용면적
   ② 위 ①의 공용면적을 제외한 지하층, 관리사무소 등 그 밖의 공용면적

(1) 도시형 생활주택

300세대 미만의 **국민주택*** 규모에 해당하는 주택으로서 도시지역에 건설하는 다음의 주택을 말한다.

> **용어 정리**
>
> ***국민주택**
> 다음의 어느 하나에 해당하는 주택으로서 국민주택규모[주거전용면적이 1호 또는 1세대당 85m² 이하인 주택(수도권을 제외한 도시지역이 아닌 읍 또는 면 지역은 1호 또는 1세대당 주거전용면적이 100m² 이하인 주택)] 이하인 주택을 말한다.
> ① 국가·지방자치단체, 한국토지주택공사 또는 주택사업을 목적으로 설립된 지방공사가 건설하는 주택
> ② 국가·지방자치단체의 재정 또는 주택도시기금으로부터 자금을 지원받아 건설되거나 개량되는 주택

아파트형 주택	다음의 요건을 모두 갖춘 주택 ① 세대별로 독립된 주거가 가능하도록 욕실 및 부엌을 설치할 것 ② 지하층에는 세대를 설치하지 아니할 것
단지형 연립주택	① 아파트형 주택이 아닌 연립주택 ② 건축위원회의 심의를 받은 경우에는 주택으로 쓰는 층수를 5개 층까지 건축할 수 있다.
단지형 다세대주택	① 아파트형 주택이 아닌 다세대주택 ② 건축위원회의 심의를 받은 경우에는 주택으로 쓰는 층수를 5개 층까지 건축할 수 있다.

(2) 세대구분형 공동주택

공동주택의 주택 내부 공간의 일부를 세대별로 구분하여 생활이 가능한 구조로 하되, 그 구분된 공간의 일부를 **구분소유할 수 없는 주택**으로서 대통령령으로 정하는 건설기준, 설치기준, 면적기준 등에 적합한 주택(다음의 구분에 따른 요건을 모두 충족하는 공동주택)을 말한다.

> **+ 보충** 사업계획의 승인을 받아 건설하는 공동주택의 경우
>
> 1. 세대별로 구분된 각각의 공간마다 별도의 욕실, 부엌과 현관을 설치할 것
> 2. 하나의 세대가 통합하여 사용할 수 있도록 세대 간에 연결문 또는 경량구조의 경계벽 등을 설치할 것
> 3. 세대구분형 공동주택의 세대수가 해당 주택단지 안의 공동주택 전체 세대수의 3분의 1을 넘지 않을 것
> 4. 세대별로 구분된 각각의 공간의 주거전용면적 합계가 해당 주택단지 전체 주거전용면적 합계의 3분의 1을 넘지 않는 등 국토교통부장관이 정하여 고시하는 주거전용면적의 비율에 관한 기준을 충족할 것

Chapter 02 주택의 건설

학습포인트 사업주체, 사업계획승인, 사업시행절차를 이해하고, 주택조합에 대한 개념을 정리한다.

1 주택건설사업 체계도

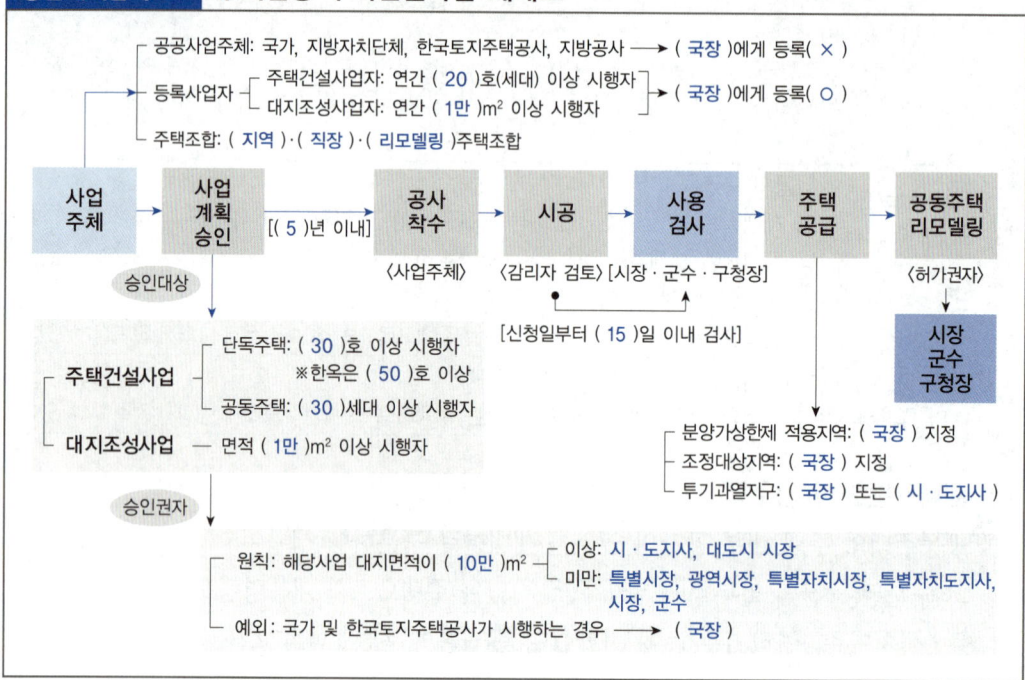

2 사업주체

(1) 사업주체의 종류

주택건설사업계획 또는 대지조성사업계획의 승인을 받아 그 사업을 시행하는 자를 말한다.

> **보충 사업주체**
> 1. 공공사업주체: 국가, 지방자치단체, 한국토지주택공사, 지방공사
> 2. 민간사업주체: 등록사업자, 주택건설사업을 목적으로 설립된 공익법인, 주택조합, 고용자, 토지소유자

(2) 등록사업자

① 종류

구분	내용		
등록사업자 (국토교통부장관 에게 등록)	주택건설사업자	단독주택	연간 20호 이상
		공동주택	연간 20세대 이상
	대지조성사업자	연간 1만m² 이상	
비등록 사업자	⊙ 국가·지방자치단체 ⓒ 한국토지주택공사 ⓒ 지방공사 ⓔ 주택건설사업을 목적으로 설립된 공익법인 ⓜ 등록사업자와 공동으로 주택건설사업을 하는 주택조합 ⓗ 등록사업자와 공동으로 주택건설사업을 하는 고용자		
공동 사업주체	⊙ 토지소유자 + 등록사업자(임의): 토지소유자가 등록사업자와 공동으로 사업을 시행할 수 있으며, 이 경우 토지소유자와 등록사업자를 공동사업주체로 본다. ⓒ 주택조합 + 등록사업자(임의): 주택조합(세대수를 증가하지 아니하는 리모델링주택조합은 제외)이 그 구성원의 주택을 건설하는 경우에는 등록사업자와 공동으로 사업을 시행할 수 있으며, 이 경우 주택조합과 등록사업자를 공동사업주체로 본다. ⓒ 고용자 + 등록사업자(의무): 고용자가 그 근로자의 주택을 건설하는 경우에는 등록사업자와 공동으로 사업을 시행하여야 하며, 이 경우 고용자와 등록사업자를 공동사업주체로 본다.		

② **등록기준**: 등록하여야 할 사업자의 자본금과 기술인력 및 사무실 면적에 관한 등록의 기준·절차·방법 등에 필요한 사항은 대통령령으로 정한다.

③ **등록사업자의 결격사유**: 다음의 어느 하나에 해당하는 자는 주택건설사업 등의 등록을 할 수 없다.

> ⊙ 미성년자·피성년후견인 또는 피한정후견인
> ⓒ 파산선고를 받은 자로서 복권되지 아니한 자
> ⓒ 「부정수표 단속법」 또는 「주택법」을 위반하여 금고 이상의 실형을 선고받고 그 집행이 끝나거나 집행이 면제된 날부터 2년이 지나지 아니한 자
> ⓔ 「부정수표 단속법」 또는 「주택법」을 위반하여 금고 이상의 형의 집행유예를 선고받고 그 유예기간 중에 있는 자
> ⓜ 등록이 말소된 후 2년이 지나지 아니한 자
> ⓗ 임원 중에 위 ⊙부터 ⓜ까지의 규정 중 어느 하나에 해당하는 자가 있는 법인

> **보충 등록말소**
>
> 국토교통부장관은 등록사업자가 다음의 어느 하나에 해당하면 그 등록을 말소하거나 1년 이내의 기간을 정하여 영업의 정지를 명할 수 있다.
> 1. 거짓이나 그 밖의 부정한 방법으로 등록한 경우(반드시 말소)
> 2. 등록기준에 미달하게 된 경우
> 3. 고의 또는 과실로 공사를 잘못 시공하여 공중(公衆)에게 위해(危害)를 끼치거나 입주자에게 재산상 손해를 입힌 경우
> 4. 결격사유 중 어느 하나에 해당하게 된 경우
> 5. 등록증의 대여 등을 한 경우(반드시 말소)

3 주택조합

(1) 주택조합의 설립

① **설립인가**(신고)**권자**
  ㉠ 설립인가: 많은 수의 구성원이 주택을 마련하기 위하여 주택조합을 설립하려는 경우에는 관할 시장·군수·구청장(특별자치시장·특별자치도지사·시장·군수 또는 구청장)의 인가를 받아야 하며, 인가받은 내용을 변경하거나 주택조합을 해산하려는 경우에도 또한 같다.
  ㉡ 설립신고: 국민주택을 공급받기 위하여 직장주택조합을 설립하려는 자는 관할 시장·군수·구청장에게 신고하여야 하며, 신고한 내용을 변경하거나 직장주택조합을 해산하려는 경우에도 또한 같다.

② **지역·직장주택조합 인가요건**(토지소유권 확보)
  ㉠ 해당 주택건설대지의 80% 이상에 해당하는 토지의 사용권원을 확보할 것
  ㉡ 해당 주택건설대지의 15% 이상에 해당하는 토지의 소유권을 확보할 것

③ **리모델링주택조합 인가 시 의결요건**
  ㉠ 주택단지 전체를 리모델링하고자 하는 경우에는 주택단지 전체의 구분소유자와 의결권의 각 3분의 2 이상의 결의 및 각 동의 구분소유자와 의결권의 각 과반수의 결의
  ㉡ 동을 리모델링하고자 하는 경우에는 그 동의 구분소유자 및 의결권의 각 3분의 2 이상의 결의

④ **손해배상책임**: 주택조합과 등록사업자가 공동으로 사업을 시행하면서 시공할 경우 등록사업자는 시공자로서의 책임뿐만 아니라 자신의 귀책사유로 사업 추진이 불가능하게 되거나 지연됨으로 인해 조합원에게 입힌 손해를 배상할 책임이 있다.

⑤ **주택의 우선 공급**: 주택조합(리모델링주택조합은 제외)은 그 구성원을 위하여 건설하는 주택을 그 조합원에게 우선 공급할 수 있으며, 신고하고 설립한 직장주택조합에 대하여는 사업주체가 국민주택을 그 직장주택조합원에게 우선 공급할 수 있다.

(2) 조합원

① **조합원의 수**: 주택조합(리모델링주택조합은 제외)은 주택조합 설립인가를 받는 날부터 사용검사를 받는 날까지 계속하여 다음의 요건을 모두 충족해야 한다.

> ㉠ 주택건설 예정 세대수(임대주택으로 건설·공급하는 세대수는 제외)의 50% 이상의 조합원으로 구성할 것
> ㉡ 조합원은 20명 이상일 것

② **조합원의 자격**

지역주택조합	㉠ 조합설립인가 신청일부터 해당 조합주택의 입주가능일까지 세대주를 포함한 세대원 전원이 주택을 소유하지 아니하거나 세대원 중 1명에 한정하여 주거전용면적 85m² 이하의 주택 1채를 소유한 세대의 세대주일 것 ㉡ 조합설립인가 신청일 현재 지역주택조합의 지역에 6개월 이상 거주하여 온 자일 것
직장주택조합	㉠ 조합설립인가 신청일부터 해당 조합주택의 입주가능일까지 세대주를 포함한 세대원 전원이 주택을 소유하지 아니하거나 세대원 중 1명에 한정하여 주거전용면적 85m² 이하의 주택 1채를 소유한 세대의 세대주일 것 ㉡ 국민주택을 공급받기 위한 직장주택조합의 설립신고의 경우에는 무주택자에 한함
리모델링주택조합	㉠ 사업계획승인을 받아 건설한 공동주택의 소유자 ㉡ 복리시설을 함께 리모델링하는 경우에는 해당 복리시설의 소유자 ➕ 해당 공동주택 또는 복리시설의 소유권이 여러 명의 공유에 속하는 경우에는 그 여러 명을 대표하는 1명을 조합원으로 본다.

(3) 조합원의 교체·신규가입 등

① **원칙**: 지역주택조합 또는 직장주택조합은 설립인가를 받은 후에는 해당 조합원을 교체하거나 신규로 가입하게 할 수 없다.

② **예외**: 조합원 수가 주택건설예정 세대수를 초과하지 아니하는 범위에서 시장·군수·구청장으로부터 조합원 추가모집의 승인을 받은 경우와 다음에 해당하는 사유로 결원이 발생한 범위에서 충원하는 경우에는 조합원을 교체하거나 신규로 가입하게 할 수 있다.

> ㉠ 조합원의 사망
> ㉡ 사업계획승인 이후에 입주자로 선정된 지위가 양도·증여 또는 판결 등으로 변경된 경우(단, 전매가 금지되는 경우는 제외)

> ⓒ 조합원의 탈퇴 등으로 조합원 수가 주택건설예정 세대수의 50% 미만이 되는 경우
> ② 조합원이 무자격자로 판명되어 자격을 상실하는 경우
> ⑩ 사업계획승인 등의 과정에서 주택건설예정 세대수가 변경되어 조합원 수가 변경된 세대수의 50% 미만이 되는 경우

(4) 사업계획승인 신청

주택조합은 설립인가를 받은 날부터 2년 이내에 사업계획승인을 신청하여야 한다.

4 주택상환사채

(1) 주택상환사채의 발행

발행권자	한국토지주택공사와 등록사업자는 대통령령으로 정하는 바에 따라 주택으로 상환하는 주택상환사채를 발행할 수 있다.
발행요건	등록사업자는 자본금·자산평가액 및 기술인력 등이 대통령령으로 정하는 기준에 맞고 금융기관 또는 주택도시보증공사의 보증을 받은 경우에만 주택상환사채를 발행할 수 있다.
승인권자	주택상환사채를 발행하려는 자는 대통령령으로 정하는 바에 따라 주택상환사채 발행계획을 수립하여 국토교통부장관의 승인을 받아야 한다.
발행방법	주택상환사채는 기명증권으로 하고, 액면 또는 할인의 방법으로 발행한다.
상환기간	상환기간은 3년을 초과할 수 없으며, 주택상환사채를 발행한 자는 발행조건에 따라 주택을 건설하여 사채권자에게 상환하여야 한다.
효력	등록사업자의 등록이 말소된 경우에도 등록사업자가 발행한 주택상환사채의 효력에는 영향을 미치지 아니한다.

(2) 주택상환사채의 양도 또는 중도해약

① **원칙**: 주택상환사채는 양도하거나 중도해약을 할 수 없다.
② **예외**: 다음의 경우에는 예외로 한다.

> ⊙ 세대원(세대주가 포함된 세대원의 구성원)의 근무 또는 생업상의 사정이나 질병치료·취학·결혼으로 인하여 세대원 전원이 다른 행정구역으로 이전하는 경우
> ⓒ 세대원 전원이 상속에 의하여 취득한 주택으로 이전하는 경우
> ⓒ 세대원 전원이 해외로 이주하거나 2년 이상 해외에 체류하려는 경우

③ 주택상환사채의 사채권자의 명의변경은 취득자의 성명과 주소를 사채원부에 기록하는 방법으로 하며, 취득자의 성명을 채권에 기록하지 아니하면 사채발행자 및 제3자에게 대항할 수 없다.

5 주택건설사업의 시행

1. 사업계획승인

(1) 사업계획승인대상
① 단독주택의 경우에는 30호, 공동주택의 경우에는 30세대 이상의 주택건설사업을 시행하려는 자는 사업계획승인을 받아야 한다.
② 대지조성의 경우에는 1만m² 이상의 대지조성사업을 시행하려는 자는 사업계획승인을 받아야 한다.

(2) 사업계획승인권자
① **원칙**: 시·도지사, 대도시 시장, 시장 또는 군수

> ㉠ 주택건설사업 또는 대지조성사업으로서 해당 대지면적이 10만m² 이상인 경우: 특별시장·광역시장·특별자치시장·도지사 또는 특별자치도지사 또는 서울특별시·광역시 및 특별자치시를 제외한 인구 50만명 이상인 대도시의 시장
> ㉡ 주택건설사업 또는 대지조성사업으로서 해당 대지면적이 10만m² 미만인 경우: 특별시장·광역시장·특별자치시장·특별자치도지사 또는 시장·군수

② **예외**: 국토교통부장관

> ㉠ 국가 및 한국토지주택공사가 시행하는 경우
> ㉡ 330만m² 이상의 규모로 「택지개발촉진법」에 따른 택지개발사업 또는 「도시개발법」에 따른 도시개발사업을 추진하는 지역 중 국토교통부장관이 지정·고시하는 지역에서 주택건설사업을 시행하는 경우
> ㉢ 수도권 또는 광역시 지역의 긴급한 주택난 해소가 필요하거나 지역균형개발 또는 광역적 차원의 조정이 필요하여 국토교통부장관이 지정·고시하는 지역에서 주택건설사업을 시행하는 경우

(3) 사업계획승인 시 내용
① **공구별 분할시행**: 주택건설사업을 시행하려는 자는 전체 세대수가 600세대 이상인 주택단지를 공구별로 분할하여 주택을 건설·공급할 수 있다.
② **사업계획의 승인**: 사업계획승인권자는 사업계획승인의 신청을 받은 때에는 정당한 사유가 없으면 신청받은 날부터 60일 이내에 사업주체에게 승인 여부를 통보하여야 한다.
③ **사업계획승인 고시**: 사업계획승인권자는 사업계획을 승인하였을 때에는 이에 관한 사항을 고시하여야 한다.

2. 공사착수

(1) 착공의무

① 사업계획승인을 받은 사업주체는 승인받은 사업계획대로 사업을 시행하여야 하고, 다음의 구분에 따라 공사를 시작하여야 한다.

> ㉠ 사업계획승인을 받은 경우: 승인받은 날부터 5년 이내
> ㉡ 분할사업계획승인을 받은 경우
> ⓐ 최초로 공사를 진행하는 공구: 승인받은 날부터 5년 이내
> ⓑ 최초로 공사를 진행하는 공구 외의 공구: 해당 주택단지에 대한 최초 착공신고일 부터 2년 이내

② 사업계획승인권자는 아래의 대통령령으로 정하는 정당한 사유가 있다고 인정하는 경우에는 사업주체의 신청을 받아 그 사유가 없어진 날부터 1년의 범위에서 위 ①의 ㉠ 또는 ㉡의 ⓐ에 따른 공사의 착수기간을 연장할 수 있다.

■ **대통령령으로 정하는 정당한 사유**

1. 「매장문화재 보호 및 조사에 관한 법률」에 따라 국가유산청장의 매장유산 발굴허가를 받은 경우
2. 해당 사업시행지에 대한 소유권 분쟁(소송절차가 진행 중인 경우만 해당)으로 인하여 공사 착수가 지연되는 경우
3. 사업계획승인의 조건으로 부과된 사항을 이행함에 따라 공사 착수가 지연되는 경우
4. 천재지변 또는 사업주체에게 책임이 없는 불가항력적인 사유로 인하여 공사 착수가 지연되는 경우
5. 공공택지의 개발·조성을 위한 계획에 포함된 기반시설의 설치 지연으로 공사 착수가 지연되는 경우
6. 해당 지역의 미분양주택 증가 등으로 사업성이 악화될 우려가 있거나 주택건설경기가 침체되는 등 공사에 착수하지 못할 부득이한 사유가 있다고 사업계획승인권자가 인정하는 경우

(2) 착공신고

① 사업계획승인을 받은 사업주체가 공사를 시작하려는 경우에는 국토교통부령으로 정하는 바에 따라 사업계획승인권자에게 신고하여야 한다.
② 사업계획승인권자는 착공신고를 받은 날부터 20일 이내에 신고수리 여부를 신고인에게 통지하여야 한다.

(3) 사업계획승인의 취소

사업계획승인권자는 다음의 어느 하나에 해당하는 경우 그 사업계획의 승인을 취소할 수 있다.

> ① 사업주체가 사업계획승인을 받은 후 5년 이내에 공사를 시작하지 아니한 경우(단, 최초 공구 외의 공구의 경우는 최초 착공신고일부터 2년 이내에 공사를 시작하지 아니한 경우 취소할 수 없다)
> ② 사업주체가 경매·공매 등으로 인하여 대지소유권을 상실한 경우
> ③ 사업주체의 부도·파산 등으로 공사의 완료가 불가능한 경우

3. 사용검사

(1) 사용검사권자

원칙	시장·군수·구청장	사업주체는 사업계획승인을 받아 시행하는 주택건설사업 또는 대지조성사업을 완료한 경우에는 주택 또는 대지에 대하여 국토교통부령으로 정하는 바에 따라 시장·군수·구청장의 사용검사를 받아야 한다.
예외	국토교통부장관	국가·한국토지주택공사가 사업주체인 경우와 국토교통부장관으로부터 사업계획의 승인을 받은 경우에는 국토교통부장관이 사용검사권자이다.

(2) 사용검사의 기간

① 사용검사권자는 사용검사의 대상인 주택 또는 대지가 사업계획의 내용에 적합한지 여부를 확인하여야 한다.
② 사용검사는 그 신청일부터 15일 이내에 하여야 한다.

(3) 사용검사의 효과

① 사업주체 또는 입주예정자는 사용검사를 받은 후가 아니면 주택 또는 대지를 사용하게 하거나 이를 사용할 수 없다.
② 사용검사권자의 임시사용승인을 받은 경우에는 사용하게 하거나 이를 사용할 수 있다.

> **보충 임시사용승인**
> 1. 주택건설사업의 경우에는 건축물의 동별로 공사가 완료된 경우, 대지조성사업의 경우에는 구획별로 공사가 완료된 경우 그 부분에 대하여 임시사용승인을 받아 사용할 수 있다.
> 2. 사용검사권자는 임시사용승인의 신청을 받은 때에는 임시사용승인 대상인 주택 또는 대지가 사업계획의 내용에 적합하고 사용에 지장이 없는 경우에만 임시사용을 승인할 수 있으며, 이 경우 임시사용승인의 대상이 공동주택인 경우에는 세대별로 임시사용승인을 할 수 있다.

Chapter 03 주택의 공급

> **학습포인트** 주택의 공급기준, 공급질서 교란금지를 이해하고, 분양가상한제와 투기과열지구에 대한 전매제한내용을 정리한다.

1 주택의 공급기준

(1) 사업주체의 주택 건설·공급조건

사업주체	조건
입주자를 모집하려는 경우	① 국토교통부령으로 정하는 바에 따라 시장·군수·구청장의 승인을 받아야 한다 (단, 복리시설의 경우에는 신고). ② 국가·지방자치단체·한국토지주택공사·지방공사는 승인을 받지 아니한다.
건설하는 주택을 공급하려는 경우	① 국토교통부령으로 정하는 입주자모집의 시기·조건·방법·절차, 입주금의 납부방법·시기·절차, 주택공급계약의 방법·절차 등에 적합할 것 ② 국토교통부령으로 정하는 바에 따라 벽지·바닥재·주방용구·조명기구 등을 제외한 부분의 가격을 따로 제시하고, 이를 입주자가 선택할 수 있도록 할 것

(2) 주택을 공급받기 위한 조건

① 시장·군수·구청장은 마감자재 목록표와 영상물 등을 사용검사가 있은 날부터 2년 이상 보관하여야 하며, 입주자가 열람을 요구하는 경우에는 이를 공개하여야 한다.

② 사업주체가 마감자재 생산업체의 부도 등으로 인한 제품의 품귀 등 부득이한 사유로 인하여 사업계획승인 또는 마감자재 목록표의 마감자재와 다르게 마감자재를 시공·설치하려는 경우에는 당초의 마감자재와 같은 질 이상으로 설치하여야 한다.

③ 사업주체가 마감자재 목록표의 자재와 다른 마감자재를 시공·설치하려는 경우에는 그 사실을 입주예정자에게 알려야 한다.

(3) 주택의 분양가격 제한(분양가상한제)

① **지정권자**: 국토교통부장관은 주택가격상승률이 물가상승률보다 현저히 높은 지역으로서 그 지역의 주택가격·주택거래 등과 지역 주택시장 여건 등을 고려하였을 때 주택가격이 급등하거나 급등할 우려가 있는 지역 중 대통령령으로 정하는 기준을 충족하는 지역은 주거정책심의위원회 심의를 거쳐 분양가상한제 적용 지역으로 지정할 수 있다.

② **적용주택**
  ㉠ 원칙: 사업주체가 일반인에게 공급하는 공동주택 중 다음의 어느 하나에 해당하는 지역에서 공급하는 주택의 경우에는 기준에 따라 산정된 분양가격 이하로 공급(분양가상한제 적용주택)하여야 한다.

> ⓐ 공공택지
> ⓑ 공공택지 외의 택지로서 주택가격 상승 우려가 있어 국토교통부장관이 주거정책심의위원회 심의를 거쳐 지정하는 지역

ⓒ **예외**: 다음의 어느 하나에 해당하는 경우에는 분양가상한제를 적용하지 아니한다.

> ⓐ 도시형 생활주택
> ⓑ 「경제자유구역의 지정 및 운영에 관한 특별법」에 따라 지정·고시된 경제자유구역에서 건설·공급하는 공동주택으로서 경제자유구역위원회에서 외자유치촉진과 관련이 있다고 인정하여 분양가격 제한을 적용하지 아니하기로 심의·의결한 경우
> ⓒ 「관광진흥법」에 따라 지정된 관광특구에서 건설·공급하는 공동주택으로서 해당 건축물의 층수가 50층 이상이거나 높이가 150m 이상인 경우
> ⓓ 한국토지주택공사 또는 지방공사가 다음의 정비사업의 시행자로 참여하는 등 대통령령으로 정하는 공공성 요건을 충족하는 경우로서 해당 사업에서 건설·공급하는 주택
>   • 「도시 및 주거환경정비법」에 따른 정비사업으로서 면적, 세대수 등이 대통령령으로 정하는 요건에 해당되는 사업
>   • 「빈집 및 소규모주택 정비에 관한 특례법」에 따른 소규모주택정비사업
> ⓔ 「도시 및 주거환경정비법」에 따른 주거환경개선사업 및 공공재개발사업에서 건설·공급하는 주택
> ⓕ 「도시재생 활성화 및 지원에 관한 특별법」에 따른 주거재생혁신지구에서 시행하는 혁신지구 재생사업에서 건설·공급하는 주택
> ⓖ 「공공주택 특별법」에 따른 도심공공주택 복합사업에서 건설·공급하는 주택

③ **분양가격**: 택지비와 건축비로 구성(토지임대부 분양주택의 경우에는 건축비만 해당)되며, 구체적인 명세, 산정방식, 감정평가기관 선정방법 등은 국토교통부령으로 정한다.

④ **분양가격의 공시**
   ㉠ **공공택지**: 사업주체는 분양가상한제 적용주택으로서 공공택지에서 공급하는 주택에 대하여 입주자모집승인을 받았을 때에는 입주자모집공고에 분양가격을 공시하여야 한다.
   ㉡ **공공택지 외의 택지**: 시장·군수·구청장이 공공택지 외의 택지에서 공급되는 분양가상한제 적용주택에 대하여 입주자모집승인을 하는 경우에는 분양가격을 공시하여야 한다.

⑤ **분양가심사위원회**: 시장·군수·구청장은 분양가격의 제한과 분양가격 공시에 관한 사항을 심의하기 위하여 분양가심사위원회를 설치·운영하여야 한다.

2 주택의 공급질서 교란금지

(1) 공급질서 교란행위

① 누구든지 「주택법」에 따라 건설·공급되는 주택을 공급받거나 공급받게 하기 위하여 다음의 어느 하나에 해당하는 증서 또는 지위를 양도·양수(매매·증여나 그 밖에 권리 변동을 수반하는 모든 행위를 포함) 또는 이를 알선하거나 양도·양수 또는 이를 알선할 목적으로 하는 광고(각종 간행물·인쇄물·전화·인터넷, 그 밖의 매체를 통한 행위를 포함)를 하여서는 아니 된다.

② 누구든지 거짓이나 그 밖의 부정한 방법으로 「주택법」에 따라 건설·공급되는 증서나 지위 또는 주택을 공급받거나 공급받게 하여서는 아니 된다.

> ⊙ 주택을 공급받을 수 있는 조합원의 지위
> ⓒ **입주자저축**＊증서
> ⓒ 주택상환사채
> ⓔ 시장·군수·구청장이 발행한 무허가건물확인서·건물철거예정증명서 또는 건물철거확인서
> ⓜ 공공사업의 시행으로 인한 이주대책에 의하여 주택을 공급받을 수 있는 지위 또는 이주대책대상자 확인서

> **📖 용어 정리**
>
> ＊입주자저축
> 국민주택과 민영주택을 공급받기 위하여 가입하는 주택청약종합저축을 말한다.

③ 공급질서 교란행위 대상이 상속·저당으로 인해 양도·양수되는 경우에는 가능하다.

(2) 위반효력

① **지위무효와 계약취소**: 국토교통부장관 또는 사업주체는 위 **(1)**을 위반하여 증서 또는 지위를 양도하거나 양수한 자, 위 **(1)**을 위반하여 거짓이나 그 밖의 부정한 방법으로 증서나 지위 또는 주택을 공급받은 자에 대하여 주택공급을 신청할 수 있는 지위를 무효로 하거나 이미 체결된 주택의 공급계약을 취소하여야 한다.

② **환매**: 사업주체가 위 **(1)**을 위반한 자에게 대통령령으로 정하는 바에 따라 산정한 주택가격에 해당하는 금액을 지급한 경우에는 그 지급한 날에 그 주택을 취득한 것으로 본다.

③ **퇴거명령**: 사업주체가 매수인에게 주택가격을 지급하거나 매수인을 알 수 없어 주택가격의 수령 통지를 할 수 없는 경우 등 대통령령으로 정하는 사유에 해당하는 경우로서 주택가격을 그 주택이 있는 지역을 관할하는 법원에 공탁한 경우에는 그 주택에 입주한 자에게 기간을 정하여 퇴거를 명할 수 있다.
④ **입주자격의 제한**: 국토교통부장관은 위반한 자에 대하여 10년의 범위에서 국토교통부령으로 정하는 바에 따라 주택의 입주자 자격을 제한할 수 있다.
⑤ **행정형벌**: 주택공급질서의 교란행위를 위반한 자에 대하여는 3년 이하의 징역 또는 3천만원 이하의 벌금에 처한다. 다만, 그 위반행위로 얻은 이익의 3배에 해당하는 금액이 3천만원을 초과하는 자는 3년 이하의 징역 또는 그 이익의 3배에 해당하는 금액 이하의 벌금에 처한다.

3 투기과열지구의 전매제한

(1) 투기과열지구

① **지정권자**
  ㉠ 국토교통부장관 또는 시·도지사는 주택가격의 안정을 위하여 필요한 경우에는 주거정책심의위원회(시·도지사의 경우에는 시·도 주거정책심의위원회)의 심의를 거쳐 일정한 지역을 투기과열지구로 지정하거나 이를 해제할 수 있다.
  ㉡ 투기과열지구는 그 지정 목적을 달성할 수 있는 최소한의 범위에서 시·군·구 또는 읍·면·동의 지역 단위로 지정하되, 택지개발지구 등 해당 지역 여건을 고려하여 지정 단위를 조정할 수 있다.

② **지정대상지역**: 투기과열지구는 해당 지역의 주택가격상승률이 물가상승률보다 현저히 높은 지역으로서 그 지역의 청약경쟁률·주택가격·주택보급률 및 주택공급계획 등과 지역 주택시장 여건 등을 고려하였을 때 주택에 대한 투기가 성행하고 있거나 성행할 우려가 있는 지역 중 대통령령으로 정하는 기준을 충족하는 곳이어야 한다.

> **■ 대통령령으로 정하는 투기과열지구 지정기준**
>
> 1. 투기과열지구지정직전월(투기과열지구로 지정하는 날이 속하는 달의 바로 전 달)부터 소급하여 주택공급이 있었던 2개월 동안 해당 지역에서 공급되는 주택의 월평균 청약경쟁률이 모두 5대 1을 초과하였거나 국민주택규모 주택의 월평균 청약경쟁률이 모두 10대 1을 초과한 곳

2. 다음의 어느 하나에 해당하여 주택공급이 위축될 우려가 있는 곳
   ① 투기과열지구지정직전월의 주택분양실적이 전달보다 30% 이상 감소한 곳
   ② 주택건설사업계획의 승인건수나 「건축법」에 따른 건축허가건수(투기과열지구지정직전월부터 소급하여 6개월간의 건수)가 직전 연도보다 급격하게 감소한 곳
3. 신도시 개발이나 주택의 전매행위 성행 등으로 투기 및 주거불안의 우려가 있는 곳으로서 다음의 어느 하나에 해당하는 곳
   ① 해당 지역이 속하는 시·도의 주택보급률이 전국 평균 이하인 곳
   ② 해당 지역이 속하는 시·도의 자가주택비율이 전국 평균 이하인 곳
   ③ 해당 지역의 분양주택(투기과열지구로 지정하는 날이 속하는 연도의 직전 연도에 분양된 주택)의 수가 입주자저축에 가입한 사람으로서 「주택공급에 관한 규칙」에 따른 주택청약 제1순위자의 수보다 현저하게 적은 곳

(2) 조정대상지역

① **지정권자**

　㉠ 국토교통부장관은 다음의 어느 하나에 해당하는 지역으로서 대통령령으로 정하는 기준을 충족하는 지역을 주거정책심의위원회의 심의를 거쳐 조정대상지역으로 지정할 수 있다.

> ⓐ **과열지역**: 주택가격, 청약경쟁률, 분양권 전매량 및 주택보급률 등을 고려하였을 때 주택 분양 등이 과열되어 있거나 과열될 우려가 있는 지역
> ⓑ **위축지역**: 주택가격, 주택거래량, 미분양주택의 수 및 주택보급률 등을 고려하여 주택의 분양·매매 등 거래가 위축되어 있거나 위축될 우려가 있는 지역

　㉡ 과열지역에 해당하는 조정대상지역은 그 지정 목적을 달성할 수 있는 최소한의 범위에서 시·군·구 또는 읍·면·동의 지역 단위로 지정하되, 택지개발지구 등 해당 지역 여건을 고려하여 지정 단위를 조정할 수 있다.

② **지정해제**

　㉠ 심의: 국토교통부장관은 조정대상지역으로 유지할 필요가 없다고 판단되는 경우에는 주거정책심의위원회의 심의를 거쳐 조정대상지역의 지정을 해제하여야 한다.

　㉡ 요청: 조정대상지역으로 지정된 지역의 시·도지사 또는 시장·군수·구청장은 조정대상지역 지정 후 해당 지역의 주택가격이 안정되는 등 조정대상지역으로 유지할 필요가 없다고 판단되는 경우에는 국토교통부장관에게 그 지정의 해제를 요청할 수 있다.

(3) 전매제한의 대상

① 사업주체가 건설·공급하는 주택(해당 주택의 입주자로 선정된 지위를 포함)으로서 다음의 어느 하나에 해당하는 경우에는 10년 이내의 범위에서 대통령령으로 정하는 기간이 지나기 전에는 그 주택을 전매(매매·증여나 그 밖에 권리의 변동을 수반하는 모든 행위를 포함)하거나 이의 전매를 알선할 수 없다.

> ㉠ 투기과열지구에서 건설·공급되는 주택
> ㉡ 조정대상지역에서 건설·공급되는 주택
> ㉢ 분양가상한제 적용주택
> ㉣ 공공택지 외의 택지에서 건설·공급되는 주택
> ㉤ 「도시 및 주거환경정비법」에 따른 공공재개발사업에서 건설·공급하는 주택
> ㉥ 토지임대부 분양주택

② 전매제한기간은 주택의 수급 상황 및 투기 우려 등을 고려하여 대통령령으로 지역별로 달리 정할 수 있다.
③ 전매제한 대상이 상속으로 전매되는 경우에는 가능하다.

(4) 전매제한의 특례

주택을 공급받은 자의 생업상의 사정 등으로 전매가 불가피하다고 인정되는 다음의 경우로서 한국토지주택공사의 동의를 받은 경우에는 전매제한 규정을 적용하지 아니한다.

> ① 세대원(전매제한대상 주택을 공급받은 사람이 포함된 세대의 구성원)이 근무 또는 생업상의 사정이나 질병치료·취학·결혼으로 인하여 세대원 전원이 다른 광역시, 특별자치시, 특별자치도, 시, 군(광역시의 관할 구역에 있는 군은 제외)으로 이전하는 경우(단, 수도권 안에서 이전하는 경우는 제외)
> ② 상속에 따라 취득한 주택으로 세대원 전원이 이전하는 경우
> ③ 세대원 전원이 해외로 이주하거나 2년 이상의 기간 동안 해외에 체류하려는 경우
> ④ 이혼으로 인하여 입주자로 선정된 지위 또는 주택을 배우자에게 이전하는 경우
> ⑤ 「공익사업을 위한 토지 등의 취득 및 보상에 관한 법률」에 따라 공익사업의 시행으로 주거용 건축물을 제공한 자가 사업시행자로부터 이주대책용 주택을 공급받은 경우로서 시장·군수·구청장이 확인하는 경우
> ⑥ 분양가상한제 적용주택, 공공택지 외의 택지에서 건설·공급되는 주택, 「도시 및 주거환경정비법」에 따른 공공재개발사업에서 건설·공급하는 주택의 소유자가 국가·지방자치단체·금융기관 및 주택도시보증공사에 대한 채무를 이행하지 못하여 경매 또는 공매가 시행되는 경우
> ⑦ 입주자로 선정된 지위 또는 주택의 일부를 배우자에게 증여하는 경우
> ⑧ 실직·파산 또는 신용불량으로 경제적 어려움이 발생한 경우

PART 6 농지법

총 40문제 중 2문제가 출제되는 법률로 다른 법률에 비해 출제비중이 낮은 법률입니다. 농지의 소유, 농지의 이용과 농지의 보전이 주된 내용으로 구성되어 있으며, 출제비중은 낮지만 주로 출제되는 부분이 정해져 있어 빈출 부분을 위주로 정리하면 충분히 점수를 얻을 수 있습니다.

Chapter 01 총칙

📍 **학습포인트** 용어의 개념을 정리한다.

1 제정 목적

「농지법」은 농지의 소유·이용 및 보전 등에 필요한 사항을 정함으로써 농지를 효율적으로 이용하고 관리하여 농업인의 경영 안정과 농업 생산성 향상을 바탕으로 농업 경쟁력 강화와 국민경제의 균형 있는 발전 및 국토 환경 보전에 이바지하는 것을 목적으로 한다.

2 용어의 정의

1. 농지와 관련된 용어

(1) 농지

① **원칙**: 다음의 어느 하나에 해당하는 토지를 말한다.

㉠ 전·답, 과수원, 그 밖에 법적 지목(地目)을 불문하고 실제로 농작물 경작지 또는 대통령령으로 정하는 다년생식물 재배지*로 이용되는 토지

> 📖 **용어 정리**
>
> * **다년생식물 재배지**
> 다음의 어느 하나에 해당하는 식물의 재배지를 말한다.
> 1. 목초·종묘·인삼·약초·잔디 및 조림용 묘목
> 2. 과수·뽕나무·유실수 그 밖의 생육기간이 2년 이상인 식물
> 3. 조경 또는 관상용 수목과 그 묘목(조경목적으로 식재한 것은 제외)

ⓛ 농작물의 경작지 또는 다년생식물 재배지로 이용하고 있는 토지의 개량시설

> ⓐ 유지(溜池: 웅덩이), 양·배수시설, 수로, 농로, 제방
> ⓑ 그 밖에 농지의 보전이나 이용에 필요한 시설로서 농림축산식품부령으로 정하는 시설

ⓒ 농작물의 경작지 또는 다년생식물 재배지에 설치하는 농축산물 생산시설의 부지

> ⓐ 고정식온실·버섯재배사 및 비닐하우스와 농림축산식품부령으로 정하는 그 부속시설
> ⓑ 축사(간이양축시설은 제외)·곤충사육사와 농림축산식품부령으로 정하는 그 부속시설
> ⓒ 간이퇴비장
> ⓓ 농막·농촌체류형 쉼터·간이저온저장고 및 간이액비저장조 중 농림축산식품부령으로 정하는 시설

② **농지에서 제외되는 토지**: 다음의 각 토지는 농지에서 제외된다.
  ㉠ 「공간정보의 구축 및 관리 등에 관한 법률」에 따른 지목이 전·답, 과수원이 아닌 토지(지목이 임야인 토지는 제외)로서 농작물 경작지 또는 다년생식물 재배지로 계속하여 이용되는 기간이 3년 미만인 토지
  ㉡ 「공간정보의 구축 및 관리 등에 관한 법률」에 따른 지목이 임야인 토지로서 「산지관리법」에 따른 산지전용허가(다른 법률에 따라 산지전용허가가 의제되는 인가·허가·승인 등을 포함)를 거치지 아니하고 농작물의 경작 또는 다년생식물의 재배에 이용되는 토지
  ㉢ 「초지법」에 따라 조성된 초지(草地)

> **한눈에 보기** 농지 여부 판단
>
> 1. 전·답·과수원(×) ⊕ 3년 미만(○) ⇨ 농지(×)
> 2. 전·답·과수원(×) ⊕ 3년 이상(○) ⇨ 농지(○)
> 3. 전·답·과수원(○) ⊕ 3년 미만(○) ⇨ 농지(○)

(2) 농지의 전용(轉用)

① 농지를 농작물의 경작이나 다년생식물의 재배 등 농업생산 또는 대통령령으로 정하는 **농지개량*** 외의 용도로 사용하는 것을 말한다.
② 농지에 해당하는 개량시설의 부지와 농축산물생산시설의 부지로 사용하는 경우에는 전용(轉用)으로 보지 아니한다.

> 📖 **용어 정리**
>
> **＊농지개량**
> 농지의 생산성을 높이기 위하여 농지의 형질을 변경하는 다음에 해당하는 행위를 말한다.
> 1. 농지의 이용가치를 높이기 위하여 농지의 구획을 정리하거나 개량시설을 설치하는 행위
> 2. 해당 농지의 토양개량이나 관개·배수·농업기계이용의 개선을 위하여 농지에 객토·성토·절토하거나 암석을 채굴하는 행위

2. 농업인과 관련된 용어

(1) 농업인

농업에 종사하는 개인으로서 다음에 해당하는 자를 말한다.

① 1천m^2 이상의 농지에서 농작물 또는 다년생식물을 경작 또는 재배하거나 1년 중 90일 이상 농업에 종사하는 자
② 농지에 330m^2 이상의 고정식온실·버섯재배사·비닐하우스, 그 밖의 농림축산식품부령으로 정하는 농업생산에 필요한 시설을 설치하여 농작물 또는 다년생식물을 경작 또는 재배하는 자
③ 대가축 2두, 중가축 10두, 소가축 100두, 가금(家禽: 집에서 기르는 날짐승) 1천수 또는 꿀벌 10군 이상을 사육하거나 1년 중 120일 이상 축산업에 종사하는 자
④ 농업경영을 통한 농산물의 연간 판매액이 120만원 이상인 자

(2) 그 외 용어정의

용어	정의
농업법인	「농어업경영체 육성 및 지원에 관한 법률」에 따라 설립된 영농조합법인과 같은 법에 따라 설립되고 업무집행권을 가진 자 중 3분의 1 이상이 농업인인 농업회사법인을 말한다.
농업경영	농업인이나 농업법인이 자기의 계산과 책임으로 농업을 영위하는 것을 말한다.
자경(自耕)	농업인이 그 소유 농지에서 농작물 경작 또는 다년생식물 재배에 상시 종사하거나 농작업(農作業)의 2분의 1 이상을 자기의 노동력으로 경작 또는 재배하는 것과 농업법인이 그 소유 농지에서 농작물을 경작하거나 다년생식물을 재배하는 것을 말한다.
위탁경영	농지 소유자가 타인에게 일정한 보수를 지급하기로 약정하고 농작업의 전부 또는 일부를 위탁하여 행하는 농업경영을 말한다.
주말·체험영농	농업인이 아닌 개인이 주말 등을 이용하여 취미생활이나 여가활동으로 농작물을 경작하거나 다년생식물을 재배하는 것을 말한다.

한눈에 보기 　**위탁경영**

1. 위탁: 보수 지급
2. 임대: 지료 받음
3. 사용대: 무상

Chapter 02 농지의 소유

학습포인트 농지취득자격증명 취득절차와 농지의 처분의무를 정리한다.

1 농지법 체계도

공법체계잡기 15 농지법의 체계도

```
                                              [ 한국농어촌공사 ]
                                                      │
                                              ┌─────┐ ┌─────┐
                                              │농지 │─│매수 │
                                              │처분 │ │청구 │
                                              └─────┘ └─────┘
                    [ 시장·구청장·읍장·면장 ]          이행(○)↑
                              ↑                              │
        ┌─────────┐         ┌────┐         ┌────┐   [이용×    ┌────┐      ┌────┐
        │농업경영 │         │농지│         │농지│   →1년 이내  │농지│      │이행│
[취득]  │계획서,  │[신청]   │취득│[발급]   │취득│   처분]     │처분│이행(×)│강제금│
농지──→│주말·체험├───────→│자격├───────→│    ├───────────→│명령├─────→│부과 │
        │영농계획서│        │증명│         │    │   [처분×    │    │      │    │
        │작성     │         └────┘         └────┘   →6개월   └────┘      └────┘
        └─────────┘                                  이내]        │
                                                                   ↓
[보전]                                                      [ 시장·군수·구청장 ]
  ↓                  [ 농림축산식품부장관 ]
┌─────────┐                                                        농지 소유권자·
│농업진흥지역│────────┐                          이용(×)            임차권자      ┌──────┐
└─────────┘         승인    ┌──────┐                   ┌────┐                   │대리경작│
  ┌─────┐                  │시·도지사│                 │유휴│    대신           │자 지정 │
  │농업보호구역│            └──────┘                   │농지│─────────────────→│        │
  │농업진흥구역│            〈지정권자〉                 └────┘                   └──────┘
  └─────┘           ※녹지지역 또는 계획관리지역이                [ 시장·군수·구청장 ]
                    농업진흥지역에 포함될 경우
                 [ 국장 ] 협의
                                                    ┌─허가   농림축산식품부장관
                                            농지────┼─협의   농림축산식품부장관
                                            전용    └─신고   시장·군수·구청장
```

2 농지의 소유 원칙

1. 농지의 소유 제한

(1) 농업경영자 소유의 원칙(耕者有田原則)*

① 농지는 자기의 농업경영에 이용하거나 이용할 자가 아니면 소유하지 못한다.
② 「농지법」에서 허용된 경우 외에는 농지 소유에 관한 특례를 정할 수 없다.

> **용어 정리**
>
> * 경자유전(耕者有田)의 원칙(= 농업경영자 소유의 원칙)
> 농지는 농사를 짓는 사람만 소유할 수 있다는 원칙을 말한다.

(2) 농업경영자 소유의 예외

① 다음의 어느 하나에 해당하는 경우에는 농지를 소유할 수 있다. 다만, 소유 농지는 농업경영에 이용되도록 하여야 한다(ⓒ 및 ⓒ은 제외).

> ③ 국가나 지방자치단체가 농지를 소유하는 경우
> ⓒ 「초·중등교육법」 및 「고등교육법」에 따른 학교, 농림축산식품부령으로 정하는 공공단체·농업연구기관·농업생산자단체 또는 종묘나 그 밖의 농업 기자재 생산자가 그 목적사업을 수행하기 위하여 필요한 시험지·연구지·실습지·종묘생산지 또는 과수 인공수분용 꽃가루 생산지로 쓰기 위하여 농림축산식품부령으로 정하는 바에 따라 농지를 취득하여 소유하는 경우
> ⓒ 주말·체험영농을 하려고 농업진흥지역 외의 농지를 소유하는 경우
> ② 상속[상속인에게 한 유증(遺贈)을 포함]으로 농지를 취득하여 소유하는 경우
> ⑩ 8년 이상 농업경영을 하던 사람이 이농(離農)한 후에도 이농 당시 소유하고 있던 농지를 계속 소유하는 경우
> ⑭ 담보농지를 취득하여 소유하는 경우
> ⓐ 농지전용허가를 받거나 농지전용신고를 한 자가 그 농지를 소유하는 경우
> ⓞ 농지전용협의를 마친 농지를 소유하는 경우

② 농지를 임대하거나 무상사용하게 하는 경우에는 임대하거나 무상사용하게 하는 기간 동안 농지를 계속 소유할 수 있다.

2. 농지의 소유 상한

(1) 원칙

① 상속으로 농지를 취득한 사람으로서 농업경영을 하지 아니하는 사람은 그 상속 농지 중에서 총 1만m²까지만 소유할 수 있다.
② 8년 이상 농업경영을 한 후 이농한 사람은 이농 당시 소유 농지 중에서 총 1만m²까지만 소유할 수 있다.
③ 주말·체험영농을 하려는 사람은 총 1천m² 미만의 농지를 소유할 수 있다. 이 경우 면적 계산은 그 세대원 전부가 소유하는 총 면적으로 한다.

> **한눈에 보기** 농지의 소유 상한
>
> 1. 상속 ≤ 1만m²
> 2. 이농(8년 이상) ≤ 1만m²
> 3. 주말·체험영농 < 1천m²

(2) 예외

농지를 한국농어촌공사나 그 밖에 대통령령으로 정하는 자에게 위탁하여 임대하거나 무상사용하게 하는 경우에는 **(1)**의 원칙에도 불구하고 임대하거나 무상사용하게 하는 기간 동안 소유 상한을 초과하는 농지를 계속 소유할 수 있다.

3 농지취득자격증명

(1) 발급대상
① **원칙**: 농지를 취득하려는 자는 농지 소재지를 관할하는 시장, 구청장, 읍장 또는 면장(이하 '시·구·읍·면의 장')에게서 농지취득자격증명을 발급받아야 한다.
② **예외**: 다음의 어느 하나에 해당하면 농지취득자격증명을 발급받지 아니하고 농지를 취득할 수 있다.

> ㉠ 국가나 지방자치단체가 농지를 소유하는 경우
> ㉡ 상속(상속인에게 한 유증을 포함)으로 농지를 취득하여 소유하는 경우
> ㉢ 담보농지를 취득하여 소유하는 경우
> ㉣ 농지전용협의를 마친 농지를 소유하는 경우
> ㉤ 「한국농어촌공사 및 농지관리기금법」에 따라 한국농어촌공사가 농지를 취득하여 소유하는 경우
> ㉥ 농업법인의 합병으로 농지를 취득하는 경우
> ㉦ 공유농지의 분할로 농지를 취득하는 경우
> ㉧ 시효의 완성으로 농지를 취득하는 경우

(2) 농지취득자격증명 발급절차
① **발급신청기일**: 시·구·읍·면의 장은 농지취득자격증명의 발급 신청을 받은 때에는 그 신청을 받은 날부터 7일(농업경영계획서 또는 주말·체험영농계획서를 작성하지 아니하고 농지취득자격증명의 발급신청을 할 수 있는 경우에는 4일, 농지위원회의 심의 대상의 경우에는 14일) 이내에 신청인에게 농지취득자격증명을 발급하여야 한다.
② **소유권 등기**: 농지취득자격증명을 발급받아 농지를 취득하는 자가 그 소유권에 관한 등기를 신청할 때에는 농지취득자격증명을 첨부하여야 한다.

4 농업경영

(1) 농지의 위탁경영

① **원칙**: 농지 소유자는 원칙적으로 소유 농지를 위탁경영할 수 없다.

② **예외**: 농지 소유자는 다음의 어느 하나에 해당하는 경우에는 소유 농지를 위탁경영할 수 있다.

> ㉠ 「병역법」에 따라 징집 또는 소집된 경우
> ㉡ 3개월 이상 국외 여행 중인 경우
> ㉢ 농업법인이 청산 중인 경우
> ㉣ 질병, 취학, 선거에 따른 공직 취임, 그 밖에 다음의 사유로 자경할 수 없는 경우
>   ⓐ 부상으로 3월 이상의 치료가 필요한 경우
>   ⓑ 교도소·구치소 또는 보호감호시설에 수용 중인 경우
>   ⓒ 임신 중이거나 분만 후 6개월 미만인 경우
> ㉤ 다음의 어느 하나와 같이 농업인이 자기 노동력이 부족하여 농작업의 일부를 위탁하는 경우
>   ⓐ 재배작물의 종류별 주요 농작업의 3분의 1 이상을 자기 또는 세대원의 노동력에 의하는 경우
>   ⓑ 자기의 농업경영에 관련된 재배작물의 종류별 농작업에 1년 중 30일 이상 직접 종사하는 경우

> **⊕ 보충** 재배작물의 종류
> 1. 벼: 이식 또는 파종, 재배관리 및 수확
> 2. 과수: 가지치기 또는 열매솎기, 재배관리 및 수확
> 3. 위 1, 2. 이외의 농작물 또는 다년생식물: 파종 또는 육묘, 이식, 재배관리 및 수확

(2) 농지의 처분의무

① **농지처분사유**: 농지 소유자는 다음의 어느 하나에 해당하게 되면 그 사유가 발생한 날부터 1년 이내에 해당 농지를 그 사유가 발생한 날 당시 세대를 같이 하는 세대원이 아닌 자, 그 밖에 농림축산식품부령으로 정하는 자에게 처분하여야 한다.

㉠ 소유 농지를 자연재해·농지개량·질병 등 대통령령으로 정하는 정당한 사유 없이 자기의 농업경영에 이용하지 아니하거나 이용하지 아니하게 되었다고 시장(구를 두지 아니한 시의 시장)·군수 또는 구청장이 인정한 경우
㉡ 주말·체험영농을 하려고 농지를 취득한 자가 자연재해·농지개량·질병 등 대통령령으로 정하는 정당한 사유 없이 그 농지를 주말·체험영농에 이용하지 아니하게 되었다고 시장·군수 또는 구청장이 인정한 경우
㉢ 농지전용허가를 받거나 신고를 하여 농지를 취득한 자가 취득한 날부터 2년 이내에 그 목적사업에 착수하지 아니한 경우
㉣ 농지 소유 상한을 초과하여 농지를 소유한 것이 판명된 경우

■ **농지처분의무가 면제되는 정당한 사유**

1. 「병역법」에 따라 징집 또는 소집되어 휴경하는 경우
2. 질병 또는 취학으로 인하여 휴경하는 경우
3. 선거에 따른 공직취임으로 휴경하는 경우

② **농지처분통지**: 시장·군수 또는 구청장은 농지의 처분의무가 생긴 농지의 소유자에게 농림축산식품부령으로 정하는 바에 따라 처분 대상 농지, 처분의무 기간 등을 구체적으로 밝혀 그 농지를 처분하여야 함을 알려야 한다.

(3) 농지의 처분명령

① 시장·군수 또는 구청장은 농지 소유자에게 6개월 이내에 그 농지를 처분할 것을 명할 수 있다.
② 시장·군수 또는 구청장은 처분의무 기간에 처분 대상 농지를 처분하지 아니한 농지 소유자가 처분명령의 유예사유에 해당하면 처분의무 기간이 지난 날부터 3년간 처분명령을 직권으로 유예할 수 있다.

(4) 농지의 매수청구

① 농지 소유자는 처분명령을 받으면 「한국농어촌공사 및 농지관리기금법」에 따른 한국농어촌공사에 그 농지의 매수를 청구할 수 있다.
② 한국농어촌공사가 농지를 매수하는 데에 필요한 자금은 「한국농어촌공사 및 농지관리기금법」에 따른 농지관리기금에서 융자한다.

(5) 이행강제금

① **부과사유**: 시장·군수 또는 구청장은 다음의 어느 하나에 해당하는 자에게 해당 농지의 「감정평가 및 감정평가사에 관한 법률」에 따른 감정평가법인등이 감정평가한 감정가격 또는 「부동산 가격공시에 관한 법률」에 따른 개별공시지가 중 더 높은 가액의 100분의 25에 해당하는 이행강제금을 부과한다.

> ㉠ 처분명령을 받은 후 대통령령으로 정하는 정당한 사유 없이 지정기간까지 그 처분명령을 이행하지 아니한 자
> ㉡ 원상회복명령을 받은 후 그 기간 내에 원상회복명령을 이행하지 아니하여 시장·군수·구청장이 그 원상회복명령의 이행에 필요한 상당한 기간을 정하였음에도 그 기한까지 원상회복을 아니한 자
> ㉢ 시정명령을 받은 후 그 기간 내에 시정명령을 이행하지 아니하여 시장·군수·구청장이 그 시정명령의 이행에 필요한 상당한 기간을 정하였음에도 그 기한까지 시정을 아니한 자

② **부과횟수**: 시장·군수 또는 구청장은 처분명령·원상회복명령 또는 시정명령 이행기간이 만료한 다음 날을 기준으로 하여 그 처분명령·원상회복명령 또는 시정명령이 이행될 때까지 이행강제금을 매년 1회 부과·징수할 수 있다.

③ **이의신청**: 이행강제금 부과처분에 불복하는 자는 그 처분을 고지받은 날부터 30일 이내에 시장·군수 또는 구청장에게 이의를 제기할 수 있다.

Chapter 03 농지의 이용

> **학습포인트** 농지의 이용을 보다 효율적으로 하기 위한 내용이며, 대리경작제도 및 농지의 임대차 또는 사용대차 관련 내용을 숙지한다.

1 대리경작제도

(1) 대리경작자 지정

① **지정권자**: 시장·군수 또는 구청장은 유휴농지에 대하여 대통령령으로 정하는 바에 따라 그 농지의 소유권자나 임차권자를 대신하여 농작물을 경작할 자(이하 '대리경작자')를 직권으로 지정하거나 농림축산식품부령으로 정하는 바에 따라 유휴농지를 경작하려는 자의 신청을 받아 대리경작자를 지정할 수 있다.

② **지정요건**: 시장·군수 또는 구청장은 대리경작자를 직권으로 지정하려는 경우에는 다음의 어느 하나에 해당하지 않는 농업인 또는 농업법인으로서 대리경작을 하려는 자 중에서 지정해야 한다.

> ㉠ 농지 처분의무를 통지받고 그 처분 대상 농지를 처분하지 아니한 자(처분의무가 없어진 자는 제외)
> ㉡ 처분명령을 받고 그 처분명령 대상 농지를 처분하지 아니한 자
> ㉢ 징역형을 선고받고 그 집행이 끝나거나 집행을 받지 않기로 확정된 후 1년이 지나지 않은 자
> ㉣ 징역형의 집행유예를 선고받고 그 유예기간 중에 있는 자
> ㉤ 징역형의 선고유예를 받고 그 유예기간 중에 있는 자
> ㉥ 벌금형을 선고받고 1년이 지나지 않은 자

+ 보충 유휴(遊休)농지

농작물 경작이나 다년생식물 재배에 이용되지 아니하는 농지로서 다음의 어느 하나에 해당하지 아니하는 농지를 말한다.
1. 지력의 증진이나 토양의 개량·보전을 위하여 필요한 기간 동안 휴경하는 농지
2. 연작으로 인하여 피해가 예상되는 재배작물의 경작 또는 재배 전후에 지력의 증진 또는 회복을 위하여 필요한 기간 동안 휴경하는 농지
3. 농지전용허가를 받거나 농지전용협의를 거친 농지
4. 농지전용신고를 한 농지
5. 농지의 타용도 일시사용허가를 받거나 협의를 거친 농지
6. 농지의 타용도 일시사용신고를 하거나 협의를 거친 농지

(2) 대리경작 방법

① **대리경작 기간**: 대리경작 기간은 따로 정하지 아니하면 3년으로 한다.
② **대리경작자의 의무**: 대리경작자는 수확량의 100분의 10을 수확일부터 2월 이내에 그 농지의 소유권자나 임차권자에게 토지사용료로 지급하여야 한다. 이 경우 수령을 거부하거나 지급이 곤란한 경우에는 토지사용료를 공탁할 수 있다.

2 농지의 임대차 또는 사용대차

(1) 임대 또는 사용대

① **허용 농지**: 다음의 어느 하나에 해당하는 경우에는 농지를 임대(임대차)하거나 무상사용(사용대차)하게 할 수 있다.

> ㉠ 국가 또는 지방자치단체가 농지를 소유하여 농지를 임대하거나 무상사용하게 하는 경우
> ㉡ 고령의 장기 영농자의 임대: 60세 이상인 사람으로서 농업경영에 더 이상 종사하지 않게 된 사람, 농업인에 해당하는 사람이 거주하는 시·군 또는 이에 연접한 시·군에 있는 소유 농지 중에서 자기의 농업경영에 이용한 기간이 5년이 넘은 농지를 임대하거나 무상사용하게 하는 경우
> ㉢ 주말·체험영농 목적의 임대: 개인이 소유하고 있는 농지 중 3년 이상 소유한 농지를 주말·체험영농을 하려는 자에게 임대하거나 무상사용하게 하는 경우 또는 주말·체험영농을 하려는 자에게 임대하는 것을 업(業)으로 하는 자에게 임대하거나 무상사용하게 하는 경우
> ㉣ 농업법인이 소유하고 있는 농지를 주말·체험영농을 하려는 자에게 임대하거나 무상사용하게 하는 경우

② **임대차 또는 사용대차의 종료**: 농지를 임차하거나 사용대차한 임차인 또는 사용대차인이 그 농지를 정당한 사유 없이 농업경영에 사용하지 아니할 때에는 시장·군수·구청장이 농림축산식품부령으로 정하는 바에 따라 임대차 또는 사용대차의 종료를 명할 수 있다.

(2) 임대차·사용대차 계약방법

① 임대차계약(농업경영을 하려는 자에게 임대하는 경우만 해당)과 사용대차계약(농업경영을 하려는 자에게 무상사용하게 하는 경우만 해당)은 서면계약을 원칙으로 한다.
② 임대차계약은 그 등기가 없는 경우에도 임차인이 농지 소재지를 관할하는 시·구·읍·면의 장의 확인을 받고, 해당 농지를 인도(引渡)받은 경우에는 그 다음 날부터 제3자에 대하여 효력이 생긴다.

Chapter 04 농지의 보전

학습포인트 농업진흥지역의 지정 및 행위제한을 학습하고, 농지의 전용허가와 신고를 숙지한다.

1 농업진흥지역

(1) 지정대상

① **지정권자**: 시·도지사는 농지를 효율적으로 이용하고 보전하기 위하여 농업진흥지역을 지정한다.

② **지정대상 지역**: 농업진흥지역 지정은 「국토의 계획 및 이용에 관한 법률」에 따른 녹지지역·관리지역·농림지역 및 자연환경보전지역을 대상으로 한다. 다만, 특별시의 녹지지역은 제외한다.

③ **농업진흥지역**: 농업진흥구역*과 농업보호구역*으로 구분하여 지정할 수 있다.

> **용어 정리**
>
> *농업진흥구역
> 농업의 진흥을 도모하여야 하는 지역으로서 농림축산식품부장관이 정하는 규모로 농지가 집단화되어 농업 목적으로 이용할 필요가 있는 지역
>
> *농업보호구역
> 농업진흥구역의 용수원 확보, 수질 보전 등 농업 환경을 보호하기 위하여 필요한 지역

(2) 지정절차

① **협의**: 농림축산식품부장관은 「국토의 계획 및 이용에 관한 법률」에 따른 녹지지역이나 계획관리지역이 농업진흥지역에 포함되면 농업진흥지역 지정을 승인하기 전에 국토교통부장관과 협의하여야 한다.

② **심의·승인**: 시·도지사는 「농업·농촌 및 식품산업 기본법」에 따른 시·도 농업·농촌 및 식품산업정책심의회의 심의를 거쳐 농림축산식품부장관의 승인을 받아 농업진흥지역을 지정한다.

③ **고시·열람**: 시·도지사는 농업진흥지역을 지정하면 지체 없이 이 사실을 고시하고 관계 기관에 통보하여야 하며, 시장·군수 또는 자치구구청장으로 하여금 일반인에게 열람하게 하여야 한다.

2 농지의 전용(轉用)

(1) 농지전용 허가대상

① **허가권자**: 농지를 전용하려는 자(다른 법률에 따라 농지전용허가가 의제되는 협의를 포함)는 대통령령으로 정하는 바에 따라 농림축산식품부장관의 허가를 받아야 한다. 허가받은 농지의 면적 또는 경계 등 대통령령으로 정하는 중요 사항을 변경하려는 경우에도 또한 같다.

② **예외**: 농지를 전용하려는 자는 다음의 어느 하나에 해당하는 경우에는 허가를 받을 필요가 없다.

> ㉠ 「국토의 계획 및 이용에 관한 법률」에 따른 도시지역 또는 계획관리지역에 있는 농지로서 농지전용의 협의를 거친 농지나 협의 대상에서 제외되는 농지를 전용하는 경우
> ㉡ 농지전용신고를 하고 농지를 전용하는 경우
> ㉢ 산지전용허가를 받지 아니하거나 같은 산지전용신고를 하지 아니하고 불법으로 개간한 농지를 산림으로 복구하는 경우

(2) 농지전용협의

주무부장관이나 지방자치단체의 장은 대통령령으로 정하는 바에 따라 농림축산식품부장관과 미리 농지전용에 관한 협의를 하여야 한다.

(3) 농지전용 신고대상

① 농지를 다음의 어느 하나에 해당하는 시설의 부지로 전용하려는 자는 대통령령으로 정하는 바에 따라 시장·군수 또는 자치구구청장에게 신고하여야 한다. 신고한 사항을 변경하려는 경우에도 또한 같다.

> ㉠ 농업인 주택, 어업인 주택, 농축산업용 시설(개량시설과 농축산물 생산시설은 제외), 농수산물 유통·가공 시설
> ㉡ 어린이놀이터·마을회관 등 농업인의 공동생활 편의 시설
> ㉢ 농수산 관련 연구 시설과 양어장·양식장 등 어업용 시설

② 시장·군수 또는 자치구구청장은 신고를 받은 경우 그 내용을 검토하여 「농지법」에 적합하면 신고를 수리하여야 한다.

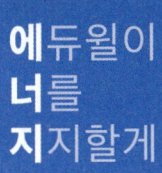

행동의 가치는 그 행동을 끝까지 이루는 데 있다.

– 칭기즈칸(Chingiz Khan)

SUBJECT

3

부동산공시법

- PART 1 공간정보의 구축 및 관리 등에 관한 법률
- PART 2 부동산등기법

오리엔테이션　#2차 시험 #2교시 #25분, 24문제

- 부동산의 사실관계 및 부동산의 권리관계를 공시하는 법률로 구성
- 부동산 자체의 내용과 권리관계를 알림으로써 거래의 안전을 보호
- 「공간정보의 구축 및 관리 등에 관한 법률」에서는 지적의 3요소, 토지의 등록사항, 토지의 이동 및 지적정리, 지적측량 학습
- 「부동산등기법」에서는 등기할 사항인 부동산과 권리, 등기부의 편성 및 구성, 각종 등기절차 등을 학습

TIP 시간배분 중요, 절차적 흐름 파악, 민법과 연계 학습!

부동산공시법 기초다지기

1 부동산공시법의 구조

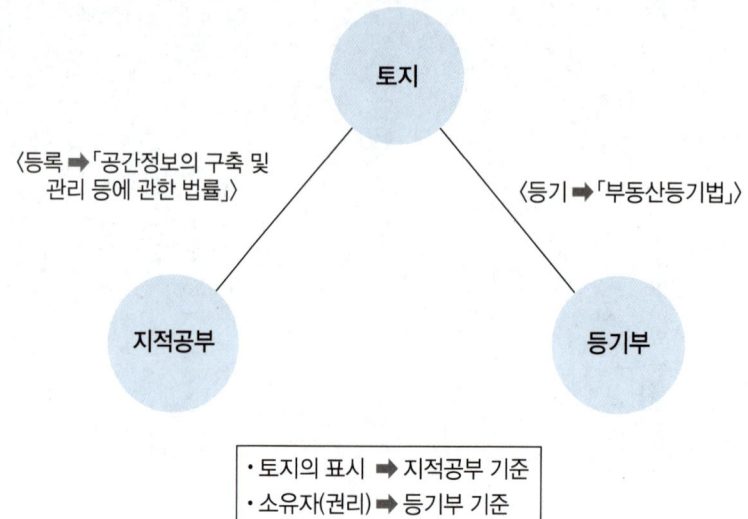

- 토지의 표시 ➡ 지적공부 기준
- 소유자(권리) ➡ 등기부 기준

2 지적제도 및 등기제도

공시제도	공시주체	공시수단	공시내용
지적제도	국토교통부장관 (지적소관청)	지적공부	• 토지의 표시 – 주 • 소유자
등기제도	등기관	등기부	• 토지의 표시 • 권리(소유자) – 주

PART 1 공간정보의 구축 및 관리 등에 관한 법률

「공간정보의 구축 및 관리 등에 관한 법률」을 공부하기 위해서는 기본적으로 사용하는 용어에 친숙해져야 합니다. 지적공부, 토지의 이동, 지적측량 등은 현실에 활용되는 내용이니 필요한 절차와 내용을 알아야 합니다.

Chapter 01 지적제도 총칙

> **학습포인트** 지적의 개념과 지적의 3요소를 파악하고, 용어의 정의를 숙지한다.

1 지적의 의의

대한민국의 모든 토지를 필지 단위로 구획하여 토지의 표시(물리적 현황)와 소유자 등을 국가 또는 국가의 위임을 받은 기관(지적소관청)이 지적공부에 등록하여 관리하는 기록을 말한다. 이를 효율적으로 관리하기 위한 제도를 통틀어 지적제도라고 한다.

2 지적의 3요소

지적을 구성하는 핵심적 요소인 토지, 지적공부, 등록을 지적의 3요소라고 한다.

(1) 토지

대한민국 영토 내의 모든 토지가 지적의 대상이다. 육지는 물론 유인도·무인도를 가리지 않으며, 과세지·비과세지, 국유지·사유지를 불문하고 최대만조위를 기준으로 그 위의 토지는 모두 지적의 대상이 된다.

(2) 지적공부

토지대장, 임야대장, 공유지연명부, 대지권등록부, 지적도, 임야도 및 경계점좌표등록부 등 지적측량 등을 통하여 조사된 토지의 표시와 해당 토지의 소유자 등을 기록한 대장 및 도면(정보처리시스템을 통하여 기록·저장된 것을 포함)을 말한다.

(3) 등록

지적소관청이 필지 단위로 구획된 토지에 대한 표시(물리적 현황)와 소유자 등을 지적공부에 기록하는 것을 말한다. 토지의 이동(예 분할이나 지목변경 등)이 있을 때 이를 지적공부에 등록하여야 법적 효력이 발생하는데, 이를 지적형식주의라고 한다.

3 용어의 정의

(1) 지적소관청

지적공부를 관리하는 특별자치시장, 시장(제주특별자치도 설치 및 국제자유도시 조성을 위한 특별법 제10조 제2항에 따른 행정시의 시장을 포함하며, 지방자치법 제3조 제3항에 따라 자치구가 아닌 구를 두는 시의 시장은 제외)·군수 또는 구청장(자치구가 아닌 구의 구청장을 포함)을 말한다.

- 예 지적공부에 등록하는 지번·지목·면적·경계 또는 좌표는 토지의 이동이 있을 때 토지소유자의 신청을 받아 **지적소관청**이 결정한다(법 제64조 제2항).
- 예 토지소유자는 지적공부의 등록사항에 잘못이 있음을 발견하면 **지적소관청**에 그 정정을 신청할 수 있다(법 제84조 제1항).

(2) 토지의 표시

지적공부에 토지의 소재·지번·지목·면적·경계 또는 좌표를 등록한 것을 말한다.

- 예 지적소관청은 부동산종합공부에 이 법에 따른 지적공부의 내용에 의하여 **토지의 표시**와 소유자에 관한 사항을 등록하여야 한다(법 제76조의3 제1호).
- 예 지적소관청은 신규등록을 제외한 토지의 이동 사유로 **토지의 표시** 변경에 관한 등기를 할 필요가 있는 경우에는 지체 없이 관할 등기관서에 그 등기를 촉탁하여야 한다(법 제89조 제1항).

(3) 토지의 이동(異動)

토지의 표시를 새로 정하거나 변경 또는 말소하는 것을 말한다.

- 예 지적공부에 등록하는 지번·지목·면적·경계 또는 좌표는 **토지의 이동**이 있을 때 토지소유자의 신청을 받아 지적소관청이 결정한다(법 제64조 제2항).
- 예 지적소관청은 신규등록을 제외한 **토지의 이동** 사유로 토지의 표시 변경에 관한 등기를 할 필요가 있는 경우에는 지체 없이 관할 등기관서에 그 등기를 촉탁하여야 한다(법 제89조 제1항).

(4) 필지

대통령령으로 정하는 바에 따라 구획되는 토지의 등록단위를 말한다.

- 예 국토교통부장관은 모든 토지에 대하여 **필지**별로 소재·지번·지목·면적·경계 또는 좌표 등을 조사·측량하여 지적공부에 등록하여야 한다(법 제64조 제1항).
- 예 법 제2조 제21호에 따라 지번부여지역의 토지로서 소유자와 용도가 같고 지반이 연속된 토지는 1**필지**로 할 수 있다(영 제5조 제1항).

(5) 지적공부

토지대장, 임야대장, 공유지연명부, 대지권등록부, 지적도, 임야도 및 경계점좌표등록부 등 지적측량 등을 통하여 조사된 토지의 표시와 해당 토지의 소유자 등을 기록한 대장 및 도면(정보처리시스템을 통하여 기록·저장된 것을 포함)을 말한다.

- 예 국토교통부장관은 모든 토지에 대하여 필지별로 소재·지번·지목·면적·경계 또는 좌표 등을 조사·측량하여 **지적공부**에 등록하여야 한다(법 제64조 제1항).
- 예 **지적공부**를 열람하거나 그 등본을 발급받으려는 자는 해당 지적소관청에 그 열람 또는 발급을 신청하여야 한다. 다만, 정보처리시스템을 통하여 기록·저장된 지적공부(지적도 및 임야도는 제외)를 열람하거나 그 등본을 발급받으려는 경우에는 특별자치시장, 시장·군수 또는 구청장이나 읍·면·동의 장에게 신청할 수 있다(법 제75조 제1항).

(6) 부동산종합공부

토지의 표시와 소유자에 관한 사항, 건축물의 표시와 소유자에 관한 사항, 토지의 이용 및 규제에 관한 사항, 부동산의 가격에 관한 사항 등 부동산에 관한 종합정보를 정보관리체계를 통하여 기록·저장한 것을 말한다.

- 예 지적소관청은 부동산의 효율적 이용과 부동산과 관련된 정보의 종합적 관리·운영을 위하여 **부동산종합공부**를 관리·운영한다(법 제76조의2 제1항).

Chapter 02 토지의 등록

> 학습포인트 토지의 등록사항인 토지의 표시(지번·지목·면적·경계)를 알아둔다.

1 토지의 등록단위(필지)

1. 필지의 의의

지적의 대상이 되는 토지를 지적공부에 등록하기 위해서는 대통령령으로 정하는 바에 따라 개별 단위로 구획하여야 하는데, 이처럼 한 개씩 구획된 **토지의 등록단위**를 필지라고 한다(법 제2조 제21호).

2. 필지의 특성

필지는 토지의 크기와 상관없이 성립하므로 면적이 10m²인 1필지뿐만 아니라 50만m² 인 1필지가 있을 수 있다. 한편, 필지는 토지의 모양과 상관없이 성립할 수 있으므로 원형, 사각형, 삼각형, 부정형 등의 토지도 1필지가 될 수 있다.

2 등록의 기본원칙

1. 지적국정주의

국토교통부장관은 모든 토지에 대하여 필지별로 소재·지번·지목·면적·경계 또는 좌표 등을 조사·측량하여 지적공부에 등록하여야 한다(법 제64조 제1항).

2. 직권등록주의

지적공부에 등록하는 지번·지목·면적·경계 또는 좌표는 토지의 이동이 있을 때 토지소유자의 신청*을 받아 지적소관청이 결정한다. 다만, 신청이 없으면 지적소관청이 직권으로 조사·측량하여 결정할 수 있다(법 제64조 제2항).

> **용어 정리**
>
> *신청
> 개인이 행정기관에 대하여 또는 행정기관이 다른 행정기관에 대하여 특정한 사항에 대한 행위를 요구하는 것이다.
>
> ➕ 신고
> 국민이 법령의 규정에 따라 행정관청에 일정한 사실을 진술·보고하는 것을 말한다.

3 지번

1. 지번의 의의

사람에게는 성명이 있듯이 토지에는 지번이 있는데, '지번'이란 필지에 부여하여 지적공부에 등록한 번호를 말한다(법 제2조 제22호).

2. 지번에 대한 현행법 규정

① 지번은 지적소관청이 지번부여지역별로 차례대로 부여한다(법 제66조 제1항).
② 지번은 북서에서 남동으로 순차적으로 부여한다(영 제56조 제3항 제1호). 이를 북서기번법이라 한다.
③ 지번은 아라비아숫자로 표기하되, 임야대장 및 임야도에 등록하는 토지의 지번은 숫자 앞에 '산'자를 붙인다(영 제56조 제1항).
④ 지번은 본번과 부번으로 구성하되, 본번과 부번 사이에 '-' 표시로 연결한다. 이 경우 '-' 표시는 '의'라고 읽는다(영 제56조 제2항). 예를 들어, 부번은 '72-3', '72-5'라고 표시하고 '72의 3', '72의 5'라고 읽는다.

3. 토지이동에 따른 지번의 부여방법

(1) 신규등록 및 등록전환(영 제56조 제3항 제2호)

원칙	그 지번부여지역에서 인접토지의 본번에 부번을 붙여서 지번을 부여한다.
예외	다음의 어느 하나에 해당하는 경우에는 그 지번부여지역의 최종 본번의 다음 순번부터 본번으로 하여 순차적으로 지번을 부여할 수 있다. ① 대상토지가 그 지번부여지역의 최종 지번의 토지에 인접하여 있는 경우 ② 대상토지가 이미 등록된 토지와 멀리 떨어져 있어서 등록된 토지의 본번에 부번을 부여하는 것이 불합리한 경우 ③ 대상토지가 여러 필지로 되어 있는 경우

(2) 분할(영 제56조 제3항 제3호)

원칙	분할 후의 필지 중 1필지의 지번은 분할 전의 지번으로 하고, 나머지 필지의 지번은 본번의 최종 부번 다음 순번으로 부번을 부여한다.
예외	주거·사무실 등의 건축물이 있는 필지에 대하여는 분할 전의 지번을 우선하여 부여하여야 한다. 주의할 것은 소유자의 신청이 없더라도 지적소관청은 당연히 분할 전의 지번을 부여한다는 점이다.

(3) 합병(영 제56조 제3항 제4호)

원칙	합병대상 지번 중 선순위의 지번을 그 지번으로 하되, 본번으로 된 지번이 있을 때에는 본번 중 선순위의 지번을 합병 후의 지번으로 한다.
예외	토지소유자가 합병 전의 필지에 주거·사무실 등의 건축물이 있어서 그 건축물이 위치한 지번을 합병 후의 지번으로 신청할 때에는 그 지번을 합병 후의 지번으로 부여하여야 한다.

(4) 지적확정측량 시행지역(= 도시개발사업 등 시행지역, 영 제56조 제3항 제5호·제6호)

원칙	지적확정측량을 실시한 지역의 각 필지에 지번을 새로 부여하는 경우에는 다음의 지번을 제외한 본번으로 부여한다. ① 지적확정측량을 실시한 지역의 종전의 지번과 지적확정측량을 실시한 지역 밖에 있는 본번이 같은 지번이 있을 때에는 그 지번 ② 지적확정측량을 실시한 지역의 경계에 걸쳐 있는 지번
예외	부여할 수 있는 종전 지번의 수가 새로 부여할 지번의 수보다 적을 때에는 ① 블록 단위로 하나의 본번을 부여한 후 필지별로 부번을 부여하거나, ② 그 지번부여지역의 최종 본번 다음 순번부터 본번으로 하여 차례로 지번을 부여할 수 있다.
준용하는 경우	지적확정측량 실시지역의 지번부여방법을 준용하는 경우는 다음과 같다. ① 지번부여지역의 지번을 변경할 때 ② 축척변경 시행지역의 필지에 지번을 부여할 때 ③ 행정구역 개편에 따라 새로 지번을 부여할 때

4 지목

1. 지목의 의의

토지의 주된 용도에 따라 토지의 종류를 구분하여 지적공부에 등록한 것을 말한다(법 제2조 제24호). 우리나라는 토지의 주된 용도에 따라 지목을 분류하는 '용도지목'을 취하고 있다.

2. 지목의 설정원칙

지목법정주의	지목의 종류와 내용은 법으로 정한다. ⇨ 28가지
1필 1목의 원칙	1필지의 토지에는 1개의 지목만을 설정해야 하는 원칙을 말한다.
주용도추종의 원칙 (= 주지목추종의 원칙)	1필지가 2가지 이상의 용도로 사용되더라도 그 용도별로 모두 지목을 설정할 수 없고, 주된 용도에 따라 지목을 설정한다는 원칙을 말한다.
일시변경불변의 원칙 (= 영속성의 원칙)	임시적이고 일시적인 용도의 변경이 있는 경우에는 지목변경을 할 수 없다는 원칙을 말한다.

3. 지목의 구분

지목의 구분은 토지의 주된 용도에 따라 다음과 같이 28개의 지목으로 정한 기준에 의한다(영 제58조).

지목 구분		내용
1	전 (전)	① 물을 상시적으로 이용하지 않고 곡물·원예작물(과수류는 제외)·약초·뽕나무·닥나무·묘목·관상수 등의 식물을 주로 재배하는 토지 ② 식용으로 죽순을 재배하는 토지
2	답 (답)	① 물을 상시적으로 직접 이용하여 벼·연·미나리·왕골 등의 식물을 주로 재배하는 토지 ② 전과 답의 구분은 경작방식에 의한다.
3	과수원 (과)	① 사과·배·밤·호두·귤나무 등 과수류를 집단적으로 재배하는 토지와 이에 접속된 저장고 등 부속시설물의 부지 ② 다만, 주거용 건축물의 부지는 '대'로 한다.
4	목장용지 (목)	① 축산업 및 낙농업을 하기 위하여 초지를 조성한 토지 ② 「축산법」 제2조 제1호에 따른 가축을 사육하는 축사 등의 부지(양계장, 양돈장, 오리농장 등) ③ 위 ① 및 ②의 토지와 접속된 부속시설물의 부지 ④ 다만, 주거용 건축물의 부지는 '대'로 한다.
5	임야 (임)	산림 및 원야를 이루고 있는 수림지·죽림지·암석지·자갈땅·모래땅·습지·황무지 등의 토지
6	광천지 (광)	① 지하에서 온수·약수·석유류 등이 용출되는 용출구와 그 유지에 사용되는 부지 ② 다만, 온수·약수·석유류 등을 일정한 장소로 운송하는 송수관·송유관 및 저장시설의 부지는 제외한다.
7	염전 (염)	① 바닷물을 끌어들여 소금을 채취하기 위하여 조성된 토지와 이에 접속된 제염장 등 부속시설물의 부지 ② 다만, 천일제염 방식으로 하지 아니하고 동력으로 바닷물을 끌어들여 소금을 제조하는 공장시설물의 부지는 제외한다.
8	대 (대)	① 영구적 건축물 중 주거·사무실·점포와 박물관·극장·미술관 등 문화시설과 이에 접속된 정원 및 부속시설물의 부지 ② 「국토의 계획 및 이용에 관한 법률」 등 관계 법령에 따른 택지조성공사가 준공된 토지 ➕ 지목을 '대'로 하는 것 　• 과수원 안의 주거용 건축물의 부지 　• 목장 안의 주거용 건축물의 부지 　• 묘지의 관리를 위한 건축물의 부지 　• 아파트 단지 안에 설치된 통로의 부지
9	공장용지 (장)	① 제조업을 하고 있는 공장시설물의 부지 ② 「산업집적활성화 및 공장설립에 관한 법률」 등 관계 법령에 따른 공장부지 조성공사가 준공된 토지 ③ 위 ① 및 ②의 토지와 같은 구역에 있는 의료시설 등 부속시설물의 부지

10	학교용지 (학)		① 학교의 교사(校舍)와 이에 접속된 체육장 등 부속시설물의 부지 ② 학교시설구역으로부터 완전히 분리된 실습지, 기숙사, 사택 등의 부지와 교육용에 직접 이용하지 않는 임야는 학교용지로 보지 않는다.
11	주차장 (차)		① 자동차 등의 주차에 필요한 독립적인 시설을 갖춘 부지와 주차전용 건축물 및 이에 접속된 부속시설물의 부지 ② 「주차장법」 제19조 제4항에 따라 시설물의 부지 인근에 설치된 부설주차장 ③ 다만, 「주차장법」 제2조에 따른 노상주차장 및 부설주차장은 제외한다. ④ 자동차 등의 판매 목적으로 설치된 물류장 및 야외전시장은 제외한다.
12	주유소 용지 (주)		① 석유·석유제품, 액화석유가스, 전기 또는 수소 등의 판매를 위하여 일정한 설비를 갖춘 시설물의 부지 ② 저유소 및 원유저장소의 부지와 이에 접속된 부속시설물의 부지 ③ 다만, 자동차·선박·기차 등의 제작 또는 정비공장 안에 설치된 급유·송유시설 등의 부지는 제외한다.
13	창고용지 (창)		① 물건 등을 보관하거나 저장하기 위하여 독립적으로 설치된 보관시설물의 부지와 이에 접속된 부속시설물의 부지 ② 다만, 실외에 물건을 쌓아두는 곳의 지목은 '잡종지'이다.
14	도로 (도)		① 일반 공중의 교통 운수를 위하여 보행이나 차량운행에 필요한 일정한 설비 또는 형태를 갖추어 이용되는 토지 ② 「도로법」 등 관계 법령에 따라 도로로 개설된 토지 ③ 고속도로의 휴게소 부지 ④ 2필지 이상에 진입하는 통로로 이용되는 토지 ⑤ 다만, 아파트·공장 등 단일 용도의 일정한 단지 안에 설치된 통로 등은 제외한다.
15	철도용지 (철)		교통 운수를 위하여 일정한 궤도 등의 설비와 형태를 갖추어 이용되는 토지와 이에 접속된 역사·차고·발전시설 및 공작창 등 부속시설물의 부지
16	제방 (제)		조수·자연유수·모래·바람 등을 막기 위하여 설치된 방조제·방수제·방사제·방파제 등의 부지
17	하천 (천)		자연의 유수(流水)가 있거나 있을 것으로 예상되는 토지
18	구거 (구)		① 용수 또는 배수를 위하여 일정한 형태를 갖춘 인공적인 수로·둑 및 그 부속시설물의 부지 ② 자연의 유수가 있거나 있을 것으로 예상되는 소규모 수로부지
19	유지 (유)		① 물이 고이거나 상시적으로 물을 저장하고 있는 댐·저수지·소류지·호수·연못 등의 토지 ② 연·왕골 등이 자생하는 배수가 잘 되지 아니하는 토지
20	양어장 (양)		육상에 인공으로 조성된 수산생물의 번식 또는 양식을 위한 시설을 갖춘 부지와 이에 접속된 부속시설물의 부지
21	수도용지 (수)		물을 정수하여 공급하기 위한 취수·저수·도수(導水)·정수·송수 및 배수 시설의 부지 및 이에 접속된 부속시설물의 부지

22	공원 (공)	① 일반 공중의 보건·휴양 및 정서생활에 이용하기 위한 시설을 갖춘 토지로서 「국토의 계획 및 이용에 관한 법률」에 따라 공원 또는 녹지로 결정·고시된 토지 ② 「도시공원 및 녹지 등에 관한 법률」에 따른 묘지공원의 지목은 '묘지'이다.
23	체육용지 (체)	① 국민의 건강증진 등을 위한 체육활동에 적합한 시설과 형태를 갖춘 종합운동장·실내체육관·야구장·골프장·스키장·승마장·경륜장 등 체육시설의 토지와 이에 접속된 부속시설물의 부지 ② 다만, 체육시설로서의 영속성과 독립성이 미흡한 정구장·골프연습장·실내수영장 및 체육도장의 토지는 제외한다. ③ 유수를 이용한 요트장 및 카누장 등의 토지는 제외한다.
24	유원지 (원)	① 일반 공중의 위락·휴양 등에 적합한 시설물을 종합적으로 갖춘 수영장·유선장(遊船場)·낚시터·어린이놀이터·동물원·식물원·민속촌·경마장·야영장 등의 토지와 이에 접속된 부속시설물의 부지 ② 다만, 이들 시설과의 거리 등으로 보아 독립적인 것으로 인정되는 숙식시설 및 유기장(遊技場)의 부지와 하천·구거 또는 유지로 분류되는 것은 제외한다.
25	종교용지 (종)	일반 공중의 종교의식을 위하여 예배·법요·설교·제사 등을 하기 위한 교회·사찰·향교 등 건축물의 부지와 이에 접속된 부속시설물의 부지
26	사적지 (사)	① 국가유산으로 지정된 역사적인 유적·고적·기념물 등을 보존하기 위하여 구획된 토지 ② 다만, 학교용지·공원·종교용지 등 다른 지목으로 된 토지에 있는 유적·고적·기념물 등을 보호하기 위하여 구획된 토지는 제외한다.
27	묘지 (묘)	① 사람의 시체나 유골이 매장된 토지 ② 「도시공원 및 녹지 등에 관한 법률」에 따른 묘지공원으로 결정·고시된 토지 ③ 「장사 등에 관한 법률」 제2조 제9호에 따른 봉안시설과 이에 접속된 부속시설물의 부지 ④ 다만, 묘지의 관리를 위한 건축물의 부지는 '대'로 한다.
28	잡종지 (잡)	① 갈대밭, 실외에 물건을 쌓아두는 곳, 야외시장 및 공동우물 ② 돌을 캐내는 곳, 흙을 파내는 곳. 다만, 원상회복을 조건으로 돌을 캐내는 곳 또는 흙을 파내는 곳으로 허가된 토지는 제외한다. ③ 변전소, 송신소, 수신소 및 송유시설 등의 부지 ④ 여객자동차터미널, 자동차운전학원 및 폐차장 등 자동차와 관련된 독립적인 시설물을 갖춘 부지 ⑤ 공항시설 및 항만시설 부지 ⑥ 도축장, 쓰레기처리장 및 오물처리장 등의 부지 ⑦ 그 밖에 다른 지목에 속하지 않는 토지

4. 지목의 표기방법

① 지목을 토지대장 및 임야대장에 등록할 때에는 정식명칭을 사용하여 등록한다. 예를 들어, 지목이 공장용지인 경우는 '공장용지'라고 등록한다.

② 반면, 지적도 및 임야도에 등록할 때에는 부호로 표기하여야 한다. 부호는 정식명칭의 첫 글자를 따는 것이 원칙이지만, 일부는 두 번째 글자를 사용한다. 예를 들어, 철도용지는 '철', 종교용지는 '종'으로 등록하는 반면, 공장용지는 '장', 주차장은 '차', 유원지는 '원', 하천은 '천'으로 등록한다.

5 경계

1. 경계의 의의

필지별로 경계점*들을 직선으로 연결하여 지적공부에 등록한 선을 말한다(법 제2조 제26호). 지적도면*상의 경계는 토지모양을 있는 그대로 제도하는 것이 아니라 경계점들을 직선으로 연결하여 등록한다는 특징이 있다.

> **용어 정리**
>
> * 경계점
> 필지를 구획하는 선의 굴곡점으로서 지적도나 임야도에 도해(圖解) 형태로 등록하거나 경계점좌표등록부에 좌표 형태로 등록하는 점을 말한다.
>
> * 지적도면
> 지적도와 임야도를 합하여 부르는 용어이다. '지적도'란 토지대장에 등록된 토지의 경계를 비롯한 일정한 사항을 도면으로 표시한 지적공부를 말하고, '임야도'란 임야대장에 등록된 토지의 경계를 비롯한 일정한 사항을 도면으로 표시한 지적공부를 말한다.

2. 지상 경계의 결정

(1) 지상 경계의 위치표시

토지의 지상 경계는 둑, 담장이나 그 밖에 구획의 목표가 될 만한 구조물 및 경계점표지* 등으로 구분한다(법 제65조 제1항).

(2) 지상 경계의 결정기준

지상 경계의 결정기준은 다음의 구분에 따른다(영 제55조 제1항).

> ① 도로·구거 등의 토지에 절토(땅깎기)된 부분이 있는 경우: 그 경사면의 상단부
> ② 연접되는 토지 간에 높낮이 차이가 없는 경우: 그 구조물 등의 중앙
> ③ 연접되는 토지 간에 높낮이 차이가 있는 경우: 그 구조물 등의 하단부
> ④ 토지가 해면 또는 수면에 접하는 경우: 최대만조위* 또는 최대만수위*가 되는 선
> ⑤ 공유수면매립지의 토지 중 제방 등을 토지에 편입하여 등록하는 경우: 바깥쪽 어깨부분

> **용어 정리**
>
> * **경계점표지**
>   실제 토지상의 경계점을 다른 필지와 구별하기 위하여 설치한 물건을 말한다.
> * **최대만조위**
>   바다에서 조수가 들어와 해수면이 가장 높아진 상태를 말한다.
> * **최대만수위**
>   호수나 하천 등에 물이 완전히 차 있을 때의 높이를 말한다.

3. 분할에 따른 지상 경계

분할에 따른 지상 경계는 지상건축물을 걸리게 결정해서는 아니 된다. 다만, 다음의 어느 하나에 해당하는 경우에는 그러하지 아니하다(영 제55조 제4항).

> ① 「국토의 계획 및 이용에 관한 법률」의 규정에 따른 도시·군관리계획 결정고시와 지형도면 고시가 된 지역의 도시·군관리계획선에 따라 토지를 분할하려는 경우
> ② 도시개발사업 등의 사업시행자가 사업지구의 경계를 결정하기 위하여 토지를 분할하려는 경우
> ③ 공공사업 등에 따라 학교용지·도로·철도용지·제방·하천·구거·유지·수도용지 등의 지목으로 되는 토지를 분할하는 경우
> ④ 법원의 확정판결이 있는 경우

6 면적

1. 면적의 의의

지적공부에 등록한 필지의 수평면상 넓이를 말한다(법 제2조 제27호). 일반 지역은 지적도나 임야도의 경계에서 면적을 측정하여 끝수처리를 거쳐 토지대장이나 임야대장에 등록하고, 경계점좌표등록부가 갖춰진 지역은 좌표에 의해 면적을 측정한 후 끝수처리를 거쳐 토지대장에 등록한다.

2. 면적측정의 대상

'면적측정'이란 지적도면상의 경계나 경계점좌표등록부상의 좌표로부터 면적을 계산하는 것을 말하는데, 합병을 제외하고 경계를 새로 정하거나 변경하는 경우에 면적측정을 하게 된다. 면적측정을 하는 경우는 다음과 같다(지적측량 시행규칙 제19조 제1항).

① 지적공부의 복구·신규등록·등록전환·분할 및 축척변경을 하는 경우
② 면적 또는 경계를 정정하는 경우
③ 도시개발사업 등으로 인한 토지의 이동에 따라 토지의 표시를 새로 결정하는 경우
④ 경계복원측량 및 지적현황측량에 면적측정이 수반되는 경우

3. 면적의 단위

(1) 면적의 단위는 m^2(제곱미터)로 한다(법 제68조 제1항). 이전에는 평(坪) 또는 보(步)를 사용했으나 1975년 12월 31일부터 m^2(제곱미터)를 사용하고 있다.

(2) 면적의 결정
① **일반지역**: 토지의 면적은 m^2 단위(= 1의 자리)로 한다.
② **지적도의 축척*이 600분의 1인 지역과 경계점좌표등록부 시행지역**: 토지의 면적은 m^2 이하 한 자리 단위(= 소수 첫째자리)로 한다.

> **용어 정리**
>
> *축척
> 지표상의 실제 거리를 지도상에 줄여 나타낸 비율을 말한다. 현재 지적도에는 1/500, 1/600, 1/1,000, 1/1,200, 1/2,400, 1/3,000, 1/6,000의 축척을 사용하고, 임야도에는 1/3,000, 1/6,000의 축척을 사용한다.

(3) 끝수 및 끝수처리

경계나 좌표에서 계산한 면적을 대장에 등록하는 데 있어 등록자리수 다음의 숫자 전부를 '끝수'라고 하는데, 이를 올릴지 버릴지 결정하는 것을 '끝수처리'라고 한다. 면적은 다음의 기준에 따라 결정하여 등록한다(영 제60조 제1항).

① 일반지역
  ㉠ 토지의 면적은 m^2 단위(= 1의 자리)로 한다.
  ㉡ $1m^2$ 미만의 끝수가 있는 경우 $0.5m^2$ 미만일 때에는 버리고, $0.5m^2$를 초과하는 때에는 올리며, $0.5m^2$일 때에는 구하려는 끝자리의 숫자가 0 또는 짝수이면 버리고 홀수이면 올린다.
  ㉢ 다만, 1필지의 면적이 $1m^2$ 미만일 때에는 $1m^2$로 한다.
② 지적도의 축척이 600분의 1인 지역과 경계점좌표등록부 시행지역
  ㉠ 토지의 면적은 m^2 이하 한 자리 단위(= 소수 첫째자리)로 한다.
  ㉡ $0.1m^2$ 미만의 끝수가 있는 경우 $0.05m^2$ 미만일 때에는 버리고, $0.05m^2$를 초과할 때에는 올리며, $0.05m^2$일 때에는 구하려는 끝자리의 숫자가 0 또는 짝수이면 버리고 홀수이면 올린다.
  ㉢ 다만, 1필지의 면적이 $0.1m^2$ 미만일 때에는 $0.1m^2$로 한다.

끝수처리의 예

일반지역(1/1,000 ~ 1/6,000)		축척 1/600, 경계점좌표등록부 시행지역	
측정(계산)면적(m²)	등록(결정)면적(m²)	측정(계산)면적(m²)	등록(결정)면적(m²)
63.6	64	65.78	65.8
64.4	64	65.83	65.8
63.5	64	65.75	65.8
64.5	64	65.85	65.8
0.3	1	0.03	0.1

Chapter 03 지적공부 및 부동산종합공부

학습포인트 지적공부의 등록사항을 숙지하고, 부동산종합공부 문제에 대비한다.

'지적공부'란 토지대장, 임야대장, **공유지연명부***, **대지권등록부***, 지적도, 임야도 및 경계점좌표등록부 등 지적측량 등을 통하여 조사된 토지의 표시와 해당 토지의 소유자 등을 기록한 대장 및 도면(정보처리시스템을 통하여 기록·저장된 것을 포함)을 말한다(법 제2조 제19호).

+ **보충** 지적공부의 분류

1. **대장**: 토지대장, 임야대장, 공유지연명부, 대지권등록부
2. **도면**: 지적도, 임야도, 경계점좌표등록부
3. **지적공부에 해당하지 않는 것**: 부동산종합공부, 지상경계점등록부, 부동산등기부, **건축물대장*** 등

용어 정리

*공유지연명부
1필지를 2명 이상, 즉 여러 명이 소유하는 경우에 그 소유자에 관한 내용을 주로 기록하는 지적공부이다.

*대지권등록부
구분건물의 전유부분과 분리처분이 금지되는 대지사용권인 대지권을 등록하기 위하여 작성한 지적공부를 말한다.

*건축물대장
건축물의 상황과 내역을 정확하고 상세하게 기재하여 관리하기 위한 것을 말한다. 세금을 부여할 수 있는 근거자료가 된다.

1 지적공부의 종류

1. 토지대장·임야대장

(1) 의의

'토지대장'은 일제가 1910년부터 실시한 토지조사사업의 결과로 작성한 가장 오래된 지적공부이고, '임야대장'은 1918년부터 실시한 임야조사사업의 결과로 작성한 지적공부이다. 대한민국의 모든 토지는 토지대장과 임야대장 둘 중 하나에 등록되어 있어야 하는 것이 원칙이다.

(2) 토지대장·임야대장

■■ 토지대장(별지 제63호 서식)

고유번호	2818510600-10023-0045			토지대장	도면번호	347	발급번호	20142818500001613
토지소재	인천광역시 연수구 송도동				장 번 호	3-1	처리시각	12시 3분 10초
지 번	23-45	축 척	수치		비 고		발급자	

토 지 표 시				소 유 자			
지 목	면 적(m²)	사 유		변 동 일 자	주 소		
				변 동 원 인	성명 또는 명칭		등록번호
(08)대	*57,654.6*	(21)2001년 11월 1일 991번에서 분할		2000년 2월 21일			
				(02)소유권보존	인천광역시		423
(08)대	*57,654.6*	(52)2006년 3월 6일 동춘동 991-25번에서 행정관할구역변경		2004년 2월 18일	부산광역시 영도구 봉래동 5가 29		
				(03)소유권이전	주식회사 한진중공업		110111-0******
		-이하여백-		2006년 6월 8일			
				(21)대지권설정			
					-이하여백-		

등 급 수 정 연 월 일								
토 지 등 급 (기준수확량등급)	( )	( )	( )	( )	( )	( )	( )	( )
개별공시지가 기준일	2002년 1월 1일	2003년 1월 1일	2004년 1월 1일	2005년 1월 1일	2006년 1월 1일	2007년 1월 1일	2008년 1월 1일	용도지역 등
개별공시지가(원/m²)	160,000	500,000	800,000	900,000	1,200,000	2,100,000	2,500,000	

2. 공유지연명부

(1) '공유지연명부'란 1필지에 대한 토지소유자가 2인 이상인 경우에 소유권의 표시사항을 효율적으로 등록·관리하기 위하여 토지(임야)대장과 별도로 작성하는 지적공부이다.

(2) 소유자가 2인 이상인 경우 토지대장·임야대장의 소유자란에 '○○○ 외 ○인'이라고 정리하고, 공유지연명부에 소유자 전원의 표시와 소유자의 지분을 등록한다.

(3) **공유지연명부**(별지 제65호 서식)

고유번호			공 유 지 연 명 부		장 번 호	
토지 소재			지 번		비 고	
순 번	변 동 일 자	소유권 지분	소 유 자		등록번호	
	변 동 원 인		주 소		성명 또는 명칭	
	년 월 일					
	년 월 일					
	년 월 일					
	년 월 일					
	년 월 일					
	년 월 일					
	년 월 일					

3. 대지권등록부

(1) '대지권등록부'란 「부동산등기법」에 따라 대지권등기를 한 토지에 대하여 지적공부의 효율적 정리를 위하여 작성하는 지적공부를 말한다. 대지권등기를 한 경우 토지대장의 소유자란에 '○○년 ○○월 ○○일 대지권설정'이라고 정리한다.

(2) **대지권등록부**(별지 제66호 서식)

고유번호			대 지 권 등 록 부		전유부분 건물표시		장번호	
토지소재			지번		대지권 비율		건물명칭	
지 번								
대지권 비율								
변 동 일 자		소유권 지분	소 유 자				등 록 번 호	
변 동 원 인			주 소				성명 또는 명칭	
년 월 일								
년 월 일								
년 월 일								

4. 지적도·임야도

(1) 의의
'지적도'란 토지대장에 등록된 토지에 대하여 경계를 비롯한 일정한 사항을 도면으로 표시한 지적공부를 말하고, '임야도'란 임야대장에 등록된 토지에 대하여 경계를 비롯한 일정한 사항을 도면으로 표시한 지적공부를 말한다.

(2) 도면의 축척
도면에 실제 토지를 그대로 제도하는 것은 불가능하므로 일정한 비율로 축소시켜야 하는데, 이때 축소시킨 정도를 축척이라고 한다. 도면에서 사용할 수 있는 법정축척은 다음과 같다(규칙 제69조 제6항).
① **지적도:** 1/500, 1/600, 1/1,000, 1/1,200, 1/2,400, 1/3,000, 1/6,000
② **임야도:** 1/3,000, 1/6,000

(3) 지적도·임야도

■ 지적도(일반지역)

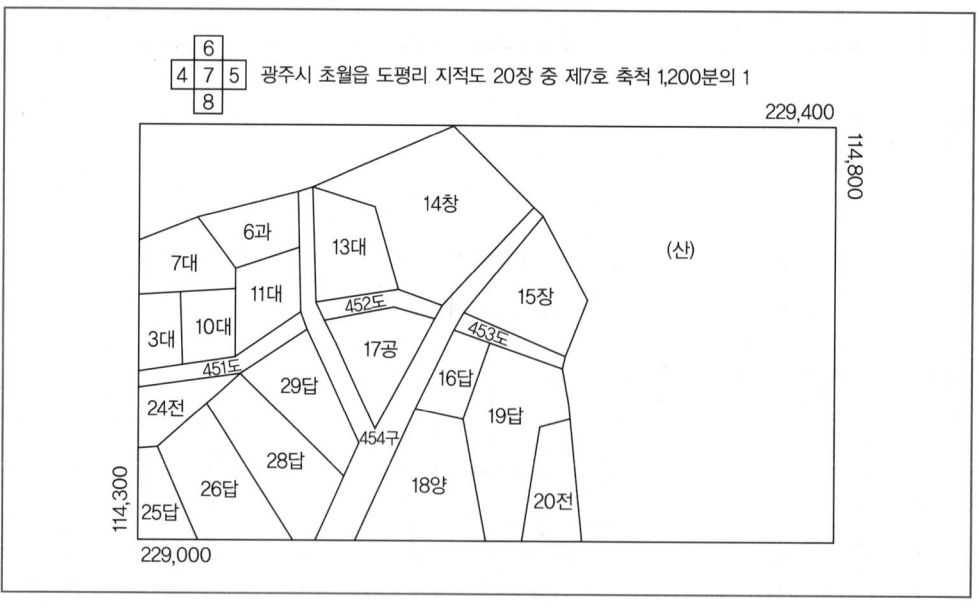

■ 지적도(경계점좌표등록부 시행지역)

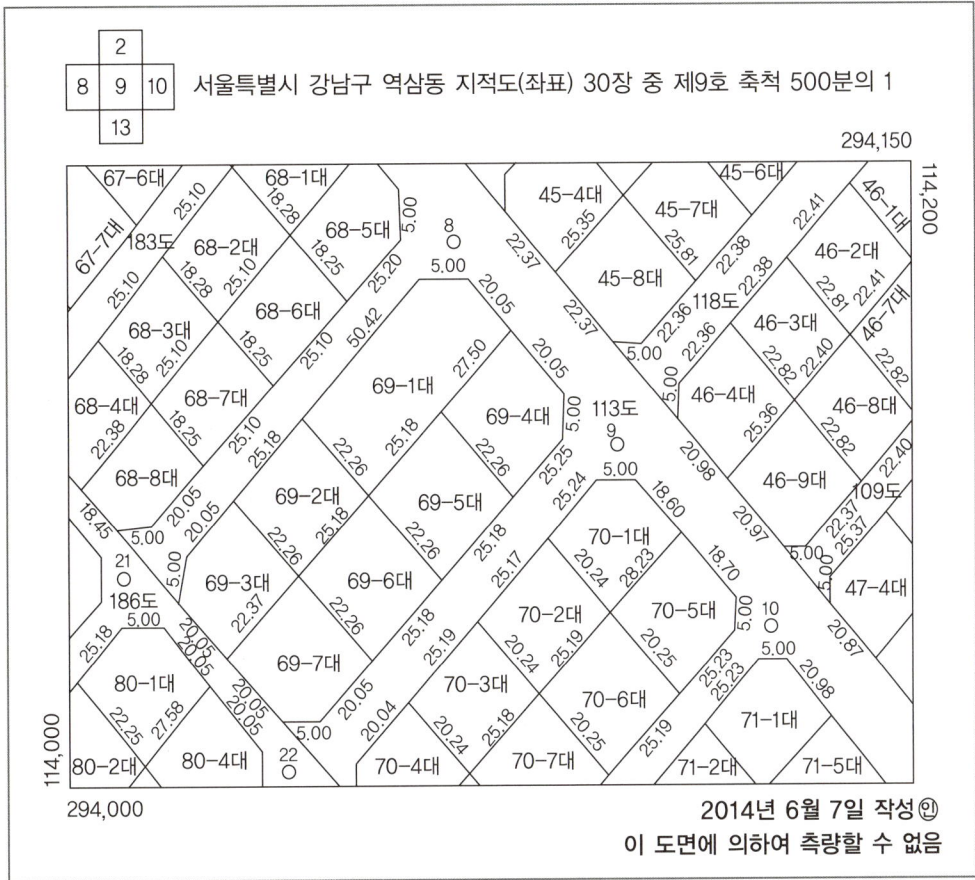

5. 경계점좌표등록부

(1) 의의

각 필지의 경계점의 위치를 좌표로 등록·공시하는 지적공부이다. 우리나라에서는 1975년의 (구)지적법에서 도입하였으며 처음에는 '수치지적부'라고 했다가 2001년 (구)지적법의 개정 시에 '경계점좌표등록부'로 명칭을 바꾸었다.

(2) 경계점좌표등록부를 갖춰 두는 지역

경계점좌표등록부는 전국적으로 작성하여 갖춰 두는 것이 아니라, 지적소관청이 도시개발사업 등으로 인하여 필요하다고 인정되는 지역 안의 토지에 대하여 한정적으로 갖춰 두고 있다(법 제73조). 구체적으로 경계점좌표등록부를 갖춰 두는 토지는 지적확정측량 또는 축척변경을 위한 측량을 실시하여 경계점을 좌표로 등록한 지역의 토지로 한다(규칙 제71조 제2항).

(3) 경계점좌표등록부(별지 제69호 서식)

토지소재	서울특별시 강남구 역삼동						
지 번	69-5				발급번호	20131230-0152-00001	
출력축척		경 계 점 좌 표 등 록 부			처리시각	14시 46분 07초	
					발 급 자	심정인	

부호도	부호	좌 표		부호	좌 표	
		X	Y		X	Y
(부호도: 1-2-3-4 마름모, 변 길이 25.18, 22.26)	1	444050.15	202093.98			
	2	444061.54	202123.88			
	3	444019.30	202139.97			
	4	444006.65	202106.76			
		– 이 하 여 백 –				

2 부동산종합공부

1. 부동산종합공부의 의의

토지의 표시와 소유자에 관한 사항, 건축물의 표시와 소유자에 관한 사항, 토지의 이용 및 규제에 관한 사항, 부동산의 가격에 관한 사항 등 부동산에 관한 종합정보를 정보관리체계를 통하여 기록·저장한 것을 말한다(법 제2조 제19의3호).

2. 부동산종합공부의 관리 및 운영(법 제76조의2)

① 지적소관청은 부동산의 효율적 이용과 부동산과 관련된 정보의 종합적 관리·운영을 위하여 부동산종합공부를 관리·운영한다.
② 지적소관청은 부동산종합공부를 영구히 보존하여야 하며, 부동산종합공부의 멸실 또는 훼손에 대비하여 이를 별도로 복제하여 관리하는 정보관리체계를 구축하여야 한다.
③ 부동산종합공부의 등록사항을 관리하는 기관의 장은 지적소관청에 상시적으로 관련 정보를 제공하여야 한다.
④ 지적소관청은 부동산종합공부의 정확한 등록 및 관리를 위하여 필요한 경우에는 부동산종합공부의 등록사항을 관리하는 기관의 장에게 관련 자료의 제출을 요구할 수 있다. 이 경우 자료의 제출을 요구받은 기관의 장은 특별한 사유가 없으면 자료를 제공하여야 한다.

3. 부동산종합공부의 등록사항

지적소관청은 부동산종합공부에 다음의 사항을 등록하여야 한다(법 제76조의3).

> ① 토지의 표시와 소유자에 관한 사항: 이 법에 따른 지적공부의 내용
> ② 건축물의 표시와 소유자에 관한 사항(토지에 건축물이 있는 경우만 해당):「건축법」제38조에 따른 건축물대장의 내용
> ③ 토지의 이용 및 규제에 관한 사항:「토지이용규제 기본법」제10조에 따른 토지이용계획확인서*의 내용
> ④ 부동산의 가격에 관한 사항:「부동산 가격공시에 관한 법률」제10조에 따른 개별공시지가, 같은 법 제16조, 제17조 및 제18조에 따른 개별주택가격 및 공동주택가격 공시내용
> ⑤ 부동산의 권리에 관한 사항:「부동산등기법」제48조에 따른 부동산의 권리에 관한 사항

용어 정리

* **토지이용계획확인서**
「토지이용규제 기본법」에 따라 필지별로 지역·지구 등의 지정내용과 행위제한내용 등의 토지이용 관련 정보를 확인하는 서류를 말한다.

4. 부동산종합공부(별지 제71호의3 서식)

고유번호			부동산종합증명서(토지, 건축물)		건축물 명칭		장 번 호	
소 재 지					건축물 동명칭		대장유형	

토지 표시 (관련 필지가 다수일 경우 별도 발급)							건축물 표시 (*표시 항목이 총괄일 경우 합계를 표시)			
구분	법정동	지번	지목	면적(m²)	개별공시지가(원/m²)		*대지면적(m²)		*주용도	
					기준일자	공시지가	*건축면적(m²)		주구조	
							*연면적(m²)		지붕	
							*건폐율(%)		높이	
							*용적률(%)		층수(지상/지하)	
							*건물수		*부속건물(동/m²)	
							*허가일자		*가구/세대/호	
							*착공일자		*주차 대수	
							*사용승인일자		*승강기	

토지, 건축물 소유자 현황 (집합건물일 경우 건축물 소유자는 기재하지 않음, 토지는 건축물의 대표지번을 기준으로 작성됨)					
구분	변동일자	변동원인	성명 또는 명칭	등록번호	주소
	등기원인일자	등기원인	대표자(관리자) 성명	대표자(관리자) 주민등록번호	대표자(관리자) 주소
토지					
구분	변동일자	변동원인	성명 또는 명칭	등록번호	주소
건축물					

등기 특정 권리사항 (등기기록의 권리정보 중 일부 특정권리의 유무만 기재한 것임. 기준시점: 0000년/00월/00일 00시 : 00분)					
구분	소유권	용익권 (지상권, 지역권, 전세권, 임차권)	담보권 (저당권, 근저당권, 질권, 근질권)	기타(압류, 가압류, 가처분, 경매개시결정, 강제관리, 가등기, 환매특약)	
유/무(토지)					
유/무(건축물)					

토지이용 계획	「국토의 계획 및 이용에 관한 법률」에 따른 지역·지구 등	다른 법령 등에 따른 지역·지구 등	「토지이용규제 기본법 시행령」 제9조 제4항 각 호에 해당되는 사항

이 부동산종합증명서는 부동산종합공부의 기록사항과 틀림없음을 증명합니다.

년 월 일

특별자치시장
시장·군수·구청장   직인
경제자유구역청장

Chapter 04 토지이동 및 지적정리

♀ 학습포인트 지적공부에 정리하는 구체적 사유(토지의 이동)와 정리방법, 지적 절차의 전반적 흐름을 파악한다.

1 토지의 이동(異動)

1. 토지의 이동

(1) 의의

토지의 표시를 새로 정하거나 변경 또는 말소하는 것을 말한다(법 제2조 제28호). 토지의 표시는 토지의 소재·지번·지목·면적·경계·좌표를 뜻하므로, '토지의 이동'은 토지의 소재·지번·지목·면적·경계·좌표를 새로 정하거나 변경 또는 말소하는 것을 말한다.

(2) 구체적인 예

토지의 이동 ○	신규등록, 등록전환, 분할, 합병, 지목변경, 바다로 된 토지의 등록말소, 축척변경, 등록사항정정, 지번변경, 도시개발사업, 행정구역의 개편, 행정구역의 명칭변경 등
토지의 이동 ×	소유자 변경, 소유자의 주소변경, 개별공시지가의 변경 등

2. 신규등록

(1) 의의

새로 조성된 토지와 지적공부에 등록되어 있지 아니한 토지를 지적공부에 등록하는 것을 말한다(법 제2조 제29호).

(2) 대상토지 및 신청의무

① 새로 조성된 토지로는 바다를 매립하여 만든 공유수면매립지가 대상이 된다. 한편, 지적공부에 등록되어 있지 아니한 토지로는 남해안이나 서해안에 산재되어 있는 미등록 섬 등이 대상이 될 수 있다.

② 토지소유자는 신규등록할 토지가 있으면 대통령령으로 정하는 바에 따라 그 사유가 발생한 날부터 60일 이내에 지적소관청에 신규등록을 신청하여야 한다(법 제77조).

(3) 신청서 및 첨부서류

토지소유자는 신규등록을 신청할 때에는 신규등록 사유를 적은 신청서에 다음에 해당하는 서류를 첨부하여 지적소관청에 제출하여야 한다(영 제63조). 다만, 서류를 해당 지적소관청이 관리하는 경우에는 지적소관청의 확인으로 그 서류의 제출을 갈음할 수 있다(규칙 제81조).

> ① 법원의 확정판결서 정본 또는 사본
> ② 「공유수면 관리 및 매립에 관한 법률」에 따른 준공검사확인증 사본
> ③ 도시계획구역의 토지를 그 지방자치단체의 명의로 등록하는 때에는 기획재정부장관과 협의한 문서의 사본
> ④ 그 밖에 소유권을 증명할 수 있는 서류의 사본

3. 등록전환

(1) 의의

임야대장 및 임야도에 등록된 토지를 토지대장 및 지적도에 옮겨 등록하는 것을 말한다(법 제2조 제30호). 이는 축척이 작은 임야대장·임야도의 등록지를 축척이 큰 토지대장·지적도에 옮겨 등록함으로써 도면의 정밀도를 높여 지적관리를 효율적으로 하는 데 그 목적이 있다.

(2) 대상토지 및 신청의무

① **대상토지**(영 제64조 제1항)

> ㉠ 「산지관리법」에 따른 산지전용허가·신고, 산지일시사용허가·신고, 「건축법」에 따른 건축허가·신고 또는 그 밖의 관계 법령에 따른 개발행위 허가 등을 받은 경우
> ㉡ 대부분의 토지가 등록전환되어 나머지 토지를 임야도에 계속 존치하는 것이 불합리한 경우
> ㉢ 임야도에 등록된 토지가 사실상 형질변경되었으나 지목변경을 할 수 없는 경우
> ㉣ 도시·군관리계획선에 따라 토지를 분할하는 경우

② **신청의무**: 토지소유자는 등록전환할 토지가 있으면 대통령령으로 정하는 바에 따라 그 사유가 발생한 날부터 60일 이내에 지적소관청에 등록전환을 신청하여야 한다(법 제78조).

(3) 지적정리

① 지번은 신규등록과 마찬가지로 지번부여지역 안의 인접토지의 본번에 부번을 붙여 부여하는 것을 원칙으로 한다.

② 등록전환 후의 경계와 면적은 지적측량에 의하여 결정한다. 등록전환을 위하여 면적을 정함에 있어 오차가 발생하는 경우 그 오차가 허용범위 이내인 경우에는 등록전환될 면적을 등록전환면적으로 결정하고, 허용범위를 초과하는 경우에는 임야대장의 면적 또는 임야도의 경계를 지적소관청이 직권으로 정정하여야 한다(영 제19조 제1항 제1호).

4. 분할

(1) 의의
지적공부에 등록된 1필지를 2필지 이상으로 나누어 등록하는 것을 말한다(법 제2조 제31호).

(2) 대상토지 및 신청의무
① **대상토지**: 분할을 신청할 수 있는 경우는 다음과 같다. 다만, 관계 법령에 따라 해당 토지에 대한 분할이 개발행위 허가 등의 대상인 경우에는 개발행위 허가 등을 받은 이후에 분할을 신청할 수 있다(법 제79조, 영 제65조 제1항).

> ㉠ 지적공부에 등록된 1필지의 일부가 형질변경 등으로 용도가 변경된 경우
> ㉡ 소유권이전, 매매 등을 위하여 필요한 경우
> ㉢ 토지이용상 불합리한 지상 경계를 시정하기 위한 경우

② **신청의무**: 토지소유자는 지적공부에 등록된 1필지의 일부가 형질변경 등으로 용도가 변경된 경우에는 대통령령으로 정하는 바에 따라 용도가 변경된 날부터 60일 이내에 지적소관청에 토지의 분할을 신청하여야 한다(법 제79조 제2항). 반면, 위 ①의 대상토지 중 ㉡, ㉢의 경우에는 신청의무가 없다.

(3) 지적정리
① 지번은 분할 후의 필지 중 1필지의 지번은 분할 전의 지번으로 하고, 나머지 필지의 지번은 본번의 최종 부번의 다음 순번으로 부번을 부여한다.
② 경계와 면적을 새로 정하기 위하여 지적측량과 면적측정이 필요하다. 분할 전후의 면적에는 증감이 없어야 하므로 분할을 위하여 면적을 정함에 있어서 오차가 발생하는 경우 그 오차가 허용범위 이내인 경우에는 그 오차를 분할 후의 각 필지의 면적에 따라 나누고, 허용범위를 초과하는 경우에는 지적공부상의 면적 또는 경계를 정정하여야 한다(영 제19조 제1항 제2호).

5. 합병

(1) 의의
지적공부에 등록된 2필지 이상을 1필지로 합하여 등록하는 것을 말한다(법 제2조 제32호).

(2) 합병요건
토지가 다음의 어느 하나(①~⑧)에 해당하는 경우에 토지소유자는 합병을 신청할 수 없다(법 제80조 제3항, 영 제66조 제3항).

> ① 합병하려는 토지의 지번부여지역, 지목 또는 소유자가 서로 다른 경우
> ② 합병하려는 각 필지가 서로 연접하지 않은 경우
> ③ 합병하려는 토지의 지적도 및 임야도의 축척이 서로 다른 경우
> ④ 합병하려는 토지가 등기된 토지와 등기되지 아니한 토지인 경우
> ⑤ 합병하려는 토지의 소유자별 공유지분이 다른 경우
> ⑥ 합병하려는 토지가 구획정리·경지정리 또는 축척변경을 시행하고 있는 지역의 토지와 그 지역 밖의 토지인 경우
> ⑦ 합병하려는 각 필지의 지목은 같으나 일부 토지의 용도가 다르게 되어 분할대상 토지인 경우(다만, 합병 신청과 동시에 토지의 용도에 따라 분할 신청을 하는 경우는 제외)
> ⑧ 합병하려는 토지소유자의 주소가 서로 다른 경우. 다만, 지적소관청이 「전자정부법」에 따른 행정정보의 공동이용을 통하여 '토지등기사항증명서, 법인등기사항증명서(신청인이 법인인 경우만 해당), 주민등록표초본(신청인이 개인인 경우만 해당)'을 확인한 결과 토지소유자가 동일인임을 확인할 수 있는 경우는 제외한다.

한눈에 보기 합병대상 토지에 다음의 등기가 있는 경우 합병 가능 여부

1. 용익권(지상권, 전세권, 승역지지역권, 임차권)만 있는 경우 ⇨ 합병 가능
2. 용익권 외의 등기(저당권, 가압류, 가처분, 담보가등기 등)가 있는 경우 ⇨ 합병 불가
3. 합병하려는 토지 전부에 대한 등기원인 및 그 연월일과 접수번호가 같은 저당권등기가 있는 경우 ⇨ 합병 가능
4. 합병하려는 토지 전부에 대한 등기사항이 동일한 신탁등기가 있는 경우 ⇨ 합병 가능

(3) 지적정리
① 지번은 합병대상 지번 중 선순위의 지번을 그 지번으로 하되, 본번으로 된 지번이 있는 때에는 본번 중 선순위의 지번을 합병 후의 지번으로 한다.
② 합병 시 경계 또는 좌표는 합병 전의 각 필지의 경계 또는 좌표에서 합병으로 인하여 필요 없게 된 부분을 말소하여 정하고, 면적은 합병 전의 각 필지를 합산하여 그 필지의 면적으로 하므로 합병 시에는 지적측량이나 면적측정을 요하지 않는다.

6. 지목변경

(1) 의의
지적공부에 등록된 지목을 다른 지목으로 바꾸어 등록하는 것을 말한다(법 제2조 제33호). 토지의 실제 용도를 다르게 사용하더라도(예 임야를 형질변경하여 창고부지를 조성하는 경우) 지적공부를 정리하기 전에는 지목변경이 있다고 할 수 없다.

(2) 대상토지 및 신청의무
① **대상토지**(영 제67조 제1항)

> ㉠ 「국토의 계획 및 이용에 관한 법률」 등 관계 법령에 따른 토지의 형질변경 등의 공사가 준공된 경우
> ㉡ 토지나 건축물의 용도가 변경된 경우
> ㉢ 도시개발사업 등의 원활한 추진을 위하여 사업시행자가 공사 준공 전에 토지의 합병을 신청하는 경우

② **신청의무**: 토지소유자는 지목변경을 할 토지가 있으면 대통령령으로 정하는 바에 따라 그 사유가 발생한 날부터 60일 이내에 지적소관청에 지목변경을 신청하여야 한다(법 제81조).

(3) 지적정리
지목변경의 경우는 토지(임야)대장과 지적(임야)도의 지목만 변경하여 정리하면 된다. 이 경우 면적이나 경계 또는 좌표가 변경되는 것이 아니므로 지적측량을 실시할 필요는 없지만, 지목변경 사유의 사실을 확인하기 위하여 토지이동조사를 실시하여야 한다.

7. 바다로 된 토지의 등록말소

(1) 의의
지적공부에 등록된 토지가 지형의 변화 등으로 바다로 된 경우로서 원상으로 회복될 수 없거나 다른 지목의 토지로 될 가능성이 없는 경우에 토지소유자의 신청이나 지적소관청의 직권에 의해 그 토지에 관한 지적공부의 등록사항을 말소하는 것을 말한다(법 제82조).

(2) 등록말소 절차
① 지적소관청은 지적공부에 등록된 토지가 지형의 변화 등으로 바다로 된 경우로서 원상으로 회복될 수 없거나 다른 지목의 토지로 될 가능성이 없는 경우에는 지적공부에 등록된 토지소유자에게 지적공부의 등록말소 신청을 하도록 통지하여야 한다(법 제82조 제1항).

② 지적소관청은 토지소유자가 통지를 받은 날부터 90일 이내에 등록말소 신청을 하지 아니하면 직권으로 그 지적공부의 등록사항을 말소하여야 한다(법 제82조 제2항, 영 제68조 제1항). 지적공부의 등록사항을 말소하였을 때에는 그 정리결과를 토지소유자 및 해당 공유수면의 관리청에 통지하여야 한다(영 제68조 제3항).

(3) 회복등록절차

① 지적소관청은 바다로 되어 등록을 말소한 토지가 지형의 변화 등으로 다시 토지가 된 경우에는 대통령령으로 정하는 바에 따라 토지로 회복등록을 할 수 있다(법 제82조 제3항).

② 지적소관청은 바다로 되어 등록을 말소한 토지가 지형의 변화 등으로 다시 토지가 된 경우에 회복등록을 하려면 그 지적측량성과 및 등록말소 당시의 지적공부 등 관계 자료에 따라야 한다(영 제68조 제2항).

8. 축척변경

(1) 의의

지적도에 등록된 경계점의 정밀도를 높이기 위하여 작은 축척을 큰 축척으로 변경하여 등록하는 것을 말한다(법 제2조 제34호).

(2) 축척변경 대상토지

지적소관청은 지적도가 다음의 어느 하나에 해당하는 경우에는 토지소유자의 신청 또는 지적소관청의 직권으로 일정한 지역을 정하여 그 지역의 축척을 변경할 수 있다(법 제83조 제2항).

> ① 잦은 토지의 이동으로 1필지의 규모가 작아서 소축척으로는 지적측량성과의 결정이나 토지의 이동에 따른 정리를 하기가 곤란한 경우
> ② 하나의 지번부여지역에 서로 다른 축척의 지적도가 있는 경우
> ③ 그 밖에 지적공부를 관리하기 위하여 필요하다고 인정되는 경우

(3) 축척변경 절차

① 지적소관청은 토지소유자의 신청 또는 지적소관청의 직권으로 축척변경을 하려면 축척변경 시행지역의 토지소유자 3분의 2 이상의 동의를 받아 축척변경위원회의 의결을 거쳐야 한다(법 제83조 제3항).

② 지적소관청은 축척변경위원회의 의결을 거친 후 시·도지사 또는 대도시 시장의 승인을 받아야 한다(법 제83조 제3항).

③ 지적소관청은 시·도지사 또는 대도시 시장으로부터 축척변경 승인을 받았을 때에는 지체 없이 20일 이상 공고하여야 한다(영 제71조 제1항).

④ 축척변경 시행지역의 토지소유자 또는 점유자는 시행공고가 된 날(이하 '시행공고일')부터 30일 이내에 시행공고일 현재 점유하고 있는 경계에 국토교통부령으로 정하는 경계점표지를 설치하여야 한다(영 제71조 제3항).

⑤ 지적소관청은 축척변경 시행지역의 각 필지별 지번·지목·면적·경계 또는 좌표를 새로 정하여야 한다(영 제72조 제1항).

⑥ 지적소관청이 축척변경을 위한 측량을 할 때에는 토지소유자 또는 점유자가 설치한 경계점표지를 기준으로 새로운 축척에 따라 면적·경계 또는 좌표를 정하여야 한다(영 제72조 제2항).

⑦ 지적소관청은 축척변경에 관한 측량을 완료하였을 때에는 시행공고일 현재의 지적공부상의 면적과 측량 후의 면적을 비교하여 그 변동사항을 표시한 축척변경 지번별 조서를 작성하여야 한다(영 제73조).

(4) 청산절차

① 지적소관청은 축척변경에 관한 측량을 한 결과 측량 전에 비하여 면적의 증감이 있는 경우에는 그 증감면적에 대하여 청산을 하여야 한다(영 제75조 제1항).

② 지적소관청은 청산금을 산정하였을 때에는 청산금조서를 작성하고, 청산금이 결정되었다는 뜻을 시·군·구 및 축척변경 시행지역 동·리의 게시판에 15일 이상 공고하여 일반인이 열람할 수 있게 하여야 한다(영 제75조 제4항).

③ 지적소관청은 청산금의 결정을 공고한 날부터 20일 이내에 토지소유자에게 청산금의 납부고지 또는 수령통지를 하여야 한다(영 제76조 제1항).

④ 납부고지를 받은 자는 그 고지를 받은 날부터 6개월 이내에 청산금을 지적소관청에 내야 하고, 지적소관청은 수령통지를 한 날부터 6개월 이내에 청산금을 지급하여야 한다(영 제76조 제2항·제3항).

⑤ 청산금에 관하여 이의가 있는 자는 납부고지 또는 수령통지를 받은 날부터 1개월 이내에 지적소관청에 이의신청을 할 수 있다(영 제77조 제1항).

⑥ 이의신청을 받은 지적소관청은 1개월 이내에 축척변경위원회의 심의·의결을 거쳐 그 인용(認容) 여부를 결정한 후 지체 없이 그 내용을 이의신청인에게 통지하여야 한다(영 제77조 제2항).

⑦ 청산금을 산정한 결과 증가된 면적에 대한 청산금의 합계와 감소된 면적에 대한 청산금의 합계에 차액이 생긴 경우 초과액은 그 지방자치단체의 수입으로 하고, 부족액은 그 지방자치단체가 부담한다(영 제75조 제5항).

(5) 확정공고, 지적정리 및 등기촉탁

① 청산금의 납부 및 지급이 완료되었을 때에는 지적소관청은 지체 없이 축척변경의 확정공고를 하여야 한다(영 제78조 제1항). 축척변경 시행지역의 토지는 축척변경의 확정공고일에 토지의 이동이 있는 것으로 본다(영 제78조 제3항).

② 지적소관청은 확정공고를 하였을 때에는 지체 없이 축척변경에 따라 확정된 사항을 지적공부에 등록하여야 한다(영 제78조 제2항). 이 경우 토지대장은 확정공고된 축척변경 지번별조서에 따라 등록하고, 지적도는 확정측량결과도 또는 경계점좌표에 따라 등록한다(규칙 제92조 제2항).

③ 지적소관청이 축척변경에 의하여 확정된 사항을 지적공부에 등록한 때에는 지체 없이 관할 등기관서에 토지의 표시변경에 관한 등기를 촉탁하여야 한다(법 제89조 제1항).

2 지적공부 정리 및 등기촉탁

1. 지적정리 개시유형

(1) 지적정리의 방법

토지이동 사유가 발생하면 지적형식주의에 따라 이를 지적공부에 등록하여야 토지이동에 따른 법적 효력이 발생한다. 지적정리는 소유자 등이 신청하는 경우와 지적소관청의 직권에 의한 경우가 있다.

(2) 토지소유자의 신청

지적공부에 등록하는 지번·지목·면적·경계 또는 좌표는 토지의 이동이 있을 때 토지소유자의 신청을 받아 지적소관청이 결정한다(법 제64조 제2항).

(3) 신청의 대위

다음의 어느 하나에 해당하는 자는 이 법에 따라 토지소유자가 하여야 하는 신청을 대신할 수 있다. 다만, 등록사항 정정 대상토지는 제외한다(법 제87조).

> ① 해당 사업의 시행자: 공공사업 등에 따라 학교용지·도로·철도용지·제방·하천·구거·유지·수도용지 등의 지목으로 되는 토지인 경우
> ② 해당 토지를 관리하는 행정기관의 장 또는 지방자치단체의 장: 국가나 지방자치단체가 취득하는 토지인 경우
> ③ 관리인 또는 사업시행자: 「주택법」에 따른 공동주택의 부지인 경우
> ④ 채권자: 「민법」 제404조에 따른 채권자

(4) 도시개발사업 등 시행지역의 신청 특례

도시개발사업, 농어촌정비사업, 그 밖에 대통령령으로 정하는 토지개발사업과 관련하여 토지의 이동이 필요한 경우에는 해당 사업의 시행자가 지적소관청에 토지의 이동을 신청하여야 한다(법 제86조 제2항). 이 경우 소유자에게는 신청권이 인정되지 않는다.

(5) 직권에 의한 등록

① 토지의 이동이 있음에도 불구하고 토지소유자의 신청이 없으면 지적소관청이 직권으로 조사·측량하여 결정할 수 있다(법 제64조 제2항 단서).

② 지적소관청은 토지의 이동현황을 직권으로 조사·측량하여 토지의 지번·지목·면적·경계 또는 좌표를 결정하려는 때에는 토지이동현황 조사계획을 수립하여야 한다. 이 경우 토지이동현황 조사계획은 시·군·구별로 수립하되, 부득이한 사유가 있는 때에는 읍·면·동별로 수립할 수 있다(규칙 제59조 제1항).

③ 지적소관청은 토지이동현황 조사계획에 따라 토지의 이동현황을 조사한 때에는 토지이동 조사부에 토지의 이동현황을 적어야 한다(규칙 제59조 제2항).

④ 지적소관청은 지적공부를 정리하려는 때에는 토지이동 조사부를 근거로 토지이동 조서를 작성하여 토지이동정리 결의서에 첨부하여야 한다(규칙 제59조 제4항).

⑤ 지적소관청은 토지이동현황 조사결과에 따라 토지의 지번·지목·면적·경계 또는 좌표를 결정한 때에는 이에 따라 지적공부를 정리하여야 한다(규칙 제59조 제3항).

2. 지적공부의 정리

(1) 토지의 표시 정리

① 지적소관청은 지적공부가 다음의 어느 하나에 해당하는 경우에는 지적공부를 정리하여야 한다. 이 경우 이미 작성된 지적공부에 정리할 수 없을 때에는 새로 작성하여야 한다(영 제84조 제1항).

> ㉠ 지번을 변경하는 경우
> ㉡ 지적공부를 복구하는 경우
> ㉢ 신규등록·등록전환·분할·합병·지목변경 등 토지의 이동이 있는 경우

② 토지이동에 따른 지적공부를 정리하는 경우에는 미리 토지이동정리 결의서를 작성하여야 한다(영 제84조 제2항).

> **+ 보충** 토지이동정리 결의서 및 소유자정리 결의서
>
> 1. '토지이동정리 결의서'란 지적사무를 처리하는 데 있어 토지의 표시를 정리하기 위하여 지적공부별로 작성하여 상부에 승인을 요청할 때 사용하는 서식을 말한다.
> 2. '소유자정리 결의서'란 지적사무를 처리하는 데 있어 소유자를 정리하기 위하여 미리 작성하여 상부에 승인을 요청할 때 사용하는 서식을 말한다.

(2) 소유자 정리

① 소유권등기 후 등기소의 등기완료통지에 따른 경우 및 대장의 소유자 표시에 오류가 있어 이를 정정하는 경우에 대장의 소유자를 정리할 수 있다. 소유자 표시를 정리하고자 하는 경우에는 미리 소유자정리 결의서를 작성하여야 한다.

② 지적공부에 등록된 토지소유자의 변경사항은 등기관서에서 등기한 것을 증명하는 등기필증, 등기완료통지서, 등기사항증명서 또는 등기관서에서 제공한 등기전산정보자료에 따라 정리한다. 다만, 신규등록하는 토지의 소유자는 지적소관청이 직접 조사하여 등록한다(법 제88조 제1항).

3. 등기촉탁 및 등기완료통지

(1) 등기촉탁의 대상

① 지적소관청은 다음에 해당하는 사유로 토지의 표시 변경에 관한 등기를 할 필요가 있는 경우에는 지체 없이 관할 등기관서에 그 등기를 촉탁하여야 한다(법 제89조 제1항).

> ㉠ 토지의 이동정리를 한 경우(단, 신규등록은 제외한다)
> ㉡ 시·도지사나 대도시 시장의 승인을 받아 지번부여지역의 전부 또는 일부에 대하여 지번을 새로 부여할 때
> ㉢ 바다로 된 토지를 등록말소하는 경우
> ㉣ 축척변경을 한 경우
> ㉤ 등록사항의 오류를 직권으로 정정한 경우
> ㉥ 행정구역의 개편으로 새로 지번을 부여한 경우

② 신규등록의 경우에는 아직 부동산등기부가 개설되기 전이므로 변경등기의 촉탁대상이 아니다. 이 경우는 소유자가 직접 소유권보존등기를 신청하여야 한다.

> **+ 보충** 관공서의 촉탁등기
>
> 관공서가 등기관서에 등기를 신청하는 것을 말한다. 지적소관청은 관공서에 해당하므로 "지적소관청이 부동산의 표시변경등기를 촉탁한다."라고 표현한다.

(2) 등기완료통지

① 지적소관청이 토지의 표시에 관한 변경등기를 촉탁하면 이를 접수한 등기관서는 등기를 실행한 후에 지적소관청에게 등기완료사실을 통지한다.
② 토지의 표시에 관한 **변경등기가 필요한 경우**, 지적소관청은 **등기완료의 통지서를 접수한 날부터 15일 이내**에 토지소유자에게 지적정리 등을 통지하여야 한다(영 제85조 제1호).

➕ 토지의 표시에 관한 변경등기가 필요하지 않은 경우에는 지적공부에 등록한 날부터 7일 이내에 토지소유자에게 지적정리 등을 통지하여야 한다(영 제85조 제1호).

Chapter 05 지적측량

📍 **학습포인트** 지적측량의 대상·절차·기간을 숙지하고, 지적위원회 및 지적측량 적부심사에 대해 알아둔다.

1 지적측량

1. 지적측량의 의의

토지를 지적공부에 **등록**하거나 지적공부에 등록된 경계점을 **지상**에 **복원**하기 위하여 필지의 **경계 또는 좌표와 면적**을 정하는 측량을 말한다(법 제2조 제4호).

2. 지적측량의 대상

다음의 어느 하나에 해당하는 경우에만 지적측량을 실시하므로 이 외에는 지적측량에 포함되지 않는다(법 제23조 제1항). 지적측량은 **기초측량과 세부측량**으로 구분한다(지적측량 시행규칙 제5조 제1항).

> ① 기초측량: **지적기준점***을 정하는 경우
> ② 검사측량: 지적측량수행자가 실시한 지적측량성과를 검사하는 경우
> ③ 다음의 어느 하나에 해당하는 경우로서 측량을 할 필요가 있는 경우
>   ㉠ 복구측량: 지적공부의 전부 또는 일부가 멸실된 경우 이를 복구하는 경우
>   ㉡ 신규등록측량: 토지를 신규등록하는 경우
>   ㉢ 등록전환측량: 토지를 등록전환하는 경우
>   ㉣ 분할측량: 토지를 분할하는 경우
>   ㉤ 등록말소측량: 바다가 된 토지의 등록을 말소하는 경우
>   ㉥ 축척변경측량: 축척을 변경하는 경우

ⓐ **등록사항정정측량**: 지적공부의 등록사항을 정정하는 경우
ⓑ **지적확정측량**: 도시개발사업, 농어촌정비사업, 그 밖에 대통령령으로 정하는 토지개발사업이 끝나 토지의 표시를 새로 정하기 위한 경우
ⓒ **지적재조사측량**: 「지적재조사에 관한 특별법」에 따른 지적재조사사업에 따라 토지의 표시를 새로 정하기 위한 경우
④ **경계복원측량**: 경계점을 지상에 복원하는 경우
⑤ **지적현황측량**: 지상건축물 등의 현황을 지적도 및 임야도에 등록된 경계와 대비하여 표시하는 데에 필요한 경우

용어 정리

* **지적기준점**
특별시장·광역시장·특별자치시장·도지사 또는 특별자치도지사나 지적소관청이 지적측량을 정확하고 효율적으로 시행하기 위하여 국가기준점을 기준으로 하여 따로 정하는 측량기준점을 말한다. 구체적으로 지적삼각점, 지적삼각보조점, 지적도근점이 있다.

3. 지적측량의 절차

(1) 지적측량 의뢰

지적측량을 의뢰하려는 자는 지적측량 의뢰서(전자문서로 된 의뢰서를 포함)에 의뢰 사유를 증명하는 서류(전자문서를 포함)를 첨부하여 지적측량수행자*에게 제출하여야 한다(규칙 제25조 제1항). 다만, 지적측량성과를 검사하기 위한 검사측량과 지적재조사사업*에 따라 토지의 이동이 있는 경우 실시하는 지적재조사측량은 지적측량 의뢰의 대상에서 제외된다(법 제24조 제1항).

용어 정리

* **지적측량수행자**
토지소유자 등 이해관계인으로부터 지적측량을 의뢰받아 지적측량을 실시할 수 있는 자격이 있는 자를 말한다. 구체적으로 지적측량업을 등록한 자와 한국국토정보공사가 이에 해당한다.

* **지적재조사사업**
「공간정보의 구축 및 관리 등에 관한 법률」에 따른 지적공부의 등록사항을 조사·측량하여 기존의 지적공부를 디지털에 의한 새로운 지적공부로 대체함과 동시에 지적공부의 등록사항이 토지의 실제 현황과 일치하지 아니하는 경우 이를 바로잡기 위하여 실시하는 국가사업을 말한다.

(2) 지적측량 수행계획서 제출

지적측량수행자는 지적측량 의뢰를 받은 때에는 측량기간, 측량일자 및 측량 수수료 등을 적은 지적측량 수행계획서를 그 다음 날까지 지적소관청에 제출하여야 한다(규칙 제25조 제2항).

(3) 지적측량의 수행 및 성과결정

지적측량수행자는 지적측량 의뢰를 받으면 지적측량을 하여 그 측량성과를 결정하여야 하는데(법 제24조 제2항), 지적측량수행자는 지적측량의 성과에 따라 측량부, 측량결과도, 면적측정부 등을 작성한다.

(4) 측량성과의 검사

① 지적측량수행자가 지적측량을 하였으면 시·도지사, 대도시 시장 또는 지적소관청으로부터 측량성과에 대한 검사를 받아야 한다(법 제25조 제1항).
② 경계복원측량 및 지적현황측량과 같이 지적공부를 정리하지 아니하는 세부측량의 경우에는 검사를 받지 아니한다(법 제25조 제1항, 지적측량 시행규칙 제28조 제1항).

(5) 지적측량성과도 발급

지적소관청은 측량성과를 검사하여 정확하다고 인정하면 이를 확인하여 지적측량성과도를 지적측량수행자에게 발급하여야 하며, 지적측량수행자는 측량의뢰인에게 그 지적측량성과도를 포함한 지적측량 결과부를 지체 없이 발급하여야 한다(지적측량 시행규칙 제28조 제2항 제3호).

> **보충** **지적측량기간 및 측량검사기간**
> 1. 지적측량에서 측량기간은 5일로 하며, 측량검사기간은 4일로 한다(규칙 제25조 제3항).
> 2. 다만, 세부측량을 하기 위하여 지적기준점을 설치하여 측량 또는 측량검사를 하는 경우 지적기준점이 15점 이하인 경우에는 4일을, 15점을 초과하는 경우에는 4일에 15점을 초과하는 4점마다 1일을 가산한다(규칙 제25조 제3항 단서).
> 3. 지적측량의뢰인과 지적측량수행자가 서로 합의하여 따로 기간을 정하는 경우에는 위 1.과 2.의 규정에도 불구하고 그 기간에 따르되, 전체 기간의 4분의 3은 측량기간으로, 전체 기간의 4분의 1은 측량검사기간으로 본다(규칙 제25조 제4항).

2 지적위원회 및 지적측량 적부심사

1. 지적위원회

지적측량에 대한 적부심사(適否審査) 청구사항을 심의·의결하기 위하여 특별시·광역시·특별자치시·도 또는 특별자치도(이하 '시·도')에 지방지적위원회를 두고, 적부재심사 청구사항을 심의·의결하기 위하여 국토교통부에 중앙지적위원회를 둔다(법 제28조 제1항·제2항).

2. 지적측량 적부심사(適否審査)

(1) 의의

지적측량을 의뢰하여 측량성과도를 발급받은 자가 그 측량성과에 대하여 다투고자 하는 경우 지적측량성과 적부심사를 청구할 수 있다. 구체적으로 "토지소유자, 이해관계인 또는 지적측량수행자는 지적측량성과에 대하여 다툼이 있는 경우에는 관할 시·도지사를 거쳐 지방지적위원회에 지적측량 적부심사를 청구할 수 있다(법 제29조 제1항)."라고 한다.

(2) 지적측량 적부심사 절차

① **적부심사청구서의 제출**: 지적측량 적부심사를 청구하려는 토지소유자, 이해관계인 또는 지적측량수행자는 지적측량을 의뢰하거나 직접 측량을 실시한 후 심사청구서에 그 측량성과를 첨부하여 시·도지사를 거쳐 지방지적위원회에 제출하여야 한다(영 제24조 제1항).

② **지방지적위원회 회부**: 지적측량 적부심사청구를 받은 시·도지사는 30일 이내에 일정한 사항을 조사하여 지방지적위원회에 회부하여야 한다(법 제29조 제2항).

③ **지방지적위원회의 심의 및 의결**: 지적측량 적부심사청구를 회부받은 지방지적위원회는 그 심사청구를 회부받은 날부터 60일 이내에 심의·의결하여야 한다. 다만, 부득이한 경우에는 그 심의기간을 해당 지적위원회의 의결을 거쳐 30일 이내에서 한 번만 연장할 수 있다(법 제29조 제3항).

④ **의결서 송부**: 지방지적위원회는 지적측량 적부심사를 의결하였으면 위원장과 참석위원 전원이 서명 및 날인한 지적측량 적부심사 의결서를 작성하여 지체 없이 시·도지사에게 송부하여야 한다(법 제29조 제4항, 영 제25조 제1항).

⑤ **적부심사 청구인 및 이해관계인에게 통지**
  ㉠ 시·도지사는 의결서를 받은 날부터 7일 이내에 지적측량 적부심사 청구인 및 이해관계인에게 그 의결서를 통지하여야 한다(법 제29조 제5항).
  ㉡ 시·도지사가 지적측량 적부심사 의결서를 지적측량 적부심사 청구인 및 이해관계인에게 통지할 때에는 재심사를 청구할 수 있음을 서면으로 알려야 한다(영 제25조 제2항).

(3) 지적측량 적부재심사 절차
① **재심사 청구**
  ㉠ 지방지적위원회 의결서를 받은 자가 지방지적위원회의 의결에 불복하는 경우에는 그 의결서를 받은 날부터 90일 이내에 국토교통부장관을 거쳐 중앙지적위원회에 재심사를 청구할 수 있다(법 제29조 제6항).
  ㉡ 지적측량 적부심사의 재심사 청구를 하려는 자는 재심사청구서에 지방지적위원회의 지적측량 적부심사 의결서 사본을 첨부하여 국토교통부장관을 거쳐 중앙지적위원회에 제출하여야 한다(영 제26조 제1항).
② **재심사 절차**: 적부재심사 청구절차에 관하여는 적부심사 청구절차의 규정을 준용한다. 이 경우 '시·도지사'는 '국토교통부장관'으로, '지방지적위원회'는 '중앙지적위원회'로 본다(법 제29조 제7항).

(4) 의결서 사본의 지적소관청 송부
시·도지사는 지방지적위원회의 의결서를 받은 후 해당 지적측량 적부심사 청구인 및 이해관계인이 의결서를 받은 날부터 90일 이내에 재심사를 청구하지 아니하면 그 의결서 사본을 지적소관청에 보내야 하며, 중앙지적위원회의 의결서를 받은 경우에는 그 의결서 사본에 지방지적위원회의 의결서 사본을 첨부하여 지적소관청에 보내야 한다(법 제29조 제9항).

(5) 등록사항 정정
지방지적위원회 또는 중앙지적위원회의 의결서 사본을 받은 지적소관청은 그 내용에 따라 지적공부의 등록사항을 정정하거나 측량성과를 수정하여야 한다(법 제29조 제10항).

PART 2 부동산등기법

「부동산등기법」에서 배우는 것은 실제 생활에 직접 적용되는 내용임을 염두에 두고 등기되는 권리와 각종 등기의 내용 및 절차를 파악해야 합니다.

Chapter 01 부동산등기 총칙

📍 **학습포인트** 종합문제 형태로 출제되므로 내용을 종합적으로 파악한다.

1 서설

1. 물권의 공시제도

권리는 크게 물건에 대한 권리인 물권과 사람에 대한 권리인 채권으로 분류된다. 채권은 특정인에 대한 권리로서 당사자에게만 효력이 인정되므로 객관적으로 공시한다는 것이 곤란한 반면, 물권은 물건에 대한 권리로서 모든 사람에게 그 효력을 주장할 수 있으므로 해당 부동산을 거래하는 자로 하여금 권리관계를 용이하게 파악할 수 있도록 일정한 공시방법을 갖출 필요가 있다. 이를 위해 동산에 대하여는 점유를, 부동산에 대하여는 등기라는 공시제도를 마련함으로써 거래의 안전과 신속을 도모하고 있다.

2. 부동산등기의 의의

① 부동산등기란 국가기관인 등기관이 등기부에 '부동산의 표시'와 그에 대한 일정한 '권리관계'를 전산정보처리조직을 이용하여 '기록하는 것' 또는 '그러한 기록 자체'를 말한다. 여기서 '등기부'란 전산정보처리조직에 의하여 입력·처리된 등기정보자료를 편성한 보조기억장치(자기디스크, 자기테이프, 그 밖에 이와 유사한 전자적 정보 저장매체를 포함)를 의미한다(법 제2조 제1호).

② 부동산의 표시는 부동산에 관한 물리적 현황(예 소재, 지번, 지목, 면적, 구조, 종류 등)을 말하고, 권리관계란 법에 의하여 등기할 수 있는 것으로 규정된 권리(예 소유권, 지상권, 지역권, 전세권, 저당권, 권리질권, 채권담보권, 임차권 등)의 보존, 설정, 이전, 변경, 처분의 제한, 소멸 등을 의미한다.

2 등기할 사항

1. 등기할 사항의 의의

등기할 사항이란 등기기록에 기록할 수 있는 사항을 말한다. 등기기록에는 부동산의 표시에 관한 사항을 기록하는 표제부와 소유권에 관한 사항을 기록하는 갑구 및 소유권 외의 권리에 관한 사항을 기록하는 을구를 둔다(법 제15조 제2항). 결국, 등기할 사항은 표제부 및 갑구와 을구에 기록할 사항으로 구분할 수 있다.

2. 표제부에 등기할 사항인 부동산

등기의 대상인 부동산이란 토지 및 그 정착물을 말한다(민법 제99조 제1항). 정착물 중 토지와 별도로 등기의 대상이 되는 것은 건물에 한하므로 결국 부동산 중 토지와 건물만이 등기의 대상이 된다.

(1) 토지

① 등기의 대상이 되는 토지는 등기에 앞서 공간정보의 구축 및 관리 등에 관한 법령에 의하여 지적공부에 1필지로 등록이 되어야 하는데, 1필지로 등록되기 위한 요건은 공간정보의 구축 및 관리 등에 관한 법령에서 규정하고 있다.

② 토지라 하더라도 사권(私權)의 목적이 될 수 없는 공유수면(바다) 아래의 토지 등은 등기의 대상이 되지 않는다. 반면에, 사권의 목적이 될 수 있는 토지는 그것이 비록 공용의 제한을 받더라도 등기의 대상이 되는데 「도로법」상의 도로나 하천, 방조제 등이 이에 해당한다.

(2) 건물

① 건물이란 토지에 정착하여 지붕과 벽을 갖춘 토지의 정착물로서 일정한 용도로 계속 사용되고 쉽게 해체 이동할 수 없는 것을 말한다(등기예규 제1086호). 등기부의 편성 및 구성에 따라 건물은 다시 일반건물과 구분건물로 나눌 수 있다.

② 건물의 개수는 물리적인 구조뿐만 아니라 소유자의 의사 등을 고려하여 정하므로 구조상·이용상 독립성이 있어 구분건물로서 객관적 요건을 갖췄다 하더라도 소유자의 의사에 따라 일반건물로 등기할 수도 있고 구분건물로 등기할 수도 있다.

3. 갑구·을구에 등기할 사항인 권리

(1) 등기할 사항인 권리

등기는 부동산의 표시와 소유권, 지상권, 지역권, 전세권, 임차권, 저당권, 권리질권, 채권담보권의 보존·이전·설정·변경·처분의 제한 또는 소멸에 대하여 한다(법 제3조).

① **물권**: 등기의 대상이 되는 권리는 원칙적으로 토지 및 건물에 대한 물권, 즉 부동산 물권이다. 물권 중 점유권, 유치권은 물건을 현실적으로 점유하고 있는 경우에만 인정되는 권리이므로 등기의 대상이 되지 않는다.

② **채권**: 사람에 대한 권리인 채권은 원칙적으로 등기의 대상이 되지 않지만, 부동산 임차권과 환매권은 채권이면서도 법률의 규정에 의하여 등기능력이 인정된다.

> **한눈에 보기** 부동산의 일부와 소유권의 일부

1. 부동산의 일부

부동산의 일부(1필 또는 1개 건물의 일부)에 대한 소유권이전이나 저당권설정은 허용되지 않는다. 부득이하게 이를 하기 위해서는 우선 분할 절차를 밟아 1필지나 1개의 독립한 건물로 만든 후에 소유권을 이전하거나 저당권을 설정할 수 있다. 반면, 전세권이나 지상권, 지역권, 임차권과 같은 용익권은 부동산 일부에 설정이 가능하다.

2. 소유권의 일부

소유권의 일부인 지분은 해당 부동산의 전부에 효력이 미치므로 그 범위를 특정할 수 없지만, 공시는 가능하므로 지분이전등기나 지분을 목적으로 하는 저당권설정등기를 할 수 있다. 반면, 소유권의 일부인 지분은 범위를 특정할 수 없기 때문에 지분을 목적으로 하는 용익권을 설정할 수 없다.

■ 부동산의 일부와 소유권의 일부 정리

구분	지상권, 지역권, 전세권, 임차권	소유권이전, 저당권설정, 가압류, 가처분 등
부동산의 일부	○	×
소유권의 일부	×	○

3. 연습

① 건물의 특정일부를 목적으로 전세권을 설정할 수 있다. (○)
② 건물의 특정일부를 목적으로 저당권을 설정할 수 있다. (×)
③ 건물의 특정일부를 목적으로 분할을 선행하지 않으면 전세권을 설정할 수 없다. (×)
④ 소유권의 일부를 목적으로 전세권을 설정할 수 있다. (×)
⑤ 소유권의 일부를 목적으로 저당권을 설정할 수 있다. (○)
⑥ 토지의 공유자 중 1인의 공유지분에 대한 전세권설정등기는 허용되지 않는다. (○)

(2) 등기할 사항인 권리변동

「부동산등기법」상 권리변동의 유형으로는 보존·설정·이전·변경·처분의 제한·소멸 등이 있다.

① **보존**: 미등기부동산에 대하여 이미 취득하고 있는 소유권의 존재를 공시하기 위한 최초의 등기이다. 보존등기를 할 수 있는 권리는 소유권뿐이다.

② **설정**: 당사자 간의 계약에 의하여 새로이 소유권 외의 권리를 창설하는 것을 말한다. 설정계약의 당사자를 'ㅇㅇ권설정자, ㅇㅇ권자'라고 한다. 예를 들어, 전세권설정등기라면 전세권설정자와 전세권자가 당사자가 된다. 설정계약으로 창설할 수 있는 권리로는 지상권, 지역권, 전세권, 임차권, 저당권, 권리질권, 채권담보권 등이 있다.

③ **이전**: 권리주체인 권리자의 변경, 즉 어떤 자에게 귀속되어 있던 권리가 다른 자에게 전속(轉屬)되는 것을 말한다. 소유권을 비롯한 모든 권리의 주체가 바뀔 때 이전등기를 한다. 구체적으로 소유권이전등기, 전세권이전등기, 근저당권이전등기 등으로 표시된다.

④ **변경**: 권리의 주체를 제외한 권리의 내용에 변경이 생긴 경우에 변경등기를 한다. 예를 들면, 전세권의 존속기간의 연장이나 전세금의 증감, 저당권의 채권액의 증감, 임차권의 차임의 증감 등이 변경등기의 원인이 된다.

⑤ **처분의 제한**: 소유권 기타의 권리자가 가지는 처분권능을 제한하는 것으로 압류, 가압류*, 가처분*, 경매개시결정등기 등이 있다. 처분의 제한등기가 있더라도 권리의 처분이 금지되는 것은 아니다.

📖 용어 정리

*가압류
금전 또는 금전으로 환산할 수 있는 청구권을 그대로 두면 장래의 강제집행이 불가능하게 되거나 곤란하게 될 경우에 미리 채무자의 재산을 임시로 압류하여 현상(現狀)을 유지하고, 그 변경을 금지하여 장래의 강제집행을 위한 보전처분이다.

*가처분
채권자가 금전 외의 물건이나 권리를 대상으로 하는 청구권(예 소유권이전청구권, 소유권말소청구권 등)을 가지고 있을 때 그 강제집행 시까지 다툼의 대상(= 계쟁물)이 처분 또는 멸실되는 등 변경이 생기는 것을 방지하고자 계쟁물의 현상을 유지시키는 보전처분이다.

⑥ **소멸**: 어떤 부동산에 대한 권리가 원시적 또는 후발적 사유로 없어지는 것을 말한다. 등기원인의 무효나 취소, 권리의 포기, 혼동, 부동산의 멸실 등에 의하여 권리는 소멸된다.

Chapter 02 등기소와 등기부

> **학습포인트** 관할등기소에 대한 원칙과 특례를 구분하여야 한다. 등기부의 편성과 등기기록의 구성을 정확하게 파악하고, 구분건물 등기기록의 구성, 대지권등기의 명칭을 숙지한다.

1 등기소

1. 관할 등기소 – 원칙

등기사무는 부동산의 소재지를 관할하는 지방법원, 그 지원 또는 등기소에서 담당한다(법 제7조 제1항). 즉, 등기소의 관할은 부동산의 소재지를 기준으로 정하는 것이 원칙이다.

2. 관련 사건 및 상속·유증 사건의 관할에 관한 특례

(1) 관련 사건의 관할에 관한 특례

① 제7조에도 불구하고 관할 등기소가 다른 여러 개의 부동산과 관련하여 등기목적과 등기원인이 동일하거나 그 밖에 대법원규칙으로 정하는 등기신청이 있는 경우에는 그 중 하나의 관할 등기소에서 해당 신청에 따른 등기사무를 담당할 수 있다(법 제7조의2 제1항).

② 제7조에도 불구하고 등기관이 당사자의 신청이나 직권에 의한 등기를 하고 요역지지역권(법 제71조), 공동저당등기(법 제78조 제4항), 공동전세의 등기(법 제72조 제2항) 또는 대법원규칙으로 정하는 바에 따라 다른 부동산에 대하여 등기를 하여야 하는 경우에는 그 부동산의 관할 등기소가 다른 때에도 해당 등기를 할 수 있다(법 제7조의2 제2항).

(2) 상속·유증 사건의 관할에 관한 특례

제7조에도 불구하고 상속 또는 유증으로 인한 등기신청의 경우에는 부동산의 관할 등기소가 아닌 등기소도 그 신청에 따른 등기사무를 담당할 수 있다(법 제7조의3 제1항).

2 등기부

1. 등기부의 의의 및 종류

(1) 의의

① **등기부**: 전산정보처리조직에 의하여 입력·처리된 등기정보자료를 대법원규칙으로 정하는 바에 따라 편성한 것을 말한다(법 제2조 제1호).

② **등기기록**: 1필의 토지 또는 1개의 건물에 관한 등기정보자료를 말한다(법 제2조 제3호).

(2) 종류
등기부는 그 등기대상 목적물에 따라 토지등기부와 건물등기부의 2종류가 있다(법 제14조 제1항).

2. 등기부의 편성

(1) 1부동산 1등기기록 원칙
권리의 객체인 1개의 부동산을 단위로 하여 등기부를 편성하는 방법으로, "1필의 토지 또는 1개의 건물에 대하여 1개의 등기기록을 둔다(법 제15조 제1항)."라고 하여 1부동산 1등기기록 원칙을 취하고 있다.

(2) 1부동산 1등기기록의 예외
아파트와 같이 "1동의 건물을 구분한 건물에 있어서는 1동의 건물에 속하는 전부에 대하여 1개의 등기기록을 사용한다(법 제15조 제1항 단서)."라고 하여 1부동산 1등기기록 원칙에 대한 예외를 인정하고 있다. 이때 1개의 등기기록은 1동의 건물에 대하여는 표제부만 두고 전유부분마다 표제부, 갑구, 을구를 둔다(규칙 제14조 제1항).

3. 등기기록의 구성

(1) 일반적 등기기록의 구성
등기기록에는 부동산의 표시에 관한 사항을 기록하는 표제부와 소유권에 관한 사항을 기록하는 갑구(甲區) 및 소유권 외의 권리에 관한 사항을 기록하는 을구(乙區)를 둔다(법 제15조 제2항).

① **표제부**: 표제부에는 부동산의 표시에 관한 사항과 그 변경에 관한 사항을 기록한다. 구체적으로 토지등기기록에는 표시번호, 접수연월일, 소재, 지번, 지목, 면적, 등기원인을 기록하고 건물등기기록에는 표시번호, 접수연월일, 소재, 지번, 건물명칭 및 건물번호, 건물의 종류, 구조와 면적, 등기원인, 부속건물에 관한 표시 등을 기록한다.

② **갑구**: 갑구에는 소유권에 관한 사항, 즉 소유권의 보존·이전·변경·처분의 제한 등기 등을 기록한다. 구체적으로 소유권보존등기나 이전등기, 소유권에 대한 가압류등기나 경매개시결정등기를 갑구에 기록한다.

③ **을구**: 을구에는 소유권 이외의 권리에 관한 사항, 즉 지상권, 지역권, 전세권, 임차권, 저당권, 권리질권, 채권담보권 등의 이전·변경·처분의 제한 등기 등을 기록한다. 구체적으로 지상권설정등기나 이전등기뿐만 아니라 지상권에 대한 가압류등기나 경매개시결정등기도 을구에 기록한다.

(2) 구분건물 등기기록의 구성

1동의 건물을 구분한 건물에 있어서는 1동의 건물에 속하는 전부에 대하여 1개의 등기기록을 사용한다(법 제15조 제1항 단서). 이때 1개의 등기기록은 1동 건물에 대한 표제부를 두고 전유부분마다 표제부·갑구·을구를 둔다(규칙 제14조 제1항).

① **1동 건물의 표제부**: 1동 건물의 표제부는 '1동 건물의 표시'와 '대지권의 목적인 토지의 표시'로 구성된다. '1동 건물의 표시'에는 표시번호, 접수연월일, 1동 건물의 소재, 지번, 구조, 종류, 면적, 건물의 명칭, 건물번호(예 제103동) 등을 기록하고, '대지권의 목적인 토지의 표시'에는 표시번호, 대지권의 목적인 토지의 일련번호, 토지의 소재, 지번, 지목, 면적, 등기연월일을 기록한다.

② **전유부분 건물의 표제부**: 전유부분 건물의 표제부는 '전유부분 건물의 표시'와 '대지권의 표시'로 구성된다. '전유부분 건물의 표시'에는 표시번호, 접수연월일, 전유부분의 건물번호(예 9층 903호), 구조, 면적 등을 기록하고, '대지권의 표시'에는 표시번호, 대지권의 목적인 토지의 일련번호, 대지권의 종류와 비율, 등기원인 및 그 연월일과 등기연월일을 기록한다.

③ **갑구 및 을구**: 갑구 및 을구의 구성 및 기록사항은 일반적인 등기기록과 동일하다.

④ **규약상 공용부분**: 규약상 공용부분(예 아파트관리사무소 등)의 등기를 할 때에는 그 등기기록 중 표제부에 공용부분이라는 뜻을 기록하고 각 구의 소유권과 그 밖의 권리에 관한 등기를 말소하는 표시를 하여야 한다(규칙 제104조 제3항).

■ 토지 등기기록

고유번호 1146-1996-090186

【표제부】			(토지의 표시)			
표시 번호	접수	소재지번	지목	면적	등기원인 및 기타사항	
1 (전1)	1992년 2월 9일	경기도 의왕시 청계동 98	대	350.5m²	부동산등기법 제177조의6 제1항의 규정에 의하여 1998년 12월 9일 전산이기	

【갑구】				(소유권에 관한 사항)	
순위 번호	등기 목적	접수	등기원인	권리자 및 기타사항	
1 (전2)	소유권 이전	2005년 4월 25일 제27192호	2005년 4월 5일 매매	소유자 홍정이 730802-1****** 서울 종로구 관철동 10-3	
				부동산등기법 제177조의6 제1항의 규정에 의하여 1998년 12월 9일 전산이기	
1-1	1번 등기 명의인 표시변경	2005년 8월 13일 제65617호	2005년 8월 10일 전거	홍정이의 주소 경기도 의왕시 청계동 98	
2	소유권 이전	2023년 8월 13일 제65617호	2023년 8월 10일 매매	소유자 김미래 750215-2****** 서울특별시 강남구 개포로 605 매매목록 제2023-120호	

【을구】				(소유권 외의 권리에 관한 사항)	
순위 번호	등기 목적	접수	등기원인	권리자 및 기타사항	
1	근저당권 설정	2023년 9월 12일 제65618호	2023년 9월 11일 설정계약	채권최고액 금 250,000,000원 채무자 김미래 　　　　서울특별시 강남구 개포로 605 근저당권자 주식회사 국민은행 　　　　1101111-2****** 　　　　서울 중구 을지로 2가 181 　　　　(개포동 지점) 공동담보 경기도 의왕시 청계동 98 건물	

■ 일반건물 등기기록

고유번호 1146-2012-090186

【표제부】		(건물의 표시)		
표시번호	접수	소재지번, 건물명칭 및 번호	건물내역	등기원인 및 기타사항
1	2012년 2월 9일	경기도 의왕시 청계동 98 (도로명 주소) 경기도 의왕시 덕장로 22	벽돌조 슬래브지붕 단층주택 125m² 지하실 34m²	도면의 번호 제124호

【갑구】			(소유권에 관한 사항)	
순위번호	등기목적	접수	등기원인	권리자 및 기타사항
1	소유권 보존	2012년 2월 9일 제12192호		소유자　홍정이 730802-1****** 경기도 의왕시 덕장로 22
2	소유권 이전	2024년 8월 17일 제65617호	2024년 7월 5일 매매	소유자　김미래 750215-2****** 서울특별시 강남구 개포로 605 매매목록　제2024-120호

【을구】			(소유권 외의 권리에 관한 사항)	
순위번호	등기목적	접수	등기원인	권리자 및 기타사항
1	근저당권 설정	2025년 7월 12일 제65618호	2025년 7월 11일 설정계약	채권최고액　금 250,000,000원 채무자　김미래 　　　서울특별시 강남구 개포로 605 근저당권자　주식회사 국민은행 　　　1101111-2****** 　　　서울 중구 을지로 2가 181 　　　(개포동 지점) 공동담보　경기도 의왕시 청계동 98 토지

등기사항전부증명서

등기사항전부증명서(현재 유효사항) – 집합건물

[집합건물] 인천광역시 연수구 송도동 23-45 송도그린아파트 103동 9층 903호

고유번호 1201-2006-001686

【표제부】		(1동의 건물의 표시)		
표시번호	접수	소재지번, 건물명칭 및 번호	건물내역	등기원인 및 기타사항
1	2006년 6월 8일	인천광역시 연수구 송도동 23-45 송도그린아파트 제103동	철근콘크리트조 철근콘크리트 지붕 20층 아파트 1층 324.57m² 2층 307.58m² 3층 307.58m² 4층 307.58m² 5층 307.58m² 6층 307.58m² 7층 307.58m² 8층 307.58m² 9층 307.58m² 10층 307.58m² 11층 307.58m² 12층 307.58m² 13층 307.58m² 14층 307.58m² 15층 307.58m² 16층 307.58m² 17층 307.58m² 18층 307.58m² 19층 307.58m² 20층 307.58m²	도면편철장 2책 248면
		(대지권의 목적인 토지의 표시)		
표시번호	소재지번	지목	면적	등기원인 및 기타사항
1	1. 인천광역시 연수구 송도동 23-45	대	57654.6m²	2006년 6월 8일

【표제부】		(전유부분의 건물의 표시)		
표시번호	접수	건물번호	건물내역	등기원인 및 기타사항
1	2006년 6월 8일	제9층 903호	철근콘크리트조 123.1909m²	도면편철장 2책 248면
		(대지권의 표시)		
표시번호	대지권종류	대지권비율	등기원인 및 기타사항	
1	1. 소유권대지권	57654.6분의 96.5522	2006년 6월 8일 대지권 2006년 6월 8일	
2			별도등기 있음 ~~1토지(갑구 2 1번 금지사항부기등기)~~ ~~2006년 6월 8일~~	
3			2번 별도등기 말소 2006년 7월 7일	

【갑구】			(소유권에 관한 사항)	
순위번호	등기목적	접수	등기원인	권리자 및 기타사항
2	소유권 이전	2006년 7월 7일 제66347호	2003년 12월 10일 매매	소유자 김희정 720928-2****** 인천광역시 남동구 함박뫼로 123, 111동 202호(논현동, 논현주공아파트)
5	임의경매 개시결정	2012년 7월 19일 제62363호	2012년 7월 19일 인천지방법원의 임의경매개시결정 (2012타경56605)	채권자 주식회사 우리은행 110111-0****** 서울 중구 회현동1가 203 (여신관리부)

[집합건물] 인천광역시 연수구 송도동 23-45 송도그린아파트 103동 제9층 903호

고유번호 1201-2006-001686

【을구】			(소유권 외의 권리에 관한 사항)		
순위번호	등기목적	접수	등기원인	권리자 및 기타사항	
1	근저당권 설정	2006년 7월 7일 제66348호	2006년 7월 7일 설정계약	채권최고액 채무자 근저당권자	금 454,800,000원 김희정 인천광역시 남동구 함박뫼로 123, 111동 202호 주식회사 우리은행 110111-0****** 서울 중구 회현동1가 203 (구월1동지점)
6	전세권 설정	2012년 1월 11일 제2724호	2011년 8월 9일 설정계약	전세금 범위 존속기간 전세권자	금 210,000,000원 위 건물의 전부 2011년 8월 9일부터 2012년 2월 9일까지 삼성물산 주식회사 110111-0****** 서울특별시 서초구 서초동 1321-20
6-1				6번 등기는 건물만에 관한 것임 2012년 1월 11일 부기	

- 이 하 여 백 -

관할등기소 인천지방법원 등기과

* 본 등기사항증명서는 열람용이므로 출력하신 등기사항증명서는 법적인 효력이 없습니다.
* 실선으로 그어진 부분은 말소사항을 표시함
* 등기기록에 기록된 사항이 없는 갑구 또는 을구는 생략함

■ 등기사항전부증명서(말소사항 포함) – 토지 [제출용]

[토지] 인천광역시 연수구 송도동 23-45

고유번호 1246-2001-007947

【표제부】 (토지의 표시)

표시번호	접수	소재지번	지목	면적	등기원인 및 기타사항
~~1~~	~~2001년 11월 5일~~	~~인천광역시 연수구 동춘동 991-25~~	대	~~57654.6m²~~	~~분할로 인하여 인천광역시 연수구 동춘동 991에서 이기~~
2		인천광역시 연수구 송도동 23-45	대	57654.6m²	2006년 3월 6일 행정구역 및 지번변경 2006년 3월 8일 등기

【갑구】 (소유권에 관한 사항)

순위번호	등기목적	접수	등기원인	권리자 및 기타사항
1 (전 1)	소유권보존	2000년 2월 21일 제14409호		소유자 인천광역시 분할로 인하여 순위 제1번을 인천광역시 연수구 동춘동 991에서 전사 접수 2001년 11월 5일 제132913호
2	소유권이전	2004년 2월 18일 제13122호	2002년 4월 19일 매매	소유자 주식회사 한진중공업 110111-0****** 부산 영도구 봉래동 5가 29
~~2-1~~	~~금지사항~~			~~이 토지는 주택법에 따라 입주자를 모집한 토지로서 입주예정자의 동의를 얻지 아니하고는 당해 토지에 대하여 양도 또는 제한 물권을 설정하거나 압류, 가압류, 가처분 등 소유권에 제한을 가하는 일체의 행위를 할 수 없음.~~ ~~2004년 2월 18일 부가~~
3	소유권대지권			건물의 표시 인천광역시 연수구 송도동 23-45 송도그린아파트 제101동 인천광역시 연수구 송도동 23-45 송도그린아파트 제102동 인천광역시 연수구 송도동 23-45 송도그린아파트 제103동 인천광역시 연수구 송도동 23-45 송도그린아파트 제104동 인천광역시 연수구 송도동 23-45 송도그린아파트 제105동

				인천광역시 연수구 송도동 23-45 송도그린아파트 제106동
				인천광역시 연수구 송도동 23-45 송도그린아파트 제107동
				인천광역시 연수구 송도동 23-45 송도그린아파트 제108동
4	2-1번 금지사항등기 말소	2009년 1월 29일 제6408호	2006년 5월 12일 사용검사	

– 이 하 여 백 –

수수료 1,000원 영수함

관할등기소 인천지방법원 등기과 / 발행등기소 법원행정처 등기정보중앙관리소

이 증명서는 등기기록의 내용과 틀림없음을 증명합니다.
서기 2021년 10월 1일
법원행정처 등기정보중앙관리소

3 구분건물에 관한 등기절차

1. 구분건물의 의의 및 요건

(1) 의의

'구분건물'이란 1동의 건물 중 구조상·이용상 독립성을 갖추고 독립한 소유권 및 그 밖의 권리의 목적이 되는 건물을 말한다. 이러한 각 구분건물이 속하는 1동 건물 전체를 집합건물이라고 한다.

(2) 구분건물의 요건

① 구분건물이 되기 위해서는 1동에 속하는 건물 부분이 다른 건물과 구조적으로 독립되어 있어야 하고(구조상 독립성), 다른 전유부분을 통하지 아니하고도 외부로 출입이 자유스러울 정도로 이용에 있어서 독립성(이용상 독립성)이 있어야 한다.

② 구분건물로 등기를 하기 위해서는 객관적 요건(구조상·이용상 독립성)뿐만 아니라 주관적 요건으로서 구분건물로 등기하려는 소유자의 의사가 필요하다. 즉, 구조상·이용상 독립성이 있더라도 소유자는 반드시 구분건물로 등기를 하여야 하는 것은 아니다.

2. 구분건물의 구성부분

(1) 전유부분 및 공용부분

① **전유부분**: 단독 소유권의 목적이 될 수 있는 부분으로서 등기의 대상이 된다.
② **구조상 공용부분**: 수개의 전유부분으로 통하는 복도·계단·엘리베이터 등 구조상으로 구분소유자 전원 또는 그 일부의 공용에 제공되는 부분으로, 등기의 대상이 될 수 없다.
③ **규약상 공용부분**: 독립된 건물로서 기능을 수행할 수 있는 구분건물이나 부속건물을 규약 또는 공정증서에 의하여 공용부분으로 한 것이다. 아파트의 관리사무소나 노인정 등이 이에 해당한다.

(2) 전유부분과 공용부분의 일체성

전유부분의 처분이 있는 경우, 공용부분도 이에 따르는 것으로 하여 공용부분만을 분리하여 처분할 수 없게 함으로써 전유부분과 공용부분은 일체성을 이룬다.

3. 대지권에 관한 등기

(1) 대지사용권 및 대지권
① '대지사용권'이란 구분건물의 소유자가 건물의 전유부분을 소유하기 위하여 건물의 대지에 대하여 가지는 권리를 말한다.
② '대지권'이란 전유부분과 분리하여 처분할 수 없는 대지사용권을 말한다(법 제40조 제3항). 대지사용권 및 대지권의 목적이 될 수 있는 권리로는 소유권이 대부분이지만 지상권, 전세권, 임차권도 가능하다.

(2) 대지권에 관한 등기
① **대지권의 목적인 토지의 표시**: 건물의 등기기록에 대지권의 등기를 할 때에는 1동의 건물의 표제부 중 대지권의 목적인 토지의 표시란에 표시번호, 대지권의 목적인 토지의 일련번호·소재지번·지목·면적과 등기연월일을 기록하여야 한다(규칙 제88조 제1항).
② **대지권의 표시**: 건물의 등기기록에 대지권의 등기를 할 때에는 전유부분의 표제부 중 대지권의 표시란에 표시번호, 대지권의 목적인 토지의 일련번호, 대지권의 종류, 대지권의 비율, 등기원인 및 그 연월일과 등기연월일을 각각 기록하여야 한다(규칙 제88조 제1항).
③ **대지권이라는 뜻의 등기**: 등기관은 건물의 등기기록에 대지권등기를 하였을 때에는 직권으로 대지권의 목적인 토지의 등기기록의 해당 구에 어느 권리(소유권, 지상권, 전세권 또는 임차권)가 대지권이라는 뜻과 그 대지권을 등기한 1동의 건물을 표시할 수 있는 사항 및 그 등기연월일을 기록하여야 한다(법 제40조 제4항, 규칙 제89조 제1항).

(3) 대지권등기의 효력
대지권을 등기한 후에 한 건물의 권리에 관한 등기는 대지권에 대하여 동일한 등기로서 효력이 있다. 다만, 그 등기에 건물만에 관한 것이라는 뜻의 부기가 되어 있을 때에는 그러하지 아니하다(법 제61조 제1항).

Chapter 03 등기절차 총론

> **학습포인트** 등기의 개시유형, 신청정보 및 첨부정보를 파악하고, 접수·각하·실행·완료 후 절차 등을 숙지한다.

1 등기절차의 개관

① 乙은 甲 소유의 토지를 취득하기 위하여 매매계약을 체결하였다. 乙이 토지에 대한 소유권을 취득하기 위해서는 매매계약에 따른 잔금지급만으로 부족하고 자기 명의의 소유권이전등기를 하여야 한다(민법 제186조 참조). 등기는 거래당사자의 공동신청으로 개시되는 것이 원칙이지만 반드시 그러한 것은 아니므로 등기가 개시되는 유형을 살펴볼 필요가 있다.

② 등기는 구두신청이 허용되지 않으므로 반드시 서면이나 전자문서를 제공하여야 한다. 신청정보 및 첨부정보가 이에 해당하는데, 구체적인 등기에 따라 첨부정보는 달라지므로 각 정보의 제공요건을 살펴보아야 한다.

③ 등기신청을 접수한 등기관은 등기신청 시 제공된 정보를 통하여 수리할지 여부를 심사한다. 적법요건을 갖추었으면 등기를 실행하고, 요건을 갖추지 못하였으면 신청한 등기를 각하하여야 한다. 요건을 갖추어 등기가 실행되면 등기관은 이를 확인한 후 식별부호를 기록하여 등기를 완료한다.

④ 등기관은 등기를 마친 후에는 등기상의 권리를 취득했다는 증명서로 등기필정보를 작성하여 등기권리자에게 통지하여야 한다.

2 등기신청의 당사자능력(= 등기신청적격)

'등기신청의 당사자능력'이란 등기신청 절차에 있어서 당사자인 등기권리자나 등기의무자가 될 수 있는 자격, 즉 등기명의인이 될 수 있는 자격을 말한다. 「민법」상 권리능력자는 당연히 등기신청적격이 인정되지만 권리능력자 외에도 등기명의인이 될 수 있는 경우가 있으므로 이를 살펴보기로 한다.

(1) 자연인

사람은 살아있는 동안 권리와 의무의 주체가 되므로(민법 제3조), 자연인이면 제한능력자(피성년후견인, 피한정후견인, 미성년자)라도 누구나 등기명의인이 될 수 있다.

(2) 법인

① 법인은 사법인이든 공법인이든 관계없이 권리능력이 있으므로 그 법인 명의로 등기명의인이 될 수 있다. 한편, 국가나 지방자치단체(시·군·자치구)는 공법인의 성질을 가지므로 그 명의로 등기를 할 수 있지만, 읍·면·동은 지방자치단체가 아니므로 그 명의로 등기를 할 수 없는 것이 원칙이다.

② 다만, 자연부락(동·리)이 그 부락주민을 구성원으로 하며 고유목적을 가지고 의사결정기관과 대표자를 두어 독자적인 활동을 하는 사회조직체라면 법인 아닌 사단으로 볼 수 있는 경우로서 등기명의인이 될 수 있다.

(3) 법인 아닌 사단 또는 재단

① '법인 아닌 사단 또는 재단'이란 단체로서 실질을 가지고 정관이 있으며 그 대표자도 존재하지만, 법인설립등기를 하지 않음으로써 「민법」상 권리능력이 인정되지 않는 단체를 말한다. 종중, 문중, 정당, 교회, 아파트입주자대표회의, 등록된 사찰 등이 이에 해당한다.

② 「부동산등기법」은 "종중, 문중, 그 밖에 대표자나 관리인이 있는 법인 아닌 사단이나 재단에 속하는 부동산의 등기에 관하여는 그 사단이나 재단을 등기권리자 또는 등기의무자로 한다(법 제26조 제1항)."라고 규정하여 법인 아닌 사단 또는 재단에 대하여 등기명의인이 될 수 있는 자격을 부여하고 있다.

(4) 「민법」상 조합*

① 「민법」상 조합은 법인과 같은 단체로서의 실질이 없으므로 조합 자체 명의로는 등기를 할 수 없고 조합원 전원명의로 합유등기를 하여야 한다. 합유등기 시 합유자의 지분을 등기기록에 기록하지 않는다.

② 「민법」상 조합과 구별할 것으로, 농업협동조합이나 「도시 및 주거환경정비법」에 따른 재건축조합 등은 그 법적 성질이 법인이므로 그 명의로 등기를 할 수 있다.

> **용어 정리**
>
> *「민법」상 조합
> 2인 이상이 상호출자하여 공동사업을 경영할 것을 약정하는 상호간의 법률행위를 조합계약이라 하는데, 조합은 이러한 조합계약에 의하여 성립한다. 「민법」상 조합의 예로는 각종 동업관계, 계, 발기인조합 등이 있다.

(5) 학교

학교는 하나의 시설물에 불과하여 권리·의무의 주체가 될 수 없으므로 학교 명의로 등기할 수 없고 설립자 명의로 등기를 하여야 한다. 사립학교의 설립자는 재단법인이므로 재단법인 명의로 등기를 하고, 국·공립학교의 설립자는 국가 또는 지방자치단체이므로 국가나 지방자치단체 명의로 등기를 하여야 한다.

3 등기절차의 개시

1. 신청주의 원칙

등기는 당사자의 신청 또는 관공서의 촉탁에 따라 한다. 다만, 법률에 다른 규정이 있는 경우에는 그러하지 아니하다(법 제22조 제1항). 법률에 다른 규정이 있는 경우로는 등기관의 직권등기가 있다. 한편, 관공서의 촉탁도 그 실질이 신청이므로 현행 「부동산등기법」은 등기에 관하여 신청주의를 취하고 있다고 할 수 있다.

(1) 당사자의 신청

사적자치원칙이 적용되는 등기신청은 임의신청주의를 원칙으로 한다. 다만, 부동산의 표시변경등기와 멸실등기에 대하여는 소유권의 등기명의인으로 하여금 1개월 이내에 등기를 신청하도록 의무를 두고 있다(법 제35조, 제39조, 제41조, 제43조).

(2) 관공서의 촉탁

① 관공서가 신청하는 등기를 촉탁등기라고 하는데, 촉탁등기는 그 실질이 신청이므로 촉탁에 따른 등기절차는 법률에 다른 규정이 없는 경우에는 신청에 따른 등기에 관한 규정을 준용한다(법 제22조 제2항).

② 촉탁등기의 예로는 법원의 결정에 따라 행하는 가압류등기, 가처분등기, 경매개시결정등기 등이 있고, 체납처분에 따른 세무서장의 압류등기가 있으며, 그 밖에 관공서가 거래의 일방 당사자가 되어 촉탁하는 등기 등이 있다.

2. 등기관의 직권등기

등기절차는 당사자의 신청이나 관공서의 촉탁이 없더라도 '법률에 다른 규정이 있는 경우'에는 예외적으로 개시된다(법 제22조 제1항 단서). 현행법상 그러한 예외적인 경우로서 등기관의 직권에 의한 등기가 있다.

(1) 직권 소유권보존등기

미등기부동산에 대하여 법원의 처분제한의 등기(가압류·가처분·경매개시등기)의 촉탁이 있거나(법 제66조 제1항) 미등기부동산에 관하여 법원의 임차권등기명령에 의한 주택임차권등기 촉탁이 있는 경우 등기관은 직권으로 소유권보존등기를 하고 해당 촉탁등기를 실행하여야 한다.

(2) 직권 변경등기

행정구역 또는 그 명칭이 변경된 경우(예 서울특별시 강남구 방배동에서 서울특별시 서초구 방배동으로 변경) 등기부상의 부동산의 표시와 등기명의인의 주소는 당연히 변경된 것으로 보지만, 변경된 사실을 명확하게 공시하기 위하여 등기관은 직권으로 부동산의 표시변경등기 또는 등기명의인의 주소변경등기를 할 수 있다(규칙 제54조).

(3) 직권 경정등기

등기관이 등기의 착오나 빠진 부분이 등기관의 잘못으로 인한 것임을 발견한 경우에는 지체 없이 그 등기를 직권으로 경정하여야 한다(법 제32조 제2항).

4 등기의 신청유형

1. 등기신청방법

(1) 방문신청

방문신청은 신청인 또는 그 대리인이 등기소에 출석하여 신청정보 및 첨부정보를 적은 서면을 제출하는 방법(법 제24조 제1항 제1호)으로 종래의 전통적인 방법이다.

(2) 전자신청

전자신청은 대법원규칙으로 정하는 바에 따라 전산정보처리조직을 이용하여 신청정보 및 첨부정보를 보내는 방법(법 제24조 제1항 제2호)으로 인터넷을 이용한 등기신청방법이다.

2. 공동신청

(1) 의의 및 목적

등기는 법률에 다른 규정이 없는 경우에는 등기권리자와 등기의무자가 공동으로 신청한다(법 제23조 제1항). 이는 등기관에게 형식적 심사권만이 인정되는 현행 제도하에서 등기 시 불이익을 당하는 등기의무자도 등기신청의 당사자로 하여 등기의 진정성을 확보하기 위함이다.

(2) 절차법상의 등기권리자와 등기의무자

신청한 등기가 실행됨으로써 등기기록에서 권리의 취득 또는 기타의 이익을 받는 자를 절차법상의 등기권리자라고 하는 반면, 등기가 실행됨으로써 등기기록에서 권리의 상실 또는 기타의 불이익을 받는 자를 절차법상의 등기의무자라 한다. 이 경우 이익·불이익의 여부는 등기기록에서 형식적으로 판단하는 것이지 실제로 이익이나 손해가 발생할 것을 고려하는 것은 아니다.

> **보충** 등기청구권과 등기인수청구권
>
> 1. **등기청구권**: 등기를 원하는 일방 당사자가 상대방에 대하여 등기신청에 협력할 것을 요구하는 실체법상의 권리로서 일반적으로 등기권리자에게 인정된다. 등기의무자가 이에 협조하지 않으면 등기권리자는 등기의무자를 상대로 등기절차 이행을 강제하는 소송을 제기하여 승소하면 승소한 등기권리자로서 단독으로 등기를 신청할 수 있다.
> 2. **등기인수청구권**: 등기의무자에게 인정되는 권리로서 등기수취청구권이라고도 한다. 예를 들어, 甲이 乙에게 부동산을 매도하였으나 乙이 소유권이전등기를 하지 않아서 등기의무자인 甲이 과세 등의 불이익을 받는 경우에 乙에 대하여 등기를 인수해 갈 것을 청구할 수 있는 권리를 말한다. 등기권리자가 이에 협조하지 않으면 등기의무자는 등기권리자를 상대로 등기절차 이행을 강제하는 소송을 제기하여 승소하면 승소한 등기의무자로서 단독으로 등기를 신청할 수 있다.

■ 등기권리자와 등기의무자의 예

구분		등기권리자	등기의무자
소유권	이전등기(매매계약)	매수인	매도인
	말소등기(매매무효)	매도인	매수인
저당권	설정등기	저당권자	저당권설정자
	말소등기	저당권설정자	저당권자
전세권	설정등기	전세권자	전세권설정자
	말소등기	전세권설정자	전세권자

3. 단독신청

(1) 성질상 단독신청

① **소유권보존등기**: 소유권보존등기는 미등기 부동산에 대하여 행하는 최초의 등기로서 등기명의인으로 될 자가 단독으로 신청한다(법 제23조 제2항).
② **상속등기**: 피상속인이 사망하여 그 자의 상속인명의로 행하는 상속등기는 등기권리자인 상속인이 단독으로 신청한다(법 제23조 제3항).

③ **부동산의 표시변경등기**: 토지의 분할이나 합병, 건축물에 대한 증축 등으로 행하는 부동산표시의 변경이나 경정의 등기는 소유권의 등기명의인이 단독으로 신청한다(법 제23조 제5항).

④ **등기명의인의 표시변경등기**: 등기명의인의 표시인 성명, 주민등록번호, 주소 등의 변경으로 행하는 등기명의인표시의 변경이나 경정의 등기는 해당 권리의 등기명의인이 단독으로 신청한다(법 제23조 제6항).

(2) 판결에 의한 단독신청

① **이행판결**: 등기절차의 이행 또는 인수를 명하는 판결에 의한 등기는 승소한 등기권리자 또는 등기의무자가 단독으로 신청한다(법 제23조 제4항). 여기서의 판결은 등기신청의 의사표시를 하지 않는 자에게 의사의 진술을 명하는 이행판결임을 뜻하고 확인판결이나 형성판결은 이에 해당되지 않는 것이 원칙이다. 다만, 공유물을 분할하는 판결에 의한 등기는 형성판결이지만 등기권리자 또는 등기의무자가 단독으로 신청한다.

② **확정판결**: 단독신청할 수 있는 판결은 확정판결이어야 한다. 따라서 확정되지 아니한 가집행선고가 붙은 판결에 의하여 등기를 신청하는 경우, 등기관은 이를 각하하여야 한다.

③ **신청인**: 승소한 등기권리자 또는 승소한 등기의무자는 단독으로 판결에 의한 등기신청을 할 수 있는 반면, 패소한 등기의무자는 그 판결에 기하여 직접 등기권리자 명의의 등기신청을 하거나 승소한 등기권리자를 대위하여 등기신청을 할 수 없다.

4. 상속인에 의한 신청(포괄승계인에 의한 신청)

(1) 의의

등기원인이 발생한 후에 등기권리자 또는 등기의무자에 대하여 상속이나 그 밖의 포괄승계가 있는 경우에는 상속인이나 그 밖의 포괄승계인이 그 등기를 신청할 수 있다(법 제27조). 예를 들어, 甲이 乙에게 부동산을 매도하였으나 소유권이전등기를 하기 전에 甲이 사망한 때에는 甲의 상속인 丙이 등기의무자로서 乙과 공동으로 등기신청을 할 수 있고, 乙이 사망한 때에는 乙의 상속인 丁이 등기권리자로서 甲과 공동으로 등기신청을 할 수 있다.

(2) 등기신청절차

상속인에 의한 등기신청의 경우 등기원인은 피상속인이 행한 원인행위(예 매매)를 기록하고 등기원인일자 또한 피상속인이 행한 원인행위일자(예 매매계약 체결일)를 기록한다. 상속인에 의한 등기신청의 경우에는 신청정보에 가족관계등록에 관한 정보 등 상속이 있었다는 사실을 증명하는 정보를 첨부정보로서 등기소에 제공하여야 한다(규칙 제49조).

(3) 등기의 실행

상속인(포괄승계인)에 의한 등기신청의 경우 상속인(포괄승계인) 명의의 등기를 생략하고 직접 상대방명의로 등기를 실행한다.

5. 대리인에 의한 신청

(1) 의의

등기는 신청인 또는 그 대리인이 등기소에 출석하여 신청정보 및 첨부정보를 적은 서면을 제출하는 방법으로 할 수 있다(법 제24조 제1항 제1호). 공동신청의 경우는 물론, 단독신청, 대위신청, 상속인에 의한 신청, 관공서의 촉탁 등 신청할 수 있는 모든 유형의 등기는 대리신청이 가능하다.

(2) 대리인의 자격

방문신청(e-Form신청을 포함)의 경우 등기신청의 대리인이 될 수 있는 자는 변호사나 법무사가 아니라도 무방하다. 다만, 전자신청의 경우 자격자대리인(= 변호사나 법무사)만이 등기신청의 대리인이 될 수 있다.

6. 전산정보처리조직에 의한 신청(= 전자신청)

등기는 대법원규칙으로 정하는 바에 따라 전산정보처리조직을 이용하여 신청정보 및 첨부정보를 보내는 방법(법원행정처장이 지정하는 등기유형으로 한정)으로도 할 수 있는데, 이를 전자신청이라 한다.

5 신청정보 및 첨부정보

1. 신청정보

(1) 작성방법

등기의 신청은 1건당 1개의 부동산에 관한 신청정보를 제공하는 방법으로 하여야 한다. 다만, 등기목적과 등기원인이 동일하고 같은 등기소의 관할 내에 있는 여러 개의 부동산에 관한 신청정보를 일괄하여 제공하는 방법으로 할 수 있는데(법 제25조), 이를 일괄신청이라 한다.

(2) 필요적 제공사항

제공한 신청정보가 유효하기 위하여 반드시 제공하여야 할 사항으로서 그러한 사항이 없으면 신청정보의 제공이 대법원규칙으로 정한 방식에 맞지 아니한 경우에 해당하여 각하된다(법 제29조 제5호).

① **부동산의 표시에 관한 사항**
 ㉠ 토지: 토지의 표시사항인 소재, 지번, 지목, 면적을 제공한다.
 ㉡ 건물: 건물의 소재·지번·구조·종류·면적과 1필지 또는 수필지상에 수개의 건물이 있는 때에는 그 번호, 부속건물이 있는 때에는 그 구조·종류·면적을 제공한다.

② **신청인에 관한 사항**: 신청인의 성명(명칭)과 주소(또는 사무소 소재지) 및 주민등록번호(또는 부동산등기용 등록번호)를 제공한다. 대리인에 의한 신청의 경우는 대리인의 성명과 주소도 제공하여야 한다.

③ **등기원인과 그 연월일**: '등기원인'이란 신청하는 등기를 법률상 정당하게 하는 법률행위 또는 법률사실을 말한다. 예를 들어, 매매계약, 증여계약, 저당권설정계약, 확정판결, 토지의 분합, 등기명의인의 주소이전 등이 등기원인에 해당한다. '연월일'이란 그 법률행위 또는 법률사실의 성립 내지 효력이 발생한 날을 의미한다.

④ **등기의 목적**: 신청하는 등기의 내용 내지 종류를 뜻하는 것으로 소유권보존등기, 소유권이전등기, 전세권설정등기, 저당권이전등기, 지상권말소등기 등을 말한다.

⑤ **등기필정보**: 공동신청 또는 승소한 등기의무자의 단독신청에 의하여 권리에 관한 등기를 신청하는 경우로 한정한다(규칙 제43조 제1항 제7호).

⑥ 관할 등기소*의 표시

> 📖 **용어 정리**
>
> ***관할 등기소**
> 일정한 범위 내에서 부동산에 관한 등기사무를 처리할 권한을 가진 등기소를 말한다. 등기할 권리의 목적인 부동산의 소재지를 관할하는 지방법원이나 그 지원, 또는 등기소가 그 부동산에 관한 등기사무의 관할 등기소가 된다.

(3) 임의적 제공사항

① 신청정보에 제공할 것인지 여부가 당사자의 의사에 맡겨져 있는 사항으로서, 이를 등기기록에 기록하면 기록된 사항에 대하여 당사자뿐만 아니라 제3자에게도 그 효력을 주장할 수 있는 대항력이 발생한다.

② 등기원인에 공유물 분할금지약정이 있을 때에는 그 약정에 관한 사항도 신청정보의 내용으로 등기소에 제공하여야 한다(규칙 제123조).

③ 환매특약의 등기를 신청하는 경우 등기원인에 환매기간이 정하여져 있는 경우에만 이를 제공하여야 한다(법 제53조, 규칙 제113조).

> **➕ 보충 등기의무자의 등기필정보**
>
> 1. **의의**: '등기필정보'란 등기부에 새로운 권리자가 기록되는 경우에 그 권리자를 확인하기 위하여 법 제11조 제1항에 따른 등기관이 작성한 정보를 말한다(법 제2조 제4호).
> 2. **등기필정보를 제공하는 경우**(법 제50조 제2항)
>   ① 등기권리자와 등기의무자가 공동으로 권리에 관한 등기를 신청하는 경우
>   ② 승소한 등기의무자가 단독으로 권리에 관한 등기를 신청하는 경우에 신청인은 그 신청정보와 함께 등기의무자의 등기필정보를 등기소에 제공하여야 한다.
> 3. **등기필정보의 제공을 요하지 않는 경우**: 등기의 진정성이 보장될 특별한 사정이 있거나 등기의무자가 존재하지 않는 등기신청에 있어서는 등기의무자의 등기필정보를 제공하지 않는다.
>   ① 승소한 등기권리자가 판결에 의하여 단독으로 등기를 신청하는 경우에는 등기의무자의 등기필정보의 제공을 요하지 않는다.
>   ② 성질상 단독신청[(상속등기, 소유권보존등기, 등기명의인의 표시변경(경정)등기, 부동산 표시변경(경정)등기, 멸실등기 등)]의 경우는 등기의무자가 존재하지 않으므로 등기필정보의 제공을 요하지 않는다.
>   ③ 관공서 촉탁등기의 경우 등기의무자의 등기필정보를 제공하지 않는다.

■ 등기신청정보 작성례

	소유권이전등기신청(매매)			
접수	○○년 ○○월 ○○일 제○○호	처리인	등기관 확인	각종 통지

부동산의 표시(거래신고관리번호/거래가액)
1동의 건물의 표시 　　서울특별시 서초구 방배동 123 삼성래미안아파트 103동 전유부분의 건물의 표시 　　건물의 번호: 103-11-1101 　　구　조: 철근콘크리트조 　　면　적: 11층 제1101호 132m² 대지권의 표시 　　토지의 표시 　　　1. 서울특별시 서초구 방배동 123　　대 21,400.6m² 　　　　대지권의 종류: 소유권 　　　　대지권의 비율: 21,400.6분의 70.2 거래신고관리번호: 12345-2012-9-1234560　　　거래가액: 650,000,000원 　　　　　　　　　　　　이　　　　　　　상

등기원인과 그 연월일	2024년 9월 1일 매매
등기의 목적	소유권 이전
이전할 지분	

구분	성명 (상호·명칭)	주민등록번호 (등기용등록번호)	주소(소재지)	지분 (개인별)
등기 의무자	신 세 계	750826-2******	서울특별시 서초구 방배로 15길 22 삼성래미안아파트 103-1101	
등기 권리자	백 원 만	771125-1******	서울특별시 서초구 서초대로 23길 15 105-1101(서초동 진흥아파트)	

시가표준액 및 국민주택채권매입금액		
부동산 표시	부동산별 시가표준액	부동산별 국민주택채권매입금액
1. 공동주택	금 ○○,○○○,○○○ 원	금 ○○○,○○○ 원
2.	금 원	금 원
3.	금 원	금 원
국 민 주 택 채 권 매 입 총 액		금 ○○○,○○○ 원
국 민 주 택 채 권 발 행 번 호		○○○

취득세(등록면허세)	금 원	지방교육세	금 원
		농어촌특별세	금 원
세액합계			금 ○○○,○○○ 원
등 기 신 청 수 수 료			금 14,000원
	납부번호:		
	일괄납부:	건 원	

등기의무자의 등기필정보		
부동산고유번호	1102-2011-002634	
성명(명칭)	일련번호	비밀번호
신 세 계	WTDI-UPRV-P6H1	40-6557

첨 부 서 면

• 매매계약서	1통	• 주민등록표초본(또는 등본)	각 1통
• 취득세(등록면허세)영수필확인서	1통	• 부동산거래계약신고필증	1통
• 등기신청수수료 영수필확인서	1통	• 매매목록	1통
~~• 위임장~~	~~통~~	• 인감증명서나 본인서명사실확인서 또는	
~~• 등기필증~~	~~통~~	전자본인서명확인서 발급증	1통
• 토지·임야·건축물대장등본	각 1통	〈기 타〉	

2024년 10월 21일

위 신청인   신 세 계 ㊞   (전화: 010-1200-7766)
               백 원 만 ㊞   (전화: 010-1234-5678)
(또는) 위 대리인   (전화:)

서울중앙지방법원 등기국 귀중

- 신청서 작성요령 -

* 1. 부동산표시란에 2개 이상의 부동산을 기재하는 경우에는 부동산의 일련번호를 기재하여야 합니다.
  2. 신청인란 등 해당란에 기재할 여백이 없을 경우에는 별지를 이용합니다.
  3. 담당 등기관이 판단하여 위의 첨부서면 외에 추가적인 서면을 요구할 수 있습니다.

2. 첨부정보

등기를 신청하는 경우에는 다음의 정보를 그 신청정보와 함께 첨부정보로서 등기소에 제공하여야 한다(규칙 제46조 제1항).

> ① 등기원인을 증명하는 정보
> ② 등기원인에 대하여 제3자의 허가, 동의 또는 승낙이 필요한 경우에는 이를 증명하는 정보
> ③ 등기상 이해관계 있는 제3자의 승낙이 필요한 경우에는 이를 증명하는 정보 또는 이에 대항할 수 있는 재판이 있음을 증명하는 정보
> ④ 신청인이 법인인 경우에는 그 대표자의 자격을 증명하는 정보
> ⑤ 대리인에 의하여 등기를 신청하는 경우에는 그 권한을 증명하는 정보
> ⑥ 등기권리자(새로 등기명의인이 되는 경우로 한정)의 주소(또는 사무소 소재지) 및 주민등록번호(또는 부동산등기용 등록번호)를 증명하는 정보. 다만, 소유권이전등기를 신청하는 경우에는 등기의무자의 주소(또는 사무소 소재지)를 증명하는 정보도 제공하여야 한다.
> ⑦ 소유권이전등기를 신청하는 경우에는 토지대장·임야대장·건축물대장 정보나 그 밖에 부동산의 표시를 증명하는 정보
> ⑧ 자격자대리인이 ㉠ 공동으로 신청하는 권리에 관한 등기나 ㉡ 승소한 등기의무자가 단독으로 신청하는 권리에 관한 등기를 신청하는 경우 위임인이 등기의무자인지 여부를 확인하고 자필서명한 정보

6 등기관의 처분

1. 등기신청의 접수

① 등기신청의 접수란 신청인이 제공한 신청정보 및 첨부정보를 등기관이 받는 것을 말한다. 등기관이 신청정보를 받았을 때에는 접수장에 접수번호를 적어야 하는데, 접수번호는 전국 모든 등기소를 통합하여 부여하되, 매년 새로 부여하여야 한다. (규칙 제22조 제2항).
② 등기신청은 대법원규칙으로 정하는 등기신청정보가 전산정보처리조직에 저장된 때 접수된 것으로 본다(법 제6조 제1항).

2. 등기관의 심사

신청정보 및 첨부정보를 접수한 등기관은 신청에 관한 사항을 조사하여 등기의 수리 또는 각하 여부를 결정하여야 한다. 이 경우 등기관은 신청한 등기의 절차적 적법성만을 심사하므로 등기신청 시 제공한 신청정보 및 첨부정보와 등기기록에 의하여만 수리 여부를 결정한다. 이를 형식적 심사주의라고 한다.

3. 등기신청의 각하

(1) 의의
신청정보를 접수한 등기관은 신청에 관한 모든 사항을 조사하여 수리 여부를 결정한다. 이때, 등기부상의 기록을 거부하는 등기관의 처분행위를 각하라고 한다.

(2) 각하사유
「부동산등기법」은 법 제29조에서 등기신청에 대한 각하사유로서 11가지를 제한적·열거적으로 규정하고 있다. 등기관은 다음의 어느 하나에 해당하는 경우에만 이유를 적은 결정으로 신청을 각하하여야 한다.

① 사건이 그 등기소의 관할이 아닌 경우(제1호)
② 사건이 등기할 것이 아닌 경우(제2호)

> **부동산등기규칙 제52조 【사건이 등기할 것이 아닌 경우】**
> 법 제29조 제2호에서 '사건이 등기할 것이 아닌 경우'란 다음 각 호의 어느 하나에 해당하는 경우를 말한다.
> 1. 등기능력 없는 물건 또는 권리에 대한 등기를 신청한 경우
> 2. 법령에 근거가 없는 특약사항의 등기를 신청한 경우
> 3. 구분건물의 전유부분과 대지사용권의 분리처분 금지에 위반한 등기를 신청한 경우
> 4. 농지를 전세권설정의 목적으로 하는 등기를 신청한 경우
> 5. 저당권을 피담보채권과 분리하여 양도하거나, 피담보채권과 분리하여 다른 채권의 담보로 하는 등기를 신청한 경우
> 6. 일부지분에 대한 소유권보존등기를 신청한 경우
> 7. 공동상속인 중 일부가 자신의 상속지분만에 대한 상속등기를 신청한 경우
> 8. 관공서 또는 법원의 촉탁으로 실행되어야 할 등기를 신청한 경우
> 9. 이미 보존등기된 부동산에 대하여 다시 보존등기를 신청한 경우
> 10. 그 밖에 신청취지 자체에 의하여 법률상 허용될 수 없음이 명백한 등기를 신청한 경우

③ 신청할 권한이 없는 자가 신청한 경우(제3호). 당사자가 아닌 자나 무권대리인의 등기신청 등이 이에 해당한다.
④ 방문신청에 따라 등기를 신청할 때에 당사자나 그 대리인이 출석하지 아니한 경우(제4호). 다만, 전자신청의 경우에는 본 규정이 적용되지 않는다.
⑤ 신청정보의 제공이 대법원규칙으로 정한 방식에 맞지 아니한 경우(제5호)
⑥ 신청정보의 부동산 또는 등기의 목적인 권리의 표시가 등기기록과 일치하지 아니한 경우(제6호)
⑦ 신청정보의 등기의무자의 표시가 등기기록과 일치하지 아니한 경우. 다만, 법 제27조에 따라 포괄승계인이 등기신청을 하는 경우 및 신청정보와 등기기록의 등기의무자가 동일인임을 대법원규칙으로 정하는 바에 확인할 수 있는 경우는 제외한다(제7호).

⑧ 신청정보와 등기원인을 증명하는 정보가 일치하지 아니한 경우(제8호)
⑨ 등기에 필요한 첨부정보를 제공하지 아니한 경우(제9호)
⑩ 취득세, 등록면허세 또는 수수료를 내지 아니하거나 등기신청과 관련하여 다른 법률에 따라 부과된 의무를 이행하지 아니한 경우(제10호)
⑪ 신청정보 또는 등기기록의 부동산의 표시가 토지대장·임야대장 또는 건축물대장과 일치하지 아니한 경우(제11호)

(3) 흠결사항의 보정
신청의 잘못된 부분이 보정될 수 있는 경우로서 신청인이 등기관이 보정을 명한 날의 다음 날까지 그 잘못된 부분을 보정하였을 때에는 각하하여서는 아니 된다(법 제29조 단서).

(4) 각하사유를 간과하고 실행한 등기의 효력
① 법 제29조 제1호 또는 제2호를 위반한 경우: 제1호(사건이 그 등기소의 관할이 아닌 경우)와 제2호(사건이 등기할 것이 아닌 경우)의 위반을 간과하고 실행된 등기는 절대적 무효이므로 신청인을 비롯한 이해관계인은 이의신청을 할 수 있고, 이의를 진술한 자가 없거나 이의를 각하한 경우에는 등기관은 이를 직권으로 말소하여야 한다(법 제58조 제4항).
② 법 제29조 제3호 이하를 위반한 경우: 제3호 이하의 규정에 위반하여 등기가 실행되었더라도 그것이 실체관계와 부합한다면 현재의 진실한 권리상태를 공시하는 등기로서 유효하므로 절차상의 흠결을 이유로 등기관이 직권으로 말소할 수 없다.

4. 등기의 실행 및 식별부호의 기록

(1) 등기의 실행순서
① 등기관은 접수번호의 순서에 따라 등기사무를 처리하여야 한다(법 제11조 제3항).
② 다만, 등기신청사건이 복잡하거나(수십 필지의 분할·합병등기 등) 집단사건(수십 동의 아파트 분양사건 등) 또는 법률적 판단이 어려운 경우 등과 같이 만일 접수순서대로 처리한다면 후순위로 접수된 다른 사건의 처리가 상당히 지연될 것이 예상되는 경우에는 다른 사건을 먼저 처리할 수 있다.

(2) 등기관의 식별부호 기록
① 등기관은 등기가 완료되었음을 확인한 후 등기관을 나타내는 조치로서 미리 부여받은 식별부호를 기록하여야 한다(규칙 제7조). 식별부호를 기록하는 때에 등기는 마친 것으로 본다.
② 등기는 등기관이 등기를 마친 경우 접수한 때부터 효력을 발생한다(법 제6조 제2항).

5. 등기완료 후의 절차

(1) 등기필정보의 작성 및 통지

등기관이 새로운 권리에 관한 등기를 마쳤을 때에는 등기필정보를 작성하여 등기권리자에게 통지하여야 한다(법 제50조 제1항).

① **등기필정보의 작성대상 등기**: 등기관이 등기권리자의 신청에 의하여 다음 중 어느 하나의 등기를 하는 때에는 등기필정보를 작성하여야 한다. 그 이외의 등기를 하는 때에는 등기필정보를 작성하지 아니한다.

> ㉠ 「부동산등기법」 제3조 기타 법령에서 등기할 수 있는 권리로 규정하고 있는 권리를 보존, 설정, 이전하는 등기를 하는 경우
> ㉡ 위 ㉠의 권리의 설정 또는 이전청구권 보전을 위한 가등기를 하는 경우
> ㉢ 권리자를 추가하는 경정 또는 변경등기(甲 단독소유를 甲·乙 공유로 경정하는 경우나 합유자가 추가되는 합유명의인표시변경등기 등)를 하는 경우

② **등기필정보를 작성 또는 통지할 필요가 없는 경우**: 등기관이 새로운 권리에 관한 등기를 마쳤을 때에는 등기필정보를 작성하여 등기권리자에게 통지하여야 한다. 다만, 다음의 어느 하나에 해당하는 경우에는 그러하지 아니하다(법 제50조 제1항, 규칙 제109조 제2항).

> ㉠ 등기권리자가 등기필정보의 통지를 원하지 아니하는 경우
> ㉡ 등기필정보를 전산정보처리조직으로 통지받아야 할 자가 수신이 가능한 때부터 3개월 이내에 전산정보처리조직을 이용하여 수신하지 않은 경우
> ㉢ 등기필정보통지서를 수령할 자가 등기를 마친 때부터 3개월 이내에 그 서면을 수령하지 않은 경우
> ㉣ 승소한 등기의무자가 등기신청을 한 경우
> ㉤ 등기권리자를 대위하여 등기신청을 한 경우
> ㉥ 등기관이 직권으로 소유권보존등기를 한 경우
> ㉦ 공유자 중 일부가 공유물의 보존행위로서 공유자 전원을 등기권리자로 하여 권리에 관한 등기를 신청한 경우(등기권리자가 그 나머지 공유자인 경우로 한정한다)
> ㉧ 국가 또는 지방자치단체가 등기권리자인 경우
> ㉨ 관공서가 등기를 촉탁한 경우. 다만, 관공서가 등기권리자를 위해 등기를 촉탁하는 경우에는 그러하지 아니하다.

(2) 등기완료의 통지(규칙 제53조, 등기예규 제1623호)

등기관이 등기를 완료한 때에는 등기완료통지서를 작성하여 신청인 및 다음의 어느 하나에 해당하는 자에게 등기완료사실을 통지하여야 한다.

> ① 승소한 등기의무자의 등기신청에 있어서 등기권리자
> ② 대위채권자의 등기신청에 있어서 등기권리자
> ③ 직권보존등기에 있어서 등기명의인
> ④ 관공서의 등기촉탁에 있어서 그 관공서
> ⑤ 등기필정보(등기필증을 포함)를 제공해야 하는 등기신청에서 등기필정보를 제공하지 않고 확인서면 등을 제공한 등기신청에 있어서 등기의무자
> ⑥ 공유자 중 일부가 공유물의 보존행위로서 공유자 전원을 등기권리자로 하여 권리에 관한 등기를 신청한 경우 그 나머지 공유자

등기필정보 및 등기완료통지

권리자: 신 세 계
(주민)등록번호: 750826-2******
주소: 서울특별시 서초구 방배로 46길 60 우성아파트 103-903
부동산고유번호: 1102-2011-002634
부동산소재: [집합건물] 서울특별시 서초구 방배동 123 삼성래미안아파트 103동 11층 1101호
접수일자: 2011년 9월 14일
접수번호: 69578
등기목적: 소유권이전
등기원인 및 일자: 2011년 8월 10일 매매

부착기준선 ┌ 일련번호: WTDI-UPRV-P6H1
비밀번호(기재순서: 순번-비밀번호)

01-7952	11-7072	21-2009	31-8842	41-3168
02-5790	12-7320	22-5102	32-1924	42-7064
03-1568	13-9724	23-1903	33-1690	43-4443
04-8861	14-8752	24-5554	34-3155	44-6994
05-1205	15-8608	25-7023	35-9695	45-2263
06-8893	16-5164	26-3856	36-6031	46-2140
07-5311	17-1538	27-2339	37-8569	47-3151
08-3481	18-3188	28-8119	38-9800	48-5318
09-7450	19-7312	29-1505	39-6977	49-1314
10-1176	20-1396	30-3488	40-6557	50-6459

2011년 9월 16일
서울중앙지방법원 등기국
등기관

※ **등기필정보 사용방법 및 주의사항**
◆ 보안스티커 안에는 다음 번 등기신청 시에 필요한 일련번호와 50개의 비밀번호가 기재되어 있습니다.
◆ 등기신청 시 보안스티커를 떼어내고 일련번호와 비밀번호 1개를 임의로 선택하여 해당 순번과 함께 신청서에 기재하면 종래의 등기필증을 첨부한 것과 동일한 효력이 있으며, 등기필정보 및 등기완료 통지서면 자체를 첨부하는 것이 아님에 유의하시기 바랍니다.
◆ 따라서 등기신청 시 등기필정보 및 등기완료통지서면을 거래상대방이나 대리인에게 줄 필요가 없고, 대리인에게 위임한 경우에는 일련번호와 비밀번호 50개 중 1개와 해당 순번만 알려주시면 됩니다.
◆ 만일 등기필정보의 비밀번호 등을 다른 사람이 안 경우에는 종래의 등기필증을 분실한 것과 마찬가지의 위험이 발생하므로 관리에 철저를 기하시기 바랍니다.
☞ 등기필정보 및 등기완료통지서는 종래의 등기필증을 대신하여 발행된 것으로 분실 시 재발급되지 아니하니 보관에 각별히 유의하시기 바랍니다.

Chapter 04 각종 권리의 등기절차

> **학습포인트** 소유권보존등기, 등기원인별 소유권이전등기를 숙지하고, 담보물권(저당권·권리질권)과 용익권(지상권·지역권·전세권·임차권)의 등기를 파악한다.

1 소유권의 등기절차

1. 소유권보존등기

(1) 의의
미등기부동산에 대하여 새로 등기기록을 개설하는 최초의 등기를 말한다. 소유권보존등기는 최초의 등기로서 부동산 전부에 대하여 소유권 전부를 등기하여야 하므로 부동산의 일부나 소유권의 일부에 대한 보존등기는 허용되지 않는다.

(2) 소유권보존등기 신청인
미등기의 토지 또는 건물에 관한 소유권보존등기는 다음의 어느 하나에 해당하는 자가 단독으로 신청할 수 있다(법 제65조).

① **토지대장, 임야대장 또는 건축물대장에 최초의 소유자로 등록되어 있는 자 또는 그 상속인, 그 밖의 포괄승계인**
  ㉠ 토지대장, 임야대장 또는 건축물대장에 '최초의' 소유자로 등록된 자가 보존등기를 신청할 수 있으므로 대장상 소유권이전등록을 받은 자는 보존등기를 신청할 수 없다. 다만, 미등기토지의 지적공부상 '국'으로부터 소유권이전등록을 받은 자는 직접 자기 명의로 소유권보존등기를 신청할 수 있다.
  ㉡ 대장상 '최초의' 소유자가 사망한 경우 그 자의 상속인은 피상속인 명의로 보존등기를 할 필요 없이 직접 상속인 명의로 보존등기를 신청하여야 한다.

② **확정판결에 의하여 자기의 소유권을 증명하는 자**
  ㉠ 판결은 확인판결일 필요는 없으며 등기신청인의 소유임을 인정하는 취지가 포함되어 있으면 이행판결이든, 형성판결이든 그 종류를 묻지 않는다.
  ㉡ 소유권을 주장하는 자(원고)는 원칙적으로 대장상 최초의 소유자로 등록되어 있는 자를 피고로 소송을 제기하여야 한다. 다만, 대장상 소유자가 등록되어 있지 않는 등 소유자를 특정할 수 없을 때에는 토지의 경우 국가를 상대로 하여 소송을 제기하여야 하고, 건축물의 경우는 지방자치단체를 상대로 소송을 제기하여야 한다.

③ **수용으로 인하여 소유권을 취득하였음을 증명하는 자**: 미등기부동산을 수용한 사업시행자는 직접 자기 명의로 소유권보존등기를 신청할 수 있지만, 이미 등기된 부동산을 수용한 경우에는 소유권이전등기를 한다.

④ **특별자치도지사, 시장, 군수 또는 구청장의 확인에 의하여 자기의 소유권을 증명하는 자**: 본 규정은 건물에만 적용하고, 토지의 경우는 적용하지 않는다.

(3) 소유권보존등기 실행

등기기록을 개설하여 표제부에는 부동산의 표시에 관한 사항을 기록하고 갑구에는 소유권에 관한 사항을 기록하여야 한다. 등기관이 소유권보존등기를 할 때에는 등기원인과 그 연월일을 기록하지 아니한다(법 제64조).

2. 소유권이전등기 서설

(1) 의의

소유권이전등기는 이미 등기된 부동산의 소유권이 법률행위(예 매매, 증여 등) 또는 법률의 규정(예 상속, 공용징수, 판결, 경매 등)에 의하여 타인에게 이전되는 것을 공시하는 등기를 말한다. 소유권이전등기는 항상 주등기 형식으로 실행하고, 그 계속성이 나타나야 하므로 등기 후 전 소유자를 말소하지 않는다. 참고로, 소유권 외의 권리의 이전등기는 항상 부기등기로 실행하고 종전의 권리자를 말소하는 표시를 하여야 한다.

(2) 소유권의 전부이전과 소유권의 일부이전

① '소유권의 전부이전'이란 소유권을 가진 자가 단순히 그 소유권을 전부 이전하는 것인 반면, '소유권의 일부이전'이란 단독소유를 공유로 하거나 공유지분의 전부 또는 일부를 이전하는 것을 말한다.

② 등기관이 소유권의 일부에 관한 이전등기를 할 때에는 이전되는 지분을 기록하여야 한다. 이 경우 등기원인에 공유물분할금지약정이 있을 때에는 그 약정에 관한 사항도 기록하여야 한다(법 제67조 제1항).

3. 매매로 인한 소유권이전등기와 거래가액등기

(1) 거래계약신고필증정보 제공

「부동산 거래신고 등에 관한 법률」 제3조 제1항에서 정하는 계약을 등기원인으로 하는 소유권이전등기를 신청하는 경우에는 거래가액을 신청정보의 내용으로 등기소에 제공하고, 시장·군수 또는 구청장으로부터 제공받은 거래계약신고필증정보를 첨부정보로서 등기소에 제공하여야 한다(규칙 제124조 제2항).

(2) 매매목록 제공

거래부동산이 2개 이상인 경우 또는 거래부동산이 1개라 하더라도 여러 명의 매도인과 여러 명의 매수인 사이의 매매계약인 경우에는 매매목록도 첨부정보로서 등기소에 제공하여야 한다(규칙 제124조 제2항).

(3) 거래가액 등기

① **매매목록의 제공이 필요 없는 경우**: 등기기록 중 갑구의 권리자 및 기타사항란에 거래가액을 기록하는 방법으로 거래가액을 등기한다(규칙 제125조 제1호).

② **매매목록이 제공된 경우**: 거래가액과 부동산의 표시를 기록한 매매목록을 전자적으로 작성하여 번호를 부여하고 등기기록 중 갑구의 권리자 및 기타사항란에 그 매매목록의 번호를 기록하는 방법으로 거래가액을 등기한다(규칙 제125조 제2호).

【갑구】			(소유권에 관한 사항)	
순위번호	등기목적	접수	등기원인	권리자 및 기타사항
1	소유권보존	2016년 5월 3일 제37353호		소유자 김우재 750802-1****** 서울특별시 강남구 헌릉로 21길 456
2	소유권이전	2024년 7월 13일 제51213호	2024년 6월 10일 매매	소유자 신세계 730212-1****** 서울특별시 종로구 인사로 94길 156 거래가액 금 650,000,000원

> **+ 보충** 매매목록과 거래가액 등기의 양식
>
> 1. 거래가액 등기 양식
>
>   (토지: 서울특별시 강남구 신사동 153)
>
> | 【갑구】 | | | (소유권에 관한 사항) | |
> |---|---|---|---|---|
> | 순위번호 | 등기목적 | 접수 | 등기원인 | 권리자 및 기타사항 |
> | 2 | 소유권이전 | 2005년 5월 10일 제55500호 | 2005년 5월 9일 매매 | 소유자 이팔자 730102-1****** 서울시 중구 다동 6 |
> | 3 | 소유권이전 | 2024년 8월 5일 제84000호 | 2024년 6월 14일 매매 | 소유자 나산다 650320-1****** 서울시 강남구 개포로 100 현대1차아파트 5동 502호 매매목록 제2024-201호 |
>
> (건물: 서울특별시 강남구 신사동 153)
>
> | 【갑구】 | | | (소유권에 관한 사항) | |
> |---|---|---|---|---|
> | 순위번호 | 등기목적 | 접수 | 등기원인 | 권리자 및 기타사항 |
> | 2 | 소유권이전 | 2005년 5월 10일 제55500호 | 2005년 5월 9일 매매 | 소유자 이팔자 730102-1****** 서울시 중구 다동 6 |
> | 3 | 소유권이전 | 2024년 8월 5일 제84000호 | 2024년 6월 14일 매매 | 소유자 나산다 650320-1****** 서울시 강남구 개포로 100 현대1차아파트 5동 502호 매매목록 제2024-201호 |

2. 매매목록 양식

매매목록				
목록번호	2024-201			
거래가액	금 150,000,000원			
일련번호	부동산의 표시	순위번호	예비란	
			등기원인	경정원인
1	[토지] 서울특별시 강남구 신사동 153	3	2024년 6월 4일 매매	
2	[건물] 서울특별시 강남구 신사동 153	3	2024년 6월 4일 매매	

4. 상속으로 인한 소유권이전등기

(1) 등기신청인

상속등기는 등기권리자(상속인)가 단독으로 신청한다(법 제23조 제3항). 상속인이 수인인 경우에는 공동상속인 전원 또는 공동상속인 중 1인이 전원을 위하여 전원명의의 상속등기를 신청할 수 있다. 이처럼 상속등기는 반드시 상속인 전원명의로 등기를 하여야 하므로 공동상속인 중 1인이 자기 지분만에 관한 상속등기를 신청할 수는 없다.

(2) 신청정보의 내용 및 첨부정보

협의분할에 의한 상속의 경우에는 예외가 인정되지만, 원칙적으로 상속등기의 등기원인은 '상속'으로 기록하고, 등기원인일자는 '상속개시일'을 기록한다. 상속을 증명하는 정보로 피상속인의 제적등본 및 기본증명서, 가족관계증명서, 친양자입양관계증명서 등을 첨부정보로 제공하여야 한다.

5. 유증으로 인한 소유권이전등기

(1) 의의

유증이란 유언자가 유언에 의하여 자기의 재산을 수증자에게 사후에 무상으로 양도하는 단독행위를 말한다. 이는 특정 재산을 양도하는 특정적 유증*과 재산의 전부 또는 일정 지분을 양도하는 포괄적 유증*으로 나누어진다.

> 📖 용어 정리
>
> *특정적 유증(특정유증)
> 특정 재산을 양도하는 유증을 말한다.
>
> *포괄적 유증(포괄유증)
> 재산의 전부 또는 일정 지분을 양도하는 유증을 말한다.

(2) 공동신청

유증으로 인한 소유권이전등기는 포괄유증이든 특정유증이든 불문하고 수증자를 등기권리자로, 상속인 또는 유언집행자를 등기의무자로 하여 공동으로 신청하여야 한다.

(3) 등기원인과 그 연월일

등기원인은 'ㅇ년 ㅇ월 ㅇ일 유증'으로 기록하고, 그 연월일은 유증자가 사망한 날을 기록한다. 다만, 유증에 조건 또는 기한이 붙은 경우에는 그 조건을 성취한 날 또는 그 기한이 도래한 날을 기록한다.

(4) 등기신청방법

유증으로 인한 소유권이전등기는 포괄유증이든 특정유증이든 모두 상속등기를 거치지 않고 직접 수증자 명의로 등기를 신청하여야 한다.

(5) 유증으로 인한 물권변동시기

포괄적 유증의 경우에는 유증자의 사망 시에 물권변동의 효력이 발생하는 반면, 특정적 유증의 경우는 등기를 하여야 물권변동의 효력이 발생한다.

6. 진정명의회복을 원인으로 한 소유권이전등기

(1) 의의

'진정명의회복을 원인으로 한 소유권이전등기'란 등기원인의 무효 등으로 등기기록에 기록된 등기명의인이 무권리자인 경우에 진정한 소유자가 무권리자 명의의 등기를 말소하지 않고 자기명의로 소유권이전등기하는 것을 말한다.

(2) 신청인

이미 자기 앞으로 소유권을 표상하는 등기가 되어 있었던 자는 현재의 등기명의인과 공동으로 또는 판결을 받아 단독으로 진정명의회복을 원인으로 한 소유권이전등기를 신청할 수 있다.

(3) 신청정보의 내용 및 첨부정보

① 신청정보에 등기의 목적은 '소유권이전', 등기원인은 '진정명의회복'으로 기록하고, 등기원인일자는 기록할 필요가 없다.
② 진정명의회복은 법률의 규정에 해당하므로 토지거래허가증이나 농지취득자격증명을 제공할 필요는 없다.

2 소유권 외의 권리에 대한 등기절차

1. 지상권등기

(1) 의의
지상권은 타인의 토지에 건물 기타 공작물이나 수목을 소유하기 위하여 그 토지를 사용할 수 있는 용익물권을 말한다(민법 제279조). 예를 들어, 송전탑을 세우기 위하여 한국전력공사가 논의 일부를 빌리는 경우에 설정하기 적합한 권리가 지상권이다.

(2) 등기신청인
지상권설정등기는 지상권자가 등기권리자가 되고 지상권설정자인 소유권자가 등기의무자가 되어 공동으로 신청한다.

(3) 신청정보의 내용
① **필요적 사항**
  ㉠ **지상권 설정의 목적**: 지상권은 그 사용목적에 따라 최단존속기간이 다르므로(민법 제280조, 제281조 참조) 건물 기타 공작물이나 수목 중 무엇을 소유할 것인가를 명확히 하여 구체적으로 기록하여야 한다.
  ㉡ **지상권 설정의 범위**: 지상권은 용익권이므로 범위를 특정하여 1필 토지의 전부나 일부에 설정할 수 있다. 토지의 일부에 지상권을 설정한 경우 신청정보에 그 범위를 기록하고 도면을 첨부하여 그 도면 위에 목적 부분을 표시하여야 한다(규칙 제126조 제2항).
② **임의적 사항**: 지상권의 존속기간, 지료, 그 지급시기 등은 지상권의 필요적 요소가 아니므로 등기원인에 그 약정이 있는 경우에만 기록한다(법 제69조 단서).

2. 지역권등기

(1) 의의 및 성질
지역권은 설정행위에서 정한 일정한 목적(통행·인수·관망 등)을 위하여 타인의 토지를 자기 토지의 편익에 이용하는 물권이다(민법 제291조). 편익을 받는 토지를 요역지, 편익을 제공하는 토지를 승역지라 한다.

(2) 지역권설정등기의 신청인
지역권설정등기는 지역권자(요역지권리자)가 등기권리자가 되고 지역권설정자(승역지권리자)가 등기의무자가 되어 공동으로 신청한다.

(3) 신청정보의 내용(규칙 제127조)

① **필요적 사항**
  ㉠ **지역권 설정의 목적**: 지역권 설정의 목적으로 승역지가 요역지에 제공하는 편익의 종류(통행, 인수, 관망 등)를 적어야 한다.
  ㉡ **지역권 설정의 범위**: 승역지의 전부에 지역권을 설정할 때에는 범위를 '전부'라고 제공하고, 승역지의 일부에 지역권을 설정할 때에는 범위를 '남쪽 $100m^2$' 방식으로 제공한다.
  ㉢ **요역지의 표시**: 편익을 받은 요역지의 소재, 지번, 지목, 면적을 제공하여야 한다.

② **임의적 사항**: 지역권은 요역지소유권에 부종하여 이전하는 것이 원칙이지만, 등기원인에 부종성을 배제하는 약정이 있는 때에는 그 약정을 신청정보의 내용으로 제공하여야 한다.

+ 보충 지역권의 설정등기 기록례

1. 승역지 지역권등기 기록례

【을구】			(소유권 외의 권리에 관한 사항)	
순위번호	등기목적	접수	등기원인	권리자 및 기타사항
1	지역권 설정	2024년 5월 3일 제31234호	2024년 5월 1일 설정계약	목적 통행 범위 남쪽 $100m^2$ 요역지 광주시 초월읍 도평리 100 도면번호 제68호

2. 요역지 지역권등기 기록례

【을구】			(소유권 외의 권리에 관한 사항)	
순위번호	등기목적	접수	등기원인	권리자 및 기타사항
1	요역지 지역권			승역지 광주시 초월읍 도평리 101 목적 통행 범위 남쪽 $100m^2$ 2009년 5월 3일 등기

3. 전세권등기

(1) 의의
전세권은 전세금을 지급하고 타인의 부동산을 점유하여 그 부동산의 용도에 따라 사용·수익하는 용익물권이다(민법 제303조 제1항). 지상권이나 지역권이 토지에만 설정할 수 있는 권리인 데 반하여, 전세권은 토지와 건물 모두에 설정할 수 있다. 전세권은 용익물권이지만 경매신청권과 우선변제권이 인정되는 담보물권으로서의 성질도 갖는다.

(2) 등기신청인
전세권설정등기는 전세권자가 등기권리자가 되고 전세권설정자가 등기의무자가 되어 공동으로 신청하여야 한다.

(3) 신청정보의 내용(법 제72조)
① **필요적 사항**
  ㉠ **전세금 또는 전전세금**: 전세금 또는 전전세금은 전세권의 필요적 요소로서 전세권설정이나 전전세권설정등기 신청정보로 반드시 제공하여야 한다.
  ㉡ **전세권 또는 전전세권 설정의 범위**: 지상권이나 지역권과 마찬가지로 전세권 또는 전전세권의 목적이 되는 부동산의 범위를 제공하여야 한다.
② **임의적 사항**: 존속기간, 위약금 또는 배상금, 전세권의 양도금지, 담보제공금지, 전전세금지, 임대차금지 등은 등기원인에 그 약정이 있는 경우에만 제공한다.

4. 저당권등기

(1) 저당권의 의의 및 객체
① **의의**: 채무자 또는 제3자(물상보증인)가 담보로 제공한 부동산의 점유를 이전받지 아니하고 그 담보가치만을 지배하고 있다가 채무의 변제가 없는 경우에 이를 경매하여 그 매각대금에서 우선변제를 받을 수 있는 담보물권을 말한다(민법 제356조).
② **객체**: 「부동산등기법」상 저당권의 목적이 될 수 있는 권리는 소유권·지상권·전세권에 한한다. 한편, 저당권은 소유권의 일부인 지분에는 설정할 수 있지만, 부동산의 일부에는 설정할 수 없다. 저당권은 배타적인 권리가 아니므로 동일 부동산에 순위가 같거나 다른 수개의 저당권을 설정할 수 있다.

(2) 저당권설정등기
① **신청인**: 저당권설정등기는 저당권자가 등기권리자가 되고 저당권설정자가 등기의무자가 되어 공동으로 신청한다.

② **신청정보의 내용**(법 제75조, 규칙 제131조)
  ㉠ 필요적 사항
    ⓐ 채권액 또는 채권의 평가액
    ⓑ 채무자의 표시
    ⓒ 권리의 표시: 저당권의 목적이 소유권 외의 권리인 지상권이나 전세권인 경우에는 그 권리를 표시하여야 한다.
  ㉡ 임의적 사항: 변제기, 이자 및 그 발생기와 지급시기, 원본 또는 이자의 지급장소, 채무불이행으로 인한 손해배상에 관한 약정(= 위약금) 등은 등기원인에 그 약정이 있는 경우에만 제공한다.
③ **등기의 실행**: 저당권이 소유권을 목적으로 하는 경우, 즉 소유권자가 저당권을 설정한 경우에는 주등기로 실행하지만, 지상권 또는 전세권을 목적으로 하는 경우에는 부기등기로 실행한다(법 제52조 제3호).

(3) 저당권말소등기

① 저당권말소등기는 저당권설정자(소유권자 또는 지상권자·전세권자)가 등기권리자가 되고, 저당권자가 등기의무자가 되어 공동으로 신청한다.
② 저당권이 이전된 경우에는 저당권설정자가 등기권리자가 되고 현재의 저당권자(양수인)가 등기의무자가 되어 공동으로 신청한다. 이 경우 주등기인 설정등기를 말소 신청하면 이전등기인 부기등기는 등기관이 직권으로 말소한다.

■ 저당권말소등기 기록례

【을구】				(소유권 이외의 권리에 관한 사항)
순위번호	등기목적	접수	등기원인	권리자 및 기타사항
1	저당권 설정	2024년 7월 7일 제66348호	2024년 7월 7일 설정계약	채권액 금 450,000,000원 채무자 김현마 　인천광역시 남동구 함박뫼로 123, 111동 202호 저당권자 김근식 681224-1****** 　경기도 의왕시 청계1로 27
1-1	1번 저당권 이전	2025년 1월 2일 제2724호	2024년 12월 29일 채권양도	저당권자 정지수 721004-1****** 　경기도 안양시 동안구 귀인로 213
2	1번 저당권 설정등기 말소	2025년 10월 2일 제82724호	2025년 10월 1일 해지	

(4) 근저당권등기

① 근저당권이란 계속적인 거래관계로부터 발생하는 불특정다수의 채권을 결산기에 일정한 한도액까지 담보하기 위하여 설정하는 저당권을 말한다(민법 제357조 제1항). 근저당권도 저당권의 일종이지만 부종성이 완화된다는 점에서 특수한 저당권이라고 할 수 있다.

② 근저당권설정등기 신청정보로 채권최고액과 채무자를 제공하여야 한다. 채권최고액 속에는 이자도 포함되어 있으므로 이를 별도로 기록하지 않는다(민법 제357조 제2항). 채권최고액은 반드시 단일하게 기록하여야 하므로 채권자 또는 채무자가 수인일지라도 이를 구분하여 기록할 수 없다. 채무자의 표시는 수인의 연대채무자라 하더라도 단순히 채무자로만 표시하여야 한다. 한편, 존속기간은 등기원인에 그 약정이 있는 경우에만 기록한다.

Chapter 05　각종의 등기절차

> **학습포인트**　빈번히 출제되는 가등기·부기등기·말소등기를 정확하게 숙지하여야 한다. 변경등기와 경정등기는 지문으로 출제되므로 내용을 알아둔다.

1 변경등기

1. 의의 및 종류

① 변경등기는 등기사항의 일부가 후발적으로 실체관계와 부합하지 않게 된 경우에 이를 일치시키기 위한 등기를 말한다.
② 변경등기는 변경된 내용에 따라 표제부에서 하는 부동산의 표시변경등기와 갑구·을구에서 하는 권리의 변경등기 및 등기명의인의 표시변경등기로 구분한다.

2. 부동산의 표시변경등기(표제부의 변경등기)

(1) 표제부의 등기사항

① **토지 등기기록의 등기사항**: 토지 등기기록의 표제부에는 표시번호, 접수연월일, 소재와 지번, 지목, 면적, 등기원인 등을 기록한다(법 제34조).
② **건물 등기기록의 등기사항**: 건물 등기기록의 표제부에는 표시번호, 접수연월일, 소재·지번 및 건물번호, 건물의 종류·구조와 면적, 등기원인 등을 기록한다(법 제40조).

(2) 등기원인

행정구역 또는 행정구역의 명칭변경이 있거나 토지의 분할·합병·지목변경, 건물의 분할·구분·합병·부속건물의 신축 등 표제부의 등기사항에 변경이 있는 때에 등기기록 표제부의 변경등기 원인이 된다(법 제35조, 법 제41조 제1항).

(3) 등기절차

① **신청에 의한 변경등기**
  ㉠ 부동산의 표시에 변경사유가 있게 되면 먼저 대장상의 표시를 변경등록하고 대장을 첨부하여 변경등기를 신청하여야 한다.
  ㉡ 토지 등기기록의 등기사항에 변경이 있는 경우(토지의 분할, 합병 등)와 건물 등기기록의 등기사항에 변경이 있는 경우(건물의 분할, 구분, 합병 등)에는 그 토지나 건물 소유권의 등기명의인은 그 사실이 있는 때부터 1개월 이내에 그 등기를 신청하여야 한다(법 제35조, 제41조 제1항).
  ㉢ 부동산의 표시에 관한 사항을 변경등기할 때에는 항상 주등기의 방식으로 실행하며, 종전의 표시에 관한 등기를 말소하는 표시를 하여야 한다(규칙 제73조, 제87조 제1항).

② **직권에 의한 변경등기**: 행정구역 또는 그 명칭이 변경되었을 때에는 등기기록에 기록된 행정구역 또는 그 명칭에 대하여 변경등기가 있는 것으로 본다(법 제31조). 이 경우에 공시를 명확하게 하기 위하여 등기관은 직권으로 부동산의 표시변경등기를 할 수 있다(규칙 제54조).

3. 권리의 변경등기

(1) 의의

권리의 변경등기란 이미 등기된 권리의 내용에 변경이 생긴 경우 변경된 실체관계와 등기기록상의 기록을 일치시키기 위한 등기이다. 전세권의 전세금 증감, 근저당권의 채권최고액 증감, 지상권의 지료 증감, 각종 권리의 존속기간 연장·단축 등이 이에 해당한다.

(2) 등기의 실행

① **부기등기**: 권리의 변경등기를 실행하는 데 있어 등기상 이해관계인이 없거나, 이해관계인이 있더라도 그 자의 승낙서 또는 이에 대항할 수 있는 재판의 등본을 첨부한 때에는 부기등기형식의 변경등기를 실행하고(법 제52조), 변경 전의 등기사항을 말소하는 표시를 한다(규칙 제112조 제1항 전단).

② **주등기**: 등기상 이해관계인이 있음에도 불구하고 그 자의 승낙서 또는 이에 대항할 수 있는 재판의 등본을 첨부하지 못한 때에는 이해관계인의 등기보다 후순위가 되는 주등기(독립등기)형식의 변경등기를 실행하고(법 제52조 제5호), 변경 전의 등기사항은 말소하는 표시를 하지 않는다(규칙 제112조 제1항 단서).

> **보충 이해관계인**
> 1. 등기상 이해관계 있는 제3자란 등기의 기록 형식상 손해 볼 염려가 있는 자를 말한다. 이 경우 그 자가 실제로 손해를 봤는지 여부는 묻지 않는다.
> 2. 예를 들어, 선순위 근저당권의 채권최고액을 증액하면 그만큼 후순위권리자(예 근저당권자, 전세권자 등)는 손해 볼 염려가 증가되므로 후순위권리자는 이해관계인이 된다.
> 3. 반면, 선순위 근저당권의 채권최고액을 감액하면 그만큼 후순위권리자(예 근저당권자, 전세권자 등)는 손해볼 염려가 감소하므로 후순위권리자는 이해관계인이 되지 않는다.

4. 등기명의인의 표시변경등기

(1) 의의

등기명의인의 표시란 등기명의인을 표시하기 위한 사항으로서 성명(명칭), 주민등록번호(부동산등기용 등록번호), 주소(사무소 소재지)를 말한다. 이것들이 변경되는 경우 이를 일치시키기 위한 등기를 등기명의인의 표시변경등기라고 한다.

(2) 단독신청

등기명의인표시의 변경등기는 등기명의인이 단독으로 신청한다(법 제23조 제6항).

(3) 직권변경등기

행정구역 또는 그 명칭이 변경되었을 때에는 등기기록에 기록된 행정구역 또는 그 명칭에 대하여 변경등기가 있는 것으로 본다(법 제31조). 이 경우 등기관은 공시를 명확하게 하기 위하여 직권으로 등기명의인의 주소변경등기를 할 수 있다(규칙 제54조).

(4) 등기의 실행

등기명의인표시의 변경등기는 항상 부기등기로 실행하고(법 제52조 제1호), 변경 전의 표시에 관한 등기를 말소하는 표시를 하여야 한다(규칙 제112조 제2항).

2 경정등기

1. 의의

경정등기란 원시적(=등기를 실행하는 순간)으로 착오 또는 빠진 사항이 있어 등기기록과 실체관계에 일부 불일치가 발생한 경우 이를 시정하기 위한 등기를 말한다.

2. 신청에 의한 경정등기

① 등기관이 등기를 마친 후 그 등기에 착오나 빠진 부분이 있음을 발견하였을 때에는 지체 없이 그 사실을 등기권리자와 등기의무자에게 알려야 하고, 등기권리자와 등기의무자가 없는 경우에는 등기명의인에게 알려야 한다. 다만, 등기권리자, 등기의무자 또는 등기명의인이 각 2인 이상인 경우에는 그중 1인에게 통지하면 된다(법 제32조 제1항).

② 통지를 받은 등기권리자, 등기의무자 또는 등기명의인은 일반원칙에 따라 경정등기를 신청할 수 있다.

3. 직권에 의한 경정등기

① 등기관이 등기의 착오나 빠진 부분이 등기관의 잘못으로 인한 것임을 발견한 경우에는 지체 없이 그 등기를 직권으로 경정하여야 한다. 다만, 등기상 이해관계 있는 제3자가 있는 경우에는 제3자의 승낙이 있어야 한다(법 제32조 제2항).

② 등기관이 직권으로 경정등기를 하였을 때에는 그 사실을 등기권리자, 등기의무자 또는 등기명의인에게 알려야 한다(법 제32조 제3항).

3 말소등기

1. 의의

기존의 등기사항 전부가 원시적 또는 후발적 사유로 인하여 실체관계와 부합하지 않게 된 경우 등기 전부를 소멸시키기 위하여 하는 등기를 말한다.

2. 말소등기의 요건

(1) 등기의 전부가 부적법할 것
말소등기의 대상이 되는 것은 등기사항의 전부가 부적법한 경우에 한한다. 등기사항의 일부만이 부적법한 때에는 경정등기나 변경등기를 한다.

(2) 이해관계 있는 제3자가 있는 경우 제3자의 승낙이 있을 것
등기의 말소를 신청하는 경우에 그 말소에 대하여 등기상 이해관계 있는 제3자가 있을 때에는 제3자의 승낙이 있어야 한다(법 제57조 제1항). 승낙서 등을 첨부하지 아니하고 등기를 신청하면 그 등기신청은 각하된다.

■ 말소등기 시 이해관계인 해당 여부

해당하는 경우	해당하지 않는 경우
소유권이 甲에서 乙에게 이전되고 乙이 丙에게 저당권을 설정한 경우 乙 앞으로의 소유권이전등기의 말소등기신청 시 저당권자 丙	① 1순위 저당권의 말소등기 시 2순위 저당권자 ② 2순위 저당권의 말소등기 시 1순위 저당권자

3. 말소등기의 절차

(1) 공동신청
말소등기도 일반원칙에 따라 등기권리자와 등기의무자가 공동으로 신청하는 것이 원칙이다.

(2) 단독신청
① 판결에 의하여 승소한 등기권리자나 등기의무자는 단독으로 말소등기를 신청할 수 있다(법 제23조 제4항).
② 소유권보존등기의 말소등기는 소유권의 등기명의인이 단독으로 신청할 수 있다(법 제23조 제2항).
③ 등기권리자가 등기의무자의 소재불명으로 인하여 공동으로 등기의 말소를 신청할 수 없을 때에는 「민사소송법」에 따라 공시최고를 신청한 후, 제권판결이 있으면 등기권리자가 그 사실을 증명하여 단독으로 등기의 말소를 신청할 수 있다(법 제56조).

(3) 직권말소
① 등기관이 등기를 마친 후 그 등기가 법 제29조 제1호 또는 제2호에 해당된 것임을 발견하였을 때에는 일정한 절차를 거쳐 직권으로 말소하여야 한다(법 제58조).

② 등기의 말소를 신청하는 경우에 그 말소에 대하여 등기상 이해관계 있는 제3자가 있을 때에는 제3자의 승낙이 있어야 한다. 이 경우 등기상 이해관계 있는 제3자 명의의 등기는 등기관이 직권으로 말소한다(법 제57조).

4. 말소등기의 실행

말소등기는 주등기를 말소하든 부기등기를 말소하든 항상 주등기(독립등기)형식으로 실행한다. 등기를 말소할 때에는 말소의 등기를 한 후 해당 등기를 말소하는 표시를 하여야 한다(규칙 제116조 제1항).

4 멸실등기

토지의 함몰·포락 또는 건물의 소실·붕괴 등으로 인하여 1개의 부동산 전부가 물리적으로 소멸하는 경우에 이를 공시하는 등기를 말한다. 멸실등기는 부동산의 일부가 멸실된 경우에 실행하는 변경등기와 구별된다.

5 말소회복등기

실체관계가 존재함에도 불구하고 등기사항의 전부 또는 일부가 부적법하게 말소되어 이를 말소되기 이전의 상태로 회복하게 하는 등기를 말한다.

6 부기등기

1. 의의

부기등기(附記登記)란 독립한 순위번호를 갖지 않고 주등기 또는 부기등기의 순위번호에 가지번호를 붙여서 하는 등기를 말한다.

2. 부기등기를 하는 경우

등기관이 다음의 등기를 할 때에는 부기로 하여야 한다(법 제52조).

① 소유권 외의 권리의 이전등기(예 전세권이전등기, 저당권이전등기 등)
② 소유권 외의 권리를 목적으로 하는 권리에 관한 등기(예 전세권부저당권설정, 전전세권, 권리질권 등)
③ 소유권 외의 권리에 대한 처분제한 등기(예 전세권에 대한 가압류등기 등)

④ 환매특약등기
⑤ 권리소멸약정등기
⑥ 공유물분할금지의 약정등기

⑦ 등기명의인표시의 변경이나 경정의 등기
⑧ 권리의 변경이나 경정의 등기(등기상 이해관계 있는 제3자의 승낙이 없는 경우에는 주등기로 실행)
⑨ 그 밖에 대법원규칙으로 정하는 등기

3. 부기등기의 실행 및 효력

① 부기등기는 권리관계를 공시하는 갑구와 을구에서만 실행하고, 표제부에는 실행하지 않는다.
② 1개의 주등기에는 여러 개의 부기등기를 할 수 있으며, 부기등기에 대한 부기등기도 할 수 있다.
③ 부기등기의 순위는 주등기의 순위에 따른다. 다만, 같은 주등기에 관한 부기등기 상호간의 순위는 그 등기 순서에 따른다(법 제5조).

■ 부기등기 기록례

【을구】		(소유권 외의 권리에 관한 사항)		
순위번호	등기목적	접수	등기원인	권리자 및 기타사항
1	전세권설정	2022년 7월 7일 제66348호	2022년 6월 7일 설정계약	전세금 ~~금 300,000,000원~~ 범위 건물의 전부 존속기간 2022년 7월 7일부터 ~~2024년 7월 6일까지~~ 전세권자 김수희
1-1	1번 전세권변경	2024년 7월 6일 제69541호	2024년 6월 30일 변경계약	전세금 금 360,000,000원 존속기간 2026년 7월 6일까지

7 가등기

1. 의의 및 종류

① 가등기란 등기할 수 있는 권리에 대한 청구권을 보전하기 위한 임시적인 등기를 말한다.
② 가등기의 종류는 청구권보전가등기와 담보가등기가 있는데, 「부동산등기법」에서 주로 다뤄지는 것은 청구권보전가등기이다. 참고로, 담보가등기는 「가등기담보 등에 관한 법률」에서 별도로 규정하고 있다.

2. 가등기의 요건

(1) 가등기할 수 있는 권리

가등기는 본등기를 할 수 있는 권리에 대하여 할 수 있는데, 「부동산등기법」상 본등기를 할 수 있는 권리로는 소유권, 지상권, 지역권, 전세권, 임차권, 저당권, 권리질권, 채권담보권이 있다(법 제3조).

(2) 가등기로 보전하는 청구권

① 가등기는 「부동산등기법」상 등기할 수 있는 각종 권리의 설정·이전·변경·소멸의 청구권을 보전하기 위해서 하는데, 이 경우 청구권은 장래에 확정될 것이거나 시기부 또는 정지조건부 청구권이라도 무방하다(법 제88조).
② 가등기로 보전하려는 청구권은 상대적 효력만 있는 채권적 청구권에 한한다. 물권적 청구권은 대세적 효력이 있어 가등기로 보전할 필요가 없기 때문이다.

3. 가등기의 신청

(1) 공동신청의 원칙

가등기도 다른 등기와 마찬가지로 가등기권리자와 가등기의무자가 공동으로 신청하는 것이 원칙이다.

(2) 단독신청의 예외

① 가등기의 경우에도 일반원칙에 따라 승소판결을 받아 단독으로 신청할 수 있다.
② 부동산 소재지를 관할하는 지방법원의 가등기가처분명령이 있을 때에는 이를 증명하는 정보를 첨부하여 가등기권리자가 단독으로 가등기를 신청할 수 있다.
③ 가등기권리자는 가등기의무자의 승낙서를 첨부하여 단독으로 가등기를 신청할 수 있다(법 제89조).

> **+ 보충** 가등기의 말소
> 1. 가등기의 말소등기는 일반원칙에 따라 공동으로 신청하여 말소하는 것이 원칙이다.
> 2. 가등기명의인이 단독으로 신청하거나, 가등기의무자 또는 가등기에 관하여 등기상 이해관계 있는 자는 가등기명의인의 승낙을 받아 단독으로 가등기의 말소를 신청할 수 있다(법 제93조).

4. 가등기의 실행

가등기는 가등기의 목적인 권리의 종류(소유권, 지상권, 저당권 등)에 따라 갑구 또는 을구에 실행한다.

■ 가등기 기록례

【갑구】			(소유권에 관한 사항)	
순위번호	등기목적	접수	등기원인	권리자 및 기타사항
2	소유권이전	2020년 7월 1일 제63554호	2020년 6월 3일 매매	소유자 정주민 701101-2****** 서울특별시 마포구 염리동 327 거래가액 금 520,000,000원
3	소유권이전 청구권가등기	2024년 3월 2일 제31250호	2024년 2월 25일 매매예약	가등기권자 우혜수 800708-2****** 서울특별시 광진구 능동로 50

5. 가등기의 효력

가등기 자체만으로는 청구권을 보전하는 것에 불과하여 실체법상의 효력이 인정되지 않는다. 즉, 가등기가 있더라도 물권변동적 효력이나 대항력, 추정력, 처분금지효력 등이 인정되지 않으며 소유자는 부동산을 처분할 권능을 잃지 않는다. 소유권자가 이를 처분하였을 때라도 가등기명의인은 그 등기의 말소를 청구할 수 없다.

6. 가등기에 기한 본등기

(1) 신청인

① 가등기에 기한 본등기도 일반원칙에 따라 등기권리자와 등기의무자의 공동신청에 의하여야 한다.

② 가등기에 기한 본등기의 등기의무자는 가등기 후 본등기 전에 제3취득자가 있을지라도 그 제3취득자(현재 등기기록상 소유자)가 아니고 가등기를 마친 당시의 소유자가 된다.

③ 하나의 가등기에 수인의 가등기권자가 있는 경우에 가등기권자 모두가 공동의 이름으로 본등기를 신청하거나 그중 일부의 가등기권자가 자기의 가등기지분에 관하여 본등기를 신청할 수 있다. 반면, 일부의 가등기권자가 공유물보존행위에 준하여 가등기 전부에 대한 본등기를 신청할 수는 없다.

(2) 본등기의 실행 및 효력

가등기에 기한 본등기에는 별도의 순위번호를 기록하지 않고 가등기의 순위번호를 그대로 사용하므로 본등기의 순위는 가등기 시로 소급하게 되는데, 이를 가등기의 순위보전의 효력이라고 한다. 주의할 것은 실체법상의 효력은 가등기 시로 소급하지 않고 본등기 시에 발생한다는 점이다.

(3) 본등기 후의 조치

등기관은 가등기에 의한 본등기를 하였을 때에는 가등기 이후에 된 등기로서 가등기에 의하여 보전되는 권리를 침해하는 등기를 직권으로 말소하여야 한다. 등기관이 가등기 이후의 등기를 말소하였을 때에는 지체 없이 그 사실을 말소된 권리의 등기명의인에게 통지하여야 한다(법 제92조).

■ **소유권이전등기청구권보전가등기에 기한 본등기를 한 경우에 직권말소하여야 하는 등기(2018.3.7. 등기예규 제1632호)**

> 가등기 후 본등기 전에 마쳐진 다음의 등기와 체납처분에 의한 압류등기를 제외하고는 모두 직권으로 말소한다.
> 1. 해당 가등기상 권리를 목적으로 하는 가압류등기나 가처분등기
> 2. 가등기 전에 마쳐진 가압류에 의한 강제경매개시결정등기
> 3. 가등기 전에 마쳐진 담보가등기, 전세권 및 저당권에 의한 임의경매개시결정등기
> 4. 가등기권자에게 대항할 수 있는 주택임차권등기, 주택임차권설정등기, 상가건물임차권등기, 상가건물임차권설정등기

**에듀윌이
너를
지지할게**
ENERGY

다 알고 가는 사람은 없습니다.
굳게 믿고 가는 사람이 있을 뿐입니다.

– 조정민, 『고난이 선물이다』, 두란노

SUBJECT

4

부동산세법

PART 1 조세총론

PART 2 지방세

PART 3 국세

오리엔테이션　#2차 시험 #2교시 #25분, 16문제

- 부동산을 취득·보유·양도하는 실무단계의 조세·세금을 다루는 과목
- 각 세금의 특성, 과세요건, 납세절차를 잘 아는 것이 중요
- 조세총론, 지방세, 국세 학습
- 조세 전반의 기초를 잡은 후, 지방세의 취득세, 등록면허세, 재산세를 배우고, 국세의 종합소득세, 종합부동산세, 양도소득세에 대해서 학습

TIP　시간배분 중요, 용어정리 필수, 세목별 비교, 과세관청의 입장에서 학습!

PART 1 조세총론

부동산세법의 전반적인 사항을 다루고 있는 부분입니다. 조세총론에서는 기본적인 용어를 익히고 각 세목별 주요 내용과 특성을 중심으로 학습하시기 바랍니다.

Chapter 01 조세의 기초이론

학습포인트 조세의 정의 및 개념을 이해한다.

1 조세의 정의

조세란 '국가 또는 지방자치단체가 그의 경비충당을 위한 재정수입을 조달할 목적으로 법률에 규정된 과세요건을 충족한 모든 자에게 직접적 반대급부 없이 부과하는 금전급부'라고 정의한다.

2 조세의 특징

1. 과세주체

과세주체는 국가 또는 지방자치단체이다. 따라서 공공단체가 공공사업에 필요한 경비에 충당하기 위하여 부과하는 공과금이나 각종 회비, 전기, 가스요금 등은 조세에 해당하지 않는다.

2. 부과목적

조세는 국가 또는 지방자치단체의 경비충당을 위한 재정수입을 조달할 목적으로 부과된다. 이에 위법행위에 대해 제재를 목적으로 하는 벌과금, 과태료 등은 조세가 아니다.

3. 부과대상

조세는 법률에 규정된 과세요건을 충족한 모든 자에게 부과된다. 과세요건은 법률에 따라 규정되며 이러한 과세요건이 충족되면 당사자의 의사와는 관계없이 조세가 부과된다.

> **+ 보충** **과세요건**
>
> 1. **과세대상**: 세법에 의하여 과세의 목적이 되는 소득, 행위, 수익, 재산 등을 말한다. 즉, 소득세는 개인이 1년간 벌어들인 소득에 대해 과세하고, 재산세는 부동산 등을 가지고 있는 자에게 보유사실에 대해 과세하는 세금이다.
> 2. **납세의무자**: 세법에 따라 조세를 납부할 의무가 있는 자를 말한다.
> 3. **과세표준**: 세법에 따라 직접적으로 세액산출의 기초가 되는 과세대상의 수량 또는 가액(價額)을 말한다.
> 4. **세율**: 세금을 계산하는 경우 과세표준에 곱하는 비율이나 금액을 말한다. 예를 들어, 상가건물을 10억원에 매입하였고 4%의 세율을 적용하여 취득세를 부과한다면 과세표준은 10억원, 세율은 4%, 세액은 4천만원이다(10억원 × 4%).

4. 조세는 직접적인 반대급부가 없다.

납세의무자는 국가가 제공하는 국방, 복지 등의 혜택을 얻지만 이것은 자기가 납부한 조세와 정확히 비례하여 개별적으로 보상이 이루어지는 것은 아니다.

5. 금전급부의 원칙

조세는 금전납부가 원칙이다. 즉, 돈으로 납부해야 하며 물건으로 납부하는 물납은 원칙적으로 인정하지 않지만 상속세, 재산세 등의 특수한 경우에는 물납을 허용하고 있다. 이는 납세의무자의 유동성 부족으로 인해 납부자금 마련에 어려움이 있기 때문에 도입된 제도이다.

3 조세의 분류

1. 과세권자에 따른 분류

① **국세**: 국가가 부과·징수하는 조세로 법인세, 소득세, 부가가치세, 상속세 및 증여세, 종합부동산세, 인지세, 농어촌특별세 등을 말한다. 따라서 부동산 등을 매각했을 때에는 소득세의 일종인 양도소득세를 신고해야 하는데, 이는 국세를 거두는 기관인 세무서에 신고하여야 한다.

② **지방세**: **지방자치단체***가 부과·징수하는 조세로 취득세, 등록면허세, 재산세, 지역자원시설세, 지방교육세, 지방소득세, 주민세 등을 말한다. 따라서 부동산 등을 취득했을 때에는 취득세를 신고해야 하는데, 이는 지방자치단체인 구청 등에 신고하여야 한다.

> **용어 정리**
>
> * **지방자치단체**
> 우리나라 지방자치단체는 광역자치단체인 특별시와 광역시 및 도, 특별자치도, 특별자치시가 있으며 기초자치단체로는 시, 군 및 자치구가 있다.

2. 조세의 사용용도가 특정되었는지에 따른 분류

① **보통세**: 세수의 용도를 특정하지 아니하고 징수하는 조세를 말하며 취득세, 등록면허세, 재산세, 종합부동산세, 양도소득세 등 대부분의 조세를 말한다. 사용목적이 특별히 정해져 있지 않으므로 국가나 지방자치단체 운영 전반에 두루 사용된다.

② **목적세**: 세수의 용도를 특정하여 징수하는 조세로, 농어촌특별세, 지방교육세, 지역자원시설세 등을 말한다. 따라서 그 사용목적이 특정되어 있으므로 다른 용도에 사용할 수 없다.

3. 조세부담 전가 여부에 따른 분류

① **직접세**: 납세의무자와 담세자가 일치하는 조세로 취득세, 등록면허세, 재산세, 종합부동산세, 양도소득세 등 대부분의 조세가 해당된다.

② **간접세**: 납세의무자와 담세자가 일치하지 않는 조세로 부가가치세, 지방소비세, 인지세 등의 조세를 말한다.

■ 부가가치세의 이해

우리나라 부가가치세율은 10%이다. 재화 및 용역의 공급을 하는 사업자에게 납세의무가 있으며 이를 소비자로부터 거래징수하여 납부하게 하고 있다. 예를 들어, 5,500원짜리 커피를 사서 마신다고 하면 5,000원은 카페 주인의 매출이 되지만 500원(5,000원 × 10%)은 부가가치세를 받은 것으로 일정 기간 동안 이 부가가치세를 모아서 세무서에 신고하고 납부하여야 한다. 따라서 부가가치세를 납부해야 하는 납세의무자는 커피를 판매한 사업자가 되고 실제 세금을 부담한 담세자는 소비자가 되어 이를 간접세라 한다.

4. 인적 귀속 여부에 따른 분류

① **인세**: 납세의무자를 중심으로 그 인적 측면에 주안점을 두어 부과되는 조세로 통상 합산과세한다. 종합부동산세, 양도소득세, 토지에 대한 재산세가 인세에 해당된다. 따라서 한 해에 토지를 2건 이상 팔았다면 양도소득세를 합산하여 신고해야 한다. 물건별 양도소득보다는 그 사람이 한 해에 양도를 통해 얼마를 벌었는지에 주안점을 두고 있다.

② **물세**: 과세물건을 중심으로 그 물적 측면에 주안점을 두어 부과되는 조세로 취득세, 등록면허세, 재산세(합산과세대상 토지 제외)가 물세에 해당된다. 예를 들어, 한 해에 주택을 2채 이상 취득했다 하더라도 취득세는 이를 합산하여 신고하지 않고 주택별로 신고하고 납부한다.

5. 과세표준에 따른 분류

① **종가세**: 과세물건을 화폐단위로 측정하는 조세로 과세표준이 금액이나 가액으로 표시되며 취득세, 등록면허세, 재산세, 종합부동산세, 양도소득세 등 대부분의 조세가 해당된다.

➕ 과세표준 × 세율 = 산출세액

② **종량세**: 과세물건을 화폐 이외의 단위로 측정하는 조세로 과세표준이 수량, 면적, 건수 등으로 표시되며 등록면허세 중 말소등기, 변경등기 등이 해당된다.

➕ 1. 만약 취득세가 취득건당 1백만원으로 과세하는 종량세라면 얼마의 부동산을 취득했는지와는 관계없이 10억원의 부동산이든 100억원의 부동산이든 같은 100만원이 산출세액이 될 것이다. 하지만 취득세의 과세표준은 건수가 아닌 금액이므로 취득가액에 따라 세액이 다르다.
2. 등록면허세 중 말소등기는 건당 6천원인 종량세로 은행대출을 전액 상환하고 담보된 부동산에 설정된 저당권을 말소할 때는 저당권설정 금액과 관계없이 6천원의 등록면허세가 과세된다.

6. 독립된 세원 여부에 따른 분류

① **독립세**: 독립된 세원에 대하여 부과하는 조세를 말하며 취득세, 등록면허세, 재산세, 종합부동산세, 양도소득세 등 대부분의 조세가 해당된다.

② **부가세**: 다른 조세에 부가되는 조세를 말하며 농어촌특별세, 지방교육세 등이 해당된다. 예를 들어, 재산세 고지서를 보면 재산세뿐만 아니라 부가세인 지방교육세가 같이 부과된다.

4 조세의 용어정의

1. 세율

(1) 비례세율

과세표준 크기와 관계없이 일정하게 세율이 고정된 세율을 말한다.

(2) 누진세율

과세표준 크기가 증가할수록 세율도 일정 구간별로 증가하는 형태를 말한다. 적용방법에 따라 단순누진세율과 초과누진세율로 구분하는데 대부분의 세금은 초과누진세율을 적용하고 있다.

① **단순누진세율**: 과세표준의 금액을 여러 단계로 구분하되, 그 과세표준 전액에 대해 해당 구간의 세율을 적용하는 방법이다.

② **초과누진세율**: 과세표준의 금액을 여러 단계로 구분하고, 단계가 높아질수록 각 초과 단계마다 해당 구간에는 더 높은 세율을 적용하는 방법이다.

> **사례** 누진세율의 이해
>
> 과세표준이 1억 5천만원이고 세율이 과세표준 1억원 이하 10%, 1억원 초과 20%인 경우
> 1. 단순누진세율일 때 산출세액
>   1억 5천만원 × 20% = 3천만원
> 2. 초과누진세율일 때 산출세액
>   (1억원 × 10%) + [(1억 5천만원 − 1억원) × 20%] = 1천만원 + 1천만원 = 2천만원

(3) 표준세율

지방자치단체가 지방세를 부과할 경우에 통상 적용하여야 할 세율로서 재정상의 사유 또는 그 밖의 특별한 사유가 있는 경우에는 이에 따르지 아니할 수 있는 세율을 말한다. 취득세, 등록면허세, 재산세 등은 표준세율의 100분의 50 범위 안에서 가감조정할 수 있다.

2. 납세자

납세의무자(연대납세의무자와 제2차 납세의무자 및 보증인 포함)와 세법에 따라 지방세를 특별징수(국세는 원천징수)하여 납부할 의무를 지는 자를 말한다.

(1) 납세의무자
세법에 따라 국세 또는 지방세를 납부할 의무가 있는 자를 말한다.

(2) 연대납세의무자
하나의 납세의무에 대하여 납세의무자가 납세에 관한 의무를 이행할 수 없는 경우 해당 납세의무자와 관계있는 자로 하여금 상호 연대하여 동일한 납세의무를 지게 하는 자를 말한다.

(3) 제2차 납세의무자
납세자가 납세의무를 이행할 수 없는 경우에 납세자를 갈음하여 납세의무를 지는 자를 말한다.

(4) 보증인
납세자의 지방세(국세) 또는 체납처분비(강제징수비)의 납부를 보증한 자를 말한다.

> **한눈에 보기** 납세자
>
> 납세자 = 납세의무자(연대납세의무자와 제2차 납세의무자 및 보증인 포함) + 징수의무자(원천징수, 특별징수)

3. 조세의 징수

(1) 신고납부
납세의무자가 그 납부할 국세 및 지방세의 과세표준과 세액을 신고하고, 신고한 세금을 납부하는 것을 말한다.

(2) 보통징수(국세는 정부부과)
세무공무원이 납세고지서를 납세자에게 발급하여 국세 및 지방세를 징수하는 것을 말한다.

(3) 특별징수(국세는 원천징수)
국세 및 지방세를 징수할 때 편의상 징수할 여건이 좋은 자로 하여금 징수하게 하고 그 징수한 세금을 납부하게 하는 것을 말한다.

➕ 보충 징수방식에 따른 세목

구분	세목
신고납부방식	취득세, 등록면허세, 종합부동산세(선택), 양도소득세 등
보통징수, 정부부과방식	재산세, 종합부동산세(원칙)
원천징수, 특별징수방식	소득세 및 **지방소득세*** 일부

📖 용어 정리

* **지방소득세**
  개인 및 법인의 소득을 대상으로 부과하는 소득세나 법인세의 과세표준을 기준으로 하여 별도로 부과하는 예전 '소득할 주민세'의 고친 이름이다.

4. 가산세

'가산세'란 「국세기본법」, 「지방세기본법」 또는 세법에서 규정하는 의무를 성실하게 이행하도록 하기 위하여 의무를 이행하지 아니할 경우에 산출한 세액에 가산하여 징수하는 금액을 말한다.

(1) 신고납부에 관련된 가산세

구분	내용		가산세율
신고불성실가산세	무신고가산세	일반	무신고납부세액의 100분의 20
		부정행위	무신고납부세액의 100분의 40
	과소신고가산세	일반	과소신고납부세액의 100분의 10
		부정행위	과소신고납부세액의 100분의 40
신고에 따른 납부지연가산세			1일 경과 시마다 미납세액의 10만분의 22

■ 부정행위

1. 이중장부의 작성 등 장부의 거짓 기장
2. 거짓 증빙 또는 거짓 문서의 작성 및 수취
3. 장부와 기록의 파기
4. 재산의 은닉, 소득·수익·행위·거래의 조작 또는 은폐
5. 고의적으로 장부를 작성하지 아니하거나 비치하지 아니하는 행위 또는 계산서, 세금계산서 또는 계산서합계표, 세금계산서합계표의 조작
6. 「조세특례제한법」 제5조의2 제1호에 따른 전사적 기업자원 관리설비의 조작 또는 전자세금계산서의 조작
7. 그 밖에 위계(僞計)에 의한 행위 또는 부정한 행위

(2) 고지에 따른 가산세

구분	가산세율
고지지연가산세	납부하지 아니한 세액 또는 과소납부세액의 100분의 3
고지에 따른 납부지연가산세	1일 경과 시마다 미납세액의 10만분의 22(지방세는 1개월당 1만분의 66)

➕ 고지에 따른 납부지연가산세는 5년간(지방세는 60개월) 적용할 수 있으며, 납세고지서에 따른 고지세액이 납세고지서별, 세목별 150만원(지방세는 45만원) 미만인 경우에는 납세고지서에 따른 납부기한의 다음 날부터 고지에 따른 납부지연가산세를 적용하지 아니한다.

Chapter 02 부동산 활동별 관련 조세

📍 **학습포인트** 취득, 보유, 양도단계별 과세될 수 있는 세금을 암기한다.

부동산을 취득하여 보유하다가 양도하는 경우 관련된 조세는 여러 가지가 있다. 단계별로 과세될 수 있는 조세는 다음과 같다.

취득단계	보유단계	양도단계
① 취득세	① 재산세	① 양도소득세
② 등록면허세	② 소방분 지역자원시설세	② 종합소득세(부동산매매업 등)
③ 상속세 및 증여세	③ 종합부동산세	③ 지방소득세
④ 농어촌특별세*	④ 종합소득세(임대업 등)	④ 농어촌특별세
⑤ 지방교육세*	⑤ 지방소득세	⑤ 부가가치세
⑥ 부가가치세	⑥ 농어촌특별세	⑥ 지방소비세
⑦ 지방소비세	⑦ 지방교육세	⑦ 인지세 등
⑧ 인지세* 등	⑧ 부가가치세	
	⑨ 지방소비세	

📖 용어 정리

＊농어촌특별세
농업과 어업의 경쟁력을 강화하고 농어촌지역을 개발하며 산업 기반 시설을 확충하는 데 필요한 재원을 마련하기 위하여 종합부동산세 등에 부가하여 과세하는 국세이다.

＊지방교육세
지방교육 재정에 대한 지방자치단체의 역할과 책임을 강화하고 지방교육 재정을 확보하기 위하여 취득세, 재산세 등에 부가하여 과세하는 지방세이다.

＊인지세
재산권의 창설, 이전, 변경, 소멸을 증명하거나 재산권에 관한 승인을 증명하는 문서에 대해서 부과하는 세금으로, 보통 문서에 인지를 붙여서 납부하는 국세이다.

Chapter 03 납세의무의 성립·확정·소멸

> **학습포인트** 납세의무의 성립 및 확정시기, 소멸사유에 대해 암기한다.

1 납세의무의 성립시기

납세의무의 성립이란 법에서 정한 과세요건을 충족함으로써 추상적인 납세의무가 발생한 상태를 말한다. 따라서 아직 구체적으로 납부할 세액이 확정되지 아니한 상태이다.

1. 지방세의 납세의무 성립시기(지방세기본법 제34조)

지방세를 납부할 의무는 다음의 구분에 따른 시기에 성립한다.

① 취득세: 과세물건을 취득하는 때
② 등록면허세
　㉠ 등록에 대한 등록면허세: 재산권과 그 밖의 권리를 등기하거나 등록하는 때
　㉡ 면허에 대한 등록면허세: 각종의 면허를 받는 때와 납기가 있는 달의 1일
③ 지방소비세: 「국세기본법」에 따른 부가가치세의 납세의무가 성립하는 때
④ 주민세
　㉠ 개인분 및 사업소분: 과세기준일(7월 1일)
　㉡ 종업원분: 종업원에게 급여를 지급하는 때
⑤ 지방소득세: 과세표준이 되는 소득에 대하여 소득세·법인세의 납세의무가 성립하는 때
⑥ 재산세: 과세기준일(6월 1일)
⑦ 소방분 지역자원시설세(건축물 및 선박): 과세기준일(6월 1일)
⑧ 지방교육세: 과세표준이 되는 세목의 납세의무가 성립하는 때
⑨ 수시로 부과하여 징수하는 지방세: 수시부과할 사유가 발생하는 때

2. 국세의 납세의무 성립시기

국세를 납부할 의무는 「국세기본법」 및 세법에서 정하는 과세요건이 충족되면 성립한다. 국세를 납부할 의무의 성립시기는 다음의 구분에 따른다.

> ① 소득세·법인세: 과세기간이 끝나는 때
> ② 상속세: 상속이 개시되는 때
> ③ 증여세: 증여에 의하여 재산을 취득하는 때
> ④ 인지세: 과세문서를 작성한 때
> ⑤ 농어촌특별세: 본세의 납세의무가 성립하는 때
> ⑥ 종합부동산세: 과세기준일(6월 1일)
> ⑦ 중간예납하는 소득세·법인세 또는 예정신고기간·예정부과기간에 대한 부가가치세: 중간예납기간 또는 예정신고기간·예정부과기간이 끝나는 때
> ⑧ 수시부과하여 징수하는 국세: 수시부과할 사유가 발생한 때

2 납세의무의 확정시기

납세의무의 확정이란 추상적으로 성립된 납세의무를 납세의무자의 신고 또는 과세관청의 결정에 의해 구체적으로 납부할 세액을 확정하는 것을 말한다.

1. 신고납부방법

(1) 납세의무자의 신고에 의하여 과세표준과 세액을 확정하는 방법이다. 따라서 납세의무자가 해당 과세관청에 신고서를 제출하는 때를 확정시기로 본다.

(2) 해당 세목
① **국세**: 법인세, 소득세(양도소득세 포함), 종합부동산세(신고납부 선택 시), 부가가치세 등
② **지방세**: 취득세, 등록면허세, 지방소득세 등

➕ 1. 종합부동산세의 확정방법은 정부부과방법을 택하고 있지만 납세의무자가 신고납부방법을 선택할 수 있다.
   2. 신고의무를 이행하지 아니한 경우
      신고불성실가산세(무신고 및 과소신고가산세), 납부지연가산세를 더해 과세관청이 결정한 세액을 보통징수(고지징수)방법에 의해 징수한다.

2. 부과과세방법(지방세는 보통징수, 국세는 정부부과)

(1) 과세관청의 부과처분에 의하여 과세표준과 세액을 확정하는 방법이다. 따라서 과세관청이 결정하는 때를 확정시기로 본다.

(2) 해당 세목

① **국세**: 종합부동산세, 상속세 및 증여세 등

② **지방세**: 재산세, 소방분 지역자원시설세 등

> ➕ 상속세 및 증여세는 정부부과방법으로 세액을 확정한다. 다만, 납세의무자에게 세액결정을 위한 자료제공의 협력의무를 지게 하고 있어 신고기한 내 신고를 해야 한다. 즉, 신고 시 납부세액이 결정되는 것이 아니라 세무조사를 통해 과세관청이 결정한다.

한눈에 보기 | 납세의무의 성립 및 확정시기

구분	성립시기	확정시기
취득세	취득하는 때	신고서 제출 시
등록면허세	등기·등록하는 때	신고서 제출 시
재산세	과세기준일(6월 1일)	과세관청의 결정 시
종합부동산세	과세기준일(6월 1일)	과세관청의 결정 시(신고납부방법을 선택했을 경우, 신고서 제출 시)
양도소득세	예정신고: 과세표준이 되는 금액이 발생한 달의 말일	신고서 제출 시
	확정신고: 과세기간이 끝나는 때	

3 납세의무의 소멸

1. 소멸사유

(1) 납세의무의 실현으로 소멸되는 경우

① **납부**: 납세의무자가 세금을 국가나 지방자치단체에 납부하는 것으로 금전납부를 원칙으로 하지만 재산세 등은 요건 충족 시 물납도 가능하다.

② **충당**: 납세의무자가 환급받을 세액을 납부할 다른 세액과 상계하는 것을 말한다.

(2) 납세의무가 미실현된 상태에서 소멸하는 경우

① 부과의 취소

② **부과제척기간의 만료**: 제척기간이란 법에서 정하는 권리의 존속기간이다. 즉, 과세관청이 납세의무자에게 조세를 부과(결정, 경정, 부과 취소 등)할 수 있는 기간을 말한다. 납세의무자의 법적 안정성 보장을 위해 부과제척기간이 만료가 되면 납세의무는 소멸한다.

구분		내용	제척기간
국세	상속세 및 증여세	㉠ 사기나 그 밖의 부정한 행위로 국세를 포탈하거나 환급·공제를 받은 경우, 무신고·거짓신고 또는 누락신고를 한 경우	15년
		㉡ 위 ㉠ 이외의 경우	10년
	상속세 및 증여세 이외의 국세	㉠ 사기나 그 밖의 부정한 행위로 국세를 포탈하거나 환급·공제를 받은 경우	10년
		㉡ 법정신고기한까지 과세표준신고서를 제출하지 아니한 경우	7년
		㉢ 위 ㉠, ㉡ 이외의 경우	5년
지방세	모든 지방세	㉠ 사기나 그 밖의 부정한 행위로 지방세를 포탈하거나 환급·공제 또는 감면받은 경우	10년
		㉡ 법정신고기한까지 과세표준신고서를 제출하지 아니한 경우	7년
		㉢ 위 ㉠, ㉡ 이외의 경우	5년

③ **징수권 소멸시효의 완성**: 일정 기간 권리를 행사하지 아니하면 그 권리를 소멸시키는 제도를 말한다. 즉, 과세관청이 납세의무자에 대해 가지고 있는 조세채권의 징수행위를 일정 기간 행사하지 않는다면 더 이상 조세를 징수할 수 없다.

구분	소멸시효
가산세를 제외한 국세 5억원 이상, 지방세 5천만원 이상	10년
가산세를 제외한 국세 5억원 미만, 지방세 5천만원 미만	5년

2. 소멸사유에 해당하지 않는 경우

납세자의 사망, 법인의 합병 등에 의해서는 납세의무가 소멸되지 않는다.

PART 2 지방세

취득세와 등록면허세는 전체적인 흐름과 중요 암기사항을 정리하는 것이 좋고, 재산세는 PART 3 국세의 종합부동산세와 연결되는 부분이 많으므로 유의하시기 바랍니다.

Chapter 01 취득세

> **학습포인트** 누가 무엇을 취득했을 때 얼마를 언제까지 어디에 신고납부해야 하는지 전반적인 흐름에 중점을 두어 학습한다.

1 취득세의 기본개념

취득세란 토지, 건물 등을 취득한 경우 부동산 소재지 지방자치단체 등에 그 취득자가 취득가액에 세율을 곱하여 스스로 신고하고, 신고한 세액을 납부하는 지방세이다.

(1) 지방세

취득세는 지방자치단체가 과세하는 지방세로 특별시·광역시·도세·특별자치시·특별자치도세이다.

(2) 물세

취득세는 물건별로 과세되는 개별과세인 물세이다.

(3) 유통세, 행위세

취득세는 소유권 이전단계마다 과세되는 유통세이면서 취득이라는 행위에 대해 과세하는 행위세이다.

(4) 사실과세

취득세는 등기·등록 여부와 관계없이 사실상 취득 시 과세한다.

(5) 신고주의

취득세의 납세의무는 납세의무자가 취득하는 때 성립하고, 신고하는 때 확정된다.

2 과세대상

취득세는 부동산, 차량, 기계장비, 항공기, 선박, 입목, 양식업권, 광업권, 어업권, 골프회원권, 승마회원권, 콘도미니엄 회원권, 종합체육시설 이용회원권 또는 요트회원권을 취득한 자에게 부과한다.

1. 부동산

'부동산'이란 토지 및 건축물을 말한다.

(1) 토지

'토지'란 「공간정보의 구축 및 관리 등에 관한 법률」에 따라 지적공부(地籍公簿)의 등록대상이 되는 토지와 그 밖에 사용되고 있는 사실상의 토지를 말한다.

(2) 건축물

'건축물'이란 「건축법」 제2조 제1항 제2호에 따른 건축물(이와 유사한 형태의 건축물을 포함)과 토지에 정착하거나 지하 또는 다른 구조물에 설치하는 레저시설, 저장시설, 독(dock)시설, 접안시설, 도관시설, 급수·배수시설, 에너지 공급시설 및 그 밖에 이와 유사한 시설(이에 딸린 시설을 포함)로서 대통령령으로 정하는 것을 말한다.

2. 부동산에 준(準)하는 것

차량, 선박, 항공기, 기계장비(건설기계 등), 입목(立木)

3. 각종 권리

양식업권, 광업권, 어업권, 회원권

> **보충 회원권의 종류**
>
> 회원권은 골프회원권, 승마회원권, 콘도미니엄 회원권, 종합체육시설 이용회원권, 요트회원권을 말한다.

한눈에 보기 취득세 과세대상

구분	과세대상 자산
부동산	토지, 건축물(시설물 포함)
부동산에 준하는 것	차량, 선박, 항공기, 기계장비(건설기계 등), 입목
각종 권리	양식업권, 광업권, 어업권, 회원권(골프, 승마, 콘도, 종합체육시설 이용, 요트)

3 취득의 구분

1. 취득의 개념

(1) 일체의 취득

'취득'이란 매매, 교환, 상속, 증여, 기부, 법인에 대한 현물출자, 건축, 개수(改修), 공유수면의 매립, 간척에 의한 토지의 조성 등과 그 밖에 이와 유사한 취득으로서 원시취득, 승계취득 또는 유상·무상의 모든 취득을 말한다.

(2) 실질주의

부동산등의 취득은 관계 법령에 따른 등기·등록 등을 하지 아니한 경우라도 사실상 취득하면 각각 취득한 것으로 보고 해당 취득물건의 소유자 또는 양수인을 각각 취득자로 한다. 이처럼 취득세는 소유권 변동의 법률적인 요건을 갖추지 못한 경우에도 해당 물건에 대한 사용·수익·처분권을 배타적으로 행사할 수 있다면 사실상 취득한 것으로 보아 과세하는 실질주의를 택하고 있다.

2. 취득의 유형

(1) 유상승계취득

매매, 교환, **현물출자,*** **대물변제*** 등이 있다.

> **📖 용어 정리**
>
> * **현물출자**
>   주주가 금전 외의 현물을 출자하는 것을 말한다. 이때 출자받은 법인은 취득세(유상승계취득), 출자자는 양도소득세 납세의무를 진다.
>
> * **대물변제**
>   채무자가 부담하고 있던 본래의 채무를 금전 대신에 부동산 등 다른 물건으로 상환하는 것을 말하며 이혼 시 위자료를 금전 대신 부동산으로 받는 것도 유상승계취득에 속한다. 위자료를 지급하는 사람은 유상이전으로 양도소득세 납세의무가 있다.

(2) 무상승계취득

상속, 증여, 이혼 시 재산분할 등이 있다.

(3) 원시취득

소유자가 없던 과세대상 물건의 소유권을 창출시켜 취득하는 것, 즉 새로 만드는 것을 말하며 **공유수면***의 매립·간척, 건축(신축, 증축, 개축, 재축, 이전), **점유시효취득*** 등이 있다. 다만, 차량, 기계장비, 항공기 및 주문을 받아 건조하는 선박은 승계취득인 경우에만 과세한다. 예를 들어, 차량을 만들 때부터 자동차회사에 취득세를 과세하면 그대로 소비자들에게 부담시킬 수 있으므로 원시취득에 대해서는 과세하지 아니한다.

> 📖 **용어 정리**

- **공유수면**
  하천, 바다, 호수 등을 말한다.

- **점유시효취득**
  「민법」 규정에 의해 부동산의 경우 20년 이상, 동산은 10년 이상 점유하면 소유권을 취득하는 것을 말한다.

(4) 의제취득(간주취득)

원시취득, 승계취득에 해당하지는 않지만 법령에 사실상 취득한 것으로 보는 다음의 것들을 말한다.

① **토지의 지목변경**: 토지의 지목을 사실상 변경함으로써 그 가액이 증가한 경우에는 그 증가한 가액에 대해 취득으로 본다. 예를 들면, 농지를 대지로 지목변경 시 증가된 가액에 대해 취득으로 보아 취득세 납세의무가 있다.

② **개수**: 「건축법」에 의한 대수선과 건축물에 딸린 시설물 중 법령으로 정하는 시설물을 한 종류 이상 설치하거나 수선하는 것을 말한다. 개수를 통해 그 가액이 증가한 경우에는 그 증가한 가액에 대해 취득으로 본다. 예를 들어, 리모델링을 하거나 엘리베이터를 설치하여 건축물의 가치가 올라간 경우를 말한다.

③ **차량 등의 종류 변경**: 선박, 차량과 기계장비의 종류를 변경함으로써 그 가액이 증가한 경우에는 그 증가한 가액에 대해 취득으로 본다. 예를 들어, 소형트럭을 캠핑카로 개조한 경우 증가된 차량가액을 취득으로 보아 취득세 납세의무가 있다.

④ **과점주주*의 주식취득**: 법인의 주식 또는 지분을 취득함으로써 「지방세기본법」 제46조 제2호에 따른 과점주주 중 대통령령으로 정하는 과점주주가 되었을 때에는 그 과점주주가 해당 법인의 부동산 등(법인이 신탁법에 따라 신탁한 재산으로서 수탁자 명의로 등기·등록이 되어 있는 부동산등을 포함)을 취득(법인설립 시에 발행하는 주식 또는 지분을 취득함으로써 과점주주가 된 경우에는 취득으로 보지 아니함)한 것으로 본다.

➕ 예를 들어 ㈜ ○○의 주식을 30% 가지고 있던 사람이 60%로 지분이 증가된다면 ㈜ ○○ 소유의 부동산 등을 60% 취득한 것으로 보아 취득세를 과세하는 것이다. 실제 부동산을 취득한 것은 아니지만 회사의 지분을 50% 초과 보유하고 있다면 회사 소유 부동산을 본인의 의지대로 사용 또는 처분이 가능하다고 판단하여 간접취득으로 보아 취득세를 과세하는 것이다.

> 📖 **용어 정리**

- **과점주주**
  주주 또는 유한책임사원 1명과 그의 특수관계인 중 대통령령으로 정하는 자로서 그들의 소유주식의 합계 또는 출자액의 합계가 해당 법인의 발행주식 총수 또는 출자총액의 100분의 50을 초과하면서 그에 관한 권리를 실질적으로 행사하는 자들을 말한다.

4 납세의무자

1. 원칙: 사실상 취득자

부동산등의 취득은 관계 법령에 따른 등기·등록 등을 하지 아니한 경우라도 사실상 취득하면 각각 취득한 것으로 보고 해당 취득물건의 소유자 또는 양수인을 각각 취득자로 한다.

2. 기타 납세의무자

(1) 주체구조부의 취득자

건축물 중 조작(造作)설비, 그 밖의 부대설비에 속하는 부분으로서 그 주체구조부(主體構造部)와 하나가 되어 건축물로서의 효용가치를 이루고 있는 것에 대하여는 주체구조부 취득자 외의 자가 가설(加設)한 경우에도 주체구조부의 취득자가 함께 취득한 것으로 본다. 즉, 엘리베이터를 건물주가 아닌 임차인이 가설하더라도 건축물과 일체를 이루고 있으므로 건물주에게 취득세 납세의무가 있다.

(2) 상속인

상속(피상속인이 상속인에게 한 유증 및 포괄유증과 신탁재산의 상속을 포함)으로 인하여 취득하는 경우에는 상속인 각자가 상속받는 취득물건(지분을 취득하는 경우에는 그 지분에 해당하는 취득물건)을 취득한 것으로 본다. 공동상속의 경우에는 공유자가 연대하여 납부할 의무를 진다.

(3) 조합 또는 조합원

① 조합: 조합원에게 귀속되지 아니하는 부동산은 해당 조합이 취득한 것으로 본다.
② 조합원: 「주택법」에 따른 주택조합과 「도시 및 주거환경정비법」 및 「빈집 및 소규모주택 정비에 관한 특례법」에 따른 재건축조합 및 소규모재건축조합이 해당 조합원용으로 취득하는 조합주택용 부동산(공동주택과 부대시설·복리시설 및 그 부속토지)은 그 조합원이 취득한 것으로 본다.

(4) 새로운 위탁자

「신탁법」에 따라 신탁재산의 위탁자 지위의 이전이 있는 경우에는 새로운 위탁자가 해당 신탁재산을 취득한 것으로 본다.

> **+ 보충** 신탁재산의 납세의무
>
> 신탁이란 일정한 목적에 따라 재산의 관리와 처분을 남에게 맡기는 것을 말한다. 통상 「신탁법」에 의해 신탁회사에게 관리, 처분, 담보 등을 목적으로 맡기게 되며 신탁회사로 명목상 소유권을 이전하게 된다. 하지만 이는 실질이전이라고 보기에는 힘드므로 신탁회사에게 취득세가 과세되는 것은 아니다. 그러나 재산 등을 맡긴 위탁자가 바뀌게 되는 것은 매각 등을 한 경우이므로 새로운 위탁자에게 취득세 납세의무가 있다.

(5) 과점주주

법인의 주식 등을 취득함으로써 과점주주가 되는 경우 해당 법인의 부동산등 과세대상 자산을 직접적으로 취득하는 것은 아니지만 이를 취득으로 간주하여 취득세를 과세한다. 다만, 법인설립 시에 발행하는 주식 또는 지분을 취득함으로써 과점주주가 된 경우에는 취득으로 보지 아니한다.

5 취득시기

과세대상 물건을 취득한 때 취득세 납세의무는 성립하며 취득시기는 신고납부기한의 기산점이 되는 등 중요한 의미를 지니고 있다. 취득시기는 취득의 형태에 따라 다음과 같이 달라진다.

1. 유상승계취득

(1) 원칙: 사실상 잔금지급일

유상승계취득의 경우에는 사실상 잔금지급일에 취득한 것으로 본다.

(2) 예외: 계약상 잔금지급일

사실상의 잔금지급일을 확인할 수 없는 경우에는 그 계약상의 잔금지급일(계약상 잔금지급일이 명시되지 않은 경우에는 계약일부터 60일이 경과한 날)에 취득한 것으로 본다.

(3) 연부취득의 경우

연부*로 취득하는 것은 그 사실상의 연부금 지급일을 취득일로 본다.

> **용어 정리**
>
> *연부(年賦)
> 매매계약서상 연부계약 형식을 갖추고 일시에 완납할 수 없는 대금을 2년 이상에 걸쳐 일정액씩 분할하여 지급하는 것을 말한다.

(4) 등기일 또는 등록일

위 (1), (2), (3)에 따른 취득일 전에 등기 또는 등록을 한 경우에는 그 등기일 또는 등록일에 취득한 것으로 본다.

2. 무상승계취득

(1) 원칙: 계약일

무상취득의 경우에는 그 계약일(상속 또는 유증으로 인한 취득의 경우에는 상속 또는 유증개시일)에 취득한 것으로 본다.

➕ 상속 또는 유증으로 인한 취득의 경우에는 언제나 상속 또는 유증개시일이 취득시기이다.

(2) 예외: 등기 또는 등록일

증여취득 시 계약일에 취득한 것으로 보나 계약일 전에 등기 또는 등록을 한 경우에는 그 등기일 또는 등록일에 취득한 것으로 본다.

(3) 이혼 시 재산분할

「민법」에 따른 재산분할로 인한 취득의 경우에는 취득물건의 등기일 또는 등록일을 취득일로 본다.

3. 원시취득

(1) 건축 또는 개수

건축물을 건축 또는 개수하여 취득하는 경우에는 사용승인서를 내주는 날(사용승인서를 내주기 전에 임시사용승인을 받은 경우에는 그 임시사용승인일을 말하고, 사용승인서 또는 임시사용승인서를 받을 수 없는 건축물의 경우에는 사실상 사용이 가능한 날)과 사실상의 사용일 중 빠른 날을 취득일로 본다.

(2) 토지의 매립·간척

관계 법령에 따라 매립·간척 등으로 토지를 원시취득하는 경우에는 공사준공인가일을 취득일로 본다. 다만, 공사준공인가일 전에 사용승낙·허가를 받거나 사실상 사용하는 경우에는 사용승낙일·허가일 또는 사실상 사용일 중 빠른 날을 취득일로 본다.

(3) 점유시효취득

「민법」에 따른 점유로 인한 취득의 경우에는 취득물건의 등기일 또는 등록일을 취득일로 본다.

4. 지목변경

토지의 지목변경에 따른 취득은 토지의 지목이 사실상 변경된 날과 공부상 변경된 날 중 빠른 날을 취득일로 본다. 다만, 토지의 지목변경일 이전에 사용하는 부분에 대해서는 그 사실상의 사용일을 취득일로 본다.

6 과세표준

취득세의 과세표준은 취득당시의 가액으로 한다. 다만, 연부로 취득하는 경우 취득세의 과세표준은 연부금액(매회 사실상 지급되는 금액을 말하며, 취득금액에 포함되는 계약보증금을 포함)으로 한다.

1. 유상승계취득의 경우

(1) 부동산등을 유상거래로 승계취득하는 경우, 취득당시가액은 취득시기 이전에 해당 물건을 취득하기 위하여 거래 상대방이나 제3자에게 지급하였거나 지급하여야 할 일체의 비용으로서 사실상의 취득가격으로 한다.

(2) 지방자치단체의 장은 특수관계인 간의 거래로 그 취득에 대한 조세부담을 부당하게 감소시키는 행위 또는 계산을 한 것으로 인정되는 경우 시가인정액(매매사례가액, 감정가액, 공매가액 등 대통령령으로 정하는 바에 따라 시가로 인정되는 가액)을 취득당시가액으로 결정할 수 있다.

2. 무상승계취득의 경우

(1) **부동산등을 무상취득하는 경우**

취득당시의 가액으로 한다. 취득당시의 가액은 취득시기 현재 불특정다수인 사이에 자유롭게 거래가 이루어지는 경우 통상적으로 성립된다고 인정되는 가액(매매사례가액, 감정가액, 공매가액 등 대통령령으로 정하는 바에 따른 시가인정액)으로 한다.

(2) 위 (1)에도 불구하고 다음의 경우에는 다음에 정하는 가액을 취득당시가액으로 한다.
① 상속에 따른 무상취득의 경우: 시가표준액*
② 시가표준액이 1억원 이하인 부동산등을 무상취득(상속 제외)한 경우: 시가인정액과 시가표준액 중에서 납세자가 정하는 가액
③ 위 ① 및 ②에 해당하지 아니하는 경우: 시가인정액으로 하되, 시가인정액을 산정하기 어려운 경우에는 시가표준액

> **용어 정리**
>
> *시가표준액
> 과세권자가 지방세를 과세하는 경우에 과세의 기준이 되는 금액으로 토지는 개별공시지가, 주택은 개별주택가격, 공동주택가격 등이다.

3. 원시취득의 경우

(1) 부동산등을 원시취득하는 경우

취득당시가액은 사실상 취득가격으로 한다.

(2) 위 (1)에도 불구하고 법인이 아닌 자가 건축물을 건축하여 취득하는 경우로서 사실상 취득가격을 확인할 수 없는 경우의 취득당시가액은 시가표준액으로 한다.

7 세율

취득세 세율은 표준세율, 특례세율, 중과세율로 나누어진다.

1. 표준세율

지방자치단체의 장은 조례로 정하는 바에 따라 취득세의 세율을 표준세율의 100분의 50 범위에서 가감할 수 있다.

(1) 부동산 취득세율

부동산에 대한 취득세는 과세표준에 다음에 해당하는 표준세율을 적용하여 계산한 금액을 그 세액으로 한다.

취득원인		표준세율	비고
① 상속으로 인한 취득	농지*	1천분의 23(2.3%)	–
	농지 외의 것	1천분의 28(2.8%)	
② 상속 외의 무상취득		1천분의 35(3.5%) [단, 비영리사업자의 취득은 1천분의 28(2.8%)]	–
③ 원시취득		1천분의 28(2.8%)	증축, 개수로 인해 건축물의 면적이 증가할 때 그 증가된 부분은 원시취득으로 본다.
④ 공유물의 분할		1천분의 23(2.3%)	등기부등본상 본인지분을 초과하는 부분의 경우는 승계취득으로 본다.
⑤ 합유물 및 총유물의 분할로 인한 취득		1천분의 23(2.3%)	–
⑥ 그 밖의 원인으로 인한 취득(법인의 합병, 분할 포함)	농지	1천분의 30(3.0%)	–
	농지 외의 것	1천분의 40(4.0%)	
⑦ 유상거래를 원인으로 주택을 취득한 경우		1천분의 10 ~ 1천분의 30	오피스텔은 1천분의 40

➕ 오피스텔 유상승계취득 시에는 추후 사용용도와는 무관하게 취득당시에는 아직 사용용도가 정해지지 않았으므로 1천분의 40의 세율을 적용한다.

📖 용어 정리

*농지(지방세법 시행령 제21조)
1. 취득당시 공부상 지목이 논, 밭 또는 과수원인 토지로서 실제 농작물의 경작이나 다년생식물의 재배지로 이용되는 토지. 이 경우 농지 경영에 직접 필요한 농막(農幕)·두엄간·양수장·못·늪·농도(農道)·수로 등이 차지하는 토지 부분을 포함한다.
2. 취득당시 공부상 지목이 논, 밭, 과수원 또는 목장용지인 토지로서 실제 축산용으로 사용되는 축사와 그 부대시설로 사용되는 토지, 초지 및 사료밭

■ 비영리사업자의 범위(지방세법 시행령 제22조)

1. 종교 및 제사를 목적으로 하는 단체
2. 「초·중등교육법」 및 「고등교육법」에 따른 학교, 「경제자유구역 및 제주국제자유도시의 외국교육기관 설립·운영에 관한 특별법」 또는 「기업도시개발 특별법」에 따른 외국교육기관을 경영하는 자 및 「평생교육법」에 따른 교육시설을 운영하는 평생교육단체
3. 「사회복지사업법」에 따라 설립된 사회복지법인
4. 「지방세특례제한법」 제22조 제1항에 따른 사회복지법인등
5. 「정당법」에 따라 설립된 정당

■ 주택의 유상거래 취득세 표준세율

해당 주택의 취득당시가액	표준세율	비고
6억원 이하	1천분의 10(1%)	-
6억원 초과 9억원 이하	(해당 주택의 취득당시가액 × $\frac{2}{3억원}$ - 3) × $\frac{1}{100}$	이 경우 소수점 이하 다섯째 자리에서 반올림하여 소수점 넷째자리까지 계산한다.
9억원 초과	1천분의 30(3%)	-

(2) 주택 취득에 대한 중과세율

주택을 유상거래를 원인으로 취득하는 경우로서 다음 어느 하나에 해당하는 경우에는 취득당시가액에 따라 1천분의 10 ~ 1천분의 30의 세율을 적용하는 규정에도 불구하고 다음에 따른 세율을 적용한다.

① **법인**(국세기본법에 따른 법인으로 보는 단체, 부동산등기법에 따른 법인 아닌 사단·재단 등 개인이 아닌 자를 포함)**이 주택을 취득하는 경우**: 1천분의 40을 표준세율로 하여 해당 세율에 중과기준세율의 100분의 400을 합한 세율, 즉 1천분의 120(12%)

② **1세대 2주택**(대통령령으로 정하는 일시적 2주택은 제외)**에 해당하는 주택으로서 「주택법」에 따른 조정대상지역에 있는 주택을 취득하는 경우 또는 1세대 3주택에 해당하는 주택으로서 조정대상지역 외의 지역에 있는 주택을 취득하는 경우**: 1천분의 40을 표준세율로 하여 해당 세율에 중과기준세율(1천분의 20)의 100분의 200을 합한 세율, 즉 1천분의 80(8%)

③ **1세대 3주택 이상에 해당하는 주택으로서 조정대상지역에 있는 주택을 취득하는 경우 또는 1세대 4주택 이상에 해당하는 주택으로서 조정대상지역 외의 지역에 있는 주택을 취득하는 경우**: 1천분의 40을 표준세율로 하여 해당 세율에 중과기준세율(1천분의 20)의 100분의 400을 합한 세율, 즉 1천분의 120(12%)

■ **일시적 2주택**

주택 양도 시 1세대가 1주택을 2년 이상 보유 등의 요건 충족 시 양도소득세를 비과세한다. 다만, 원활한 이사를 위하여 이사갈 신규주택을 취득한 이후에 종전 주택을 양도하더라도 1세대가 1주택을 소유한 것으로 보아 종전 주택을 신규주택 취득일부터 3년 내 양도 시 비과세한다. 취득세에서는 이러한 일시적 2주택의 경우 신규주택 취득 시 취득세 중과를 배제한다.

＋ 보충 주택 유상취득 시 취득세율

구분		어느 지역의 주택을 취득하였는가	
		조정대상지역	비조정대상지역
법인이 주택을 취득하는 경우		1천분의 120(12%)	
개인이 주택을 취득하는 경우	1주택(무주택자가 첫 번째 주택을 취득)	1천분의 10 ~ 1천분의 30(1~3%)	
	2주택(1주택자가 두 번째 주택을 취득)	1천분의 80(8%) [일시적 2주택은 1천분의 10 ~ 1천분의 30(1~3%)]	1천분의 10 ~ 1천분의 30(1~3%)
	3주택(2주택자가 세 번째 주택을 취득)	1천분의 120(12%)	1천분의 80(8%)
	4주택 이상(3주택자가 네 번째 주택을 취득 등)	1천분의 120(12%)	

(3) 주택의 상속 외의 무상취득에 대한 중과

① 조정대상지역에 있는 주택으로서 취득당시 시가표준액 3억원 이상의 주택을 상속 외의 무상취득을 원인으로 취득하는 경우에는 1천분의 35(비영리사업자의 취득은 1천분의 28)를 적용하는 규정에도 불구하고 **1천분의 40을 표준세율로 하여 해당 세율에 중과기준세율의 100분의 400을 합한 세율을 적용**한다.

   ➕ 무상취득이지만 1천분의 35가 아닌 1천분의 40을 표준세율로 하여 중과기준세율의 100분의 400을 합한 세율을 적용한다.

② 다만, 1세대 1주택자가 소유한 주택을 배우자 또는 직계존비속이 무상취득하는 등 다음 중 어느 하나에 해당하는 경우에는 중과하지 아니한다.

   ㉠ 1세대 1주택을 소유한 사람으로부터 해당 주택을 배우자 또는 직계존비속이 상속 외의 무상취득을 원인으로 취득하는 경우

   ㉡ 이혼 시 재산분할로 인한 취득으로 세율의 특례적용대상에 해당되는 경우

2. 취득세율의 특례

부동산 소유권에 관해서는 2011년부터 종전의 취득세와 종전의 등록세를 통합하여 과세하고 있다. 이에 종전에 취득세만 과세하던 취득과 종전에 등록세만 과세하던 취득에 대해서는 다음과 같이 특례세율을 적용하고 있다.

(1) 등기·등록대상이 아닌 취득(종전 취득세만 과세)

다음 중 어느 하나에 해당하는 취득에 대한 취득세는 중과기준세율을 적용하여 계산한 금액을 그 세액으로 한다.

> 취득세율 = 중과기준세율(1천분의 20, 즉 2%)

① 개수로 인한 취득(개수로 건축물의 면적이 증가하여 원시취득으로 보는 경우는 제외)
② 선박·차량과 기계장비 및 토지의 가액 증가
③ 과점주주의 간주취득
④ 레저시설, 저장시설, 독(dock)시설, 접안시설, 도관시설, 급수·배수시설 및 에너지 공급시설의 취득
⑤ 무덤과 이에 접속된 부속시설물의 부지로 사용되는 토지로서 지적공부상 지목이 묘지인 토지의 취득
⑥ 임시흥행장 등 존속기간이 1년을 초과하는 임시건축물의 취득
⑦ 건축물을 건축하여 취득하는 경우로서 그 건축물에 대하여 소유권의 보존등기 또는 소유권의 이전등기에 대한 등록면허세 납세의무가 성립한 후 취득시기가 도래하는 건축물의 취득

(2) 형식적인 소유권 취득(종전 등록세만 과세)

다음 중 어느 하나에 해당하는 취득에 대한 취득세는 표준세율에서 중과기준세율(1천분의 20)을 뺀 세율로 산출한 금액을 세액으로 한다.

> 취득세율 = 표준세율 - 중과기준세율(1천분의 20, 즉 2%)

다만, 주택의 유상거래를 원인으로 한 취득에 대한 취득세는 해당 세율(1천분의 10 ~ 1천분의 30)에 100분의 50을 곱한 세율을 적용하여 산출한 금액을 그 세액으로 한다.
① 환매등기를 병행하는 부동산의 매매로서 환매기간 내에 매도자가 환매한 경우의 그 매도자와 매수자의 취득

② 상속으로 인한 취득 중 다음 어느 하나에 해당하는 취득
　㉠ 대통령령으로 정하는 1가구 1주택의 취득
　㉡ 「지방세특례제한법」 제6조 제1항에 따라 취득세의 감면대상이 되는 농지의 취득
③ 「법인세법」 규정에 따른 적격합병의 요건을 갖춘 법인의 합병으로 인한 취득
④ 공유물·합유물의 분할 또는 「부동산 실권리자명의 등기에 관한 법률」 제2조 제1호 나목에서 규정하고 있는 부동산의 공유권 해소를 위한 지분이전으로 인한 취득 (등기부등본상 본인 지분을 초과하는 부분의 경우에는 제외)
⑤ 건축물의 이전으로 인한 취득. 다만, 이전한 건축물의 가액이 종전 건축물의 가액을 초과하는 경우에 그 초과하는 가액에 대하여는 그러하지 아니하다.
⑥ 「민법」에 따른 이혼 시 재산분할로 인한 취득
⑦ 벌채하여 원목을 생산하기 위한 입목의 취득

3. 기타 중과세율

일정한 자산의 취득에 대해서는 취득세를 중과하는데 같은 취득물건에 대하여 둘 이상의 세율이 해당되는 경우에는 그중 높은 세율을 적용한다.

구분	중과세율
① 과밀억제권역에서 공장 신·증설 등에 대한 중과	표준세율 + 중과기준세율(1천분의 20)의 2배
② 대도시에서 법인 설립 등과 공장 신·증설에 따른 부동산 취득에 대한 중과	표준세율의 3배 − 중과기준세율(1천분의 20)의 2배
③ 사치성 재산의 취득에 대한 중과	표준세율 + 중과기준세율(1천분의 20)의 4배
④ 위 ①과 ②가 동시에 적용되는 경우	표준세율의 3배

(1) 과밀억제권역에서 공장 신·증설 등에 대한 중과

다음에 해당하는 경우 취득세는 표준세율 + 중과기준세율(1천분의 20)의 2배의 세율을 적용한다.

① **과밀억제권역***에서 본점이나 주사무소의 사업용으로 신축하거나 증축하는 건축물과 그 부속토지를 취득하는 경우
② 과밀억제권역(산업단지·유치지역 및 공업지역은 제외)에서 공장(법령에서 정하는 도시형 공장 제외)을 신설하거나 증설하기 위하여 사업용 과세물건을 취득하는 경우

> **용어 정리**
>
> * **과밀억제권역**
> 수도권의 인구와 산업을 적정하게 배치하기 위하여 구분한 권역의 하나로 인구와 산업이 지나치게 집중되었거나 집중될 우려가 있어 이전하거나 정비할 필요가 있는 지역을 말한다(서울특별시와 인천광역시, 경기도의 일부 지역).

■ 도시형 공장

> 1. 시장·군수·구청장 및 관리기관은 첨단산업의 공장, 공해 발생 정도가 낮은 공장 및 도시민생활과 밀접한 관계가 있는 공장 등을 대통령령으로 정하는 바에 따라 도시형 공장으로 지정할 수 있다.
> 2. 도시형 공장은 다음의 어느 하나에 해당하는 공장을 말한다.
>   ① 특정 대기유해물질을 배출하는 대기오염물질 배출시설을 설치하는 공장이나 특정 수질유해물질을 배출하는 폐수배출시설을 설치하는 공장 등을 제외한 공장
>   ② 반도체나 컴퓨터 제조업 등을 경영하는 공장으로서 위 ①에 따른 공장에 해당하지 아니하는 공장(환경영향평가법 제22조에 따른 환경영향평가대상사업의 범위에 해당하는 공장만 해당)

(2) 대도시에서 법인 설립 등과 공장 신·증설에 따른 부동산취득에 대한 중과

다음의 어느 하나에 해당하는 부동산(신탁법에 따른 수탁자가 취득한 신탁재산을 포함)을 취득하는 경우의 취득세는 표준세율의 3배에서 중과기준세율(1천분의 20)의 2배를 뺀 세율을 적용한다. 단, 유상거래를 원인으로 주택을 취득하는 경우에는 표준세율 + 중과기준세율(1천분의 20)의 4배의 세율을 적용한다(법인의 주택유상취득).

① 대도시(산업단지를 제외한 과밀억제권역)에서 법인을 설립하거나 지점 또는 분사무소를 설치하는 경우 및 법인의 본점·주사무소·지점 또는 분사무소를 대도시 밖에서 대도시로 전입(수도권의 경우에는 서울특별시 외의 지역에서 서울특별시로의 전입도 대도시로의 전입으로 봄)함에 따라 대도시의 부동산을 취득(그 설립·설치·전입 이후의 부동산 취득을 포함)하는 경우

② 대도시(유치지역 및 공업지역은 제외)에서 공장을 신설하거나 증설함에 따라 부동산을 취득하는 경우. 다만, 대도시에서 설치가 불가피하다고 인정되는 업종으로서 대통령령으로 정하는 업종(대도시 중과 제외 업종)에 직접 사용할 목적으로 부동산을 취득하는 경우에는 중과세율을 적용하지 아니한다.

➕ 은행업, 의료법인, 유통업 등이 대도시 중과 제외 업종에 해당한다.

(3) 사치성 재산에 대한 중과

다음의 어느 하나에 해당하는 부동산등을 취득하는 경우의 취득세는 표준세율에 중과기준세율의 4배를 합한 세율을 적용하여 계산한 금액을 그 세액으로 한다.

> ① 회원제 골프장용 토지, 건축물, 입목
> ② 고급오락장용 토지, 건축물
> ③ 고급선박
> ④ 고급주택과 딸린 토지

8 취득세 비과세

1. 국가등의 취득

① 국가 또는 지방자치단체, 「지방자치법」에 따른 지방자치단체조합, 외국정부 및 주한국제기구의 취득에 대해서는 취득세를 부과하지 아니한다.
② 대한민국 정부기관의 취득에 대하여 과세하는 외국정부의 취득에 대해서는 취득세를 부과한다.

2. 국가등에 귀속 또는 기부채납

국가, 지방자치단체 또는 지방자치단체조합에 귀속 또는 **기부채납***을 조건으로 취득하는 부동산 및 사회기반시설에 대해서는 취득세를 부과하지 아니한다. 다만, 다음의 어느 하나에 해당하는 경우 그 해당 부분에 대해서는 취득세를 부과한다.

① 국가등에 귀속등의 조건을 이행하지 아니하고 타인에게 매각·증여하거나 귀속등을 이행하지 아니하는 것으로 조건이 변경된 경우
② 국가등에 귀속등의 반대급부로 국가등이 소유하고 있는 부동산 및 사회기반시설을 무상으로 양여받거나 기부채납 대상물의 무상사용권을 제공받는 경우

> 📖 **용어 정리**
>
> * **기부채납**
> 국가나 지방자치단체가 기반시설을 확충하기 위하여 사업시행자로부터 재산을 무상으로 받아들이는 일. 사업시행자는 이후 용적률이나 건물 층수 혜택 따위를 받는다.

3. 형식적인 소유권 취득

(1) 신탁에 의한 취득

신탁(신탁법에 따른 신탁으로서 신탁등기가 병행되는 것만 해당)으로 인한 신탁재산의 취득으로서 다음의 어느 하나에 해당하는 경우에는 취득세를 부과하지 아니한다.

> ① 위탁자로부터 수탁자에게 신탁재산을 이전하는 경우
> ② 신탁의 종료로 인하여 수탁자로부터 위탁자에게 신탁재산을 이전하는 경우
> ③ 수탁자가 변경되어 신수탁자에게 신탁재산을 이전하는 경우

다만, 신탁재산의 취득 중 주택조합등과 조합원 간의 부동산 취득 및 주택조합등의 비조합원용 부동산 취득은 제외한다.

(2) 법률에 의한 환매권 행사

「징발재산정리에 관한 특별조치법」 또는 「국가보위에 관한 특별조치법 폐지법률」 부칙 제2항에 따른 동원대상지역 내의 토지의 수용·사용에 관한 환매권의 행사로 매수하는 부동산의 취득에 대하여는 취득세를 부과하지 아니한다.

(3) 임시건축물

① 임시흥행장, 공사현장사무소 등(사치성 재산은 제외) 임시건축물의 취득에 대하여는 취득세를 부과하지 아니한다.
② 다만, 존속기간이 1년을 초과하는 경우에는 취득세를 부과한다.

(4) 공동주택의 개수

「주택법」에 따른 공동주택의 개수(건축법에 따른 대수선은 제외)로 인한 취득 중 개수로 인한 취득당시 주택의 시가표준액이 9억원 이하인 주택의 개수로 인한 취득에 대해서는 취득세를 부과하지 아니한다.

(5) 사용할 수 없는 차량의 상속

다음의 어느 하나에 해당하는 차량에 대해서는 상속에 따른 취득세를 부과하지 아니한다.

> ① 상속개시 이전에 천재지변·화재·교통사고·폐차·차령초과(車齡超過) 등으로 사용할 수 없게 된 차량으로서 대통령령으로 정하는 차량
> ② 차령초과로 사실상 차량을 사용할 수 없는 경우 등 대통령령으로 정하는 사유로 상속으로 인한 이전등록을 하지 아니한 상태에서 폐차함에 따라 상속개시일이 속하는 달의 말일부터 6개월(외국에 주소를 둔 상속인이 있는 경우에는 9개월) 이내에 말소등록된 차량

9 납세절차

1. 납세지

부동산 취득 시 납세지는 부동산 소재지이다.

2. 징수방법

(1) 원칙: 신고납부

다음에 따라 취득세를 신고하려는 자는 행정안전부령으로 정하는 신고서에 취득물건, 취득일 및 용도 등을 적어 납세지를 관할하는 시장·군수·구청장에게 신고하여야 한다. 즉 특별시, 광역시, 도세이기는 하지만 시·군·구에 징수위임하였다.

① **일반적인 경우**: 취득세 과세물건을 취득한 자는 그 취득한 날부터 60일 이내에 그 과세표준에 세율을 적용하여 산출한 세액을 신고하고 납부하여야 한다.

② **잔금 후 토지거래 허가 시**: 「부동산 거래신고 등에 관한 법률」에 따른 토지거래계약에 관한 허가구역에 있는 토지를 취득하는 경우로서 토지거래계약에 관한 허가를 받기 전에 거래대금을 완납한 경우에는 그 허가일이나 허가구역의 지정 해제일 또는 축소일로부터 60일 이내에 그 과세표준에 세율을 적용하여 산출한 세액을 신고하고 납부하여야 한다.

③ **무상취득 시**
  ㉠ **증여 등 취득 시**: 상속을 제외한 무상취득으로 인한 경우는 취득일이 속하는 달의 말일부터 3개월 이내에 그 과세표준에 세율을 적용하여 산출한 세액을 신고하고 납부하여야 한다.
  ㉡ **상속으로 취득 시**: 상속으로 인한 경우는 상속개시일이 속하는 달의 말일부터, 실종으로 인한 경우는 실종선고일이 속하는 달의 말일부터 각각 6개월(외국에 주소를 둔 상속인이 있는 경우에는 각각 9개월) 이내에 그 과세표준에 세율을 적용하여 산출한 세액을 신고하고 납부하여야 한다.

④ **취득 후 중과세대상이 된 경우**: 취득세 과세물건을 취득한 후에 그 과세물건이 중과세율의 적용대상이 되었을 때에는 중과세대상이 된 날부터 60일 이내에 중과세율을 적용하여 산출한 세액에서 이미 납부한 세액(가산세는 제외)을 공제한 금액을 세액으로 하여 신고하고 납부하여야 한다.

⑤ **비과세 등이 과세대상이 된 경우**: 법령에 따라 취득세를 비과세, 과세면제 또는 경감받은 후에 해당 과세물건이 취득세 부과대상 또는 추징대상이 되었을 때에는 그 사유 발생일부터 60일 이내에 해당 과세표준에 세율을 적용하여 산출한 세액[경감받은 경우에는 이미 납부한 세액(가산세는 제외)을 공제한 세액]을 신고하고 납부하여야 한다.

⑥ **등기·등록을 하려는 경우**: 위 ①부터 ⑤까지의 신고·납부기한 이내에 재산권과 그 밖의 권리의 취득·이전에 관한 사항을 공부(公簿)에 등기하거나 등록[등재(登載)를 포함]하려는 경우에는 등기 또는 등록신청서를 등기·등록관서에 접수하는 날까지 취득세를 신고·납부하여야 한다.

(2) **예외**: 보통징수

다음의 어느 하나에 해당하는 경우에는 법령에 따른 산출세액 또는 그 부족세액에 「지방세기본법」 규정에 따라 산출한 가산세를 합한 금액을 세액으로 하여 보통징수의 방법으로 징수한다.

① 취득세 납세의무자가 신고 또는 납부의무를 다하지 아니한 경우
② 일시적 2주택으로 신고하였으나 그 취득일로부터 대통령령으로 정하는 기간 내에 대통령령으로 정하는 종전 주택을 처분하지 못하여 1주택으로 되지 아니한 경우

➕ 대통령령으로 정하는 기간이란 신규 주택(종전 주택 등이 조합원입주권 또는 주택분양권인 경우에는 해당 입주권 또는 주택분양권에 의한 주택)을 취득한 날부터 3년을 말한다.

3. 가산세

(1) **일반 가산세**

① **신고불성실가산세**

구분	내용		가산세율
신고불성실가산세	무신고가산세	일반	무신고납부세액의 100분의 20
		부정행위	무신고납부세액의 100분의 40
	과소신고가산세	일반	과소신고납부세액의 100분의 10
		부정행위	과소신고납부세액의 100분의 40

② **납부지연가산세**: 납부하지 아니한 세액 또는 과소납부분 세액 × 납부기한의 다음 날부터 자진납부일 또는 부과결정일까지의 기간 × 금융회사 등이 연체대출금에 대하여 적용하는 이자율 등을 고려하여 대통령령으로 정하는 이자율(현행 1일 10만분의 22)

(2) 중가산세

① 납세의무자가 취득세 과세물건을 사실상 취득한 후 신고를 하지 아니하고 매각하는 경우에는 산출세액에 100분의 80을 가산한 금액을 세액으로 하여 보통징수의 방법으로 징수한다.

② 다만, 다음의 경우에는 중가산세를 적용하지 아니한다(즉, 무신고가산세 적용).

> ㉠ 취득세 과세물건 중 등기 또는 등록이 필요하지 아니하는 과세물건(골프회원권, 승마회원권, 콘도미니엄 회원권, 종합체육시설 이용회원권 및 요트회원권은 제외)
> ㉡ 지목변경, 차량·기계장비 또는 선박의 종류 변경, 주식 등의 취득 등 취득으로 보는 과세물건

(3) 법인장부 등의 작성과 보존 불성실가산세

① 취득세 납세의무가 있는 법인은 취득당시가액을 증명할 수 있는 장부와 관련 증거서류를 작성하여 갖춰 두어야 한다.

② 지방자치단체의 장은 취득세 납세의무가 있는 법인이 위 ①에 따른 의무를 이행하지 아니하는 경우에는 산출된 세액 또는 부족세액의 100분의 10에 상당하는 금액을 징수하여야 할 세액에 가산한다.

(4) 가산세 배제

납세의무자가 신고기한까지 취득세를 시가인정액으로 신고한 후 지방자치단체의 장이 세액을 경정하기 전에 그 시가인정액을 수정신고한 경우에는 「지방세기본법」에 따른 무신고, 과소신고가산세를 부과하지 아니한다.

4. 면세점

① 취득가액이 50만원 이하일 때에는 취득세를 부과하지 아니한다.
② 토지나 건축물을 취득한 자가 그 취득한 날부터 1년 이내에 그에 인접한 토지나 건축물을 취득한 경우에는 각각 그 전후의 취득에 관한 토지나 건축물의 취득을 1건의 토지 취득 또는 1구의 건축물 취득으로 보아 면세점 여부를 판단한다.

5. 부가세

취득세 납부 시에는 농어촌특별세와 지방교육세를, 감면 시에는 농어촌특별세를 부과한다.

Chapter 02 등록에 대한 등록면허세

> **학습포인트** 등록에 대한 등록면허세는 어떤 경우에 과세되고, 누가 얼마를 어디에 신고하고 납부하는지에 대한 전반적인 흐름에 중점을 두어 학습한다.

1 등록면허세의 의의

등록면허세는 각종 등록을 하거나 면허를 받는 자에게 그 등록, 면허의 종류에 따라 부과되는 도·구·특별자치도·특별자치시세이다.

2 등록면허세의 특징

(1) 신고납부
등록면허세는 신고함으로써 납세의무가 확정되는 지방세이다.

(2) 유통세, 행위세, 수수료형 조세
등록면허세는 그 등기·등록행위에 대하여 과세하는 행위세이고, 재산권의 유통단계에 과세하는 유통세이며 수수료의 성격을 가지고 있는 조세이다.

(3) 형식주의
등록면허세는 외형적 요건만 갖추면 실지권리자 여부와는 관계없이 납세의무가 성립하는 형식주의 과세의 조세이다.

3 납세의무자

재산권과 그 밖의 권리의 설정·변경 또는 소멸에 관한 사항을 공부에 등기하거나 등록하는 경우에 그 등록을 하는 자가 등록면허세를 납부할 의무를 진다.

4 과세표준

(1) 부동산가액
소유권, **지상권***, **지역권*** 등기 시 부동산가액(지역권은 요역지가액)을 과세표준으로 한다.
① 부동산, 선박, 항공기, 자동차 및 건설기계의 등록에 대한 등록면허세의 과세표준은 등록 당시의 가액으로 한다.

② 위 ①에 따른 과세표준은 등록자의 신고에 따른다. 다만, 신고가 없거나 신고가액이 시가표준액보다 적은 경우에는 시가표준액을 과세표준으로 한다.

③ 위 ②에도 불구하고 다음에 따른 취득을 원인으로 하는 등록의 경우 다음의 가액을 과세표준으로 한다. 다만, 등록 당시에 자산재평가 또는 감가상각 등의 사유로 그 가액이 달라진 경우에는 변경된 가액을 과세표준으로 한다.

- ㉠ 취득세 면세점에 해당하는 물건의 등기 또는 등록의 경우: 취득당시가액(취득세 과세표준)
- ㉡ 취득세 부과제척기간이 경과한 물건의 등기 또는 등록의 경우: ①에 따른 등록 당시의 가액과 취득당시가액(취득세 과세표준) 중 높은 가액

📖 용어 정리

* **지상권**
  타인의 토지에 건물, 기타의 공작물이나 수목을 소유하기 위하여 그 토지를 사용할 수 있는 물권을 말한다.

* **지역권**
  자기 토지의 편익을 위하여 남의 토지를 통행한다든지 하는 일정한 목적을 위하여 남의 토지를 자기 토지의 편익에 이용하는 것을 내용으로 하는 부동산 용익물권이다. 그중 편익을 얻는 토지를 요역지라 하고 편익을 제공하는 토지를 승역지라고 한다. 지역권 등기를 할 경우 부동산가액은 요역지가액으로 한다.

(2) 채권금액

① 저당권, 가압류, 가처분, 경매신청, 저당권에 대한 가등기의 경우 일정한 채권금액이 있으면 채권금액을 과세표준으로 한다.

② 채권금액으로 과세액을 정하는 경우에 일정한 채권금액이 없을 때에는 채권의 목적이 된 것의 가액 또는 처분의 제한의 목적이 된 금액을 그 채권금액으로 본다.

(3) 전세금액, 월임대차금액

전세권은 전세금액, 임차권은 월임대차금액을 과세표준으로 한다.

(4) 건수

말소등기, 지목변경등기, 토지 합필등기, 건물의 구조변경등기 등은 건수를 과세표준으로 하며 이를 기준으로 정액세율을 적용한다.

5 세율

1. 표준세율

등록면허세는 등록에 대하여 과세표준에 다음에서 정하는 세율을 적용하여 계산한 금액을 그 세액으로 한다. 지방자치단체의 장은 조례로 정하는 바에 따라 등록면허세의 세율을 다음 표준세율의 100분의 50의 범위에서 가감할 수 있다.

구분		과세표준	세율
소유권보존등기		부동산가액	1천분의 8
소유권 이전등기	유상	부동산가액	1천분의 20 (1천분의 10~1천분의 30의 세율이 적용되는 주택의 경우에는 해당 주택의 취득세율에 100분의 50을 곱한 세율)
	상속		1천분의 8
	상속 이외의 무상		1천분의 15
소유권 외의 물권과 임차권의 설정 및 이전	지상권		1천분의 2
	지역권	요역지가액	
	전세권	전세금액	
	임차권	월임대차금액	
	저당권, 가압류, 가처분, 경매신청	채권금액	
	가등기	부동산가액 또는 채권금액	
그 밖의 등기(말소, 변경등기 등)		건당	6천원

2. 중과세율

다음의 어느 하나에 해당하는 등기를 할 때에는 표준세율의 100분의 300으로 한다.
① 대도시에서 법인을 설립하거나 지점이나 분사무소를 설치함에 따른 등기
② 대도시 밖에 있는 법인의 본점이나 주사무소를 대도시로 전입함에 따른 등기. 이 경우 전입은 법인의 설립으로 보아 중과세율을 적용한다.

6 비과세

1. 국가등에 대한 비과세

① 국가, 지방자치단체, 지방자치단체조합, 외국정부 및 주한국제기구가 자기를 위하여 받는 등록 또는 면허에 대하여는 등록면허세를 부과하지 아니한다.
② 다만, 대한민국 정부기관의 등록 또는 면허에 대하여 과세하는 외국정부의 등록 또는 면허의 경우에는 등록면허세를 부과한다.

2. 형식적인 등기·등록에 대한 비과세

다음 어느 하나에 해당하는 등기·등록에 대하여는 등록면허세를 부과하지 아니한다.
① 「채무자 회생 및 파산에 관한 법률」에 따른 등기 또는 등록
② 행정구역의 변경, 주민등록번호의 변경, 지적(地籍)소관청의 지번 변경, 계량단위의 변경, 등기 또는 등록 담당 공무원의 착오 및 이와 유사한 사유로 인한 등기 또는 등록으로서 주소, 성명, 주민등록번호, 지번, 계량단위 등의 단순한 표시변경·회복 또는 경정등기 또는 등록
③ 무덤과 이에 접속된 부속시설물의 부지로 사용되는 토지로서 지적공부상 지목이 묘지인 토지에 관한 등기

7 납세절차

1. 납세지

부동산 등기에 대한 등록면허세의 납세지는 부동산소재지로 한다.

2. 징수방법

(1) 원칙: 신고납부

① 등록을 하려는 자는 과세표준에 세율을 적용하여 산출한 세액을 등록을 하기 전까지 납세지를 관할하는 지방자치단체의 장에게 신고하고 납부하여야 한다.
② **중과세대상이 되었을 때**: 등록면허세 과세물건을 등록한 후에 해당 과세물건이 중과세율의 적용대상이 되었을 때에는 그 사유 발생일부터 60일 이내에 중과세율을 적용하여 산출한 세액에서 이미 납부한 세액(가산세는 제외)을 공제한 금액을 세액으로 하여 납세지를 관할하는 지방자치단체의 장에게 신고하고 납부하여야 한다.

③ **비과세 등이 과세대상이 되었을 때**: 등록면허세를 비과세, 과세면제 또는 경감받은 후에 해당 과세물건이 등록면허세 부과대상 또는 추징대상이 되었을 때에는 그 사유 발생일부터 60일 이내에 해당 과세표준에 해당세율을 적용하여 산출한 세액[경감받은 경우에는 이미 납부한 세액(가산세는 제외)을 공제한 세액]을 납세지를 관할하는 지방자치단체의 장에게 신고하고 납부하여야 한다.

④ **신고의제**: 신고의무를 다하지 아니한 경우에도 등록면허세 산출세액을 등록을 하기 전까지 납부하였을 때에는 신고를 하고 납부한 것으로 본다. 이 경우 무신고가산세 및 과소신고가산세를 부과하지 아니한다.

(2) 예외: 보통징수

등록면허세 납세의무자가 신고 또는 납부의무를 다하지 아니하면 산출한 세액 또는 그 부족세액에「지방세기본법」규정에 따른 다음의 가산세를 합한 금액을 세액으로 하여 보통징수의 방법으로 징수한다.

① 신고불성실가산세

구분	내용		가산세율
신고불성실가산세	무신고가산세	일반	무신고납부세액의 100분의 20
		부정행위	무신고납부세액의 100분의 40
	과소신고가산세	일반	과소신고납부세액의 100분의 10
		부정행위	과소신고납부세액의 100분의 40

② **납부지연가산세**: 납부하지 아니한 세액 또는 과소납부분 세액 × 납부기한의 다음 날부터 자진납부일 또는 부과결정일까지의 기간 × 금융회사 등이 연체대출금에 대하여 적용하는 이자율 등을 고려하여 대통령령으로 정하는 이자율(현행 1일 10만분의 22)

8 부가세 등

(1) 납부 시 부가세: 지방교육세

등록면허세 납부세액의 100분의 20을 지방교육세로 부과한다.

(2) 감면 시 부가세: 농어촌특별세

등록면허세 감면 시 감면세액의 100분의 20을 농어촌특별세로 부과한다.

(3) 최저세액

부동산등기의 경우 세액이 6천원 미만일 때에는 6천원으로 한다.

Chapter 03 재산세

📍 **학습포인트** 재산세 과세대상과 부과방식, 토지의 과세분류에 중점을 두어 학습한다.

1 재산세의 의의

재산세는 토지, 건축물, 주택, 선박, 항공기의 보유에 대하여 과세기준일(매년 6월 1일) 현재 보유자에게 정기적으로 부과하는 시·군·구세이다(특별시는 구와 공동과세).

2 재산세의 특징

(1) 보통징수

재산세는 과세관청에서 세액을 결정하여 **보통징수***방식으로 징수한다.

> 📖 **용어 정리**
>
> * 보통징수
> 「지방세법」상의 용어로서 세무공무원이 납세고지서를 해당 납세의무자에게 교부하고 그 지방세를 징수하는 것을 말한다.

(2) 보유세

재산세는 과세대상물건을 보유하는 동안 매년 부과하는 보유세이다.

(3) 실질과세

과세대상 물건의 공부상 등재현황과 사실상의 현황이 다를 경우에는 사실상 현황에 의하여 재산세를 부과한다. 다만, 재산세의 과세대상 물건을 공부상 등재현황과 달리 이용함으로써 재산세 부담이 낮아지는 경우 등 대통령령으로 정하는 경우에는 공부상 등재현황에 따라 재산세를 부과한다.

➕ 대통령령으로 정하는 경우
1. 관계 법령에 따라 허가 등을 받아야 함에도 불구하고 허가 등을 받지 않고 재산세의 과세대상 물건을 이용하는 경우로서 사실상 현황에 따라 재산세를 부과하면 오히려 재산세 부담이 낮아지는 경우
2. 재산세 과세기준일 현재의 사용이 일시적으로 공부상 등재현황과 달리 사용하는 것으로 인정되는 경우

(4) 물세, 인세

재산세는 소유자별로 관할 구역 내 보유하고 있는 과세물건별로 과세(물세)함을 원칙으로 하지만 종합합산과세대상 토지 및 별도합산과세대상 토지는 합산과세(인세)한다.

3 과세대상

1. 토지

'토지'란 「공간정보의 구축 및 관리 등에 관한 법률」에 따라 지적공부의 등록대상이 되는 토지와 그 밖에 사용되고 있는 사실상의 토지를 말한다. 다만, 주택의 부속토지는 주택분 재산세로 과세되므로 제외한다.

2. 건축물

(1) '건축물'이란 「건축법」에 따른 건축물과 토지에 정착하거나 지하 또는 다른 구조물에 설치하는 레저시설, 저장시설, 독(dock)시설, 접안시설, 도관시설, 급수·배수시설, 에너지 공급시설 및 그 밖에 이와 유사한 시설(이에 딸린 시설을 포함)을 말한다.

(2) 공부상 등재되지 아니한 건축물이나 「건축법」상 허가를 받지 않은 건축물에 대해서도 과세한다. 다만, 주거용 건축물은 주택분 재산세로 과세하므로 제외한다.

3. 주택

(1) '주택'이란 세대의 구성원이 장기간 독립된 주거생활을 할 수 있는 구조로 된 건축물의 전부 또는 일부 및 그 부속토지를 말하며, 단독주택과 공동주택으로 구분한다. 주택 및 부속토지는 토지분, 건축물분이 아닌 주택분 재산세로 과세된다.

(2) 주택의 부속토지의 경계가 명백하지 아니한 경우에는 그 주택의 바닥면적의 10배에 해당하는 토지를 주택의 부속토지로 한다.

(3) **다가구주택**

다가구주택은 1가구가 독립하여 구분사용할 수 있도록 분리된 부분을 1구의 주택으로 본다. 이 경우 그 부속토지는 건물면적의 비율에 따라 각각 나눈 면적을 1구의 부속토지로 본다.

(4) **겸용주택 등**

① 1동(棟)의 건물이 주거와 주거 외의 용도로 사용되고 있는 경우에는 주거용으로 사용되는 부분만을 주택으로 본다. 이 경우 건물의 부속토지는 주거와 주거 외의 용도로 사용되는 건물의 면적비율에 따라 각각 안분하여 주택의 부속토지와 건축물의 부속토지로 구분한다.

② 1구(構)의 건물이 주거와 주거 외의 용도로 사용되고 있는 경우에는 주거용으로 사용되는 면적이 전체의 100분의 50 이상인 경우에는 주택으로 본다.

③ 건축물에서 허가 등이나 사용승인(임시사용승인을 포함)을 받지 아니하고 주거용으로 사용하는 면적이 전체 건축물 면적(허가 등이나 사용승인을 받은 면적을 포함)의 100분의 50 이상인 경우에는 그 건축물 전체를 주택으로 보지 아니하고, 그 부속토지는 종합합산과세대상 토지로 본다.

4. 항공기

'항공기'란 사람이 탑승·조종하여 항공에 사용하는 비행기, 비행선, 활공기(滑空機), 회전익(回轉翼) 항공기 및 그 밖에 이와 유사한 비행기구를 말한다.

5. 선박

'선박'이란 기선, 범선, 부선(艀船) 및 그 밖에 명칭에 관계없이 모든 배를 말한다.

4 납세의무자

1. 원칙

재산세 과세기준일 현재 재산을 사실상 소유하고 있는 자는 재산세를 납부할 의무가 있다.

(1) 공유재산인 경우

그 지분에 해당하는 부분(지분의 표시가 없는 경우에는 지분이 균등한 것으로 봄)에 대해서는 그 지분권자

(2) 주택의 건물과 부속토지의 소유자가 다를 경우

그 주택에 대한 산출세액을 건축물과 그 부속토지의 시가표준액 비율로 안분계산(按分計算)한 부분에 대해서는 그 소유자

2. 예외

재산세 과세기준일 현재 다음의 어느 하나에 해당하는 자는 재산세를 납부할 의무가 있다.

(1) 공부상의 소유자
① 매매 등의 사유로 소유권이 변동되었는데도 신고하지 아니하여 사실상의 소유자를 알 수 없을 때
② 공부상에 개인 등의 명의로 등재되어 있는 사실상의 종중재산으로서 종중소유임을 신고하지 아니하였을 때
③ 「채무자 회생 및 파산에 관한 법률」에 따른 파산선고 이후 파산종결의 결정까지 파산재단에 속하는 재산의 경우

(2) 주된 상속자
상속이 개시된 재산으로서 상속등기가 이행되지 아니하고 사실상의 소유자를 신고하지 아니하였을 때

> **+ 보충 주된 상속자**
> 「민법」상 상속지분이 가장 높은 사람으로 하되, 상속지분이 가장 높은 사람이 두 명 이상이면 그중 나이가 가장 많은 사람으로 한다.

(3) 매수계약자
① 국가, 지방자치단체, 지방자치단체조합과 재산세 과세대상 재산을 연부(年賦)로 매매계약을 체결하고 그 재산의 사용권을 무상으로 받은 경우
② 예를 들어, 국가, 지방자치단체 및 지방자치단체조합이 선수금을 받아 조성하는 매매용 토지로서 사실상 조성이 완료된 토지의 사용권을 무상으로 받은 자가 있는 경우에는 그 자를 매수계약자로 본다.

(4) 위탁자
「신탁법」에 따른 수탁자의 명의로 등기 또는 등록된 신탁재산의 경우에는 위탁자가 신탁재산을 소유한 것으로 본다.

(5) 사업시행자
「도시개발법」에 따라 시행하는 환지(換地)방식에 의한 도시개발사업 및 「도시 및 주거환경정비법」에 따른 정비사업(재개발사업만 해당)의 시행에 따른 환지계획에서 일정한 토지를 환지로 정하지 아니하고 체비지* 또는 보류지*로 정한 경우에는 사업시행자

> 📖 **용어 정리**
>
> * **체비지**
>   토지구획정리사업 등을 시행하면서 사업비용의 일부에 충당하기 위해 환지로 정하지 않고 남겨둔 일정한 토지를 말한다.
>
> * **보류지**
>   규약·정관·시행규정 또는 사업계획으로 정한 일정한 목적에 공용(供用)하기 위해 환지로 정하지 않고 남겨둔 토지를 말한다.

(6) 수입자

외국인 소유의 항공기 또는 선박을 임차하여 수입하는 경우에는 수입하는 자

(7) 사용자

재산세 과세기준일 현재 소유권의 귀속이 분명하지 아니하여 사실상의 소유자를 확인할 수 없는 경우

5 과세표준 및 세율

1. 과세표준

재산세 과세표준은 언제나 과세기준일(매년 6월 1일) 현재의 시가표준액을 기준으로 산정한다.

- ➕ 법인장부가액으로 사실상 취득가액이 확인되는 등의 경우에도 개인, 법인 구분 없이 언제나 과세기준일 현재의 시가표준액을 기준으로 과세표준을 계산한다.

(1) 토지, 건축물, 주택

토지, 건축물, 주택에 대한 재산세의 과세표준은 시가표준액에 부동산 시장의 동향과 지방재정 여건 등을 고려하여 다음의 어느 하나에서 정한 범위에서 대통령령으로 정하는 공정시장가액비율을 곱하여 산정한 가액으로 한다.

① **토지 및 건축물**: 시가표준액의 100분의 50부터 100분의 90까지(2026년은 70%)
② **주택**: 시가표준액의 100분의 40부터 100분의 80까지(2026년은 60%). 다만, 1세대 1주택은 100분의 30부터 100분의 70까지(1세대 1주택의 경우 100분의 43~45)

(2) 선박, 항공기

선박 및 항공기에 대한 재산세의 과세표준은 시가표준액으로 한다.

2. 세율

재산세는 물건별로 세율을 적용하는 것이 원칙이지만 토지는 분리과세대상, 별도합산과세대상, 종합합산과세대상으로 구분하여 합산과세대상 토지는 관할 구역 내 소유자의 토지가액을 합산하여 세율을 적용한다.

(1) 표준세율

재산세 표준세율은 다음과 같다. 단, 지방자치단체의 장은 특별한 재정수요나 재해 등의 발생으로 재산세의 세율 조정이 불가피하다고 인정되는 경우 조례로 정하는 바에 따라 표준세율의 100분의 50의 범위에서 가감할 수 있다. 다만, 가감한 세율은 해당 연도에만 적용한다.

① **토지**

㉠ 분리과세대상 토지

구분	표준세율
전, 답, 과수원, 목장용지, 임야	1천분의 0.7
공장용지, 산업용 토지, 염전, 터미널 등	1천분의 2
회원제 골프장용 토지, 고급오락장용 토지	1천분의 40

㉡ 별도합산과세대상 토지: 과세표준에 따라 다음의 3단계 초과누진세율을 적용한다.

과세표준	세율
2억원 이하	1,000분의 2
2억원 초과 10억원 이하	40만원 + 2억원 초과금액의 1,000분의 3
10억원 초과	280만원 + 10억원 초과금액의 1,000분의 4

㉢ 종합합산과세대상 토지: 과세표준에 따라 다음의 3단계 초과누진세율을 적용한다.

과세표준	세율
5,000만원 이하	1,000분의 2
5,000만원 초과 1억원 이하	10만원 + 5,000만원 초과금액의 1,000분의 3
1억원 초과	25만원 + 1억원 초과금액의 1,000분의 5

② **건축물**
　㉠ **일반 건축물**(다음의 ㉡, ㉢을 제외한 건축물): 1천분의 2.5
　㉡ **시 지역의 주거지역 등의 공장용 건축물**[특별시·광역시(군 지역은 제외)·특별자치시(읍·면 지역은 제외)·특별자치도(읍·면 지역은 제외) 또는 시(읍·면 지역은 제외) 지역에서 국토의 계획 및 이용에 관한 법률과 그 밖의 관계 법령에 따라 지정된 주거지역 및 해당 지방자치단체의 조례로 정하는 지역의 대통령령으로 정하는 공장용 건축물]: 1천분의 5
　㉢ **회원제 골프장, 고급오락장용 건축물**: 1천분의 40

③ **주택**(부속토지 포함)
　㉠ 과세표준에 따라 다음의 4단계 초과누진세율을 적용한다.

과세표준	세율
6천만원 이하	1,000분의 1
6천만원 초과 1억 5천만원 이하	60,000원 + 6천만원 초과금액의 1,000분의 1.5
1억 5천만원 초과 3억원 이하	195,000원 + 1억 5천만원 초과금액의 1,000분의 2.5
3억원 초과	570,000원 + 3억원 초과금액의 1,000분의 4

　㉡ **1세대 1주택에 대한 특례세율**: 대통령령으로 정하는 1세대 1주택으로 시가표준액이 9억원 이하인 주택에 대해서는 다음의 4단계 초과누진세율을 적용한다.

과세표준	세율
6천만원 이하	1,000분의 0.5
6천만원 초과 1억 5천만원 이하	30,000원 + 6천만원 초과금액의 1,000분의 1
1억 5천만원 초과 3억원 이하	120,000원 + 1억 5천만원 초과금액의 1,000분의 2
3억원 초과	420,000원 + 3억원 초과금액의 1,000분의 3.5

④ **선박 및 항공기**
　㉠ 선박
　　ⓐ 고급선박: 1천분의 50
　　ⓑ 그 밖의 선박: 1천분의 3
　㉡ 항공기: 1천분의 3

(2) 중과세율

① 과세대상
  ㉠ 「수도권정비계획법」에 따른 과밀억제권역(산업집적활성화 및 공장설립에 관한 법률을 적용받는 산업단지 및 유치지역과 국토의 계획 및 이용에 관한 법률을 적용받는 공업지역은 제외)에서 행정안전부령으로 정하는 공장 신설·증설에 해당하는 경우 그 건축물
  ㉡ 적용세율: 최초의 과세기준일부터 5년간 1천분의 2.5의 100분의 500에 해당하는 세율(즉, 1천분의 12.5)로 한다.

(3) 재산세 도시지역분

지방자치단체의 장은 「국토의 계획 및 이용에 관한 법률」에 따른 도시지역 중 해당 지방의회의 의결을 거쳐 고시한 지역 안에 있는 토지, 건축물 또는 주택에 대하여는 조례로 정하는 바에 따라 다음 ①에 따른 세액에 ②에 따른 세액을 합산하여 산출한 세액을 재산세액으로 부과할 수 있다.

① 과세표준에 재산세 세율을 적용하여 산출한 세액
② 과세표준에 1천분의 1.4를 적용하여 산출한 세액

> 재산세액 = 토지 등의 과세표준 × 재산세율(또는 특례세율) + 토지 등의 과세표준 × 0.14%(1천분의 1.4)

6 비과세

1. 국가등에 대한 비과세

① **국가등이 소유한 재산**: 국가, 지방자치단체, 지방자치단체조합, 외국정부 및 주한 국제기구의 소유에 속하는 재산에 대하여는 재산세를 부과하지 아니한다. 다만, 다음의 어느 하나에 해당하는 재산에 대하여는 재산세를 부과한다.

> ㉠ 대한민국 정부기관의 재산에 대하여 과세하는 외국정부의 재산
> ㉡ 국가등과 연부로 매매계약을 체결하고 무상사용권을 받음에 따라 매수계약자에게 납세의무가 있는 재산

② **국가등이 무상사용하는 재산**: 국가, 지방자치단체 또는 지방자치단체조합이 1년 이상 공용 또는 공공용으로 사용하는 재산에 대하여는 재산세를 부과하지 아니한다. 다만, 다음의 어느 하나에 해당하는 경우에는 재산세를 부과한다.

> ㉠ 유료로 사용하는 경우
> ㉡ 소유권의 유상이전을 약정한 경우로서 그 재산을 취득하기 전에 미리 사용하는 경우

2. 용도구분에 의한 비과세

다음에 따른 재산(사치성 재산은 제외)에 대하여는 재산세를 부과하지 아니한다. 다만, 대통령령으로 정하는 수익사업에 사용하는 경우와 해당 재산이 유료로 사용되는 경우의 그 재산(다음 ③ 및 ⑤의 재산은 제외) 및 해당 재산의 일부가 그 목적에 직접 사용되지 아니하는 경우의 그 일부 재산에 대하여는 재산세를 부과한다.

① 도로·하천·제방·구거·유지 및 묘지
② 「산림보호법」에 따른 산림보호구역, 그 밖에 공익상 재산세를 부과하지 아니할 타당한 이유가 있는 다음의 토지
  ㉠ 「군사기지 및 군사시설 보호법」에 따른 군사기지 및 군사시설 보호구역 중 통제보호구역에 있는 토지. 다만, 전·답·과수원 및 대지는 제외한다.
  ㉡ 「산림보호법」에 따라 지정된 산림보호구역 및 「산림자원의 조성 및 관리에 관한 법률」에 따라 지정된 채종림* · 시험림*
  ㉢ 「자연공원법」에 따른 공원자연보존지구의 임야
  ㉣ 「백두대간 보호에 관한 법률」에 따라 지정된 백두대간보호지역의 임야

  ➕ 1. 「군사기지 및 군사시설 보호법」에 따른 군사기지 및 군사시설 보호구역 중 통제보호구역은 비과세, 제한보호구역은 분리과세한다.
  2. 「자연공원법」에 따른 공원자연보존지구의 임야는 비과세, 공원자연환경지구의 임야는 분리과세한다.

📖 **용어 정리**

*채종림
  질 좋은 조림용(造林用) 묘목의 씨앗을 얻기 위하여 특별히 마련하여 조성한 숲

*시험림
  시험 연구의 목적에 제공되고 있는 삼림. 목적 달성을 위하여 잘 보존되어야 하므로 산림청장이 보호림으로 지정한다.

③ 임시로 사용하기 위하여 건축된 건축물로서 재산세 과세기준일 현재 1년 미만의 것
④ 비상재해구조용, 무료도선용, 선교(船橋) 구성용 및 본선에 속하는 전마용(傳馬用) 등으로 사용하는 선박
⑤ 재산세를 부과하는 해당 연도에 철거하기로 계획이 확정되어 재산세 과세기준일 현재 행정관청으로부터 철거명령을 받았거나 철거보상계약이 체결된 건축물 또는 주택(단, 부속토지는 과세)

7 납세절차

1. 과세기준일

재산세의 과세기준일은 매년 6월 1일로 한다.

2. 납부기간

(1) 정기분 재산세의 납기
① **토지**: 매년 9월 16일부터 9월 30일까지
② **건축물**: 매년 7월 16일부터 7월 31일까지
③ **주택**: 해당 연도에 부과·징수할 세액의 2분의 1은 매년 7월 16일부터 7월 31일까지, 나머지 2분의 1은 9월 16일부터 9월 30일까지. 다만, 해당 연도에 부과할 세액이 20만원 이하인 경우에는 조례로 정하는 바에 따라 납기를 7월 16일부터 7월 31일까지로 하여 한꺼번에 부과·징수할 수 있다.
④ **선박, 항공기**: 매년 7월 16일부터 7월 31일까지

(2) 수시부과
지방자치단체의 장은 과세대상 누락, 위법 또는 착오 등으로 인하여 이미 부과한 세액을 변경하거나 수시부과하여야 할 사유가 발생하면 수시로 부과·징수할 수 있다.

3. 납세지

재산세는 다음의 납세지를 관할하는 지방자치단체에서 부과한다.

> ① 토지: 토지의 소재지
> ② 건축물: 건축물의 소재지
> ③ 주택: 주택의 소재지
> ④ 선박: 「선박법」에 따른 선적항의 소재지
> ⑤ 항공기: 「항공안전법」에 따른 등록원부에 기재된 정치장의 소재지

4. 징수방법

(1) 보통징수

① 재산세는 관할 지방자치단체의 장이 세액을 산정하여 보통징수의 방법으로 부과·징수한다.
② 재산세를 징수하려면 토지, 건축물, 주택, 선박 및 항공기로 구분한 납세고지서에 과세표준과 세액을 적어 늦어도 납기개시 5일 전까지 발급하여야 한다.

(2) 병기세

소방분 지역자원시설세의 납기와 재산세의 납기가 같을 때에는 재산세의 납세고지서에 나란히 적어 고지할 수 있다.

(3) 소액징수면제

고지서 1장당 재산세로 징수할 세액이 2천원 미만인 경우에는 해당 재산세를 징수하지 아니한다.

5. 세 부담의 상한

해당 재산에 대한 재산세의 산출세액이 직전 연도의 해당 재산에 대한 재산세액 상당액의 100분의 150을 초과하는 경우에는 100분의 150에 해당하는 금액을 해당 연도에 징수할 세액으로 한다. 다만, 주택의 경우에는 적용하지 아니한다.

6. 분할납부

(1) 분할납부 신청기준
지방자치단체의 장은 재산세의 납부세액이 250만원을 초과하는 경우에는 납부할 세액의 일부를 납부기한이 지난 날부터 3개월 이내에 분할납부하게 할 수 있다.

(2) 분할납부 세액의 기준
분할납부 세액은 다음의 기준에 따른다.

> ① 납부할 세액이 500만원 이하인 경우: 250만원을 초과하는 금액
> ② 납부할 세액이 500만원을 초과하는 경우: 그 세액의 100분의 50 이하의 금액

(3) 분할납부 신청기한
분할납부하려는 자는 재산세의 납부기한까지 분할납부신청서를 시장·군수·구청장에게 제출하여야 한다.

7. 물납

(1) 물납 신청기준
지방자치단체의 장은 재산세의 납부세액이 1천만원을 초과하는 경우에는 납세의무자의 신청을 받아 해당 지방자치단체의 관할 구역에 있는 부동산에 대하여만 물납을 허가할 수 있다.

(2) 물납 신청기한
재산세를 물납(物納)하려는 자는 행정안전부령으로 정하는 서류를 갖추어 그 납부기한 10일 전까지 납세지를 관할하는 시장·군수·구청장에게 신청하여야 한다.

8. 부가세

납부하여야 할 재산세액(재산세 도시지역분은 제외)의 100분의 20을 지방교육세로 부과한다.

9. 납부유예

지방자치단체의 장은 과세기준일 현재 1세대 1주택을 소유하는 납세의무자가 법정요건 충족 시 주택분 재산세액의 납부유예를 그 납부기한 만료 3일 전까지 신청하는 경우 이를 허가할 수 있다. 이 경우 납부유예를 신청한 납세의무자는 그 유예할 주택분 재산세에 상당하는 담보를 제공하여야 한다.

8 재산세 과세대상 토지의 분류

토지에 대한 재산세 과세대상은 다음에 따라 종합합산과세대상, 별도합산과세대상 및 분리과세대상으로 구분한다. 이는 재산세 과세대상 토지의 효율적 이용 정도에 따라 세 부담을 달리하고자 함에 그 의의가 있다.

개략적인 과세대상 구분

구분	분리과세	별도합산과세	종합합산과세
농지, 목장용지, 임야	1천분의 0.7(0.07%)	-	-
공장용지 및 산업용 토지	1천분의 2(0.2%)	-	-
회원제 골프장 및 고급오락장용 토지	1천분의 40(4%)	-	-
일반 건축물의 부속토지 및 경제적 활용토지	-	1천분의 2 ~ 1천분의 4 (0.2 ~ 0.4%)	-
분리, 별도 이외의 토지	-	-	1천분의 2 ~ 1천분의 5 (0.2 ~ 0.5%)

PART 3 국세

양도소득세는 매년 5~6문제가 꾸준히 출제되는 중요한 부분이므로, 전체 흐름을 먼저 파악하고 세부적인 내용을 학습하시기 바랍니다.

Chapter 01 종합부동산세

📍 **학습포인트** 종합부동산세의 과세대상과 계산구조 및 납세절차 등을 이해한다.

1 종합부동산세의 의의

고액의 부동산 보유자에 대하여 종합부동산세를 부과하여 부동산 보유에 대한 조세부담의 형평성을 제고하고, 부동산의 가격안정을 도모함으로써 지방재정의 균형발전과 국민경제의 건전한 발전에 이바지함을 목적으로 2005년부터 재산세와는 별도로 기준금액 초과분에 대해 종합부동산세를 부과하고 있다.

한편, 종합부동산세는 국세이지만 재정이 어려운 지방자치단체에 전액 교부하도록 하여 지방재정의 균형발전을 도모하고 있다.

2 종합부동산세의 특징

(1) 인세

종합부동산세는 주택, 종합합산과세대상 토지, 별도합산과세대상 토지로 구분하여 소유자별로 전국 합산하여 과세한다.

(2) 고지징수, 선택적 신고납부

종합부동산세는 고지징수를 원칙으로 하지만 납세의무자가 신고납부방식을 선택할 수 있다.

3 과세대상

종합부동산세는 「지방세법」상 재산세 과세대상인 주택과 토지(분리과세대상 토지는 제외)를 과세대상으로 한다. 따라서 재산세 과세대상인 건축물과 선박, 항공기는 종합부동산세 과세대상이 아니다.

> **한눈에 보기** 과세대상 요약

구분		재산세	종합부동산세
토지	종합합산과세대상	0.2~0.5%, 초과누진세율	과세대상
	별도합산과세대상	0.2~0.4%, 초과누진세율	과세대상
	분리과세대상	0.07%, 0.2%, 4%	과세대상 제외
건축물		0.25%, 0.5%, 4%	과세대상 제외
주택		0.1~0.4% 등 초과누진세율	과세대상

4 납세의무자

1. 주택에 대한 납세의무자

(1) 일반적인 납세의무자

과세기준일(매년 6월 1일) 현재 주택분 재산세의 납세의무자는 종합부동산세를 납부할 의무가 있다.

(2) 신탁주택의 납세의무자

「신탁법」에 따른 수탁자의 명의로 등기 또는 등록된 신탁재산으로서 주택의 경우에는 위탁자가 종합부동산세를 납부할 의무가 있다. 이 경우 위탁자가 신탁주택을 소유한 것으로 본다.

2. 토지에 대한 납세의무자

(1) 일반적인 납세의무자

과세기준일 현재 토지분 재산세의 납세의무자로서 다음 어느 하나에 해당하는 자는 해당 토지에 대한 종합부동산세를 납부할 의무가 있다.
① 종합합산과세대상인 경우에는 국내에 소재하는 해당 과세대상 토지의 공시가격을 합한 금액이 5억원을 초과하는 자
② 별도합산과세대상인 경우에는 국내에 소재하는 해당 과세대상 토지의 공시가격을 합한 금액이 80억원을 초과하는 자

(2) 신탁토지의 납세의무자

수탁자의 명의로 등기 또는 등록된 신탁재산으로서 토지의 경우에는 위탁자가 종합부동산세를 납부할 의무가 있다. 이 경우 위탁자가 신탁토지를 소유한 것으로 본다.

5 주택에 대한 종합부동산세

1. 과세표준

(1) 개인 소유 주택의 과세표준

주택에 대한 종합부동산세의 과세표준은 납세의무자별로 주택의 공시가격을 합산한 금액에서 9억원을 공제한 금액에 공정시장가액비율을 곱한 금액으로 한다.

> 과세표준 = (주택의 공시가격 합계액 − 9억원) × 공정시장가액비율(60%)

(2) 1세대 1주택의 경우(단독소유)

1세대 1주택자의 경우에는 주택의 공시가격을 합산한 금액에서 12억원을 공제한 금액에 공정시장가액비율을 곱한 금액으로 한다.

> 과세표준 = (주택의 공시가격 합계액 − 12억원) × 공정시장가액비율(60%)

(3) 법인 소유 주택의 과세표준

주택의 공시가격을 합산한 금액에 공정시장가액비율을 곱한 금액으로 한다.

> 과세표준 = 주택의 공시가격 합계액 × 공정시장가액비율(60%)

(4) 과세표준계산 시 합산배제 주택

다음에 해당하는 주택은 과세표준 합산의 대상이 되는 주택의 범위에서 제외한다.

> ① 법정 임대사업용 주택
> ② 기숙사·사원용 주택
> ③ 노인복지주택
> ④ 법정 미분양주택
> ⑤ 등록문화유산에 해당하는 주택
> ⑥ 어린이집용 주택
> ⑦ 향교 등

2. 세율 및 세액

(1) 세율
① **납세의무자가 2주택 이하를 소유한 경우**: 1천분의 5 ~ 1천분의 27
② **납세의무자가 3주택 이상을 소유한 경우**: 1천분의 5 ~ 1천분의 50
③ **납세의무자가 법인 또는 법인으로 보는 단체인 경우**(공익법인 등 제외)
　㉠ 2주택 이하를 소유한 경우: 1천분의 27
　㉡ 3주택 이상을 소유한 경우: 1천분의 50

(2) 이중과세 조정
주택분 과세표준 금액에 대하여 해당 과세대상 주택의 주택분 재산세로 부과된 세액은 주택분 종합부동산세액에서 이를 공제한다.

(3) 세액공제
주택분 종합부동산세 납세의무자가 1세대 1주택자에 해당하는 경우의 주택분 종합부동산세액은 산출된 세액에서 다음 ①, ②에 따른 1세대 1주택자에 대한 공제액을 공제한 금액으로 한다. 이 경우 ①, ②의 세액공제는 공제율 합계 100분의 80의 범위에서 중복하여 적용할 수 있다

① **연령별 세액공제**: 과세기준일 현재 만 60세 이상인 1세대 1주택자의 공제액은 산출된 세액에 다음 연령별 공제율을 곱한 금액으로 한다.

연령	공제율
만 60세 이상 만 65세 미만	100분의 20
만 65세 이상 만 70세 미만	100분의 30
만 70세 이상	100분의 40

② **보유기간별 공제**: 1세대 1주택자로서 해당 주택을 과세기준일 현재 5년 이상 보유한 자의 공제액은 산출된 세액에 다음에 따른 보유기간별 공제율을 곱한 금액으로 한다.

보유기간	공제율
5년 이상 10년 미만	100분의 20
10년 이상 15년 미만	100분의 40
15년 이상	100분의 50

(4) 세 부담의 상한

종합부동산세의 납세의무자가 해당 연도에 납부하여야 할 주택분 재산세액 상당액과 주택분 종합부동산세액 상당액의 합계액(주택에 대한 총세액상당액)이 해당 납세의무자에게 직전 연도에 해당 주택에 부과된 주택에 대한 총세액상당액으로서 대통령령으로 정하는 바에 따라 계산한 세액의 100분의 150을 초과하는 경우에는 그 초과하는 세액에 대해서는 이를 없는 것으로 본다. 다만, 납세의무자가 법인 또는 법인으로 보는 단체는 세 부담의 상한규정을 적용하지 아니한다.

6 토지에 대한 종합부동산세

토지에 대한 종합부동산세는 국내에 소재하는 토지에 대하여 「지방세법」에 따른 종합합산과세대상과 별도합산과세대상으로 구분하여 과세한다.

1. 종합합산과세대상 토지분 종합부동산세

(1) 과세표준

종합합산과세대상인 토지에 대한 종합부동산세의 과세표준은 납세의무자별로 해당 과세대상토지의 공시가격을 합산한 금액에서 5억원을 공제한 금액에 공정시장가액비율(100%)을 곱한 금액으로 한다.

(2) 세율 및 세액

① **세율**: 1천분의 10 ~ 1천분의 30
② **이중과세조정**: 종합합산과세대상인 토지의 과세표준 금액에 대하여 해당 과세대상 토지의 토지분 재산세로 부과된 세액은 토지분 종합합산세액에서 이를 공제한다.
③ **세 부담의 상한**: 종합부동산세의 납세의무자가 종합합산과세대상인 토지에 대하여 해당 연도에 납부하여야 할 재산세액 상당액과 토지분 종합합산세액 상당액의 합계액(종합합산과세대상인 토지에 대한 총세액상당액)이 해당 납세의무자에게 직전 연도에 해당 토지에 부과된 종합합산과세대상인 토지에 대한 총세액상당액의 100분의 150을 초과하는 경우에는 그 초과하는 세액에 대해서는 이를 없는 것으로 본다.

2. 별도합산과세대상 토지분 종합부동산세

(1) 과세표준

별도합산과세대상인 토지에 대한 종합부동산세의 과세표준은 납세의무자별로 해당 과세대상토지의 공시가격을 합산한 금액에서 80억원을 공제한 금액에 공정시장가액비율(100%)을 곱한 금액으로 한다.

(2) 세율 및 세액

① **세율**: 1천분의 5 ~ 1천분의 7
② **이중과세 조정**: 별도합산과세대상인 토지의 과세표준 금액에 대하여 해당 과세대상 토지의 토지분 재산세로 부과된 세액은 토지분 별도합산세액에서 이를 공제한다.
③ **세 부담의 상한**: 종합부동산세의 납세의무자가 별도합산과세대상인 토지에 대하여 해당 연도에 납부하여야 할 재산세액 상당액과 토지분 별도합산세액 상당액의 합계액(별도합산과세대상인 토지에 대한 총세액상당액)이 해당 납세의무자에게 직전 연도에 해당 토지에 부과된 별도합산과세대상인 토지에 대한 총세액상당액의 100분의 150을 초과하는 경우에는 그 초과하는 세액에 대해서는 이를 없는 것으로 본다.

7 비과세

「지방세특례제한법」 또는 「조세특례제한법」에 의한 재산세의 비과세·과세면제 또는 경감에 관한 규정은 종합부동산세를 부과하는 경우에 준용한다.

8 납세절차

1. 과세기준일

종합부동산세의 과세기준일은 「지방세법」에 따른 재산세의 과세기준일(매년 6월 1일)로 한다.

2. 납세지

(1) 종합부동산세의 납세의무자가 거주자인 경우에는 주소지 또는 거소지를 납세지로 하고, 비거주자인 경우에는 국내사업장의 소재지로 한다. 다만, 국내사업장이 둘 이상 있는 경우에는 주된 국내사업장의 소재지를 납세지로 하고, 국내사업장이 없는 경우에는 국내원천소득이 발생하는 장소를 납세지로 한다.

(2) 종합부동산세의 납세의무자가 법인 또는 법인으로 보는 단체인 경우에는 「법인세법」 규정을 준용하여 본점 또는 주사무소 소재지를 납세지로 한다.

(3) 종합부동산세의 납세의무자가 비거주자인 개인 또는 외국법인으로서 국내사업장이 없고 국내원천소득이 발생하지 아니하는 주택 및 토지를 소유한 경우에는 그 주택 또는 토지의 소재지(주택 또는 토지가 둘 이상인 경우에는 공시가격이 가장 높은 주택 또는 토지의 소재지)를 납세지로 정한다.

3. 납세절차

(1) 원칙: 고지징수(정부부과)
  ① 관할 세무서장은 납부하여야 할 종합부동산세의 세액을 결정하여 해당 연도 12월 1일부터 12월 15일까지 부과·징수한다.
  ② 관할 세무서장은 종합부동산세를 징수하려면 납부고지서에 주택 및 토지로 구분한 과세표준과 세액을 기재하여 납부기간 개시 5일 전까지 발급하여야 한다.

(2) 예외: 신고납부 선택
종합부동산세를 신고납부방식으로 납부하고자 하는 납세의무자는 종합부동산세의 과세표준과 세액을 해당 연도 12월 1일부터 12월 15일까지 관할 세무서장에게 신고하여야 한다. 이 경우 세무서장의 결정은 없었던 것으로 본다.

(3) 분할납부
관할 세무서장은 종합부동산세로 납부하여야 할 세액이 250만원을 초과하는 경우에는 그 세액의 일부를 납부기한이 지난 날부터 6개월 이내에 분납하게 할 수 있다.
  ① 분할납부할 수 있는 세액
      ㉠ 납부하여야 할 세액이 250만원 초과, 5백만원 이하인 때에는 해당 세액에서 250만원을 차감한 금액
      ㉡ 납부하여야 할 세액이 5백만원을 초과하는 때에는 해당 세액의 100분의 50 이하의 금액

② **신청기한**: 납부고지서를 받은 자가 분납하려는 때에는 종합부동산세의 납부기한까지 기획재정부령으로 정하는 신청서를 관할 세무서장에게 제출해야 한다.

4. 공동명의 1주택자의 납세의무 등에 관한 특례

(1) 요건

과세기준일 현재 세대원 중 1인이 그 배우자와 공동으로 1주택을 소유하고 해당 세대원 및 다른 세대원이 다른 주택을 소유하지 아니한 경우로서 대통령령으로 정하는 경우에는 배우자와 공동으로 1주택을 소유한 자 또는 그 배우자 중 주택에 대한 지분율이 높은 사람(지분율이 같은 경우에는 공동소유자 간 합의에 따른 사람)을 해당 1주택에 대한 납세의무자로 할 수 있다.

(2) 신청기한

1세대 1주택자로 적용받으려는 납세의무자는 해당 연도 9월 16일부터 9월 30일까지 대통령령으로 정하는 바에 따라 관할 세무서장에게 신청하여야 한다.

(3) 공동명의 1주택자에 대한 세법 적용

공동명의 1주택자 선택 시 1세대 1주택 단독명의 소유자에게 적용되는 규정을 모두 적용한다.
① 과세표준 계산 시 12억원 공제
② 연령에 따른 세액공제 및 보유기간에 따른 세액공제 적용 가능

5. 부가세

종합부동산세 납세의무가 있는 경우에는 해당 세액에 대하여 100분의 20의 농어촌특별세가 부가된다.

6. 납부유예

관할세무서장은 과세기준일 현재 1세대 1주택인 납세의무자가 법정요건 충족 시 주택분 종합부동산세액의 납부유예를 그 납부기한 만료 3일 전까지 신청하는 경우 이를 허가할 수 있다. 이 경우 납부유예를 신청한 납세의무자는 그 유예할 주택분 종합부동산세액에 상당하는 담보를 제공하여야 한다.

Chapter 02 양도소득세

> **학습포인트** 양도소득세의 과세대상, 계산구조 및 납세절차 등을 이해한다.

1 의의

양도소득이란 개인이 해당 과세기간에 일정한 자산의 양도로 발생하는 소득을 말한다. 즉, 양도소득세는 개인이 사업성 없이 토지, 건물 등의 소유권을 유상으로 이전함에 따라 발생하는 소득을 주소지 관할 세무서에 신고, 납부하는 국세이다. 다만, 사업성이 있는 경우에는 사업소득에 해당되어 종합소득세로 과세된다.

2 과세대상

구분	과세대상 자산

부동산 및 이에 준하는 자산	① 토지와 건물
	② 부동산에 관한 권리
	   ㉠ 지상권, 전세권, 등기된 부동산임차권
	   ㉡ 부동산을 취득할 수 있는 권리(분양권, 입주권 등)
	③ 기타자산
	   ㉠ 영업권, 이축권(사업용 자산 및 토지, 건물과 함께 양도하는 것에 한함)
	   ㉡ 특정시설물 이용권(골프회원권 등)
	   ㉢ 특정주식
	   ㉣ 특정업종 영위 부동산 과다보유 법인의 주식

주식	① 주권상장법인의 주식, 비상장법인 주식 ② 외국법인이 발행, 외국에 있는 시장에 상장된 주식
파생상품	파생상품 등의 거래 또는 행위로 발생하는 소득
신탁수익권	신탁의 이익을 받을 권리(수익증권 및 투자신탁의 수익권 등은 제외)

1. 토지와 건물

'토지'란 「공간정보의 구축 및 관리 등에 관한 법률」에 따라 지적공부(地籍公簿)에 등록하여야 할 지목에 해당하는 것을 말하며 건물에는 건물에 부속된 시설물과 구축물을 포함한다.

2. 부동산에 관한 권리

(1) 부동산을 취득할 수 있는 권리(건물이 완성되는 때에 그 건물과 이에 딸린 토지를 취득할 수 있는 권리를 포함한다)

(2) 지상권

(3) 전세권과 등기된 부동산임차권*

>  **용어 정리**
>
> ***부동산임차권**
> 임대차계약에서 빌려쓰는 사람이 그 물건을 사용하고 이익을 얻을 수 있는 권리를 말한다. 등기된 것은 양도소득으로, 등기되지 아니한 경우에는 종합소득 중 기타소득으로 구분한다.

3. 기타자산

(1) 영업권

사업에 사용하는 자산(토지, 건물 및 부동산에 관한 권리)과 함께 양도하는 영업권을 말한다. 즉, 영업권만을 별도로 양도하여 발생한 소득은 기타소득으로 과세한다.

(2) 이축권

토지, 건물과 함께 양도하는 이축(移築)을 할 수 있는 권리를 말한다. 다만, 해당 이축권을 별도로 평가하여 신고하는 경우 이축권을 양도하고 받은 대가는 기타소득으로 과세한다.

(3) 특정시설물 이용권

① 특정시설물의 이용권·회원권, 그 밖에 그 명칭과 관계없이 시설물을 배타적으로 이용하거나 일반이용자보다 유리한 조건으로 이용할 수 있도록 약정한 단체의 구성원이 된 자에게 부여되는 시설물 이용권을 말한다(골프회원권, 콘도미니엄 회원권, 종합체육시설회원권 등).

② 법인의 주식 등을 소유하는 것만으로 시설물을 배타적으로 이용하거나 일반이용자보다 유리한 조건으로 시설물 이용권을 부여받게 되는 경우 그 주식 등을 포함한다.

(4) 특정주식

법인의 자산총액 중 부동산 등이 차지하는 비율이 100분의 50 이상인 법인의 과점주주가 그 법인의 주식 등의 100분의 50 이상을 해당 과점주주 외의 자에게 양도하는 경우에 해당 주식으로 다음 요건을 모두 충족한 것을 말한다.

구분	요건
부동산 등의 비율이 50% 이상인 법인	해당 법인의 자산총액 중 토지, 건물 및 부동산에 관한 권리의 가액과 해당 법인이 보유한 다른 부동산 과다보유 법인의 주식가액의 합계액이 차지하는 비율이 50% 이상인 법인
과점주주	법인의 주주 1인 및 기타주주가 소유하고 있는 주식 등의 합계액이 해당 법인의 주식 등의 합계액의 100분의 50을 초과하는 경우 그 주주 1인 및 기타주주를 말한다.
양도요건	과점주주가 해당 법인의 주식 등의 100분의 50 이상을 과점주주 외의 자에게 양도한 주식 등 중에서 양도하는 날(여러 번에 걸쳐 양도하는 경우에는 그 양도로 양도한 주식 등이 전체 주식 등의 100분의 50 이상이 된 날)부터 소급해 3년 내에 해당 법인의 과점주주 간에 해당 법인의 주식 등을 양도한 경우를 말한다.

(5) 특정업종 영위 부동산 과다보유 법인의 주식

다음 요건을 모두 충족하는 법인의 주식(출자지분 포함)을 말한다. 이 경우는 과점주주 여부나 양도비율에 관계없이 단 1주를 양도해도 기타자산에 해당한다.

구분	요건
부동산 등의 비율	해당 법인의 자산총액 중 토지, 건물 및 부동산에 관한 권리의 가액과 해당 법인이 보유한 다른 부동산 과다보유 법인의 주식가액의 합계액이 차지하는 비율이 80% 이상인 법인
업종 기준	골프장업·스키장업 등 체육시설업, 「관광진흥법」에 따른 관광사업 중 휴양시설 관련업 및 부동산업·부동산개발업으로서 기획재정부령으로 정하는 사업을 하는 법인

3 양도의 개념과 범위

1. 양도의 개념

'양도'란 자산에 대한 등기 또는 등록과 관계없이 매도, 교환, 법인에 대한 현물출자, 부담부증여*의 채무인수액, 수용 등을 통하여 그 자산을 유상으로 사실상 이전하는 것을 말한다.

> **용어 정리**
>
> *부담부증여
> 수증자가 증여를 받음과 동시에 증여자 또는 제3자에게 어떠한 급부를 부담으로 하는 부관(附款)을 갖는 증여이다. 예를 들어, 배우자나 자녀에게 부동산 등 재산을 증여할 때 전세보증금이나 주택담보대출과 같은 부채를 포함해서 물려주는 것이다.

■■ **부담부증여**

1. 부담부증여 시 증여자의 채무를 수증자가 인수하는 경우 증여가액 중 수증자가 부담하는 채무액에 해당하는 부분을 양도로 본다.
2. 배우자 간 또는 직계존비속 간의 부담부증여 시에는 채무액에 해당하는 부분을 수증자에게 인수되지 않은 것으로 추정하여 양도로 보지 않는다. 다만, 해당 채무액이 국가 및 지방자치단체에 대한 채무 등 법령에 정하는 바에 의하여 채무인수를 객관적으로 증명하는 경우에는 양도로 본다.

구분	증여가액 중 채무인수액	채무인수액 이외 부분
일반적인 경우	유상거래(증여자 양도소득세)	무상거래(수증자 증여세)
배우자, 직계존비속 간	① 원칙: 무상거래 추정(수증자 증여세) ② 예외: 채무인수 증명 시 유상거래 인정(증여자 양도소득세)	무상거래(수증자 증여세)

2. 양도로 보지 않는 경우

(1) 환지처분, 보류지 충당

「도시개발법」이나 그 밖의 법률에 따른 **환지처분***으로 지목 또는 지번이 변경되거나 보류지(保留地)로 충당되는 경우 양도로 보지 아니한다.

> **용어 정리**
>
> ***환지처분**
> 토지개량사업 내지 토지구획정리사업을 실시함에 있어서 종전의 토지에 관한 소유권 및 기타의 권리를 보유하는 자에게 종전의 토지를 대신하여 정연하게 구획된 토지를 할당하고, 종국적으로 이를 귀속시키는 처분을 말한다.

(2) 지적 경계선 변경을 위한 토지의 교환

토지의 경계를 변경하기 위하여 「공간정보의 구축 및 관리 등에 관한 법률」에 따른 토지의 분할 등 다음의 요건을 모두 충족하는 경우에는 양도로 보지 아니한다.

① 토지 이용상 불합리한 지상(地上) 경계(境界)를 합리적으로 바꾸기 위하여 「공간정보의 구축 및 관리 등에 관한 법률」이나 그 밖의 법률에 따라 토지를 분할하여 교환할 것
② 위 ①에 따라 분할된 토지의 전체 면적이 분할 전 토지의 전체 면적의 100분의 20을 초과하지 아니할 것

(3) 신탁재산의 이전

위탁자와 수탁자 간 신임관계에 기하여 위탁자의 자산에 신탁이 설정되고 그 신탁재산의 소유권이 수탁자에게 이전된 경우로서 위탁자가 신탁설정을 해지하거나 신탁의 수익자를 변경할 수 있는 등 신탁재산을 실질적으로 지배하고 소유하는 것으로 볼 수 있는 경우에는 양도로 보지 아니한다.

(4) 양도담보

양도담보* 시 소유권이전은 채권을 담보하기 위한 형식에 불과하므로 양도로 보지 아니한다. 다만, 채무불이행으로 인하여 해당 자산을 변제에 충당한 때에는 그때에 이를 양도한 것으로 본다.

> **용어 정리**
>
> *양도담보
> 채무자가 채무보증의 한 방법으로 채권자에게 담보물의 소유권을 이전해주는 것을 말한다.

(5) 배우자 또는 직계존비속에게 양도하는 경우

배우자 또는 직계존비속에게 과세대상 자산을 양도한 경우에는 그 자산에 대해서는 증여한 것으로 추정한다. 다만, 그 대가를 지출한 사실이 입증되는 등의 경우에는 양도로 본다.

(6) 소유권의 환원

① 법원의 확정판결에 의하여 신탁해지를 원인으로 소유권이전등기를 하는 경우에는 양도로 보지 아니한다.
② 매매원인 무효의 소에 의하여 그 매매사실이 원인무효로 판시되어 환원될 경우에는 양도로 보지 아니한다.

(7) 공유물의 분할

① 공동소유의 토지를 소유지분별로 단순히 분할하는 경우에는 양도로 보지 아니한다.
② 다만, 공동소유의 토지를 소유지분별로 분할하면서 그 공유지분의 감소의 대가를 받은 경우에는 양도로 본다.

(8) 기타 양도로 보지 않는 경우

① 혼인 중에 형성된 부부공동재산을 「민법」에 따라 재산분할하는 경우 양도로 보지 아니한다.
② 경매, 공매로 인하여 소유권이 이전되는 경우에는 양도로 보지만 자기가 재취득하는 경우에는 양도로 보지 아니한다.

4 양도 또는 취득시기

보유기간은 일반적으로 취득일부터 양도일까지를 말한다. 그런데 양도자산의 보유기간은 세율과 장기보유특별공제 등에 영향을 미쳐 결국 납부해야 할 세액이 달라진다. 따라서 양도시기 및 취득시기 판단은 매우 중요하다.

1. 일반적인 경우

(1) 원칙: 대금청산일

자산의 양도차익을 계산할 때 그 취득시기 및 양도시기는 해당 자산의 대금을 청산한 날로 한다.

(2) 예외: 등기·등록 접수일

① 대금을 청산한 날이 분명하지 아니한 경우에는 등기부·등록부 또는 명부 등에 기재된 등기·등록접수일 또는 명의개서일

② 대금을 청산하기 전에 소유권이전등기(등록 및 명의의 개서를 포함)를 한 경우에는 등기부·등록부 또는 명부 등에 기재된 등기접수일

2. 특수한 경우

(1) 장기할부조건의 경우

장기할부조건의 경우에는 소유권이전등기 접수일·인도일 또는 사용수익일 중 빠른 날로 한다.

(2) 자가건설 건축물

① **허가를 받은 경우**: 자기가 건설한 건축물에 있어서는 「건축법」에 따른 사용승인서 교부일로 한다. 다만, 사용승인서 교부일 전에 사실상 사용하거나 임시사용승인을 받은 경우에는 그 사실상의 사용일 또는 임시사용승인을 받은 날 중 빠른 날을 취득시기로 한다.

② **무허가건축물의 경우**: 건축허가를 받지 아니하고 건축하는 건축물에 있어서는 그 사실상의 사용일을 취득시기로 한다.

(3) 상속 및 증여받은 자산

상속 또는 증여에 의하여 취득한 자산에 대하여는 그 상속이 개시된 날 또는 증여를 받은 날을 취득시기로 한다.

(4) 점유시효취득의 경우

「민법」에 의하여 부동산의 소유권을 취득하는 경우에는 해당 부동산의 점유를 개시한 날을 취득시기로 한다.

(5) 수용의 경우

① 「공익사업을 위한 토지 등의 취득 및 보상에 관한 법률」이나 그 밖의 법률에 따라 공익사업을 위하여 수용되는 경우에는 대금을 청산한 날, 수용의 개시일 또는 소유권이전등기 접수일 중 빠른 날
② 소유권에 관한 소송으로 보상금이 공탁된 경우에는 소유권 관련 소송 판결 확정일로 한다.

(6) 대금청산 이후에 완성 또는 확정된 자산

완성 또는 확정되지 아니한 자산을 양도 또는 취득한 경우로서 해당 자산의 대금을 청산한 날까지 그 목적물이 완성 또는 확정되지 아니한 경우에는 그 목적물이 완성 또는 확정된 날로 한다.

(7) 환지처분으로 취득한 토지

① 「도시개발법」 또는 그 밖의 법률에 따른 환지처분으로 인하여 취득한 토지의 취득시기는 환지 전의 토지의 취득일을 취득시기로 한다.
② 교부받은 토지의 면적이 환지처분에 의한 권리면적보다 증가 또는 감소된 경우에는 그 증가 또는 감소된 면적의 토지에 대한 취득시기 또는 양도시기는 환지처분의 공고가 있은 날의 다음 날로 한다.

(8) 취득시기가 분명하지 아니한 경우

양도한 자산의 취득시기가 분명하지 아니한 경우에는 먼저 취득한 자산을 먼저 양도한 것으로 본다.

(9) 법원의 무효판결로 환원된 자산

법원의 무효판결로 환원된 자산은 당초 취득일에 취득한 것으로 본다.

(10) 의제취득시기

1984년 12월 31일 이전에 취득한 토지, 건물, 부동산에 관한 권리 및 기타자산은 1985년 1월 1일에 취득한 것으로 본다.

5 비과세 양도소득

비과세 양도소득이란 양도를 통한 소득 중 정책 목적상 과세하지 않기로 정한 다음의 경우를 말하며, 이 경우 과세권자가 과세권을 포기한 것으로 보기 때문에 과세표준 및 세액의 신고 또는 신청의 절차나 과세관청의 행정적 처분이 필요 없다.

1. 파산선고에 의한 처분으로 발생하는 소득

2. 농지의 교환 또는 분합(分合)으로 발생하는 소득

다음의 어느 하나에 해당하는 농지를 교환 또는 분합하여 발생하는 소득에 대해서는 소득세를 과세하지 않는다. 이 경우 교환 또는 분합하는 쌍방 토지가액의 차액은 가액이 큰 편의 4분의 1 이하이어야 한다.

① 국가 또는 지방자치단체가 시행하는 사업으로 인하여 교환 또는 분합하는 농지
② 국가 또는 지방자치단체가 소유하는 토지와 교환 또는 분합하는 농지
③ 경작상 필요에 의하여 교환하는 농지. 다만, 교환에 의하여 새로이 취득하는 농지를 3년 이상 농지소재지에 거주하면서 경작하는 경우에 한한다.
④ 「농어촌정비법」·「농지법」·「한국농어촌공사 및 농지관리기금법」 또는 「농업협동조합법」에 의하여 교환 또는 분합하는 농지

3. 경계변경에 의한 조정금 비과세

「지적재조사에 관한 특별법」의 지적재조사사업에 따른 경계의 확정으로 지적공부상의 면적이 감소되어 지급받는 조정금에 대해서는 양도소득세를 과세하지 않는다.

4. 1세대 1주택 양도소득세 비과세

1세대 1주택(부수토지 포함)의 양도로 발생하는 소득은 양도소득세를 과세하지 않는다. 1세대 1주택이란 1세대가 양도일 현재 국내에 1주택을 보유하고 있는 경우로서 해당 주택의 보유기간이 2년 이상인 것을 말한다.

(1) 1세대

1세대란 거주자 및 그 배우자(법률상 이혼을 하였으나 생계를 같이 하는 등 사실상 이혼한 것으로 보기 어려운 관계에 있는 사람을 포함)가 그들과 같은 주소 또는 거소에서 생계를 같이 하는 자와 함께 구성하는 가족단위를 말한다. 다만, 다음의 경우에는 배우자가 없어도 1세대로 본다.

① 해당 거주자의 나이가 30세 이상인 경우
② 배우자가 사망하거나 이혼한 경우
③ 「소득세법」제4조에 따른 소득 중 기획재정부령으로 정하는 소득이 「국민기초생활 보장법」제2조 제11호에 따른 기준 중위소득을 12개월로 환산한 금액의 100분의 40 수준 이상으로서 소유하고 있는 주택 또는 토지를 관리·유지하면서 독립된 생계를 유지할 수 있는 경우. 다만, 미성년자의 경우를 제외하되, 미성년자의 결혼, 가족의 사망 그 밖에 기획재정부령이 정하는 사유로 1세대의 구성이 불가피한 경우에는 그러하지 아니하다.

(2) 1주택

① **주택의 개념**: 주택이란 허가 여부나 공부상의 용도구분에 관계없이 사실상 주거용으로 사용하는 건물을 말한다.

➕ 공부상 주택이나 사실상 주거용으로 사용하지 않는 경우(음식점, 카페 등)에는 주택으로 보지 아니한다.

② **비과세되는 1주택**

㉠ 1세대 1주택으로서 양도소득세가 비과세되기 위해서는 1세대가 양도일 현재 국내에 1주택만을 보유해야 한다.

㉡ 1주택 양도 시 비과세되는 범위에는 주택에 딸린 토지(주택의 부수토지)를 포함한다. 이때 비과세되는 면적은 다음과 같다.

ⓐ 「국토의 계획 및 이용에 관한 법률」제6조 제1호에 따른 도시지역 내의 토지
  - 「수도권정비계획법」제2조 제1호에 따른 수도권 내의 토지 중 주거지역·상업지역 및 공업지역 내의 토지: 3배
  - 수도권 내의 토지 중 녹지지역 내의 토지: 5배
  - 수도권 밖의 토지: 5배
ⓑ 그 밖의 토지: 10배

ⓒ **다가구주택의 경우**: 1세대 1주택 비과세 적용 시 다가구주택은 한 가구가 독립하여 거주할 수 있도록 구획된 부분을 각각 하나의 주택으로 본다. 다만, 해당 다가구주택을 구획된 부분별로 양도하지 아니하고 하나의 매매단위로 하여 양도하는 경우에는 그 전체를 하나의 주택으로 본다.

ⓔ **겸용주택의 경우**: 1세대 1주택 비과세 적용 시 하나의 건물이 주택과 주택 외의 부분으로 복합되어 있는 경우와 주택에 딸린 토지에 주택 외의 건물이 있는 경우에는 그 전부를 주택으로 본다. 다만, 주택의 연면적이 주택 외의 부분의 연면적보다 적거나 같을 때에는 주택 외의 부분은 주택으로 보지 아니한다.

ⓐ 고가주택이 아닌 경우

구분	건물	부수토지
주택면적 > 주택 외의 면적	전부 주택으로 본다.	전부를 주택의 부수토지로 본다.
주택면적 ≤ 주택 외의 면적	주택 외의 부분은 주택으로 보지 않는다.	전체 토지면적을 건물면적비율로 안분계산하여 주택 부수토지를 계산한다.

ⓑ 고가주택인 경우: 각각의 용도로 본다.

ⓜ **고가주택의 경우**: 주택 및 이에 딸린 토지의 양도 당시 실지거래가액의 합계액이 12억원을 초과하는 고가주택의 양도에 대해서는 비과세가 적용되지 아니한다.

(3) 2년 이상 보유 요건(취득당시 조정대상지역은 2년 이상 거주)

① 양도소득세가 비과세되는 1세대 1주택은 그 보유기간이 2년 이상인 경우에 적용한다.

② 취득당시에 **조정대상지역***에 있는 주택의 경우에는 해당 주택의 보유기간이 2년 이상이고 그 보유기간 중 거주기간이 2년 이상인 경우에 적용한다.

> **용어 정리**
>
> *조정대상지역
> 주택 가격 상승률이 물가상승률의 2배를 뛰어넘거나 주택 청약 경쟁률이 5대 1 이상인 지역으로「주택법」에 따라 국토교통부장관이 지정·공고하는 지역을 말한다. 지정 및 해제 현황은 국토교통부 홈페이지에서 확인할 수 있다.

③ 보유기간 및 거주기간의 계산

㉠ 보유기간은 해당 주택의 취득일부터 양도일까지로 한다.

㉡ 거주기간은 주민등록표 등본에 따른 전입일부터 전출일까지의 기간으로 한다.

④ 보유기간 및 거주기간의 제한을 받지 않는 경우
  ㉠ 민간건설임대주택이나 공공건설임대주택 또는 공공매입임대주택을 취득하여 양도하는 경우로서 해당 임대주택의 임차일부터 양도일까지의 기간 중 세대전원이 거주한 기간이 5년 이상인 경우
  ㉡ 사업인정 고시일 전에 취득한 주택 및 그 부수토지가 협의매수·수용되는 경우
  ㉢ 해외이주 또는 1년 이상 계속하여 국외거주를 필요로 하는 취학 또는 근무상의 형편으로 세대전원이 출국하는 경우. 다만, 출국일 현재 1주택을 보유하고 있는 경우로서 출국일부터 2년 이내에 양도하는 경우에 한한다.
  ㉣ 1년 이상 거주한 주택을 기획재정부령으로 정하는 취학, 근무상의 형편, 질병의 요양, 그 밖에 부득이한 사유로 양도하는 경우
⑤ **거주기간의 제한을 받지 않는 경우**: 거주자가 조정대상지역의 공고가 있는 날 이전에 매매계약을 체결하고 계약금을 지급한 사실이 증빙서류에 의하여 확인되는 경우로서 해당 거주자가 속한 1세대가 계약금 지급일 현재 주택을 보유하지 아니하는 경우이다.

(4) 1세대 1주택의 비과세 특례

① **일시적 2주택에 대한 비과세 특례**: 국내에 1주택을 소유한 1세대가 그 주택(종전의 주택)을 양도하기 전에 다른 주택(신규 주택)을 취득함으로써 일시적으로 2주택이 된 경우 종전의 주택을 취득한 날부터 1년 이상이 지난 후 신규 주택을 취득하고 신규 주택을 취득한 날부터 3년 이내에 종전의 주택을 양도하는 경우에는 이를 1세대 1주택으로 보아 비과세규정을 적용한다(법인·공공기관의 수도권 밖 이전에 따른 경우에는 3년을 5년으로 봄).

② **직계존속의 동거봉양을 위한 일시적 2주택**: 1주택을 보유하고 1세대를 구성하는 자가 1주택을 보유하고 있는 60세 이상의 직계존속을 동거봉양하기 위하여 세대를 합침으로써 1세대가 2주택을 보유하게 되는 경우, 합친 날부터 10년 이내에 먼저 양도하는 주택은 이를 1세대 1주택으로 보아 비과세규정을 적용한다.

③ **혼인으로 인한 일시적 2주택**: 1주택을 보유하는 자가 1주택을 보유하는 자와 혼인함으로써 1세대가 2주택을 보유하게 되는 경우 또는 1주택을 보유하고 있는 60세 이상의 직계존속을 동거봉양하는 무주택자가 1주택을 보유하는 자와 혼인함으로써 1세대가 2주택을 보유하게 되는 경우 각각 혼인한 날부터 10년 이내에 먼저 양도하는 주택은 이를 1세대 1주택으로 보아 비과세규정을 적용한다.

④ **상속주택으로 인한 1세대 2주택**: 상속받은 주택과 그 밖의 주택을 국내에 각각 1개씩 소유하고 있는 1세대가 일반주택을 양도하는 경우에는 국내에 1개의 주택을 소유하고 있는 것으로 보아 비과세규정을 적용한다.

⑤ **문화유산주택으로 인한 1세대 2주택**: 「문화유산의 보존 및 활용에 관한 법률」에 따른 지정문화유산·국가등록문화유산 및 「자연유산의 보존 및 활용에 관한 법률」에 따른 천연기념물등에 해당하는 주택과 그 밖의 주택(일반주택)을 국내에 각각 1개씩 소유하고 있는 1세대가 일반주택을 양도하는 경우에는 국내에 1개의 주택을 소유하고 있는 것으로 보아 비과세규정을 적용한다.

⑥ **농어촌주택으로 인한 1세대 2주택**: 다음에 해당하는 주택으로 수도권 밖의 지역 중 읍지역(도시지역 안의 지역을 제외) 또는 면지역에 소재하는 주택(농어촌주택)과 그 밖의 주택(일반주택)을 국내에 각각 1개씩 소유하고 있는 1세대가 일반주택을 양도하는 경우에는 국내에 1개의 주택을 소유하고 있는 것으로 보아 비과세규정을 적용한다. 다만, 다음 ⓒ의 주택(귀농주택)에 대해서는 그 주택을 취득한 날부터 5년 이내에 일반주택을 양도하는 경우에 한정하여 비과세규정을 적용한다.

> ⓐ 상속받은 주택(피상속인이 취득 후 5년 이상 거주한 사실이 있는 경우에 한함)
> ⓑ 이농인(어업에서 떠난 자를 포함)이 취득일 후 5년 이상 거주한 사실이 있는 이농주택
> ⓒ 영농 또는 영어의 목적으로 취득한 귀농주택

⑦ **부득이한 사유로 취득한 수도권 밖의 주택으로 인한 1세대 2주택**: 취학, 근무상의 형편, 질병의 요양, 그 밖에 부득이한 사유로 취득한 수도권 밖에 소재하는 주택과 그 밖의 주택(일반주택)을 국내에 각각 1개씩 소유하고 있는 1세대가 부득이한 사유가 해소된 날부터 3년 이내에 일반주택을 양도하는 경우에는 국내에 1개의 주택을 소유하고 있는 것으로 보아 비과세규정을 적용한다.

⑧ **장기임대주택 등에 관한 특례**: 법정요건을 충족한 장기임대주택 또는 장기어린이집과 보유기간 중 거주기간이 2년 이상인 거주주택을 국내에 소유하고 있는 1세대가 거주주택을 양도하는 경우(장기임대주택을 보유하고 있는 경우에는 생애 한 차례만 거주주택을 최초로 양도하는 경우에 한정)에는 국내에 1개의 주택을 소유하고 있는 것으로 보아 비과세규정을 적용한다.

6 양도소득 과세표준의 계산

	양 도 가 액	
−	필 요 경 비	취득가액 + 기타 필요경비(**자본적 지출액*** + 양도비용)
=	양 도 차 익	
−	장 기 보 유 특 별 공 제	국내 소재 등기된 3년 이상 보유한 토지, 건물 및 조합원입주권
=	양 도 소 득 금 액	
−	양 도 소 득 기 본 공 제	소득별로 연 250만원 한도
=	과 세 표 준	
×	세 율	초과누진세율(6 ~ 45%), 비례세율(70%, 60%, 50%, 40% 등)
=	산 출 세 액	
−	세 액 공 제 액	
−	감 면 세 액	
=	결 정 세 액	
+	가 산 세	신고불성실가산세, 납부지연가산세 등
=	총 결 정 세 액	
−	기 납 부 세 액	
=	납 부 세 액	

> 📖 **용어 정리**
>
> ***자본적 지출액**
> 양도자산의 가치를 증가시키거나 내용연수를 연장시키기 위하여 지출되는 수선비 등으로 아파트의 방 확장 공사를 하거나 상가건물에 엘리베이터를 설치하는 등의 지출액을 말한다.

1. 양도차익 산정기준

양도차익을 계산할 때 양도가액을 실지거래가액(매매사례가액·감정가액이 적용되는 경우 그 매매사례가액·감정가액 등을 포함)에 따를 때에는 취득가액도 실지거래가액(매매사례가액·감정가액·환산취득가액이 적용되는 경우 그 매매사례가액·감정가액·환산취득가액 등을 포함)에 따르고, 양도가액을 기준시가에 따를 때에는 취득가액도 기준시가에 따른다.

(1) 원칙: 실지거래가액

양도소득세가 과세되는 자산의 양도가액 또는 취득가액은 그 자산의 양도 또는 취득당시 실지거래가액에 따른다.

(2) 예외: 추계가액

장부, 매매계약서, 영수증 그 밖의 증명서류에 의하여 해당 자산의 양도 당시 또는 취득 당시의 실지거래가액을 인정 또는 확인할 수 없는 경우에는 양도가액 또는 취득가액을 매매사례가액, 감정가액, 환산취득가액 또는 기준시가 등의 순서로 산정할 수 있다.

■ 추계가액

1. **매매사례가액**
   양도일 또는 취득일 전후 각 3개월 이내에 해당 자산(주권상장법인의 주식 등은 제외)과 동일성 또는 유사성이 있는 자산의 매매사례가 있는 경우 그 가액
2. **감정가액**
   양도일 또는 취득일 전후 각 3개월 이내에 해당 자산(주식 등을 제외)에 대하여 둘 이상의 감정평가법인등이 평가한 것으로서 신빙성이 있는 것으로 인정되는 감정가액(감정평가기준일이 양도일 또는 취득일 전후 각 3개월 이내인 것에 한정)이 있는 경우에는 그 감정가액의 평균. 다만, 기준시가가 10억원 이하인 자산(주식 등은 제외)의 경우에는 양도일 또는 취득일 전후 각 3개월 이내에 하나의 감정평가법인등이 평가한 것으로서 신빙성이 있는 것으로 인정되는 경우 그 감정가액(감정평가기준일이 양도일 또는 취득일 전후 각 3개월 이내인 것에 한정)
3. **환산취득가액**(토지·건물 및 부동산을 취득할 수 있는 권리에 대해 적용)
   환산취득가액 = (양도 당시의 실지거래가액, 매매사례가액, 감정가액) × 취득당시의 기준시가/양도 당시의 기준시가
4. **기준시가**
   국세부과 시 법의 규정에 따라 산정한 가액으로 양도가액 또는 취득가액 계산에 있어 기준이 되는 금액으로 개별공시지가, 개별주택가격, 공동주택가격 등을 말한다.

2. 양도차익의 계산

(1) 개요

양 도 가 액	
− 필 요 경 비	취득가액 + 기타의 필요경비(자본적 지출액 + 양도비용)
= 양 도 차 익	양도자산별로 계산

① 필요경비는 다음과 같이 계산한다.

구분	취득가액	기타 필요경비
실지거래가액에 의한 경우	실지거래가액	실지 자본적 지출액, 양도비용
추계방법에 의한 경우	매매사례가액, 감정가액, 환산취득가액, 기준시가	개산공제

② 실지거래가액을 확인할 수 없는 경우에만 매매사례가액, 감정가액 또는 환산취득가액을 적용한다.

③ 기타 필요경비에 대한 개산공제액은 다음과 같다.

> ⊙ 토지, 건물: 취득당시의 기준시가 × 100분의 3(미등기 양도자산의 경우에는 1,000분의 3)
> ⓒ 지상권, 전세권, 등기된 임차권(미등기 양도자산 제외): 취득당시의 기준시가 × 100분의 7
> ⓒ 부동산을 취득할 수 있는 권리, 기타자산, 주식 등: 취득당시의 기준시가 × 100분의 1

한눈에 보기 양도차익의 계산구조

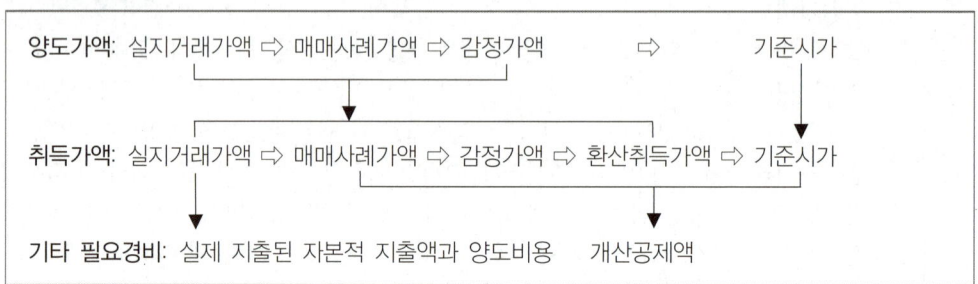

1. 양도가액을 우선 결정하고 취득가액, 기타 필요경비 순으로 결정한다.
2. 먼저 있는 가액부터 적용한다(즉, 실지거래가액이 확인되는데 매매사례가액을 적용할 수 없다).
3. 취득가액을 실지거래가액으로 적용하는 경우에만 기타 필요경비를 실제 지출된 금액으로 적용할 수 있다(나머지 경우에는 전부 개산공제액을 적용).

(2) 실지양도가액

해당 자산의 양도 당시 양도자와 양수자 간에 실제로 거래한 가액

(3) 실지취득가액

취득가액에 포함되는 항목	비고
① 취득부대비용(현재가치할인차금 포함) ⊙ 취득세, 등록면허세 등 기타 부대비용 ⓒ 자기가 행한 제조, 생산 또는 건설에 의하여 취득한 자산은 원재료비, 노무비, 운임, 하역비, 보험료 등 기타 부대비용의 합 ⓒ 부가가치세	① 취득세, 등록면허세 등은 납부영수증이 없는 경우에도 필요경비로 공제한다. 다만, 취득세 등이 감면된 경우의 해당 세액은 제외 ② 부당행위계산에 따른 시가초과액은 제외 ③ 매입세액 공제를 받은 부가가치세 제외
② 당사자 약정에 따른 대금지급방법에 따라 취득원가에 이자상당액을 가산하여 거래가액을 확정하는 경우 해당 이자상당액	당초 약정에 따른 거래가액의 지급기일의 지연으로 추가 발생하는 이자상당액은 제외
③ 취득에 관한 쟁송이 있는 자산에 대해서 그 소유권 등을 확보하기 위하여 직접 소요된 소송비용, 화해비용 등의 금액	그 지출한 연도의 각 소득금액을 계산할 때 필요경비에 산입된 것은 제외

(4) 자본적 지출액 및 양도비용의 범위

자본적 지출액 및 양도비용은 적격증명서류(세금계산서, 계산서, 신용카드매출전표, 현금영수증 등)를 수취, 보관하거나 실제 지출사실이 금융거래 증명서류에 의하여 확인되는 경우에만 양도차익 계산 시 필요경비로 공제할 수 있다.

① 자본적 지출액
  ㉠ 내용연수를 연장시키거나 해당 자산의 가치를 현실적으로 증가시키기 위해 지출한 수선비
  ㉡ 양도자산을 취득한 후 쟁송이 있는 경우에 그 소유권을 확보하기 위하여 직접 소요된 소송비용·화해비용 등의 금액으로서 그 지출한 연도의 각 소득금액의 계산에 있어서 필요경비에 산입된 것을 제외한 금액
  ㉢ 「공익사업을 위한 토지 등의 취득 및 보상에 관한 법률」이나 그 밖의 법률에 따라 토지 등이 협의 매수 또는 수용되는 경우로서 그 보상금의 증액과 관련하여 직접 소요된 소송비용·화해비용 등의 금액으로서 그 지출한 연도의 각 소득금액의 계산에 있어서 필요경비에 산입된 것을 제외한 금액. 이 경우 증액보상금을 한도로 한다.
  ㉣ 양도자산의 용도변경·개량 또는 이용편의를 위하여 지출한 비용(재해·노후화 등 부득이한 사유로 인하여 건물을 재건축한 경우 그 철거비용을 포함)
  ㉤ 「개발이익환수에 관한 법률」에 따른 개발부담금(개발부담금의 납부의무자와 양도자가 서로 다른 경우에는 양도자에게 사실상 배분될 개발부담금 상당액)
  ㉥ 「재건축초과이익 환수에 관한 법률」에 따른 재건축부담금(재건축부담금의 납부의무자와 양도자가 서로 다른 경우에는 양도자에게 사실상 배분될 재건축부담금상당액)
  ㉦ 위 ㉠~㉥에 준하는 비용으로서 기획재정부령이 정하는 것

② 양도비용
  ㉠ 자산을 양도하기 위하여 직접 지출한 비용으로서 양도소득세 과세표준 신고서 작성비용 및 계약서 작성비용 등
  ㉡ 자산을 취득함에 있어서 법령 등의 규정에 따라 매입한 국민주택채권 및 토지개발채권을 만기 전에 양도함으로써 발생하는 매각차손. 이 경우 금융기관 외의 자에게 양도한 경우에는 동일한 날에 금융기관에 양도하였을 경우 발생하는 매각차손을 한도로 한다.

3. 장기보유특별공제

양도소득세는 일반적인 경우 누진세율 구조로 되어 있으므로 장기간에 걸쳐 형성된 이익이 한꺼번에 실현됨에 따라 이른바 결집효과(높은 세율을 적용받음)가 발생한다. 이러한 결집효과를 완화하기 위하여 장기보유특별공제 제도를 두고 있다.

양 도 차 익	
− 장 기 보 유 특 별 공 제	국내 소재 등기된 3년 이상 보유한 토지, 건물 및 조합원입주권
= 양 도 소 득 금 액	

(1) 공제대상 자산

장기보유특별공제는 다음의 자산에 대해서 적용한다.

① 토지 및 건물로서 보유기간이 3년 이상인 것. 다만, 미등기양도자산과 조정대상지역 내 주택으로 다음의 어느 하나에 해당하는 주택은 제외한다.
  ㉠ 1세대 2주택 이상에 해당하는 주택
  ㉡ 1세대가 1주택과 조합원입주권(또는 분양권)을 보유한 경우로서 그 수의 합이 2 이상인 경우의 해당 주택

■ **조정대상지역 내 다주택자에 대한 중과배제**

> 2022.5.10. ~ 2026.5.9.까지 조정대상지역 내 주택 양도 시 주택 수의 합이 2 이상 등의 경우 중과세율 적용 및 장기보유특별공제 배제 규정은 적용하지 않는다. 즉, 2년 이상 보유 시 일반적인 세율 적용과 3년 이상 보유 시 장기보유특별공제를 적용한다.

② 부동산을 취득할 수 있는 권리 중 조합원입주권(조합원으로부터 취득한 것은 제외)

(2) 공제액의 계산

① 일반적인 경우

장기보유특별공제액 = 양도차익 × 보유기간별 공제율

보유기간	공제율
3년 이상 4년 미만	100분의 6
4년 이상 5년 미만	100분의 8
5년 이상 6년 미만	100분의 10
6년 이상 7년 미만	100분의 12
7년 이상 8년 미만	100분의 14
8년 이상 9년 미만	100분의 16
9년 이상 10년 미만	100분의 18
10년 이상 11년 미만	100분의 20
11년 이상 12년 미만	100분의 22
12년 이상 13년 미만	100분의 24
13년 이상 14년 미만	100분의 26
14년 이상 15년 미만	100분의 28
15년 이상	100분의 30

② 1세대 1주택의 경우

㉠ 1세대 1주택의 장기보유특별공제액은 다음과 같이 계산한 금액으로 한다.

장기보유특별공제액 = 1세대 1주택의 양도차익 × (보유기간별 공제율 + 거주기간별 공제율)

보유기간	공제율	거주기간	공제율
3년 이상 4년 미만	100분의 12	2년 이상 3년 미만 (보유기간 3년 이상에 한정함)	100분의 8
		3년 이상 4년 미만	100분의 12
4년 이상 5년 미만	100분의 16	4년 이상 5년 미만	100분의 16
5년 이상 6년 미만	100분의 20	5년 이상 6년 미만	100분의 20
6년 이상 7년 미만	100분의 24	6년 이상 7년 미만	100분의 24
7년 이상 8년 미만	100분의 28	7년 이상 8년 미만	100분의 28
8년 이상 9년 미만	100분의 32	8년 이상 9년 미만	100분의 32
9년 이상 10년 미만	100분의 36	9년 이상 10년 미만	100분의 36
10년 이상	100분의 40	10년 이상	100분의 40

㉡ 1세대 1주택에 대한 장기보유특별공제를 적용할 때 1세대 1주택이란 1세대가 양도일 현재 국내에 1주택(특례규정 등에 따라 1세대 1주택으로 보는 주택 포함)을 보유하고 보유기간 중 거주기간이 2년 이상인 것을 말한다.

4. 양도소득기본공제

양도소득이 있는 거주자에 대해서는 다음의 소득별로 해당 과세기간의 양도소득금액에서 각각 연 250만원을 공제한다.

양 도 소 득 금 액	
− 양 도 소 득 기 본 공 제	소득별로 연 250만원 한도
= 과 세 표 준	

① 토지, 건물, 부동산에 관한 권리 및 기타자산의 양도소득금액(미등기자산의 양도소득금액 제외)
② 주식 및 출자지분의 양도로 인하여 발생하는 양도소득금액
③ 파생상품 관련 양도소득금액
④ 신탁수익권의 양도소득금액

■■ 장기보유특별공제와 양도소득기본공제의 비교

구분	장기보유특별공제	양도소득기본공제
대상	토지, 건물, 조합원입주권	모든 자산 (단, 자산별이 아닌 소득별로 공제)
보유기간	3년 이상	불문
공제율·공제금액	보유기간 × 2%(30% 한도) 단, 1세대 1주택으로 일정한 요건 충족 시 최대 80%	소득별로 연 250만원
미등기양도자산	공제 불가	공제 불가
국외양도자산	공제 불가	공제 가능

7 세율

양도소득세 세율은 다음과 같다. 이 경우 하나의 자산이 둘 이상의 세율에 해당할 때에는 해당 세율을 적용하여 계산한 양도소득 산출세액 중 큰 것을 그 세액으로 한다.

1. 부동산, 부동산에 관한 권리(주택, 조합원입주권, 분양권 제외)

대상 자산	세율
미등기양도자산	70%
1년 미만 보유	50%
1년 이상 2년 미만 보유	40%
2년 이상 보유(기본세율)	6~45%
비사업용 토지*	16~55%

> **용어 정리**
>
> *비사업용 토지
> 나대지나 부재지주 소유의 임야 따위를 실수요에 따라 사용하지 않고 재산을 늘리기 위한 투기적인 수단으로 보유하고 있는 토지를 말한다.

2. 주택, 조합원입주권

대상 자산	세율
미등기양도자산	70%
1년 미만 보유	70%
1년 이상 2년 미만 보유	60%
2년 이상 보유(기본세율)	6~45%
조정대상지역 내 주택 양도(2주택자)	26~65%
조정대상지역 내 주택 양도(3주택자 이상)	36~75%

■ **2년 이상 보유한 조정대상지역 내 주택 양도 시 다주택자에 대한 양도소득세 중과세율 한시적 배제**

> 중과세율을 적용하지 않는 주택에 '보유기간이 2년(재개발사업, 재건축사업 또는 소규모재건축사업 등을 시행하는 정비사업조합의 조합원이 해당 조합에 기존건물과 그 부수토지를 제공하고 관리처분계획 등에 따라 취득한 신축주택 및 그 부수토지를 양도하는 경우의 보유기간은 기존건물과 그 부수토지의 취득일부터 기산) 이상인 주택을 2026년 5월 9일까지 양도하는 경우 그 해당 주택'이라는 문구를 삽입함으로써 한시적으로 중과세율을 적용하지 아니한다(소득세법 시행령 제167조의3 제1항 제12호의2 및 제167조의10 제1항 제12호의2).

3. 분양권

보유기간	세율
1년 미만	70%
1년 이상	60%

4. 기타자산(영업권, 이축권, 시설물이용권, 특정주식 등)

보유기간과 무관하게 6 ~ 45%

5. 초과누진세율

양도소득세 기본세율이란 다음의 8단계 초과누진세율을 말한다.

과세표준	세율
1,400만원 이하	과세표준의 6%
1,400만원 초과 5,000만원 이하	84만원 + (1,400만원을 초과하는 금액의 15%)
5,000만원 초과 8,800만원 이하	624만원 + (5,000만원을 초과하는 금액의 24%)
8,800만원 초과 1억 5천만원 이하	1,536만원 + (8,800만원을 초과하는 금액의 35%)
1억 5천만원 초과 3억원 이하	3,706만원 + (1억 5천만원을 초과하는 금액의 38%)
3억원 초과 5억원 이하	9,406만원 + (3억원을 초과하는 금액의 40%)
5억원 초과 10억원 이하	1억 7,406만원 + (5억원을 초과하는 금액의 42%)
10억원 초과	3억 8,406만원 + (10억원을 초과하는 금액의 45%)

8 양도소득세 불이익 규정

구분	미등기양도	비사업용 토지	조정대상지역 내 주택 양도 (2주택자)	조정대상지역 내 주택 양도 (3주택 이상자)
세율	70%	기본세율 + 10% (16~55%)	기본세율 + 20% (26~65%)	기본세율 + 30% (36~75%)
장기보유특별공제	배제	적용	배제	배제
양도소득기본공제	배제	적용	적용	적용

✚ 2022.5.10. ~ 2026.5.9.까지 조정대상지역 내 2년 이상 보유한 등기된 주택 양도 시 다주택자의 경우 한시적으로 기본세율 적용 및 3년 이상 보유 시 장기보유특별공제 적용

9 납세절차

1. 개요

양도소득세는 납세의무자가 스스로 신고함으로써 확정된다. 물론 신고의무를 다하지 아니하거나 과소신고한 경우에는 과세관청에서 결정 또는 경정을 하게 된다. 양도소득세는 확정신고뿐만 아니라 예정신고 제도를 두고 있다.

2. 납세지

(1) 거주자의 소득세 납세지는 그 주소지로 한다. 다만, 주소지가 없는 경우에는 그 거소지로 한다.

(2) 비거주자의 소득세 납세지는 국내사업장의 소재지로 한다. 다만, 국내사업장이 둘 이상 있는 경우에는 주된 국내사업장의 소재지로 하고, 국내사업장이 없는 경우에는 국내원천소득이 발생하는 장소로 한다.

3. 양도소득 과세표준의 예정신고 납부

(1) 예정신고 납부기한
① **부동산 등을 양도한 경우**: 그 양도일이 속하는 달의 말일부터 2개월. 다만, 「부동산 거래신고 등에 관한 법률」에 따른 토지거래계약에 관한 허가구역에 있는 토지를 양도할 때 토지거래계약허가를 받기 전에 대금을 청산한 경우에는 그 허가일(토지거래계약허가를 받기 전에 허가구역의 지정이 해제된 경우에는 그 해제일)이 속하는 달의 말일부터 2개월
② 부담부증여의 채무액에 해당하는 부분으로서 양도로 보는 경우에는 그 양도일이 속하는 달의 말일부터 3개월

(2) 예정신고는 양도차익이 없거나 양도차손이 발생한 경우에도 적용한다.

4. 양도소득 과세표준의 확정신고 납부

(1) 확정신고 납부기한
양도소득 과세표준을 그 과세기간의 다음 연도 5월 1일부터 5월 31일까지[토지거래계약에 관한 허가일(토지거래계약허가를 받기 전에 허가구역의 지정이 해제된 경우에는 그 해제일)이 속하는 과세기간의 다음 연도 5월 1일부터 5월 31일까지] 납세지 관할 세무서장에게 신고하여야 한다.

(2) 확정신고는 해당 과세기간의 과세표준이 없거나 결손금액이 있는 경우에도 적용한다.

(3) 예정신고를 한 자는 해당 소득에 대한 확정신고를 하지 아니할 수 있다. 다만, 다음의 경우에는 그러하지 아니하다.

① 해당 연도에 누진세율의 적용대상 자산에 대한 예정신고를 2회 이상 한 자가 이미 신고한 양도소득금액과 합산하여 신고하지 아니한 경우
② 토지, 건물, 부동산에 관한 권리, 기타자산 및 신탁수익권을 2회 이상 양도한 경우로서 양도소득기본공제 규정을 적용할 경우 당초 신고한 양도소득산출세액이 달라지는 경우
③ 주식등을 2회 이상 양도한 경우로서 양도소득기본공제 규정을 적용할 경우 당초 신고한 양도소득산출세액이 달라지는 경우
④ 토지, 건물, 부동산에 관한 권리 및 기타자산을 둘 이상 양도한 경우로서 비교과세특례(소득세법 제104조 제5항) 규정을 적용할 경우 당초 신고한 양도소득산출세액이 달라지는 경우

5. 분할납부

(1) 개요

거주자로서 예정신고 또는 확정신고 시 납부할 세액이 각각 1천만원을 초과하는 자는 그 납부할 세액의 일부를 납부기한이 지난 후 2개월 이내에 분할납부할 수 있다.

➕ 양도소득세는 물납이 허용되지 않는다.

(2) 분할납부할 수 있는 세액

① **납부할 세액이 2천만원 이하일 때**: 1천만원을 초과하는 금액
② **납부할 세액이 2천만원 초과 시**: 그 세액의 100분의 50 이하인 금액

(3) 분할납부신청

납부할 세액의 일부를 분할납부하고자 하는 자는 양도소득 과세표준 예정신고기한 또는 확정신고기한까지 신청하여야 한다. 즉, 확정신고 시뿐만 아니라 예정신고 시에도 분할납부가 가능하다.

6. 부가세

(1) 납부 시 부가세

양도소득세 납부세액에 부과되는 조세는 없다. 그러나 지방소득세를 별도로 신고납부하여야 한다.

(2) 감면 시 부가세

양도소득세를 감면하는 경우 그 감면세액의 100분의 20에 해당하는 농어촌특별세를 부과한다.

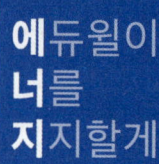

삶의 순간순간이
아름다운 마무리이며
새로운 시작이어야 한다.

- 법정 스님

memo

memo

memo

2026 에듀윌 공인중개사 2차 기초입문서

발 행 일	2025년 9월 25일 초판
편 저 자	임선정, 오시훈, 김민석, 한영규
펴 낸 이	양형남
펴 낸 곳	(주)에듀윌
I S B N	979-11-360-3924-8
등록번호	제25100-2002-000052호
주　　소	08378 서울특별시 구로구 디지털로34길 55 코오롱싸이언스밸리 2차 3층

* 이 책의 무단 인용·전재·복제를 금합니다.

www.eduwill.net
대표전화 1600-6700

여러분의 작은 소리
에듀윌은 크게 듣겠습니다.

본 교재에 대한 여러분의 목소리를 들려주세요.
공부하시면서 어려웠던 점, 궁금한 점,
칭찬하고 싶은 점, 개선할 점, 어떤 것이라도 좋습니다.

에듀윌은 여러분께서 나누어 주신 의견을
통해 끊임없이 발전하고 있습니다.

에듀윌 도서몰 book.eduwill.net
- 부가학습자료 및 정오표: 에듀윌 도서몰 → 도서자료실
- 교재 문의: 에듀윌 도서몰 → 문의하기 → 교재(내용, 출간) / 주문 및 배송

에듀윌 직영학원에서 합격을 수강하세요

언제나 전문 학습 매니저와 상담이 가능한 안내데스크

고품질 영상 및 음향 장비를 갖춘 최고의 강의실

재충전을 위한 카페 분위기의 아늑한 휴게실

에듀윌의 상징 노란색의 환한 학원 입구

에듀윌 직영학원 대표전화

공인중개사 학원	02)815-0600	공무원 학원	02)6328-0600	편입 학원	02)6419-0600
주택관리사 학원	02)815-3388	소방 학원	02)6337-0600	부동산아카데미	02)6736-0600
전기기사 학원	02)6268-1400				

공인중개사학원 바로가기

합격하고 꼭 해야 할 것 1

에듀윌 공인중개사
동문회 특권

1. 에듀윌 공인중개사 합격자 모임

2. 동문회 인맥북
업계 최대 네트워크

3. 개업 축하 선물

4. 온라인 커뮤니티
부동산 정보 실시간 공유

5. 오프라인 커뮤니티

지부/기수 정기모임

6. 공인중개사 취업박람회

7. 동문회 주최 실무 특강

8. 프리미엄 복지혜택
숙박/자기계발/의료 및 소식지 무료 구독

9. 마이오피스
동문 사무소 등록/조회

10. 동문회와 함께하는 사회공헌활동

※ 본 특권은 회원별로 상이하며, 예고 없이 변경될 수 있습니다.

에듀윌 공인중개사 동문회 | dongmun.eduwill.net
문의 | 1600-6700

합격하고 꼭 해야 할 것 2

에듀윌 부동산 아카데미 강의 듣기

성공 창업의 필수 코스
부동산 창업 CEO 과정

1 튼튼 창업 기초
- 창업 입지 컨설팅
- 중개사무 문서작성
- 성공 개업 실무TIP

2 중개업 필수 과정
- 실전창업과 계약서 작성
- 부동산 IT 마케팅 실무
- 부동산 토지(공법) 실무
- 부동산 상가 중개 실무
- 재개발/재건축 실무
- 부동산 세금 실무

3 성공창업 특별 과정
- 부동산 중개영업 실무
- 빌딩 중개 실무
- 중개사고방지 실무
- 사장분석 및 투자 정책
- 부동산 경매 실무

4 실전 계약서 작성 과정
- 계약서 작성 실습(주거, 상가)
- 계약서 작성 실습(토지)

부동산으로 성장하는
컨설팅 전문가 과정

1 토지, 개발 분야
- 부동산 디벨로퍼 과정
- 토지 전문가 과정
- 생활풍수 과정

2 AI, 마케팅 분야
- IT 마케팅 과정
- AI 자동화 과정
- AI 네이버 과정
- AI 빅데이터 과정

3 중개영업 분야
- 상위 1% 중개영업 과정

4 입지분석 컨설팅
- GIS 빅데이터 컨설팅

중개에서 실전 투자로
경매, 투자 과정

1 경매 분야
- 포커스 경매 과정
- 이거다 경매 과정
- 경매 임장 과정

2 빌딩, 투자 분야
- 빌딩 전문가 과정
- 소액 투자 임장 과정

3 테마 특강
- 재개발/재건축 특강
- 부동산 대출 특강
- 부동산 세법 특강

에듀윌 부동산 아카데미 | uland.eduwill.net
문의 | 온라인 강의 1600-6700, 학원 강의 02)6736-0600

꿈을 현실로 만드는
에듀윌

DREAM

공무원 교육
- 선호도 1위, 신뢰도 1위! 브랜드만족도 1위!
- 합격자 수 2,100% 폭등시킨 독한 커리큘럼

자격증 교육
- 9년간 아무도 깨지 못한 기록 합격자 수 1위
- 가장 많은 합격자를 배출한 최고의 합격 시스템

직영학원
- 검증된 합격 프로그램과 강의
- 1:1 밀착 관리 및 컨설팅
- 호텔 수준의 학습 환경

종합출판
- 온라인서점 베스트셀러 1위!
- 출제위원급 전문 교수진이 직접 집필한 합격 교재

어학 교육
- 토익 베스트셀러 1위
- 토익 동영상 강의 무료 제공

콘텐츠 제휴 · B2B 교육
- 고객 맞춤형 위탁 교육 서비스 제공
- 기업, 기관, 대학 등 각 단체에 최적화된 고객 맞춤형 교육 및 제휴 서비스

부동산 아카데미
- 부동산 실무 교육 1위!
- 상위 1% 고소득 창업/취업 비법
- 부동산 실전 재테크 성공 비법

학점은행제
- 99%의 과목이수율
- 17년 연속 교육부 평가 인정 기관 선정

대학 편입
- 편입 교육 1위!
- 최대 200% 환급 상품 서비스

국비무료 교육
- '5년우수훈련기관' 선정
- K-디지털, 산대특 등 특화 훈련과정
- 원격국비교육원 오픈

에듀윌 교육서비스 · **AI 교육** AI 프롬프트 연구소/AI CLASS(ChatGPT/AICE/노션 AI/중개업 AI 등) · **공무원 교육** 9급공무원/소방공무원/계리직공무원 · **자격증 교육** 공인중개사/주택관리사/손해평가사/감정평가사/노무사/전기기사/경비지도사/검정고시/소방설비기사/소방시설관리사/사회복지사급/대기환경기사/수질환경기사/건축기사/토목기사/직업상담사/청소년상담사/전기기능사/산업안전기사/산업위생관리기사/건설안전기사/위험물산업기사/위험물기능사/설비보전기사/에너지관리기사/유통관리사/물류관리사/행정사/한국사능력검정/한경TESAT/매경TEST/KBS한국어능력시험·실용글쓰기/국제무역사/무역영어 · **어학 교육** 토익 교재/토익 동영상 강의 · **금융/IT/비즈니스** 전산세무회계/ERP정보관리사/재경관리사/정보처리기사/컴퓨터활용능력/SQLD/ADsP · **대학 편입** 편입 영어·수학/연고대/의약대/경찰대/논술/면접 · **직영학원** 공무원학원/소방학원/공인중개사 학원/주택관리사 학원/전기기사 학원/편입학원 · **종합출판** 공무원·자격증 수험교재 및 단행본 · **학점은행 교육** 부평가인정기관 원격평생교육원(사회복지사2급/경영학/CPA) · **콘텐츠 제휴·B2B 교육** 교육 콘텐츠 제휴/기업 맞춤 자격증 교육/대학취업역량 강화 교육 · **부동산 아카데미** 부동산 창업CEO/부동산 경매마스터/부동산 컨설팅 · **주택취업센터** 실무 특강/실무 아카데미 · **국비무료 교육(국비교육원)** 전기기능사/전기(산업)기사/소방설비(산업)기사/IT(빅데이터/자바프로그램/파이썬)/게임그래픽/3D프린터/실내건축디자인/웹퍼블리셔/그래픽디자인/영상편집(유튜브) 디자인/온라인 쇼핑몰광고 및 제작(쿠팡, 스마트스토어)/전산세무회계/컴퓨터활용능력/ITQ/GTQ/직업상담사

교육문의 1600-6700 www.eduwill.net

• 2022 소비자가 선택한 최고의 브랜드 공무원·자격증 교육 1위 (조선일보) • 2023 대한민국 브랜드만족도 공무원·자격증·취업·학원·편입·부동산 실무 교육 1위 (한경비즈니스) • 2017/2022 에듀윌 공무원 과정 최종 환급자 수 기준 • 2023년 성인 자격증, 공무원 직영학원 기준 • YES24 공인중개사 과정, 2025 에듀윌 공인중개사 오시훈 필살키 부동산 공법 (2025년 8월 월별 베스트) 그 외 다수 • YES24 한국산업인력공단 부문, 2025 에듀윌 산업안전기사 필기 한권끝장 (2025년 7월 월별 베스트) 그 외 다수 • 교보문고 취업/수험서 부문, 2025 에듀윌 공기업 코레일 한국철도공사 실전모의고사 9+2+4회(2025년 2월 1일~2월 28일, 인터넷 월간 베스트) 그 외 다수 • 알라딘 사사/상식 부문, 2025 최신판 에듀윌 취업 공기업 기출 일반상식 (2025년 6월 5주 주별 베스트) 그 외 다수 • YES24 컴퓨터활용능력 부문, 2024 컴퓨터활용능력 1급 필기 초단기끝장(2023년 10월 3~4주 주별 베스트) 그 외 다수 • YES24 신규자격증 부문, 2025 에듀윌 SQL 개발자 SQLD 2주끝장+무료특강(2025년 7월 월별 베스트) 그 외 다수 • 인터파크 자격서/수험서 부문, 에듀윌 한국사능력검정시험 2주끝장 심화(1, 2, 3급) (2020년 6~8월 월간 베스트) 그 외 다수 • YES24 국어 외국어사전영어 토익/TOEIC 기출문제/모의고사 분야 베스트셀러 1위 (에듀윌 토익 READING RC 4주끝장 리딩 종합서, 2022년 9월 4주 주별 베스트) • 에듀윌 토익 교재 입문~실전 인강 무료 제공 (2022년 최신 강좌 기준/109강) • 2024년 종강반 중 모든 평가항목 정상 참여자 기준, 99% (평생교육원 기준) • 2008년~2024년까지 234만 누적수강학점으로 과목 운영 (평생교육원 기준) • 에듀윌 국비교육원 구로센터 고용노동부 지정 "5년우수훈련기관" 선정 (2023~2027) • KRI 한국기록원 2016, 2017, 2019년 공인중개사 최다 합격자 배출 공식 인증 (2025년 현재까지 업계 최고 기록)